Attività video: Sulla strada

Introduction

Welcome to the DVD prepared for your Introductory Italian program! With this unique ancillary you will be taken on a trip through Italy, accompanied by a truly simpatico guide named Marco. You will see Italy up close, through his eyes and those of people of all ages who are interviewed throughout the journey.

The video activities designed here will allow you to reinforce and expand upon the cultural themes covered in the DVD and in your textbook. The video can also be used independently of the text since it constitutes a true cultural experience in video form that can be enjoyed without a textual guide.

You will note that all of the people in the DVD are real Italians living in Italy. The rate of speech can be rather fast since the dialogue is truly natural, involving native speakers. So, the user is advised to view each segmento a few times before trying these exercises, especially in the early part of the video.

There are three types of activities for each segmento.

"Students and teachers alike will appreciate having a program that is so culturally and visually rich, and also fun to watch."
—*Julia Cozzarelli, PhD., Ithaca College*

Video for Introductory Italian Programs

Sulla Strada: 1378 km
attraverso l'Italia

VIDEO ON DVD

A. Comprensione

This part allows you to grasp the content of the segmento with true and false, multiple choice, and content question exercises.

B. Attività

This section contains questions and activities that engage the user in an open-ended way in the cultural theme of the segmento. For example, it will ask the user to describe all the kinds of sports he/she enjoys in the sports segmento.

C. Espansione

In this section, the user is encouraged to expand upon the theme by means of creative writing and personal exploration activities.

D. Comunicazione

Finally, in this last section, students use words and phrases they have learned to discuss various topics, perform role-plays and create sketches.

Buona visione e buon divertimento!

For additional video clips, please see the Extras section of the DVD. Instructor's can use these clips to create their own additional activities.

PRESENTAZIONI

Prendiamoci un caffè!

A. Comprensione

Vero o falso?

Indicate whether the following statements are true or false.

1. Il giovane *(The young man)* si chiama *(is named)* Marco.

   (a) Vero   (b) Falso

2. È a casa sua *(his house)* in via San Paolo.

   (a) Vero   (b) Falso

3. L'automobile è un regalo *(gift)*.

   (a) Vero   (b) Falso

Domande

Answer the following questions.

Come prende il caffè…

4. la prima persona intervistata *(the first person interviewed)*? _____

5. la seconda *(second)* persona intervistata? _____

6. la terza *(third)* persona intervistata? _____

7. la quarta *(fourth)* persona intervistata? _____

B. Attività

Domande

Answer the following questions about yourself.

1. Come prendi il caffè? _____

2. Dove lo prendi *(take it)*? _____

Il caffè

List all the ways the people in the video have coffee and what they eat (if anything) for breakfast. Indicate the foods that you know and those you would want to try.

3. Come prendi il caffè: _____

4. Mi piace: _____

5. Non mi piace: _____

C. Espansione

Imagine being in Trastevere, a neighborhood in Rome. *Google* "Trastevere". List the kinds of places you might want to see and the things you might want to do.

1. Posti da vedere *(Places to see)*: _____

2. Cose da fare *(Things to do)*: _____

D. Comunicazione

Fai colazione al mattino? Racconta ai tuoi compagni se prendi un caffè, cosa mangi, et cetera.

2 Buongiorno!

A. Comprensione

Vero o falso?

1. La prima persona intervistata dice che *(says that)* gli italiani si salutano *(greet each other)* con «Ciao!», «Buongiorno!» e «Buonasera!».

   (a) Vero   (b) Falso

2. La seconda persona intervistata dice che gli americani non si abbracciano *(do not hug each other)*.

   (a) Vero   (b) Falso

3. La terza persona intervistata dice che gli italiani si salutano con «A presto!» e più formalmente *(more formally)* con «Salve!»

   (a) Vero   (b) Falso

4. La quarta persona intervistata dice che gli italiani si salutano con «Ciao, America!»

   (a) Vero   (b) Falso

Scelte multiple

Scegli la risposta adatta.

5. Quando saluta un amico Marco usa (uses)…

   (a) Ciao!   (b) Salve!

6. A Roma si usa (one uses) anche…

   (a) Bella!   (b) Pronto!

7. Il ristorante che Marco indica (points out) si chiama…

   (a) Ristorante Giardino.

   (b) Ristorante Romolo.

8. Roma è stata fondata (was founded) quasi (almost)…

   (a) 100 anni fa (years ago).

   (b) 3000 anni fa.

B. Attività

Il saluto

List all the ways given by the people in the video of how to greet someone in Italy and its equivalent in English. Also, indicate if there is any appropriate body language involved.

1. Saluto: _____

2. Equivalente negli Stati Uniti: _____

3. Linguaggio del corpo: _____

Tipi di cibo

List all the foods mentioned in the segment. Indicate those that you know and those you would like to try.

4. Tipo di cibo: _____

5. Mi piace: _____

C. Espansione

Roma

Rome, with a population of almost 3 million, is the capital and largest city of Italy. Google "Roma". Jot down any information you are interested in. Share this information with your class.

1. Posti da vedere: _____

2. Cose da fare: _____

3. Aspetti interessanti: _____

D. Comunicazione

Immagina di incontrare un'amica a Trastevere per pranzo! In che modo la saluti? Quale piatto preferisci?

3 Si, mi piace moto!

A. Comprensione

Vero o falso?

1. Marco vuole fare un giro per Roma.

   (a) Vero   (b) Falso

2. Ama Roma; è la sua (his) città.

   (a) Vero   (b) Falso

3. Marco dice che Roma è bella ma che è tempo di (it's time to) andare a Firenze.

   (a) Vero   (b) Falso

Scelte multiple

Che cosa piace agli italiani? Scegli la risposta adatta.

4. La prima persona intervistata dice che gli/le piace…

   (a) stare con gli amici, divertirsi, passare dei buoni momenti, mangiare, bere,…

   (b) guardare la TV e leggere il giornale.

5. La seconda persona intervistata dice che gli/le piace…

   (a) andare ai ristoranti e stare con gli amici al bar.

   (b) andare al cinema e spendere pochi soldi (*spend little money*).

6. La terza persona intervistata dice che gli/le piace…

   (a) aiutare le persone bisognose (*needy*).

   (b) stare a casa.

7. La quarta persona intervistata dice che gli/le piace…

   (a) studiare, leggere e lavorare.

   (b) andare al cinema con gli amici.

B. Attività

Le cose che mi piacciono e che non mi piacciono

Indica quello che ti piace e quello che non ti piace fare.

Attività	Mi piace /Non mi piace	Perché
1. stare con gli amici:		
2. divertirmi (*enjoy myself*):		
3. mangiare e bere:		
4. spendere soldi:		
5. andare al cinema:		

C. Espansione

Ask a few classmates to rank the following activities in order of preference—that is from the ones they like to do the most to the ones they like to do the least. Report your findings to the entire class.

viaggiare	uscire con gli amici
studiare	mangiare e bere
lavorare	spendere molti soldi
andare al cinema	andare al teatro

D. Comunicazione

Cosa ti piace fare? Raccontalo ai tuoi amici!

4 Mezzi di trasporto

A. Comprensione

Vero o falso?

1. Marco sta andando a Orvieto.

   (a) Vero   (b) Falso

2. Lui dice che il mezzo (means) più usato (most used) in Italia è la macchina.

   (a) Vero   (b) Falso

3. Agli italiani piace essere indipendenti.

   (a) Vero   (b) Falso

4. I prezzi dei biglietti per l'aereo sono economici.

   (a) Vero   (b) Falso

Scelte multiple

Scegli la risposta adatta.

5. La benzina costa… in Italia.

   (a) poco

   (b) molto

6. Gli italiani vanno in aereo soprattutto (*above all else*)…

   (a) per le vacanze.

   (b) per motivi di lavoro.

7. Le tariffe del treno sono…

   (a) economiche.

   (b) molto elevate (*very high*).

8. I moto scooter sono dapperttutto *(everywhere)* nelle grandi città per via del *(on account of)*…

(a) grande traffico.

(b) grande spazio (space).

B. Attività

Mezzi di trasporto

Indica tutti i mezzi di trasporto menzionati nel segmento.

1. Mezzo di trasporto: _____

2. Modello di macchina: _____

C. Espansione

Racconta un viaggio che ti piacerebbe fare tenendo conto delle seguenti cose:

1. Posti da vedere: _____

2. Cose da fare: _____

3. Mezzi di trasporto: _____

D. Comunicazione

Quale mezzo usi per spostarti? Ti piace vivere nella tua città ?

5 La mia famiglia

A. Comprensione

Vero o falso?

1. La mamma di Marco lo chiama mentre sta guidando.

(a) Vero   (b) Falso

2. Marco è a Firenze.

(a) Vero   (b) Falso

3. Dopo domani è il compleanno di zio Jerry.

(a) Vero   (b) Falso

4. La famiglia è importante in Italia.

(a) Vero   (b) Falso

Scelte multiple

Scegli la risposta adatta.

5. La prima persona intervistata…

(a) è sposata con due gemelli di quasi vent'anni.

(b) non è sposata.

6. I gemelli della persona intervistata…

(a) fanno l'università.

(b) lavorano.

7. Nella famiglia della seconda persona intervistata…

(a) il babbo è medico, la mamma è farmacista e la sorella è studentessa.

(b) il babbo è avvocato, la mamma è medico e la sorella è insegnante.

8. La terza persona intervistata...

    (a) è sposata con un ragazzo italiano e vive a Roma dove lavora presso una biblioteca.

    (b) è sposata con un ragazzo tedesco e vive a Bologna dove lavora presso un museo archeologico.

9. La quarta persona intervistata...

    (a) ha moglie e figli.

    (b) non è sposato.

B. Attività

La famiglia

Indica le persone che si trovano (are) nella tua famiglia, come sono e cosa fanno.

1. Persona:_____

2. Com'è:_____

3. Cosa fa: _____

C. Espansione

Fai una ricerca internet su "Siena" e riporta tutto quello che trovi d'interessante sulla città di Siena al resto della classe.

1. Posti da vedere: _____

2. Cose da fare: _____

3. Aspetti interessanti: _____

D. Comunicazione

Descrivi la tua famiglia alla classe!

6 Che ore sono?

A. Comprensione

Domande

Rispondi alle seguenti domande.

1. Che cosa vuole visitare Marco?_____

2. Dove va? _____

3. Il museo è aperto o chiuso?_____

4. Che cosa sono i Ricciarelli?_____

5. Chi comprava i Ricciarelli quando Marco era piccolo? _____

6. Dove decidono di andare Marco e Giovanni alla fine del segmento?_____

Scelte multiple

Scegli la risposta adatta.

7. La prima persona intervistata comincia a lavorare...

    (a) alle nove della mattina.

    (b) alle otto della mattina.

8. Quando va a mangiare?

    (a) Va a mangiare a mezzogiorno e mezza.

    (b) Va a mangiare alle due.

9. Quando ricomincia a lavorare e quando finisce?

    (a) Ricomincia a lavorare alle quattro e finisce alle nove di sera.

    (b) Ricomincia a lavorare alle due e mezza e finisce alle sette e mezza di sera.

B. Attività

La lingua colloquiale

Marco usa due espressioni colloquiali alla fine del segmento. Che cosa significa ciascuna, secondo te?

Quele e l'espressione equivalente negli Stati Uniti?

1. Dai! _____

2. Su! _____

Orari

Le seconde e terze persone intervistate hanno indicato quali sono gli orari di apertura. Indicali! Paragonali agli orari negli Stati Uniti?

3. Seconda persona (negozio di alimentari)

   Giorni feriali: _____

   Orari: _____

4. Terza persona (negozio di ceramiche e oggetti artistici)

   Giorni feriali: _____

   Orari: _____

C. Espansione

L'Italia ha molti musei d'arte. Fa' una ricerca su alcuni musei tramite Internet e poi riporta quello che trovi al resto della classe.

1. Museo: _____

2. Dove si trova: _____

3. Artista: _____

4. Giorni feriali: _____

5. Orari: _____

D. Comunicazione

A che ora ti svegli la mattina? A che ora vai all'università….a lavorare?…..a pranzo…? ritorni a casa la sera?

7 Che tempo fa?

A. Comprensione

Indicazioni

Indica quello che Marco ama e quello che non ama.

1. il sole

   (a) Sì   (b) No

2. il caldo

   (a) Sì   (b) No

3. l'estate

   (a) Sì   (b) No

4. la primavera

   (a) Sì   (b) No

5. il mare

   (a) Sì   (b) No

B. Attività

Il tempo

Descrivi il tempo a Firenze nel segmento (indicato da Marco). _____

Le stagioni

Indica le stagioni che ti piacciono e le ragioni perché ti piacciono (dal punto di vista del tempo).

2. Stagione: _____

3. Perché mi piace: _____

C. Espansione

Una delle persone intervistate indica che nelle gallerie degli Uffizi si possono vedere le opere di grandi artisti del Rinascimento. Svolgi alcune ricerche sui tre grandi artisti indicati da quella persona e riporta quello che trovi al resto della classe.

1. Botticelli: _____

2. Michelangelo: _____

3. Raffaello: _____

D. Comunicazione

Immagina di incontrare alcuni amici a Firenze durante la tua stagione preferita! Visitate la città? Andate a cenare insieme? Cosa mangiate?

8 Buon compleanno!

A. Comprensione

Vero o falso?

Indica se le seguenti frasi sono vere o false.

1. Oggi è il compleanno di zio Jerry.

   (a) Vero   (b) Falso

2. Lo zio Jerry si è sposato in America.

   (a) Vero   (b) Falso

3. In America ha creato una piccola azienda *(company)*.

   (a) Vero   (b) Falso

4. Gli italiani festeggiano il Natale e la Pasqua in casa, con la famiglia.

   (a) Vero   (b) Falso

5. Gli italiani aprono le uova *(Easter eggs)* prima del pasto di Pasqua.

   (a) Vero   (b) Falso

6. Alla fine del segmento Marco e Giovanni decidono di andare verso il sud.

   (a) Vero   (b) Falso

B. Attività

Le feste

Indica quali sono le feste che ti piacciono e perché.

1. Festa: _____

2. Perché mi piace: _____

3. Indica come vuoi festeggiare il tuo compleanno quest'anno. _____

C. Espansione

Immagina di avere uno zio in Italia che sta per festeggiare il suo compleanno. Chiamalo *(Call him)* e fagli gli auguri *(wish him a happy birthday)*, imitando Marco nel segmento.

D. Comunicazione

È il tuo compleanno! Chi inviti? Fai una festa? Dove?

9 Quanto costa?

A. Comprensione

Scelte multiple

Completa ciascuna frase in modo appropriato.

1. Marco ha freddo e non ha più…

   (a) tempo.

   (b) vestiti puliti.

2. Marco non ha, per di più *(in addition)*…

   (a) la macchina.

   (b) un libro da leggere.

3. Allora, Marco vuole andare…

   (a) a fare un po' di shopping.

   (b) al cinema con gli amici.

4. Nella vetrina di un negozio di abbigliamento, Marco ha visto…

   (a) maglioni e una maglietta.

   (b) scarpe da tennis.

Vero o falso?

Indica se le seguenti frasi sono vere o false.

5. La felpa verde costa 43 euro.

   (a) Vero   (b) Falso

6. Il maglione a righe colorato costa 50 euro.

   (a) Vero   (b) Falso

7. La maglietta blu scuro costa 25 euro.

   (a) Vero   (b) Falso

B. Attività

I vestiti

Riguarda il segmento (View the segment again) e indica quali dei vestiti which items of clothing) nel segmento ti piacciono e quali non ti piacciono e il perché.

1. Capo: _____

2. Mi piace: _____

3. Non mi piace: _____

4. Perché:_____

C. Espansione

Immagina di essere in un negozio d'abbigliamento in Italia. Fa' una lista di tutte le cose da chiedere, imitando Marco nel segmento.

D. Comunicazione

Dove vai a fare shopping? Immagina di essere in un negozio d'abbigliamento italiano! Compra qualcosa!

10 Piatti preferiti

A. Comprensione

Vero o falso?

Indica se le seguenti frasi sono vere o false.

1. In questo segmento Marco si ferma in un bosco.

   (a) Vero   (b) Falso

2. Lì sono prodotti il vino e l'olio.

   (a) Vero   (b) Falso

3. Il piatto preferito della prima persona intervistata è la pasta.

   (a) Vero   (b) Falso

4. Il piatto preferito della seconda persona intervistata è la cotoletta.

   (a) Vero   (b) Falso

5. Alla terza persona intervistata piacciono solo le bevande analcoliche.

   (a) Vero   (b) Falso

Che significa?

Che cosa vuol dire…

6. «vino fa buon sangue» *(literally: Wine makes good blood)*?_____

7. «pasta fatta in casa»? _____

8. «santa miseria»? _____

B. Attività

Il cibo

Indica quali dei cibi e dei piatti indicati nel segmento ti piacciono o non ti piacciono e perché.

1. i tortellini: _____

2. le lasagne: _____

3. le tagliatelle: _____

4. le cotolette: _____

5. la pizza:_____

C. Espansione

Immagina di essere in un ristorante famoso in Italia. Fa' una lista di tutte le domande da chiedere al cameriere/alla cameriera.

D. Comunicazione

Organizzate una cena con le persone intervistate nel capitolo! Chi invitereste a cena? Quale sarebbe il menù? Ricordatevi quali sono i cibi e piatti che preferiscono!

11 La televisione

A. Comprensione

Vero o falso?

Indica se le seguenti frasi sono vere o false.

1. Oggi farà bel tempo.

   (a) Vero   (b) Falso

2. Tra poco si mette a nevicare.

   (a) Vero   (b) Falso

3. La Roma gioca contro la Juventus.

   (a) Vero   (b) Falso

Multipla scelta

Scegli la risposta adatta.

4. Secondo Marco, oggi non c'è…

   (a) niente alla televisione.

   (b) niente per radio.

5. La partita di calcio non si può vedere se non…

   (a) si ha la TV satellitare.

   (b) si può vedere il canale cinque.

6. Alla signorina con gli occhiali piacciono…

   (a) solo i telegiornali.

   (b) i film e i documentari.

7. La seconda persona intervistata guarda generalmente…

   (a) solo le partite di calcio.

   (b) lo sport e i film romantici.

8. Alla terza persona intervistata…

   (a) non piace la TV di oggi.

   (b) piacciono tutti i programmi in Italia oggi.

B. Attività

La televisione

Indica i tuoi programmi televisivi preferiti e perché ti piacciono.

1. Programmi: _____

2. Perché mi piacciono: _____

C. Espansione

Trova il sito internet della RAI e osserva due segmenti di programmazione: un segmento sulle previsioni del tempo e un qualsiasi spot pubblicitario. In seguito, prepara due segmenti creativamente per la televisione italiana da recitare in classe, imitando quello che hai osservato.

1. Previsioni del tempo: _____

2. Spot pubblicitario per una macchina: _____

D. Comunicazione

Guardi la televisione? Cosa? Fate una ricerca su internet e presentate un programma televisivo italiano!

12 L'oroscopo

A. Comprensione

Vero o falso?

Indica se le seguenti frasi sono vere o false.

1. Marco è nato sotto il segno dei Pesci.

   (a) Vero   (b) Falso

2. Quelli nati sotto il Toro trascorreranno delle ore serene in famiglia.

   (a) Vero   (b) Falso

3. Quelli nati sotto l'Acquario si spingono a fare viaggi avventurosi.

   (a) Vero   (b) Falso

4. Quelli nati sotto il Capricorno avranno paura del futuro.

   (a) Vero   (b) Falso

5. Quelli nati sotto il Leone non dovranno riflettere prima di impegnarsi nelle relazioni.

   (a) Vero   (b) Falso

6. Quelli nati sotto la Vergine provocheranno la persona del cuore.

   (a) Vero   (b) Falso

B. Attività

Gli oroscopi

Prepara l'oroscopo di oggi per te e per un tuo amico/una tua amica, imitando il segmento.

1. Il mio oroscopo: _____

2. L'oroscopo del mio amico/della mia amica: _____

C. Espansione

Immagina di essere un astrologo/un'astrologa. Prepara l'oroscopo per ciascuno dei seguenti personaggi famosi.

1. Un cantante/Una cantante moderna _____

2. Un artista del cinema _____

3. Il Presidente degli Stati Uniti _____

4. Un giocatore di sport_____

D. Comunicazione

Descrivi la tua personalità! Credi nell'astrologia? Di che segno sei?

13 Dal farmacista

A. Comprensione

Vero o falso?

1. Marco non si sente molto bene per via del tempaccio.

   (a) Vero   (b) Falso

2. Decide di andare dal medico.

   (a) Vero   (b) Falso

3. Marco ha paura di avere un po' di febbre e forse un po' di influenza.

   (a) Vero   (b) Falso

4. Però non ha mal di testa.

   (a) Vero   (b) Falso

Scelte multiple

Scegli la risposta adatta.

5. L'echinacea è un prodotto che…

   (a) aumenta le difese immunitarie dell'organismo.

   (b) elimina la tosse.

6. La salicina è…

   (a) un forte antibiotico.

   (b) un'aspirina «naturale» con la vitamina C.

7. Il farmacista si chiama…

   (a) Giorgio Tagliavini.

   (b) Franco Valtellina.

8. È nato…

   (a) nel 1940.

   (b) nel 1950.

9. Secondo il farmacista, in Italia…

   (a) i farmacisti devono offrire consigli medici.

   (b) sono esattamente come i farmacisti americani.

B. Attività

Un rimedio

Che fai o prendi quando hai…

1. il mal di testa? _____

2. la nausea allo stomaco? _____

3. la febbre? _____

4. il mal di gola? _____

C. Espansione

Immagina di essere un farmacista italiano/a. Raccomanda ai tuoi clienti di prendere medicine, farmaci, ecc., adatti per le seguenti malattie o condizioni.

1. il raffreddore: _____

2. l'influenza: _____

3. il mal di testa: _____

4. la nausea: _____

D. Comunicazione

Non ti senti bene? Immagina di andare in farmacia. Spiegate al farmacista i tuoi sintomi! Che cosa ti consiglia?

14 Le vacanze

A. Comprensione

Domande

Rispondi alle seguenti domande.

1. Com'è ancora il tempo? _____

2. Che dicono le previsioni? _____

3. Allora, dove decide di andare Marco? _____

4. Com'è il tempo a Venezia? _____

Ovviamente, se non consoci i posti elencati (listed) dovrai svolgere alcune ricerche adatte.

1. la Sardegna: _____

2. Cortina d'Ampezzo: _____

3. la città di Palermo: _____

D. Comunicazione

Racconta alla classe la tua vacanza ideale!

15 Cara Silvia

A. Comprensione

Domande

Rispondi alle seguenti domande.

1. Dov'è bloccato Marco? _____

2. Come spedisce il suo messaggio? _____

3. Secondo Marco, perché i giovani usano il telefonino? _____

Scelte multiple

Scegli la risposta adatta.

5. La prima persona intervistata ha passato...

   (a) un mese in Turchia.

   (b) un mese a Venezia.

6. La seconda persona intervistata...

   (a) è in vacanza con un gruppo.

   (b) è in vacanza con la famiglia.

7. La terza persona intervistata ha fatto...

   (a) un giro della Francia l'anno scorso.

   (b) un giro della Germania l'anno scorso.

B. Attività

Le vacanze

Sei mai stato/a in vacanza in Italia? Se sì, indica dove sei stato/a e poi indica se è stata un'esperienza piacevole o no. Infine, spiega il perché.

1. _____

Dove vorresti andare in vacanza in Italia e perché?

2. _____

C. Espansione

Immagina di essere un agente di viaggi. Che cosa potresti dire a un cliente/una cliente per convincerlo/la di andare in vacanza a ciascuno dei seguenti posti?

Vero o Falso?

4. Secondo la prima persona intervistata, in Italia non si mandano più le lettere.

   (a) Vero   (b) Falso

5. Secondo la seconda persona intervistata, ormai la posta elettronica e le chat sono i mezzi di comunicazioni più usati.

   (a) Vero   (b) Falso

6. La terza persona intervistata legge solo giornali di sport.

   (a) Vero   (b) Falso

7. Internet permette oggi di utilizzare i video diario.

   (a) Vero   (b) Falso

B. Attività

L'informatica

Indica se hai le seguenti cose e, se sì, descrivile.

1. il cellulare: _____

2. l'SMS (text-messaging): _____

3. il proprio sito Internet: _____

4. il televisore digitale: _____

5. un iPod: _____

C. Espansione

Immagina di essere un giornalista con un tuo blog. Ti occupi di parole slang in italiano che vengono usate in modo particolare dai giovani. Svolgi qualche ricerca sullo slang italiano e per il tuo blog spiega il significato di cinque parole popolari in questo momento.

1. Prima parola _____

2. Seconda parola _____

3. Terza parola_____

4. Quarta parola _____

5. Quinta parola _____

D. Comunicazione

Usi molto il cellulare? Immagina di chiamare un amico in classe! Spedisci SMS? Che cosa scriveresti?

16 L'automobile

A. Comprensione

Vero o falso?

1. Finalmente, in questo segmento non piove più.

   (a) Vero   (b) Falso

2. A Venezia c'è molto traffico di macchine.

   (a) Vero   (b) Falso

3. Il Ponte dei Sospiri si trova a Venezia.

   (a) Vero   (b) Falso

4. Marco ha bisogno di fare un controllo generale della sua Mini e di cambiare l'olio.

   (a) Vero   (b) Falso

5. All'officina faranno anche una diagnosi generale alla Mini di Marco per controllare la parte elettronica.

   (a) Vero   (b) Falso

B. Attività

Venezia

Indica tutto quello che sai sulla città di Venezia. Fai delle ricerche su Internet.

1. _____

La macchina

Che tipo di macchina ti piace e perché?

2. _____

C. Espansione

La FIAT ha sempre rappresentato una parte importante della cultura automobilistica italiana. Svolgi una ricerca sulla FIAT, consultando Internet. Riporta quello che trovi al resto della classe.

1. Modelli attuali: _____

2. Caratteristiche: _____

3. Prezzo: _____

4. Mi piace/Non mi piace e perché: _____

D. Comunicazione

Sei a Venezia con alcuni amici! Che cosa visiteresti?

17 Lo sport

A. Comprensione

Domande

Rispondi alle seguenti domande.

1. Che cosa sta ascoltando Marco alla radio? _____

2. Chi gioca? _____

3. Di quale squadra è tifoso Marco? _____

4. Chi vince la partita? _____

Vero o falso?

5. Alla sera Marco si dedica alla palestra e anche al nuoto.

    (a) Vero   (b) Falso

6. A Marco piace solo il calcio.

    (a) Vero   (b) Falso

7. Secondo la prima persona intervistata, lo sport più popolare in Italia è il ciclismo.

    (a) Vero   (b) Falso

8. La seconda persona intervistata segue il calcio e l'automobilismo per televisione.

    (a) Vero   (b) Falso

9. Una delle persone intervistata gioca a beach volley e fa il motocross.

    (a) Vero   (b) Falso

10. Una delle persone intervistate ha praticato un po' di pugilato.

    (a) Vero   (b) Falso

11. Un'altra delle persone intervistate non pratica più sport perché è molto pigra.

    (a) Vero   (b) Falso

B. Attività

Lo sport

Descrivi brevemente come si gioca ciascuno dei seguenti sport.

1. il tennis: _____

2. la pallacanestro: _____

    Indica gli sport che ti piacciono e perché.

3. I miei sport preferiti:_____

4. Perché mi piacciono: _____

C. Espansione

Indica cinque ragioni perché, secondo te, il calcio è così popolare in Italia.

1. Ragione numero 1_____

2. Ragione numero 2_____

3. Ragione numero 3_____

4. Ragione numero 4_____

5. Ragione numero 5_____

D. Comunicazione

Ti piace lo sport? Vai in palestra? Quante volte alle settimana? Raccontalo alla classe!

18 Isola sperduta

A. Comprensione

Domande

Rispondi alle seguenti domande.

1. Dove sono Marco e Giovanni in quest'ultimo segmento? _____

2. Che cosa non possono fare? Perché? _____

3. Dove vuole andare Marco? _____

Scelte multiple

Se tu dovessi partire per un'isola, che cosa porteresti con te?

4. La prima persona intervistata…

  (a) porterebbe un coltello per pescare.

  (b) porterebbe un telefonino.

5. La seconda e terza persone intervistate…

  (a) porterebbero un'amica.

  (b) porterebbero il loro marito.

6. La quarta persona intervistata…

  (a) porterebbe un paio di ciabatte.

  (b) porterebbe un iPod.

7. La quinta persona intervistata…

  (a) porterebbe la sua telecamera.

  (b) porterebbe un libro.

8. La sesta persona intervistata…

  (a) porterebbe una radio.

  (b) porterebbe il computer.

9. La settima persona intervistata…

  (a) e indeciso.

  (b) porterebbe un televisore.

10. L'ottava persona intervistata…

  (a) porterebbe la serenità d'animo.

  (b) porterebbe una valigia.

B. Attività

Arrivederci!

Con questo segmento finisce il nostro viaggio con Marco attraverso l'Italia. Indica le cose che più ti sono piaciute del viaggio.

1. _____

Indica altre cose che vorresti sapere dell'Italia.

2. _____

C. Espansione

È simpatico Marco, non è vero? È stato una guida molto divertente e piacevole. Adesso descrivi Marco liberamente con le tue parole.

1. Marco: _____

Che cosa sai di Giovanni, l'amico fedele di Marco? Descrivi Giovanni liberamente con le tue parole.

2. Giovanni: _____

D. Comunicazione

Vai in un'isola dove si parla solo italiano, si mangia solo cibo italiano e si sogna solo in italiano! Che cosa porteresti con te? Racconta la tua giornata tipica!

Adesso!

An Introduction to Italian

THIRD EDITION

Marcel Danesi
University of Toronto

THOMSON
HEINLE

Australia • Canada • Mexico • Singapore • Spain • United Kingdom • United States

Adesso! An Introduction to Italian, Third Edition
Danesi

Publisher: P. J. Boardman
Executive Editor: Carrie Brandon
Senior Development Editor: Joan Flaherty
Development Editor: Kristin Swanson
Assistant Editor: Arlinda Shtuni
Assistant Technology Project Manager: Rachel Bairstow
Editorial Assistant: Morgen Murphy
Marketing Manager: Lindsey Richardson
Marketing Assistant: Marla Nasser
Advertising Project Manager: Stacey Purviance
Production Project Manager: Annette Pagliaro

Manufacturing Manager: Marcia Locke
Production Service: GGS Book Services, Inc.
Text Designer: Joyce C. Weston
Photo Manager: Sheri Blaney
Photo Researcher: Lauretta Suprenant
Cover Designer: Ha D. Nguyen
Cover Printer: Transcontinental
Compositor: GGS Book Services, Inc.
Printer: Transcontinental
Cover Art: © Terri Froelich/Index Stock Imagery

For more information about our products, contact us at:
Thomson Learning Academic Resource Center
1-800-423-0563

For permission to use material from this text or product, submit a request online at
http://www.thomsonrights.com.

Any additional questions about permissions can be submitted by email to **thomsonrights@thomson.com.**

Printed in Canada
4 5 08 07

Library of Congress Control Number: 2005921583

Student Edition ISBN-13:978-1-4130-0351-2
ISBN-10:1-4130-0351-6

Instructor Edition ISBN-13:978-1-4282-0593-2
ISBN-10:1-4282-0593-4

Thomson Higher Education
25 Thomson Place
Boston, MA 02210-1202
USA

Asia (including India)
Thomson Learning
5 Shenton Way
#01–01 UIC Building
Singapore 068808

Australia/New Zealand
Thomson Learning Australia
102 Dodds Street
Southbank, Victoria 3006
Australia

Canada
Thomson Nelson
1120 Birchmount Road
Toronto, Ontario M1K 5G4
Canada

UK/Europe/Middle East/Africa
Thomson Learning
High Holborn House
50–51 Bedford Road
London WC1R 4LR
United Kingdom

Latin America
Thomson Learning
Seneca, 53
Colonia Polanco
11560 Mexico
D.F. Mexico

Spain (including Portugal)
Thomson Paraninfo
Calle Magallanes, 25
28015 Madrid, Spain

Contents

Contents   **v**

Preface to the Third Edition

After two editions, it continues to be a great surprise and a highly satisfying experience to find that *Adesso!* remains popular among university, college, and high school teachers across the continent. Those teachers and program coordinators who have adopted the textbook and its accompanying ancillary materials are both its staunchest supporters and its most constructive critics. Their input over the years has led to the present third edition, which has undergone several modifications in organization, content, and cultural information designed to make the text as up-to-date as possible and, above all else, highly responsive to teacher and student needs. In addition, several new sections and features have also been added.

The main objective of the third edition remains identical to the first and the second—to provide beginning students of Italian with a functional approach for learning to use the Italian language in different situations. For this reason, the themes and concepts included in each chapter continue to be shaped by functionality and frequency of usage. However, there is ample opportunity in each chapter, and in its corresponding workbook chapter, to develop more formal skills through exercise and activity material.

Adesso! is the product of three decades of teaching beginning Italian to both high school and university students in Canada and in the United States. In designing the text, I have made every attempt to incorporate ideas and activities that I found consistently worked well with a wide range of student learning styles. *Adesso!* can be used as a year-long text or as a manual in two-semester and three-quarter-year courses, as well as a primary text in other Italian programs. Its layout and activities are crafted to make the learning process both practice-oriented and task-based. The broad range of activities included here gives instructors the choice of disregarding several more open-ended activities without damaging the main sequence of acquisition. A *Workbook/Laboratory Manual*, CD audio program, and chapter-by-chapter *Testing Program CD* provide teacher and learner with additional complementary activities and exercises. There are also Internet activities accompanying each chapter that may be accessed at the Thomson Heinle website: www.heinle.com.

It is my sincere hope that the third edition of *Adesso!* will continue to provide teachers and students everywhere with a functional resource that will make learning Italian an enjoyable and meaningful experience. I welcome comments from all *Adesso!* users, teachers and students alike. I may be reached by e-mail at: marcel.danesi@utoronto.ca. It is impossible to thank all those who have given me advice and encouragement since the first edition came out in 1992. There are simply too many to mention here. I thank you all from the bottom of my heart for your support and enthusiasm! *Adesso, cominciamo!*

Acknowledgments

There are many people who have helped me improve this edition considerably and to whom I am truly indebted. First and foremost there are the many students and teachers who have given me invaluable feedback over the years. Then, there is the truly wonderful team of editors at Thomson Heinle, Arlinda Shtuni and Kris Swanson, who have guided the revision with superb expertise and remarkable pedagogical insight. I am particularly grateful to Kris Swanson for her superior work and constant help.

I am also very much indebted to three reviewers of the manuscript who are outstanding teachers in their own right: Marina De Fazio, Teresa Brentegani, and Maria Galli Stampino. Their suggestions and ideas have allowed me to improve the third edition considerably. I would also like to thank the following professors who reviewed the manuscript: Rita D'Amico, *Pasadena City College*; Teresa Brentegani, *Southern Methodist University*; Antonio DiGiacomantonio, *University of South Carolina*; Marina De Fazio, *University of Kansas*; Teresa Fiore, *California State University, Long Beach*; Maria Galli Stampino, *University of Miami*; Simonetta May, *Pasadena City College*; Kathleen March, *University of Maine*; Christopher Nissen, *Northern Illinois University*; Giovanni Puppo, *Carnegie Mellon*; Maria Payner, *Hunter College*; Kathryn St. Ours, *Loyola College*; Maria Tringali, *California State University, Monterey Bay*; Janice L. Vairo, *Carnegie Mellon and Duquesne University*; Maria Rosaria Vitti-Alexander, *Nazareth College*.

Marcel Danesi
Toronto, Canada

Introduction

The Plan of This Book. After an opening preliminary chapter, in which common classroom expressions and notions are introduced, there are eighteen chapters in the third edition. Each chapter is built around two themes with a functional focus (greeting, telling time, sports talk, etc.). The dialogues and reading sections, along with many of the practice exercises, pattern drills, and the interactive activities of the chapter are related to the themes. There are also four brief units featuring a civilization topic (*Elemento di civiltà*): the geographic and regional make-up of Italy, the importance of Rome in the history of Italy, the origins and evolution of the Italian language, and the Italian political system.

The Design of Chapters 1–17. Each chapter is organized by themes. There is much recycling across the chapters, giving students ample opportunities to review and expand on their previously acquired language and communication skills in different contexts. By the end of every four or five chapters, they are in a position to use these skills in increasingly autonomous and imaginative ways. This built-in recycling feature is intended to give *Adesso!* thematic unity across chapters.

The overall learning focus of a chapter can be characterized in terms of a flow that moves back and forth between *doing* and *practice* phases. During the early *doing* phases, the themes and notions are introduced through dialogues and activities; during the subsequent *doing* phases, more creative and open-ended activities are included to encourage self-expression and confidence with language use. In between these phases, there are plenty of opportunities to methodically practice what has been introduced.

For each chapter there are Internet activities that can be accessed at the Thomson Heinle website: www.heinle.com. These activities should be completed at the end of the chapter.

The Two *Temi*. There are two *temi* in each chapter. Each *tema* consists of six sections: (1) an "anticipation" section (*Quanto sai già?*), (2) a dialogue (*Dialogo*), (3) a vocabulary and communication section (*Modi di dire*), (4) a grammar section (*Grammatica*), (5) a culture section (*Taccuino culturale*), and (6) an open-ended creative activity (*Momento creativo*).

This sequence happens twice, constituting the main component of a chapter, during which the student is exposed to new material and allowed to absorb it by inferring, anticipating, observing, simulating, and interacting orally, as well as through formal explanations, exercises, pattern practice, and other task-based activities.

Quanto sai già? This is a new section. It is intended to allow students to use previous knowledge of selected structures, vocabulary material, and discourse strategies in a spontaneous fashion. It contains one or two exercise sets designed to get students to infer or anticipate, as best they can, what material is going to be introduced in the *tema*. In this way they are "projected" directly into the subject matter of the *tema*, without formal tutoring.

Dialogo. The aim of the dialogue is to illustrate, by simulation, the main themes and notions to be learned. The dialogues are brief and to the point. But since there are two dialogues per chapter, and seventeen main chapters in all, there is a wealth of dialogue material in the book to give the student a sense of how to put together conversations in functional ways.

Even though each dialogue is controlled for grammar and vocabulary to fit the learning goals of the chapter, an effort has been made to make each dialogue as realistic as possible. The new vocabulary items, whose meaning may not be gleaned from context, are glossed to facilitate comprehension. In later chapters, verbs with irregular conjugation features are identified through footnotes.

Each dialogue section is completed by a comprehension exercise and follow-up vocabulary activity that is designed to allow pairs of students to make up original sentences, phrases, or brief dialogues using the new words and expressions.

Modi di dire. This section allows the learner to practice and expand on new vocabulary and communicative notions. Topics treated here are followed by *Applicazione* sections consisting of appropriate exercises and activities. The general principle guiding the layout of this section is that the break-up of the new lexical and communicative material into small, manageable chunks will give the learner the opportunity to acquire it in a cumulative and gradual fashion. Pattern exercises are interlaced with pair and group activities throughout. Often, personalized activities are used to make the learning of vocabulary more relevant to the student's own experiences.

Grammatica. In this section, the new grammatical structures are explained in simple ways. Comparisons to English form the basis for the explanations. Technical grammatical terms are introduced in Italian from the very beginning.

Like in the *Modi di dire,* the grammatical items are broken up into small chunks, so that they can be learned gradually. *Applicazione* sections follow the featured topics.

Taccuino culturale. This constitutes a cultural module, intended to provide students with relevant information on an aspect of Italian culture. It is preceded and followed by appropriate content and task-based activities. Even though these modules are succinct, there are 34 of them overall, thus giving the student a comprehensive picture of Italian culture over the span of the book.

Momento creativo. At the end of each *tema* a brief communicative activity is included. This activity is designed to allow the students to link their knowledge of vocabulary and grammar to the functional focus of the *tema* in a spontaneous and autonomous fashion.

The Remaining Components of a Chapter

After the two *temi*, four sections complete a chapter: (1) a pronunciation and general comprehension section (*Ascolto*), (2) a *Lettura* section, (3) a *Mondo digitale* section, and (4) a section of review activities (*Sintesi*).

Ascolto. This section describes features of pronunciation, followed by unscripted conversations found on the accompanying CD, which the student will be able to understand after having worked through the *temi* of the chapter. The content questions that follow can also be used as pre-listening guides to comprehension.

The objective of this comprehension component is to go beyond what has been introduced formally in the chapter. By listening and responding to spontaneous conversational exchanges fashioned around the themes of the chapter, the student will thus be projected into authentic communicative situations.

Lettura. This constitutes a reading section broken down into a pre-reading section (*Prima di leggere*), a brief text (*Lettura*), and a follow-up activity section (*Dopo la lettura*).

The *Prima di leggere* component prepares the students to understand the grammatical structures, vocabulary, and/or content of the reading with anticipatory activities (English equivalents, personalized questions, etc.). The *Lettura* exposes students to authentic texts and, thus, gives them the chance to expand their proficiency. New vocabulary items, whose meaning might not be extracted from context, are glossed to facilitate comprehension. The follow-up activities (*Dopo la lettura*) allow the students to test their comprehension of the *Lettura* and to express their opinions on it.

Il mondo digitale. This is a new section. It consists of information, realia, and articles that introduce computer, Internet, and Web-related terminology and ideas functionally. The student can thus "join the global village" in Italian, so to speak. Occasionally, activities that involve Web surfing are included.

The terminology introduced here is not listed in the end-of-chapter vocabulary section or in the glossary at the end of the book for two reasons: (1) it would unnecessarily add to the amount of vocabulary the student is expected to formally learn for testing; (2) a large portion of the terminology is English-based.

Sintesi. This is a review and reinforcement section. It includes another *Momento creativo*, which offers suggestions for scripting role-playing scenarios based on the functional themes of the chapter. These can be prepared by students working in groups before their classroom presentation, or put on spontaneously. Many chapters include an *Avvio allo scrivere* activity that allows students to practice writing.

Lessico utile. The vocabulary items introduced in the *temi* are itemized in a list at the end of the chapter. A synthesis of these lists can be found in the glossaries at the back of the book.

The Design of Chapter 18.
The final chapter exposes students to advanced topics in Italian grammar. These will prepare them for the next stage of learning Italian. Thus, it is intended as a "bridge" chapter to the intermediate level.

Appendices

The appendices contain charts of irregular verbs, charts of verbs conjugated with -*isc*, charts of common verbs conjugated with *essere* in compound tenses, and charts of verbs with spelling peculiarities.

Italian–English/English–Italian Glossaries. These glossaries list all the useful vocabulary introduced in each of the eighteen chapters.

Abbreviations:

_	The underline highlights the main stress of words in cases where it is not predictable. This is used the first time the word is introduced.
m.	masculine gender
f.	feminine gender
s.	singular form
pl.	plural form
-*isc*	This indicates that all present-tense conjugations (present indicative, present subjunctive, imperative) of a third-conjugation verb require the -*isc* affix.
fam.	familiar form
pol.	polite form

Prima di cominciare...

Salutiamoci!

The instructor and the class greet each other.

INSEGNANTE:	Buongiorno classe!	*Good morning, class!*
CLASSE:	Buongiorno professore/ professoressa.	*Good morning, Professor.*
INSEGNANTE:	Come va?	*How's it going?*
STUDENTE/STUDENTESSA 1:	Molto bene!	*Very well.*
INSEGNANTE:	E tu come stai?	*And how are you?*
STUDENTE/STUDENTESSA 2:	Non c'è male grazie!	*Not bad, thanks!*
INSEGNANTE:	Come ti chiami?	*What's your name?*
STUDENTE/STUDENTESSA 3:	Mi chiamo Alexander.	*My name is Alexander.*
INSEGNANTE:	E tu, come ti chiami?	*And what's your name?*
STUDENTE/STUDENTESSA 4:	Mi chiamo Sarah.	*My name is Sarah.*

Now, two students make contact.

STUDENTE/STUDENTESSA 5:	Ciao, Mark, come va?	*Hi, Mark, how's it going?*
STUDENTE/STUDENTESSA 6:	Abbastanza bene, e tu?	*Fairly well, and you?*
STUDENTE/STUDENTESSA 5:	Non c'è male!	*Not bad!*

A. Can you supply the missing parts?

1.

INSEGNANTE:	Buongiorno classe!
CLASSE:	_____

2.

INSEGNANTE:	Come stai?
STUDENTE/STUDENTESSA:	_____

BUONGIORNO PROFESSORE.

3. INSEGNANTE: _____

STUDENTE/STUDENTESSA: Molto bene!

4. INSEGNANTE: Come ti chiami?

STUDENTE/STUDENTESSA: _____

5. INSEGNANTE: _____

STUDENTE/STUDENTESSA: Mi chiamo Daniela.

6. STUDENTE/STUDENTESSA 1: _____

STUDENTE/STUDENTESSA 2: Abbastanza bene, e tu?

STUDENTE/STUDENTESSA 1: _____

B. Now, do the following:

> **MODELLO** Greet the student next to you.
>
> TU: *Ciao!*
> COMPAGNO/A: *Ciao!*

1. Greet the student next to you.
2. Ask him/her how it's going.
3. Ask him/her how he/she is.
4. Ask him/her what his/her name is.

Che cos'è?

una lavagna luminosa

una finestra

una porta

una lavagna

un pezzo di gesso
(*a piece of chalk*)

una scrivania

un banco

C. Your instructor will point to specific things in the classroom and ask you what each one is. You will then answer in an appropriate fashion.

> **MODELLO** window
>
> INSEGNANTE: *Che cos'è?*
> TU: *È una finestra.*

Useful expressions as you communicate with your instructor

Non ho capito.	*I didn't understand.*
Più lentamente, per favore.	*More slowly, please.*
Può ripetere[1], per favore?	*Can you repeat it, please?*

Chi sei?

uno studente   una studentessa   un insegnante (*m.*)/
                                                    un'insegnante (*f.*)

D. Your instructor will ask various students in the class who they are. Each student will answer as in the model.

MODELLO

INSEGNANTE: *Chi sei?*
TU: *Sono uno studente/una studentessa d'italiano.*

Dov'è?

il quaderno   il foglio di carta

la penna
(*pen*)

il libro

la matita
(*pencil*)

[1]Throughout *Adesso!*, whenever an Italian word is pronounced with the stress on a syllable other than the next-to-last one, an underline is used to indicate the accented syllable.

E. Your instructor will ask various students where certain things are. Each student will answer as in the model.

> **MODELLO** pen
>
> INSEGNANTE: *Dov'è la penna?*
> TU: *Ecco la penna.*

L'alfabeto italiano

LETTER	NAME	LETTER	NAME	LETTER	NAME
A	*a*	H	*acca*	Q	*qu*
B	*bi*	I	*i*	R	*erre*
C	*ci*	L	*elle*	S	*esse*
D	*di*	M	*emme*	T	*ti*
E	*e*	N	*enne*	U	*u*
F	*effe*	O	*o*	V	*vi/vu*
G	*gi*	P	*pi*	Z	*zeta*

Altre lettere

LETTER	NAME	LETTER	NAME	LETTER	NAME
J	*i lunga*	W	*vu doppia*	Y	*ipsilon/i greca*
K	*cappa*	X	*ics*		

F. Can you supply the missing letters, naming them as you do so?

1. una finestr___
2. un banc___
3. un'insegnant___
4. una ___atita
5. un ___ibro
6. un ___uaderno
7. una por___a
8. una la___agna
9. un pe___zo di gesso

La lezione d'italiano

TO ONE PERSON	TO THE CLASS	MEANING
Apri il tuo libro!	Aprite i vostri libri!	*Open your book(s)!*
Ascolta!	Ascoltate!	*Listen!*
Attenzione!	Attenzione!	*Be careful!*
Bravo! / Brava!	Bravi!	*Good!*
Chiudi il tuo libro!	Chiudete i vostri libri!	*Close your book(s)!*
Comincia!	Cominciate!	*Begin! / Start!*
Continua!	Continuate!	*Continue!*
Di'!	Dite!	*Say!*
Fa'!	Fate!	*Do!*
Guarda!	Guardate!	*Look!*
Leggi!	Leggete!	*Read!*
Ripeti!	Ripetete!	*Repeat!*
Scrivi!	Scrivete!	*Write!*
Scusa!	Scusate!	*Excuse me!*

G. Your instructor will issue instructions to one person or to the class. Respond to what you hear with an action or a pantomime.

A domani!

INSEGNANTE:	Arrivederci, classe! A domani!	*Good-bye, class. See you tomorrow!*
CLASSE:	Arrivederci, professore/professoressa!	*Good-bye, professor/teacher!*
STUDENTE:	Ciao, Debbie!	*Good-bye, Debbie!*
STUDENTESSA:	Ciao, Mark!	*Good-bye, Mark!*

H. Momento creativo! In pairs, role-play the following scene.

Two students greet each other and ask each other how they are. Then one of the two asks the other what certain things in the room are, pointing to them. The other student answers. Finally, they take leave of each other saying good-bye.

Un caffè, per favore!

1

COMUNICAZIONE

- ordering beverages at a café
- greeting and introducing friends
- asking someone where he/she is from
- asking someone what his/her name is

CULTURA

- coffee preparations and ways to have coffee in Italy
- how Italians greet each other

STRUTTURE E VOCABOLARIO

- **tu** and **Lei** forms of address
- regular nouns
- the indefinite article
- subject pronouns
- the present indicative of **prendere**, **bere**, **essere**, and **stare**
- negating verbs
- numbers from 0 to 20

Quanto sai già?

A. Indovina. (*Guess.*) The following words and expressions are found in the first dialogue. Can you guess their meanings?

1. e
  A. *and*
  B. *or*
2. Sono in un bar.
  A. *They are in a café.*
  B. *They are in Bari (a city in southern Italy).*
3. in via Nazionale
  A. *the national way*
  B. *on National Street*
4. a Roma
  A. *a Roman*
  B. *in Rome*
5. Prego?
  A. *May I help you?*
  B. *May I pay?*
6. per favore
  A. *I need a favor.*
  B. *please*
7. un'acqua minerale
  A. *a mineral water*
  B. *a water bottle*

B. Un po' di cultura. How much do you know about Italian society and culture?

1. **Il bar**, **lo snack bar**, and **il caffè** (*sometimes spelled* **il café**, *as in French*) are street cafés, often with tables on the sidewalk, serving all kinds of beverages as well as pastries, **gelato**, sandwiches, and other snacks. If you have ever been to one, relate your experience to the class.
2. **Signore** is the title for "Mr." or "Sir" and **signorina** is for "Miss" or "Ms." Do you know the title for "professor/teacher"?
3. Do you know what **sì** means? When would you use it? What word is its opposite?

Dialogo

Carla, Franco, Gina e° Gianni sono in un bar in via°   *and • street*
Nazionale a Roma.

BARISTA°:	Prego, signorina. Desidera°?	*bar server • May I help you?*
CARLA:	Un espresso, per favore°.	*please*
BARISTA:	E Lei°, signore, prende qualcosa°?	*you • something*
FRANCO:	Sì, io prendo° un cappuccino.	*I'll have*
BARISTA:	Va bene°. E Lei, cosa° prende?	*OK. • what*
GINA:	Per me un'acqua minerale, per favore. E tu°, Gianni, prendi qualcosa? Un espresso?	*you*
GIANNI:	No, io non prendo niente°, grazie°.	*nothing • thank you*

ECCO A LEI, SIGNORINA!

Comprensione

C. Vero o falso? Indicate whether each statement is true or false. Correct the false statements.

		VERO	FALSO
MODELLO	Gianni prende (*has*) qualcosa. *Falso. Gianni non prende niente.*	❑	☑

		VERO	FALSO
1.	Carla, Franco, Gina e Gianni sono in un bar.	❑	❑
2.	Franco prende un espresso.	❑	❑
3.	Gina prende un caffè.	❑	❑
4.	Carla prende un'acqua minerale.	❑	❑
5.	Il bar è in via Nazionale.	❑	❑

D. With a partner, make up original sentences, phrases, or brief dialogues using the following new words and expressions.

in un bar	*in a café*
in via Nazionale	*on National Street*
Desidera?	*May I help you? / Would you like anything?*
per favore	*please*
Prendi qualcosa?	*Will you have anything?*
Va bene.	*OK.*
Non prendo niente.	*I'll have nothing.*
grazie	*thank you*

Modi di dire

Things to order in a café

un'aranciata	an orange-flavored soda
un bitter	a sparkling bitter drink
una cioccolata calda	a hot chocolate
una granita di caffè	a coffee-flavored ice cup or dessert
una limonata	a lemonade
un succo di frutta	a fruit juice
una spremuta	(squeezed) juice
un tè	a tea

Il caffè!

un caffellatte	coffee and steamed milk in equal portions / a "latte"
un cappuccino	cappuccino (espresso coffee with steamed milk)
corretto	with a dash of liqueur
decaffeinato	decaffeinated
doppio	double
lungo	less concentrated / long
macchiato	with a drop of milk
ristretto	strong / short

Ways to have coffee or tea

amaro	unsweetened
caldo	warm, hot
dolce	sweet
freddo	cold
con zucchero	with sugar
senza zucchero	without sugar

Applicazione

E. Al bar Roma. With a partner in the role of the **barista**, make up brief dialogues following the model.

MODELLO   a regular coffee
— *Prego, signore / signorina. Desidera?*
— *Un caffè, per favore.*
— *Va bene.*

[alternative]
— Prego, signore/signorina. Cosa prende?
— Un espresso, per favore.
— Va bene.

1. a cappuccino
2. a mineral water
3. a sparkling bitter drink
4. a coffee with sugar
5. a coffee without sugar
6. a fruit juice
7. a lemonade
8. an orange-flavored drink
9. a tea
10. a hot chocolate
11. a coffee-flavored ice cup
12. nothing, thank you
13. a "latte"
14. a coffee with a dash of liqueur
15. a decaffeinated coffee
16. a double espresso
17. a long coffee
18. a coffee with a drop of milk
19. a short coffee
20. a cold tea
21. a hot lemonade
22. a sweet coffee
23. a nonsweet coffee
24. a (squeezed) fruit juice

Espressioni e parole utili

Desidera? (*sing.*) **Desiderate?** (*pl., fam.*) **Desiderano?** (*pl., pol.*)	*May I help you? Would you like something?* [used mainly by service people—waiters, store clerks, etc.][1]
grazie	*thank you / thanks*
Non bevo caffè.	*I don't drink coffee.*
Ordina per me!	*Order for me!*
per favore **per piacere** **per cortesia**	*please*
Prego	*You're welcome. / Yes, what can I do for you?*[2]
uno spumone (*m.*)	*a type of gelato (ice cream)*
volentieri	*gladly*
uno zabaione (*m.*)	*an eggnog dessert or pudding, sometimes prepared as a beverage*

Ecco

Ecco is an expression used to indicate or point out people and things.

Ecco il caffè, signore.	*Here's the coffee, sir.*
Ecco Gianni e Gina.	*Here / There are Gianni and Gina.*

[1]The polite form **desidera** is in the third-person singular; it is used with the pronoun **Lei**. The familiar form **desiderate** is in the second-person plural and is used with the pronoun **voi**. The polite form **desiderano** is in the third-person singular and is used with the pronoun **Loro**.
[2]As used in the dialogue, **prego** indicates a readiness to carry out an order: *Yes, what can I do for you?* It can also be used to say, *After you!*

Tu *vs.* **Lei**

Tu and **Lei** both mean *you*. The pronoun **Lei** is the polite or formal form, and **tu** is the familiar or informal form. **Lei** is used to address strangers, people of authority, and anyone else with whom you are not on a first-name basis. **Tu** is used to address family members, close friends, and children.

TU	**LEI**
Franco, cosa prendi tu?	**Signor Bianchi, cosa prende Lei?**
Franco, what are you having?	*Mr. Bianchi, what are you having?*
Per me, un tè. E tu, Maria?	**Per me, un bitter. E Lei, signorina?**
A tea for me. And you, Maria?	*A sparkling bitter drink for me. And you, Miss?*

Applicazione

F. Desidera? In groups, create short dialogues following the model.

MODELLO   Carla wants a strong coffee.
— *Prego, signorina, desidera?*
— *Un caffè ristretto, per favore/piacere/cortesia.*
— *Va bene.*

Gianni wants a decaffeinated coffee, and Gina wants an espresso coffee.
— *Prego, desiderano/desiderate?*
— *Per me, un caffè decaffeinato, per favore/piacere/cortesia.*
— *Per me, un espresso, grazie.*
— *Va bene.*

1. Carla wants a lemonade.
2. Franco wants a long coffee, and Maria wants a sweet coffee.
3. Gina wants a zabaione.
4. Gianni wants a coffee with milk, and Lorenzo wants a double coffee with sugar.
5. Claudia wants a coffee with a drop of milk.
6. Marco wants an espresso, and Isabella wants a hot chocolate.
7. Laura wants a cold coffee, and Dina wants a tea without sugar.
8. Sandra wants a decaffeinated coffee.

G. Al Bar Venezia. In groups of two or three, act out the following dialogues as in the model. Be sure to use the **Lei** and **tu** forms in an appropriate manner.

MODELLO	BARISTA:	Will you have something, sir?
	CLIENTE:	I'll have a mineral water, please.
	BARISTA:	*Prende qualcosa Lei, signore?*
	CLIENTE:	*Sì, io prendo un'acqua minerale, per favore/piacere/cortesia.*
	ROSSELLA:	Marco, please order a tea for me.
	MARCO:	Sure, gladly.
	ROSSELLA:	*Marco, per favore ordina un tè per me.*
	MARCO:	*Sì/Va bene, volentieri.*

1.   BARISTA: What will you have, Miss?
       CLIENTE: I'll have an espresso, thank you.
2.   CARLA: Here's Marco. Marco, will you have something?
         MARCO: No, I don't want anything, thanks.

3. GIANNI: Here are Franco and Gina. Franco, what will you have?

FRANCO: I'll have a squeezed juice, thanks.

GIANNI: And you, Gina?

GINA: For me, a coffee-flavored ice cup.

4. BARISTA: May I help you, sir?

CLIENTE 1: I'll have a short espresso, please.

BARISTA: And you, Miss, what will you have?

CLIENTE 2: For me, a double espresso, thank you.

BARISTA: You're welcome.

5. BEATRICE: Carlo, order a spumone (*ice cream*) for me, please?

CARLO: Yes, gladly.

H. Prendi qualcosa? Ask a partner if he/she wants to have something to drink. He/She answers indicating the following beverages. Finally, one of you asks your instructor the same thing. Follow the model.

MODELLO un espresso

TU: (*Joanne*), *prendi qualcosa?*

COMPAGNO/A: *Sì, va bene, prendo un espresso.*

TU: *E Lei, professore/professoressa?*

PROF./A: *No, non prendo niente, grazie.*

1. un caffè ristretto

2. un caffè lungo

3. un espresso decaffeinato

4. un caffè amaro

5. un'acqua minerale

6. un succo di frutta

7. una cioccolata calda

8. un caffè macchiato

9. una granita di caffè

I. Sondaggio! Using the questions provided, conduct a survey of your classmates to learn about their coffee preferences, and then report your findings to the rest of the class. Note that one or more responses can be chosen for each question.

1. Come (*How*) prendi il caffè?

A. Non bevo caffè.

B. espresso

C. macchiato

D. decaffeinato

E. lungo

F. doppio

G. ristretto

2. Come ti piace il caffè? (*How do you like coffee?*)

A. Non bevo caffè.

B. amaro

C. dolce

D. con zucchero

E. senza zucchero

3. Quanti caffè prendi al giorno? (*How many cups of coffee do you have per day?*)

A. Non bevo caffè.

B. da uno a tre (*from one to three*)

C. più di tre (*more than three*)

4. Dove (*Where*) prendi il caffè generalmente (*generally*)?

A. Non bevo caffè.

B. a casa (*at home*)

C. fuori casa (*outside*)

Grammatica

Il presente indicativo (*present indicative*) di *prendere* e *bere* e i pronomi soggetto (*subject pronouns*)

When ordering beverages, the verbs **prendere** (*to have, take*) and **bere** (*to drink*) will come in handy. Notice that there is no need to use the subject pronouns in simple sentences. In Italian, the form of the verb indicates who or what the subject is.

Tu prendi il tè.	=	**Prendi il tè.**
You are having tea.	=	*You are having tea.*
Lui beve un espresso.	=	**Beve un espresso.**
He's drinking an espresso.	=	*He's drinking an espresso.*

prendere

(io) *I*	**prendo**	un caffè.	*I'm having a coffee.*
(tu) *You*	**prendi**	una limonata.	*You're having (sing., fam.) a lemonade.*
(lui) *He*	**prende**	un tè.	*He is having a tea.*
(lei) *She*	**prende**	un tè.	*She is having a tea.*
(Lei) *You*	**prende**	un tè.	*You (sing., pol.) are having a tea.*
(noi) *We*	**prendiamo**	una Coca-Cola.	*We are having a Coke.*
(voi) *You*	**prendete**	un bitter.	*You (pl.) are having a sparkling bitter.*
(loro) *They*	**prendono**	un espresso.	*They are having an espresso.*

bere

(io)	**bevo**	un caffè.	*I'm drinking a coffee.*
(tu)	**bevi**	una limonata.	*You're drinking (sing., fam.) a lemonade.*
(lui)	**beve**	un tè.	*He is drinking a tea.*
(lei)	**beve**	un tè.	*She is drinking a tea.*
(Lei)	**beve**	un tè.	*You (sing., pol.) are drinking a tea.*
(noi)	**beviamo**	una Coca-Cola.	*We are drinking a Coke.*
(voi)	**bevete**	un bitter.	*You (pl.) are drinking a sparkling bitter.*
(loro)	**bevono**	un espresso.	*They are drinking an espresso.*

Applicazione

J. Ordiniamo. Specify what café items each person orders using the verb **prendere** and the subject pronouns as indicated. As you do this, pay attention to the forms of the indefinite article (**un**, **una**, and so on), because you will learn about these next.

MODELLO   Mario/un cappuccino
Mario prende un cappuccino.

lui/un cappuccino
Lui prende un cappuccino.

1. io/una granita
2. noi/una limonata
3. io e tu/un cappuccino
4. tu/un tè
5. lui/un'aranciata
6. lei/uno zabaione

7. Maria/uno spumone
8. Lei/un caffellatte
9. voi/un bitter
10. loro/un'acqua minerale
11. Gina e Franco/un espresso
12. io/un caffè

K. Cosa bevi? Now indicate what each person is drinking using the verb **bere**, the subject pronouns, and the appropriate forms of the indefinite article provided.

MODELLO   tu/un'aranciata
Tu bevi un'aranciata.

1. Marcello/un'acqua minerale
2. noi/una cioccolata calda
3. io/un tè freddo
4. il signore e la signorina/ un caffè macchiato
5. voi/una spremuta

6. Alessandro/un caffè ristretto
7. Sara/un cappuccino
8. tu/un succo di frutta
9. io e tu/un caffè caldo
10. loro/un bitter

Nomi

Unlike English, Italian nouns (**nomi**) are always marked for gender. They are either masculine (**maschile**) or feminine (**femminile**).

- In general, nouns that end in **-o** are masculine: **cappuccino, zucchero**.

- Nouns that end in **-a** are usually feminine: **limonata, cioccolata**.

- If the noun ends in **-e**, the ending will not tell you if the noun is masculine or feminine—the article will: **un caffellatte** (*m.*), **una minerale** (*f.*) (an abbreviated way of saying **un'acqua minerale**).

Here are some peculiarities that will be discussed in more detail later on:

- **barista** can be masculine or feminine: **un barista** (*m.*), **una barista** (*f.*)

- **bitter** ends in a consonant: **un bitter** (*m.*); such words are (normally) masculine

- **caffè** and **tè** end in an accented vowel: **un caffè** (*m.*), **un tè** (*m.*)

L'articolo indeterminativo

As you may have figured out by now, the forms of the indefinite article (**l'articolo indeterminativo**), which generally correspond to the English forms *a* and *an*, are as follows:

MASCULINE FORMS

- **uno** before a masculine noun beginning with **z** or with **s** plus consonant

  uno zabaione, uno spumone

FEMININE FORMS

- **una** before a feminine noun beginning with any consonant

  una limonata, una granita

- **un** before a masculine noun beginning with any other consonant or with any vowel:

  un cappuccino, un espresso

- **un'** before a feminine noun beginning with any vowel:

  un'aranciata, un'acqua minerale

Anche

The adverb **anche** means *also, too*. It can be abbreviated to **anch'** before **io**.

Anche Marco beve un tè.	*Marco is also drinking tea.*
Anch'io prendo un caffè.	*I'll have a coffee, too.*

Applicazione

L. Anch'io. Ask a partner what he/she is drinking. He/She answers as indicated and then asks you what you're having. Say that you are having the same thing. Pay attention to the indefinite article forms.

> **MODELLO** cappuccino
>
> TU: *(Bill), cosa bevi?*
> COMPAGNO/A: *Bevo un cappuccino. E tu?*
> TU: *Anch'io prendo un cappuccino.*

1. caffè ristretto
2. tè
3. espresso
4. acqua minerale

5. granita di caffè
6. succo di frutta
7. aranciata
8. limonata

M. Parliamone. Express the following in Italian.

> **MODELLO** Say that you and Carla are having a tea.
> *Io e Carla prendiamo un tè.*
>
> Ask Marco if he too is drinking an espresso.
> *Marco, anche tu bevi un espresso?*

Say that . . .

1. Maria is having a decaffeinated cappuccino.
2. Gianni is drinking a coffee with sugar.
3. you, Carla, and Franco are drinking a lemonade.
4. Gina and Gianni are drinking a tea without sugar.
5. you are drinking a cold coffee.
6. Carla and Claudia are drinking a hot chocolate.

Ask . . .

7. Carla if she'll have a mineral water.
8. Franco if he too is drinking a cappuccino.
9. Carla and Gina if they are having an eggnog dessert.
10. Carla and Claudia what they are drinking.

Have you had espresso coffee? How did you like it? How about cappuccino?

Italians often go to a café (**al bar**) to get a cup of coffee and something to eat. A **barista** serves the client at a counter (**al banco**). At a table (**al tavolo**), customers are waited on by a waiter (**un cameriere**) or a waitress (**una cameriera**). Generally the price (**il prezzo**) is higher at a table than at the counter. If you prefer to stand at the counter, it is necessary to pay at the cash register (**alla cassa**) first and then give the receipt (**lo scontrino**) to the **barista** for your food or beverage.

When you order coffee in Italy, you will get **espresso**, a strong black coffee. It is served in small cups.

The word **cappuccino** is derived from the name of the Capuchin order of monks, whose name in turn refers to their cowl or hood (**il cappuccio**). The drink is called this because it seems to have a "hood" of frothed milk and because of the resemblance of the coffee's color to the monk's brown robes. Italians drink **cappuccino** during the day, but not normally in the evenings, and certainly rarely (if ever) after a meal.

N. Ricerca. In groups of three or four, carry out the following research project and then report your findings to the class.

1. How is **espresso** made (with what kinds of beans, with what process, etc.)?

UN BAR ITALIANO

2. What is the price (**il prezzo**) of coffee today in Italy?

3. Give a brief history of coffee, using as many Italian words as you can.

👥 **O. Pubblicità.** Look at the ad on page 18. With a partner, look up as many of the words and expressions as you can, reporting what you find back to the class. Do not worry about the level of Italian. Just try to get as much out of the ad as you can.

PIACERI
di Marita Sostero

COFFEE
SHOP

ESPRESSO.
PERFETTO A CASA,
IN UFFICIO,
IN VIAGGIO. CON
IL SAPORE
FORTE
DEL DESIGN

1. Con la macchina espresso Magimix di Giannini si possono usare polvere o cialde. Con arresto automatico di sicurezza. €319.
2. Decorate da chicchi di caffè, le tazzine Aroma di Thun. La confezione da 6, €80. 3. Design giapponese per la nuova macchina Granos di Bodum in acciaio, alluminio e polistrene. Da €599. 4. Caffè ovunque con la Moka elettrica Easy di Bialetti. €67,11 la 3 tazze. 5. Coffee Mix di R2S serve a rendere spumoso l'espresso. Da Moroni Gomma, €10.

GIOIACASA **109**

P. Al bar. Two friends are at an Italian café. In groups of three—the two friends and a bar server/waiter/waitress—act out a dialogue freely, using the ways of speaking and communicating that you have learned so far.

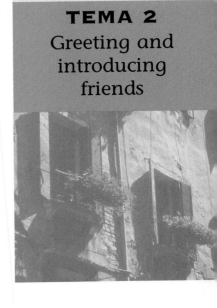

A. Indovina. The following expressions are found in the dialogue. Can you guess their meanings? Match the Italian sentences on the left with their English equivalents on the right.

1. Loro sono due amici americani.
2. Ciao a tutti!
3. Loro sono in vacanza.
4. Entrano nel bar.
5. Dove sono?
6. Nel bar ci sono Carla e Gianni.
7. Salve!
8. Come stai?
9. Io sto molto bene.
10. Non c'è male.
11. Ma sono d'origine italiana.
12. Infatti, mi chiamo Maria.
13. Prendono qualcosa da bere insieme.

A. *In fact, my name is Maria.*
B. *They're having something to drink together.*
C. *But I'm of Italian origin.*
D. *Not bad.*
E. *I'm very well.*
F. *Greetings!/Hello!*
G. *They're two American friends.*
H. *Hi, everyone!*
I. *Carla and Gianni are in the café.*
J. *How are you?*
K. *Where are they?*
L. *They enter the café.*
M. *They're on holiday.*

B. The expression **Come ti chiami?** is used to ask someone what his/her name is. **Mi chiamo** (*My name is*) means literally *I call myself*. Now, act out the following short dialogue with a partner.

MODELLO

TU: *Come ti chiami?*
COMPAGNA: *Mi chiamo Debbie. E tu, come ti chiami?*
TU: *Mi chiamo Glenda.*

C. Ti presento... In groups of three, act out brief dialogues as indicated, following the model.

MODELLO Introduce Debbie to Bill

TU: *Bill, ti presento Debbie.*
BILL: *Piacere!* (A pleasure!)
DEBBIE: *Di dove sei?* (Where are you from?)
BILL: *Sono di Milwaukee.* (I'm from Milwaukee.) *E tu?*
DEBBIE: *Anch'io sono di Milwaukee./Sono di Houston.*

Dialogo

Bill e Debbie sono due amici° americani[3] di Carla. Sono in vacanza° in Italia. Entrano° nel bar dove° ci sono Carla, Franco, Gina e Gianni.

friends • vacation • They enter • where

CARLA: Ah, ecco Bill e Debbie. Salve°!
BILL E DEBBIE: Ciao a tutti°!
CARLA: Come state°?
BILL: Io sto molto bene°, grazie.
DEBBIE: Anch'io. E tu, Carla, come stai?
CARLA: Non c'è male°. Bill, Debbie, vi presento° Gina, Franco e Gianni.

Greetings!/Hello!
everyone
How are you (pl.)?
very well

not bad • let me introduce you (pl.) to

[3]Notice that adjectives referring to nationality are not capitalized (unless, of course, they are the first word in a sentence).

CIAO! COME VA?

DEBBIE E BILL: Piacere°! *A pleasure!*

CARLA: Bill e Debbie sono amici americani.

GIANNI: Ah sì? Bill, di dove sei°? *where are you from?*

BILL: Sono di New York.

GINA: E tu, Debbie, di dove sei?

DEBBIE: Io, invece, sono di Chicago, ma sono d'origine
italiana°. Infatti, mi chiamo° Debbie Rossi. *of Italian origin •*
my name is

Gli amici prendono qualcosa da bere insieme°. *together*

Comprensione

D. Complete each sentence with appropriate words or expressions.

1. Bill e Debbie sono due _____ di _____.

2. Sono in _____ in Italia.

3. Entrano nel bar dove _____ Carla, Franco, Gina e Gianni.

4. Carla dice (says): _____.

5. Bill e Debbie dicono (say): _____.

6. Bill sta (is) _____.

7. Anche _____ sta molto bene.

8. Carla presenta (introduces) Bill e Debbie a _____.

9. Bill è di _____.

10. Debbie è di _____.

11. Debbie è d'_____ italiana.

12. Gli amici prendono _____ insieme.

👥 **E.** With a partner, make up original sentences, phrases, or brief dialogues using the following new words and expressions.

amico	*friend*
americano	*American*
in vacanza	*on holiday*
entrano nel bar	*they enter the café*
dove	*where*
ci sono	*there are*
Salve!	*Greetings!*
Ciao a tutti!	*Hi, everyone!*
come	*how*
bene	*well*
invece	*instead*
origine	*origin*
infatti	*in fact*
insieme	*together*

Modi di dire

Come stai?

Come stai?	*How are you (fam., sing.)?*
Come state?	*How are you (fam., pl.)? [used as well as a generic plural form, even when addressing strangers]*
bene	*well*
abbastanza bene	*rather / quite well*
molto bene	*very well*
benissimo	*very well (with some emphasis)*
così così	*so so*
male	*not well / bad*
non c'è male	*not bad*

Come ti chiami?

Come ti chiami?	*What's your name (fam., sing.)?*
Mi chiamo Alessandro.	*My name is Alessandro.*
Come vi chiamate?	*What's your name (fam., pl.)? [used as well as a generic plural form, even when addressing strangers]*
Io mi chiamo Sara e lui si chiama Marco.	*My name is Sara and his name is Marco.*

Di dove sei?

Di dove sei?	*Where are you from (fam., sing.)?*
Di dove siete?	*Where are you from (fam., pl.)?* [used as well as a generic plural form, even when addressing strangers]
Sono di + *city name.*	
Sono di Pisa.	*I'm from Pisa.*

Applicazione

F. Come stai? Greet the student next to you. He/She responds as indicated. You then answer also as indicated.

MODELLO well/not bad

TU: *Ciao/Salve, (Martha). Come stai?*
COMPAGNO/A: *Sto bene, grazie. E tu, come stai?*
TU: *Non c'è male.*

1. well/very well
2. not bad/very well (with some emphasis)
3. so so/quite well
4. not well/fine

G. Come state? Greet any two students together, asking them how they are. Each one responds freely.

MODELLO

TU: *Ted e Cathy, come state?*
TED: *Io sto bene/male/ecc.*[4]
CATHY: *Sto così così/molto bene/ecc.*

H. Come ti chiami? With a partner, create a short dialogue following the model.

MODELLO

TU: *Salve! Come ti chiami?*
GEORGE: *Ciao! Mi chiamo George. E tu, come ti chiami?*
TU: *Mi chiamo Lisa. Di dove sei George?*
GEORGE: *Sono di Boston. E tu, Lisa, di dove sei?*
TU: *Anch'io sono di Boston./Io, invece, sono di Miami.*

I. Come vi chiamate? With two partners, create a short dialogue following the model.

MODELLO

TU: *Come vi chiamate?*
TRISH: *Io mi chiamo Trish.*
JILL: *E io mi chiamo Jill.*
TU: *Di dove siete?*
TRISH: *Io sono di Phoenix.*
JILL: *Anch'io sono di Phoenix./Io, invece, sono di Erie.*

[4]"Ecc." translates as "etc."

MODELLO

       TU: *George, ti presento Debbie.*
   GEORGE: *Piacere, Debbie. Di dove sei?*
  DEBBIE: *Sono di Chicago. E tu, di dove sei?*
  GEORGE: *Io, invece, sono di Madison, ma sono d'origine italiana.*

Esserci

Esserci is a form of the verb **essere** (*to be*) which means literally *to be here/there*.

SINGULAR	**PLURAL**
c'è	**ci sono**
here/there is	*here/there are*
C'è Gianni?	**Ci sono Gianni e Tina?**
Is Gianni here/there/in?	*Are Gianni and Tina here/there/in?*
No, non c'è.	**No, non ci sono.**
No, he's not here/there/in.	*No, they are not here/there/in.*

Recall that **ecco** is used to point out someone.

ESSERCI	**ECCO**
Nel bar c'è Sara.	**Ecco Sara!**
Sara is in the café.	*There's Sara!*
Ci sono anche Marco e Alessandro.	**Ecco Marco e Alessandro!**
Marco and Alessandro are also there.	*Here are Marco and Alessandro!*

Ciao!

Ciao is the familiar form for greeting someone and saying good-bye.

Ciao, Alessandro, come stai?	*Hi, Alessandro, how are you?*
Ciao, Jennie!	*Bye, Jennie!*

Applicazione

K. In italiano. Express the following in Italian following the model.

MODELLO   Greet Debbie.
               Ciao, Debbie!/Salve Debbie!

1. Greet Marco.
2. Say hi to everyone.
3. Say bye to Nora.
4. Say that Giacomo and Franca are here.
5. Point out Giacomo and Franca.
6. Ask if Maria is here.
7. Ask if Laura and Loredana are here.
8. Ask if your instructor is here.
9. Point out your instructor.
10. Say that Bruno and Rosella are drinking espresso in a café.

L. Ciao! In pairs, act out these short dialogues.

> **MODELLO** Greet your partner.
>
> TU: *Ciao!*
> COMPAGNO/A: *Salve!/Ciao!*

1. Greet your partner.
2. Ask him/her what his/her name is.
3. Ask him/her how he/she is.
4. Ask him/her where he/she is from.
5. Ask him/her if the instructor is here.
6. Ask him/her where the instructor is.
7. Introduce your partner to another student.
8. Finally, introduce your partner to the entire class.

Grammatica

Essere

You have been using various forms of the verb **essere** (*to be*): **Di dove sei? Sono di Boston.** It is conjugated in the present indicative as follows:

(io)	**sono**	italiano/a.	*I am Italian (m./f.).*
(tu)	**sei**	di Roma.	*You (sing., fam.) are from Rome.*
(lui)	**è**	di Seattle.	*He is from Seattle.*
(lei)	**è**	di Seattle.	*She is from Seattle.*
(Lei)	**è**	di Seattle.	*You (sing., pol.) are from Seattle.*
(noi)	**siamo**	amici.	*We are friends.*
(voi)	**siete**	americani.	*You (pl.) are American(s).*
(loro)	**sono**	due amici.	*They are two friends.*

The accent mark on the third-person singular form—**è**—distinguishes it from the conjunction **e** (*and*).

Jim e Karen sono americani. — *Jim and Karen are Americans.*

Lui è di New York e lei è di Memphis. — *He is from New York and she is from Memphis.*

Applicazione

M. Practice the verb **essere**, filling in the spaces with the appropriate forms.

1. Carla, Franco e Debbie _____ in un bar in via Garibaldi.
2. Jim e Sarah _____ studenti americani.

3. Il signor Marchi _____ un professore.

4. Loro _____ di Boston, mentre Marcello _____ di Cambridge.

5. Voi due, di dove _____?

6. Noi _____ di Bologna.

7. E tu, di dove _____?

8. Io _____ di Napoli.

9. Marco _____ di Palermo.

10. Maria e Betty _____ di Bari.

11. Signorina, Lei di dove _____?

Stare

The verb **stare** means *to stay*, except when it is used to ask how one is. In this and a few other cases, it translates as *to be*. You will learn more about this verb in later chapters.

Come stai?	How are you?
Sto bene, grazie.	I'm fine, thanks.

It is conjugated in the present indicative as follows:

(io)	**sto**	molto bene.	I'm very well.
(tu)	**stai**	così così.	You (sing., fam.) are so so.
(lui)	**sta**	bene.	He is well.
(lei)	**sta**	bene.	She is well.
(Lei)	**sta**	bene.	You (sing., pol.) are well.
(noi)	**stiamo**	bene.	We are well.
(voi)	**state**	così così.	You (pl.) are so so.
(loro)	**stanno**	male.	They aren't well.

Verbi negativi

To make any verb negative, just put **non** before it.

AFFIRMATIVE	**NEGATIVE**
Io sono di Roma.	**Io non sono di Roma.**
I'm from Rome.	*I am not from Rome.*
Maria prende un caffè.	**Maria non prende niente.**
Maria is having a coffee.	*Maria is not having anything.*
Lui è italiano.	**Lui non è italiano.**
He's Italian.	*He is not Italian.*
C'è il professore.	**Non c'è il professore.**
The instructor is here.	*The instructor is not here.*

Applicazione

N. Practice the verb **stare**.

> **MODELLO**   Say how you are.
> *Io sto molto bene/così così.*

1. Ask a partner how he/she is.
2. Ask your instructor how he/she is [use the polite form].
3. Ask two students how they are.
4. Say that you and your partner are well.
5. Say that Maria and Franco are not feeling well.
6. Say that you are also not feeling well.

O. Essere o stare? Complete the following sentences with the correct form of either **essere** or **stare** according to the sense.

1. Ciao a tutti! Come _____?

2. Jim, di dove _____?

3. Io _____ di Hartford.

4. Voi _____ americani?

5. No, noi _____ d'origine italiana.

6. Come _____, Paul?

7. Io _____ abbastanza bene, grazie.

8. E il professore/la professoressa, come _____?

P. Mi chiamo... Express the following in Italian.

1. Say that your name is Alessandro and that you are from Rome.
2. Ask if Giuseppe and Vera are here.
3. Point out Giuseppe and Vera.
4. Say that the instructor is not well.
5. Introduce Gianni to Francesca.
6. Say that Bar Italia is on Verdi Street.
7. Say that you are drinking a cappuccino.
8. Say that Bill is American but that Debbie is of Italian origin.

I numeri da zero a venti

0	zero	7	sette	14	quattordici
1	uno	8	otto	15	quindici
2	due	9	nove	16	sedici
3	tre	10	dieci	17	diciassette
4	quattro	11	undici	18	diciotto
5	cinque	12	dodici	19	diciannove
6	sei	13	tredici	20	venti

Note that the number 1, **uno**, is equivalent to the indefinite article when it is used before a noun.

un amico	*one friend*	*= a friend*
un'amica	*one friend*	*= a friend*
uno zabaione	*one eggnog*	*= an eggnog*
una limonata	*one lemonade*	*= a lemonade*

Applicazione

Q. Complete each sequence logically.

1. due, quattro, sei, ...

2. dieci, nove, otto, ...

3. zero, tre, sei, ...

4. quattro, sei, otto, ...

5. otto, nove, dieci, ...

6. due, quattro, otto, ...

7. dieci, dodici, quattordici, ...

8. venti, diciannove, diciotto, ...

9. zero, cinque, dieci, ...

10. dieci, undici, dodici, ...

TACCUINO CULTURALE   Salutarsi

Have you ever been greeted by an Italian? Did you notice any differences in the way you were greeted?

Italians often greet friends or close acquaintances whom they have not seen for a while with a hug, a handshake, a pat on the shoulder, and/or a light kiss on both cheeks. When some people kiss, they touch cheeks without lip contact.

For Italians, it is very important to know where a person is from. If asked, **Di dove sei?**, they think about where they were born, not where they are currently living.

R. Salutarsi. Greet classmates in Italian using appropriate body language.

CIAO! COME VA?

MOMENTO
Creativo

S. Lavoro di gruppo. Act out the following situation with other students.

You run into an old friend whom you haven't seen for a while at a café. First you greet each other, and then the both of you order something to drink. While you are drinking, two other friends enter. You introduce the previous friend to the two new arrivals.

Le vocali

As you listen to the CD, pay particular attention to the pronunciation of the vowels. In Italian, each of the vowels (**a, e, i, o, u**) stands, in general, for a single sound. The **e** and **o** may be pronounced as open or closed sounds. This feature varies in Italy according to the region.

a	[a]	«ah» as in *father*	**aranciata**
e	[e]	«eh» as in *pen*	**bene**
i	[i]	«eeh» as in *week*	**sì**
o	[o]	«oh» as in *boss*	**no**
u	[u]	«ooh» as in *boot*	**tu**

Comprensione generale

A. Now, listen carefully to the conversation on the CD and see if you can determine the following:

1. come si chiama ciascuna persona (*the name of each person*)
2. come sta (*how each one is feeling*)
3. di dov'è (*where each one is from*)
4. cosa ordina (*what each one orders*)

B. Reconstruct the conversation freely with other students.

Lettura

Prima di leggere

A. Cos'è...? (*What is . . . ?*) Try to figure out the English equivalents of the following items.

1. un caffè normale
2. un caffè semplice
3. un bicchiere di vino
4. vino locale
5. vino di marca
6. un fiasco di vino
7. una bottiglia di vino

B. Vino e caffè. Which of the adjectives, **bianco**, **rosso**, **dolce**, or **secco**, describe wine or coffee, or both? Can you give their English equivalents?

Lettura

C. What do you think a **barista pignolo** might say or do? After you have read the **Lettura**, you will be able to see if you guessed correctly.

Il barista pignolo°!   *picky*

Un signore entra in un bar.

SIGNORE:	Un bicchiere° di vino, per favore.	*drinking glass*
BARISTA:	Bianco° o rosso°?	*white • red*
SIGNORE:	Rosso!	
BARISTA:	Dolce° o secco°?	*sweet • dry*
SIGNORE:	Secco!	
BARISTA:	Locale° o di marca°?	*local • brand-name*
SIGNORE:	Locale!	
BARISTA:	Di fiasco° o di bottiglia°?	*in a flask • bottled*
SIGNORE:	Non importa°! Un caffè, per favore!	*It doesn't matter*
BARISTA:	Normale o macchiato?	
SIGNORE:	Normale!	
BARISTA:	Ristretto o lungo?	
SIGNORE:	Ristretto!	
BARISTA:	Corretto o semplice?	

A questo punto°, il signore scappa° disperato°!   *at this point • runs away •*
(Da: *Divertenti storie italiane* di L. Fabbri)   *in desperation*

Dopo la lettura

D. Non è vero! Correct each statement following the model.

MODELLO   Un signore entra in una casa (*house*).
No, non entra in una casa, entra in un bar.

1. Desidera un bicchiere di vino bianco.
2. Desidera un bicchiere di vino dolce.
3. Desidera un bicchiere di vino di marca.
4. Desidera un caffè macchiato.
5. Desidera un caffè lungo.
6. Il signore rimane (*remains*).

👥 **E. Non importa!** With a partner, act out scenes imitating the dialogue.

MODELLO cappuccino
Un cappuccino, per favore.
Caldo o freddo?
Caldo.
Amaro o dolce?
Non importa! Non prendo niente.

1. bicchiere di vino [*Use:* **bianco**, **rosso**, **secco**, **dolce**]
2. caffè
3. tè
4. qualsiasi altra bevanda (*any other beverage*)

Il mondo digitale

L'indirizzo e-mail

anna@miller.provider.it
↓   ↓ ↓↓   ↓ ↓↓
1   2   3 4   5 67

1.	nome utente	*user name*
2.	chiocciola	*at*
3./5.	nome di dominio	*domain name*
4./6.	punto	*dot*
7.	Italia	*Italy*

A. Obtain the e-mail address of a partner. Then, after class, send him/her an e-mail message in Italian. Ask your teacher for vocabulary help. Read your message at the next class.
Your message should contain the following:

1. how he/she has coffee
2. what beverages he/she drinks often
3. would he/she like to go with you to a café later that day

Finally, read your partner's e-mail address in Italian.

A. **Opinioni.** Ask a partner if he/she will have something to drink (as indicated). Your partner will indicate whether he/she likes or does not like your suggestion. Follow the model.

mi piace	*I like*
non mi piace	*I do not like*

MODELLO   cappuccino
— *Prendi un cappuccino?*
— *Sì, mi piace./No, non mi piace.*

1. espresso
2. cioccolata calda
3. tè
4. limonata
5. aranciata

6. bitter
7. granita di caffè
8. succo di frutta
9. spumone

B. **Situazioni.** Choose the appropriate response.

1. If you are at a bar and do not want anything, you would say . . .
   A. Non prendo niente, grazie!
   B. Non importa!
2. If you are **al banco**, then you are being served by . . .
   A. un cameriere/una cameriera
   B. un barista/una barista
3. How would you ask a group of other students where they are from?
   A. Di dove siete?
   B. Di dove sei?
4. How would you introduce a friend to another friend?
   A. Vi presento...
   B. Ti presento...
5. If you see Alessandro coming, how would you point him out?
   A. C'è Alessandro!
   B. Ecco Alessandro!
6. How would you ask if Bill and Debbie are in the bar?
   A. Ecco Bill e Debbie?
   B. Ci sono Bill e Debbie?
7. How would you ask several people if they are having anything?
   A. Prendete qualcosa?
   B. Prendi qualcosa?
8. A **barista** would ask you . . .
   A. Prego, signore/signorina. Desidera?
   B. Non importa!

C. **Verbi.** Write sentences with the verbs **prendere**, **bere**, **essere**, and **stare**.

MODELLO   Giancarlo
Giancarlo prende un caffè/una limonata/ecc.
Giancarlo beve un'aranciata/un bitter/ecc.
Giancarlo è di Venezia/Milano/ecc.
Giancarlo sta abbastanza bene/così così/ecc.

1. io
2. tu
3. due studenti americani
4. noi

5. voi
6. Alessandro
7. Sara

D. Cultura italiana. Do the following things with a partner.

1. Greet him/her using appropriate body language.
2. Ask him/her all the type of personal information you have learned about in the chapter (name, place of origin, etc.).
3. Explain the difference between:
   A. **al tavolo** and **al banco**
   B. **un/una barista** and **un cameriere/una cameriera**
4. Explain what you need to get before ordering a beverage **al banco**.
5. Where do you get it?
6. When is it appropriate to have **cappuccino**?

E. With a partner, make an ad for Italian coffee.

Lessico utile

NOMI

un'acqua minerale *mineral water*
un amico/un'amica *a friend*
un'aranciata *an orange-flavored soda*
un bar *a café*
un/una barista *a bar server*
un bitter *a sparkling bitter drink*
un caffè *a coffee*
un caffellatte *a coffee and milk*
un cameriere/una cameriera *a waiter/waitress*
un cappuccino *a cappuccino*
una cioccolata calda *a hot chocolate*
un espresso *an espresso*

una granita *an ice dessert*
una limonata *a lemonade*
un signore *a gentleman, Mr.*
una signorina *a young lady, Ms., Miss*
una spremuta *(squeezed) juice*
uno spumone *a spumone ice cream*
un succo *a juice*
un tè *a tea*
una vacanza *a vacation*
una via *a street, road*
uno zabaione *an eggnog dessert*
lo zucchero *sugar*

AGGETTIVI

amaro *bitter*
americano *American*
caldo *warm, hot*
corretto *with a dash of liqueur*
decaffeinato *decaffeinated*
dolce *sweet*
doppio *double*

freddo *cold*
italiano *Italian*
lungo *long/less concentrated*
macchiato *with a drop of milk*
minerale *mineral*
normale *regular, normal*
ristretto *strong/short*

VERBI

bere *to drink*
chiamarsi *to be called*
desiderare *to want*
entrare *to enter (in)*
esserci *to be there*

essere *to be*
prendere *to take, to have (something)*
presentare *to introduce*
stare *to stay, to be*

AVVERBI

abbastanza *quite, rather*
anche *also, too*
bene *well*
così così *so so*
insieme *together*

male *bad, not well*
molto *very*
niente *nothing*
non c'è male *not bad*
volentieri *gladly*

ALTRI VOCABOLI/ESPRESSIONI

a *to, at*

al banco *at the counter*

al tavolo *at the table*

alla cassa *at the cashier's*

Ciao! *Hi!/Bye!*

come *how*

con zucchero *with sugar*

con *with*

cosa *what*

dove *where*

e *and*

ecco *here is (are)/there is (are)*

grazie *thank you*

in *in, at*

infatti *in fact*

invece *instead*

io *I*

Lei *you (pol.)*

lei *she*

loro *they*

lui *he*

ma *but*

no *no*

noi *we*

o *or*

per favore/piacere/cortesia *please*

per Lei *for you (pol.)*

per me *for me*

Piacere! *A pleasure!*

prego *May I help you?/You're welcome.*

qualcosa *something*

Salve! *Greetings!*

senza zucchero *without sugar*

senza *without*

sì *yes*

tu *you (fam.)*

tutti *everyone, everybody*

va bene *OK*

voi *you (pl.)*

Buongiorno!

2

COMUNICAZIONE

- greeting and introducing people formally
- asking someone where he / she is from using polite forms
- ordering food
- taking leave of someone

CULTURA

- the use of titles
- formal greetings
- Italian meals and eating places

STRUTTURE E VOCABOLARIO

- **allora** and **ancora**
- foods, types of pasta, eating places, and meals
- the use of **al / alla...** when speaking about food
- the indefinite adjective **altro**
- the present indicative of first-conjugation (**-are**) verbs
- the present indicative of **avere** and **venire**
- numbers from 21 to 100

Quanto sai già?

A. Saluti, presentazioni e titoli. Can you match each title, greeting, or introduction with its English equivalent? After you have done so, make a list of all the greetings and titles you know already.

1. la signora Bianchi
2. l'ingegnere
3. Buongiorno, signor Bruni.
4. il dottor Gensini
5. prego
6. Molto lieto!
7. Il piacere è mio!
8. Le presento la signora Bianchi.

A. *Hello, Mr. Bruni.*
B. *please*
C. *Dr. Gensini*
D. *Delighted!*
E. *Let me introduce you to Mrs. Bianchi.*
F. *The pleasure is mine!*
G. *Mrs./Ms. Bianchi*
H. *the engineer*

B. Corrispondenze. Many Italian and English words have a common origin. Can you guess the meanings of the following words, which are found in the dialogue you are about to study?

> **MODELLO**   il lavoro
> *labor = work*

1. il corso
2. il/la collega
3. arriva
4. gentile
5. il menù

C. Indovina. The following words and expressions are found in the dialogue as well. Can you guess their meanings?

1. a pranzo
   A. *at lunch*
   B. *a prank*
2. un altro
   A. *another*
   B. *to alter*
3. Lui vuole conoscere la signora Bianchi.
   A. *He knows Mrs. Bianchi.*
   B. *He wants to meet Mrs. Bianchi.*
4. Si accomodi qui!
   A. *Here's your accommodation!*
   B. *Have a seat!*
5. allora
   A. *so*
   B. *allure*
6. Ecco a Lei!
   A. *Here you are!*
   B. *Here it is!*

Dialogo

La signora Bianchi e l'ingegner Valenti, due colleghi° di lavoro, sono in una trattoria° in corso° Galileo a pranzo°. Arriva il dottor Tozzi, un altro collega della signora Bianchi. Lui vuole conoscere° l'ingegner° Valenti.

work associates
family-run restaurant •
avenue • lunch
to know or meet (someone) •
an engineer

LA SIGNORA BIANCHI:	Dottor Tozzi! Buongiorno!
IL DOTTOR TOZZI:	Buongiorno, signora!
LA SIGNORA BIANCHI:	Prego, si accomodi° qui°!
IL DOTTOR TOZZI:	Grazie! Lei è molto gentile°!
LA SIGNORA BIANCHI:	Dottor Tozzi, Le presento l'ingegner Valenti.
L'INGEGNER VALENTI:	Molto lieto!
IL DOTTOR TOZZI:	Il piacere è mio!

be seated • here
kind

PIACERE DI FARE LA SUA CONOSCENZA!

LA SIGNORA BIANCHI:	Allora°, prendiamo qualcosa!	*so*
L'INGEGNER VALENTI:	Va bene. Cameriere, il menù, per favore.	
CAMERIERE:	Ecco a Lei!	

Comprensione

D. Vero o falso? Indicate whether each statement is **vero** or **falso**. Correct the false statements.

	VERO	FALSO
1. L'ingegner Tozzi è un collega della signora Bianchi.	☐	☐
2. La signora Bianchi è una collega di Valenti.	☐	☐
3. Valenti è un collega di Tozzi.	☐	☐
4. Tozzi vuole conoscere l'ingegnere.	☐	☐
5. La trattoria è in via Garibaldi.	☐	☐
6. Bianchi dice (*says*) a Tozzi: «Lei è molto gentile».	☐	☐
7. Bianchi presenta Valenti a Tozzi.	☐	☐
8. Tozzi chiama (*calls*) il cameriere.	☐	☐

E. With a partner, make up original sentences, phrases, or brief dialogues using the following new words and expressions.

un/una collega	*a work associate*
un ingegnere	*an engineer*
il lavoro	*work*
la trattoria	*(family-run) restaurant*
il corso	*avenue*
il pranzo	*lunch*
arrivare	*to arrive*
altro	*other*
conoscere	*to know or meet (someone)*
si accomodi	*be seated*
qui	*here*
allora	*so*

Modi di dire

Formal greetings, introductions, and general social expressions

buon pomeriggio	*good afternoon* [not used as a greeting, but as a generic social expression, especially by young people]
buonasera	*good afternoon, good evening*
buongiorno	*hello, good day, good morning*
Come si chiama?	*What's your name?*
Come sta?	*How are you?*
Di dov'è (Lei)?	*Where are you from?*
Il piacere è mio.	*The pleasure's all mine.*
Le presento...	*Let me introduce you to . . .*
Molto lieta (*f.*).	*Delighted to meet you.*
Molto lieto (*m.*).	*Delighted to meet you.*
Piacere di fare la sua conoscenza.	*A pleasure to make your acquaintance.*
Piacere.	*A pleasure.*

The words **buonasera** and **buongiorno** can also be written as separate words: **buona sera**, **buon giorno**.

Both these words can be used to say *hello/good-bye*: **buongiorno** is used from morning until early afternoon; **buonasera** from late afternoon onward.

Perhaps influenced by English-language usage, the expression **buon pomeriggio** has come into usage for *good afternoon* (in the early part of the afternoon), especially among young people.

Applicazione

F. Buongiorno! Imagine working for a computer firm. While you are having lunch with two work associates — Dr. Rossi and the engineer Bartoli — another young work associate of yours, the lawyer Mirri, enters the trattoria.

1. Greet her, using polite forms.
2. Tell her to be seated.
3. She answers with, "You're very kind."
4. Introduce her to Dr. Rossi.
5. Introduce her to Bartoli.
6. How would Bartoli, a male, say, "Delighted to meet you"?
7. How would Mirri, a female, say it?
8. How would Rossi say, "The pleasure's all mine"?
9. Say that all of you should have something.
10. Ask the waiter for a menu.

G. Presentazioni formali. Greet a partner (using the first title and time of day provided). Then, introduce him/her to another student (using the second title provided).

MODELLO   avvocato/dottoressa [in the morning]

TU: *Buongiorno, avvocato Jones.*
COMPAGNO/A: *Buongiorno.*
TU: *Le presento la dottoressa Whitehouse.*
COMPAGNO/A: *Molto lieto.*
COMPAGNA: *Piacere di fare la sua conoscenza.*

1. avvocatessa/dottore [in the morning]
2. avvocato/dottoressa [in the evening]
3. ingegnere/professoressa [in the early afternoon]
4. signora/signorina [in the late afternoon]
5. signore/professore [in the evening]

Taking leave

FAMILIAR	POLITE	
A domani.	A domani.	*See you tomorrow.*
A più tardi.	A più tardi.	*See you later.*
A presto.	A presto.	*See you soon.*
Arrivederci.	ArrivederLa.	*Good-bye.*
Buonanotte./ Buona notte.	Buonanotte. / Buona notte.	*Good night.*

Other useful expressions

FAMILIAR	POLITE	
Scusa.	Scusi.	*Excuse me.*
Scusa, Carlo.	Scusi, professoressa.	*Excuse me, Carlo./ Excuse me, Professor.*
Permesso.	Permesso.	*Excuse me./ May I?*
Come va?	Come va?	*How's it going?*

Titoli / Professioni

l'avvocato	*attorney (m. or f.)*
l'avvocatessa	*attorney (optional feminine form)*
il dottore, il medico	*doctor (m.)*
la dottoressa, il medico	*doctor (f.)*
l'ingegnere	*engineer (m. or f.)*
il professore	*professor (m.)*
la professoressa	*professor (f.)*
la signora	*Mrs./ Ms./ Madam*
il signore	*Mr./ Sir*
la signorina	*Miss/ Ms./ young lady*

When talking about a profession, the masculine form is used even if the person holding that profession is a woman.

Mi chiamo Cristina Faro.   *My name is Cristina Faro.*
Sono avvocato.   *I'm a lawyer.*

Note that the final **-e** of masculine titles is dropped before a name.

il signor Rosati   *Mr. Rosati*
il professor Balboni   *Professor Balboni*

This rule does not apply to masculine titles ending in **-o**.

l'avvocato Giusti   *Attorney Giusti*

Capitalizing titles is optional.

il professor Verdi or **il Professor Verdi**

When talking to someone directly, the article preceding the title is dropped.

Ecco il professor Giusti!   *Here's Professor Giusti!*
«Buongiorno, professor Giusti!»   *"Hello, Professor Giusti!"*

C'è la dottoressa Bruni?   *Is Dr. Bruni here?*
«Come sta, dottoressa Bruni?»   *"How are you, Dr. Bruni?"*

Note that the title **dottore/dottoressa** is used to address anybody with a university degree, not just a medical doctor.

Applicazione

H. Saluti! Complete each scene with the appropriate words.

1.   DINI: Buongiorno, professor Verdi, _____ va?

     VERDI: Molto _____ grazie. E Lei come _____?

     DINI: Io sto benissimo. ArrivederLa.

     VERDI: _____ presto.

2.   MARCO: Ciao, Maria. Come _____?

     MARIA: Abbastanza bene. _____ (*Excuse me*) Marco, ma dov'è Tina?

     MARCO: Lei è al bar. Arrivederci. _____ più tardi.

     MARIA: Va bene. _____.

3.   MARTINI: Buonasera, ingegnere. Come _____?

     SALVI: Non c'è male. _____ (*Excuse me*), ma Lei conosce (*do you know*) la mia (*my*) collega di lavoro?

     MARTINI: No, come _____ chiama?

     SALVI: Le _____ la dottoressa Vera Barzini.

     MARTINI: Molto _____.

     SPERANZA: Il piacere è _____. Di dov' _____, Lei?

     MARTINI: Io _____ di qui. E Lei?

     SPERANZA: Anch'io sono di _____!

I. Incontri. Express the following in Italian.

> **MODELLO** Greet Dr. Magli (a female) in the morning.
> *Buongiorno, dottoressa Magli.*

1. Greet Prof. Giannini (a male) in the late afternoon.
2. Greet Marco Sella, an engineer, in the evening.
3. Greet Maria (a friend) in the evening.
4. Ask a stranger what his/her name is.
5. Ask Dr. Martini (a male) where he is from; then ask him how he is.
6. Say good night to Nadia Marchi, a lawyer.
7. Say goodbye to: Franca (a friend), Prof. Dini (a female), Mr. Landolfi, Mrs. Marchetti, and Giorgio (a friend).
8. Excuse yourself to: Prof. Baldini (a male), Bruno Bellini (a lawyer), Prof. Rossi (a female), Nora (a friend), Gianni (a friend), Prof. Franceschi (a male; trying to get his attention).
9. How would you say the following?
   A. See you soon!
   B. See you later!
   C. See you tomorrow!

J. Presentazioni. In groups of three, create brief dialogues following the model.

> **MODELLO** Il professor Dini presenta la dottoressa Franchi (di Roma) all'avvocato Mirri (di Genova). (*Prof. Dini introduces Dr. Franchi [from Rome] to lawyer Mirri [from Genova].*)
>
> DINI: *Avvocato Mirri, Le presento la dottoressa Franchi.*
> MIRRI: *Molto lieto, dottoressa. Di dov'è Lei?*
> FRANCHI: *Sono di Roma. E Lei, di dov'è?*
> MIRRI: *Io, invece, sono di Genova.*

1. La professoressa Giusti presenta il signor Bruni (di Milano) al dottor Vivaldi (di Padova).
2. L'ingegner Rossini presenta la signora Bartoli (di Napoli) al signor Meli (di Siracusa).
3. La professoressa Bellini presenta il dottor Di Martino (di Bari) all'avvocatessa Bianchi (di Bologna).
4. Il signor Marchi presenta la dottoressa Nanni (di Rimini) alla professoressa Cardinale (di Catanzaro).

K. Come si chiama? With a partner, create a brief dialogue following the model.

> **MODELLO** avvocato
>
> TU: *Buongiorno!*
> COMPAGNO: *Buongiorno!*
> TU: *Come si chiama?*
> COMPAGNO: *Mi chiamo George Smith. E Lei, come si chiama?*
> TU: *Mi chiamo Lisa McIsaac. Sono avvocato.*
> COMPAGNO: *Piacere di fare la sua conoscenza.*

1. ingegnere
2. dottore/medico
3. avvocato
4. professore

Grammatica

I pronomi

In the first two chapters, you have been using the subject personal pronouns. They are summarized here for convenience.

Pronomi personali in funzione di soggetto

SINGOLARE	PLURALE
io *I*	noi *we*
tu *you (fam.)*	voi *you*
lui *he*	loro *they*
lei *she*	Loro *you (pol.)*
Lei *you (pol.)*	

Note that . . .

- **io** is not capitalized, unless it is the first word in a sentence.
- **Lei** (*you, pol.*) may be capitalized anywhere in a sentence to keep it distinct from **lei**, meaning *she.*
- the **voi** form is used as a generic plural form, including addressing strangers.
- the verb must agree with the pronoun.

Tu, di dove sei?	*Where are you from?*
Lei, di dove è (dov'è)?	*Where are you from?*
Noi siamo di Roma.	*We're from Rome.*

Applicazione

L. Desidera qualcosa? Complete each conversation with the missing pronouns.

1.
   CAMERIERE: Signora, anche _____ desidera qualcosa?
   BIANCHI: No, grazie.
   CAMERIERE: [turning to the two men] E _____ desiderano qualcosa?

   TOZZI: _____ prendo un cappuccino, grazie.

   VALENTI: Anch' _____.

   BIANCHI: Dottore, _____ di dov'è?

   TOZZI: _____ sono di qui.

   BIANCHI E
   VALENTI: Ah sì? Anche _____ siamo di qui.

2.
   JOSÉ: Tina, di dove sei _____?

   TINA: _____ sono di Milano.

   JOSÉ: Ma _____ non sei d'origine spagnola (*Spanish*)?

   TINA: No. _____ sono d'origine italiana.

3.
   CARLA: Ecco Marco e Maria! Anche _____ sono di Palermo?

   PAOLO: No. Marco non è di Palermo. _____ è di Napoli.

   CARLA: E Maria?

   PAOLO: Anche _____ è di Napoli.

4.

GIANNI: Ciao, Gina e Mario! Come state _____ due?

GINA E MARIO: _____ stiamo molto bene!

GIANNI: _____ prendete qualcosa?

GINA: Sì, _____ prendo un tè freddo.

E _____ Gianni, cosa prendi?

GIANNI: _____ non prendo niente, grazie.

Polite and familiar forms

Note that . . .

■ you use the **tu** form to address friends, family members, and anyone with whom you are on a first-name basis; otherwise you must use the **Lei** form.

■ the **voi** form is used generally as the plural of both **tu** and **Lei** when addressing a group of people; the polite form **Loro** (capitalized) is restricted to addressing people very formally.

AL SINGOLARE

Tu, Maria, cosa prendi?
Maria, what are you having?

Marco, e tu come stai?
Marco, and how are you?

E tu, come ti chiami?
And you, what's your name?

Lei, professor Verdi, cosa prende?
Professor Verdi, what are you having?

Signor Dini, e Lei come sta?
Mr. Dini, and how are you?

E Lei, come si chiama?
And you, what's your name?

AL PLURALE

Voi, Maria e Paolo, come state?
Maria and Paolo, how are you?

Voi siete di Roma.
You are from Rome.

Loro, signori, come stanno?
Gentlemen, how are you?

Loro sono di Roma.
You are from Rome.

As you learned in the previous chapter, the pronouns are generally optional; but they must be used after **anche** (*also*), **e** (*and*), **o** (*or*), or **ma** (*but*), and similar structures (e.g., prepositions and conjunctions), or if it is unclear who the subject of the verb is.

Anche voi siete di Milano.
Marco, e tu cosa prendi?
Debbie e Bill, anche voi siete di qui?
Lui è di Roma, ma lei è di Napoli.

You too are from Milan.
Mark, and what are you having?
Debbie and Bill, are you also from here?
He's from Rome, but she's from Naples.

Applicazione

M. Come stai? Change each sentence into its corresponding polite form.

MODELLO   E tu, come stai?
                 E Lei, come sta?

1. E voi, desiderate qualcosa?
2. Ciao, e tu come stai?
3. Scusa, ma di dove sei, tu?
4. Arrivederci.
5. Tu sei molto gentile.

6. Ti presento il professor Tozzi.
7. Anche voi state bene?
8. Ciao, a domani.
9. Come ti chiami?
10. Come stai?

L ist all the titles you know in Italian. Explain any differences with English title usage that you know of.

When two Italians greet each other in a formal setting, they always shake hands. Formal greeting also generally involves the use of a person's surname and title. For example, **Buongiorno, dottoressa Rossi, come sta?**

Italians tend to use more formal titles (referring to professions). The title of **dottore/dottoressa** is used not only with medical doctors, but also with any person who has a university degree. The title of **professore/professoressa** is used not only with university professors, but also with high-school and middle-school teachers.

Today, titles such as **avvocato** and **ingegnere** are being used without regard to gender.

SALVE! COME VA?

N. Buongiorno, professor Tozzi! Greet classmates formally, using invented titles and appropriate body language.

O. Sondaggio! Several students should conduct a poll of the class and then report their findings to everyone.

Quale professione vuoi esercitare?
❏ avvocato
❏ dottore
❏ professore
❏ barista
❏ ingegnere
❏ _____

Creativo

P. Andiamo in trattoria! In groups of three, introduce a friend to another acquaintance. Use polite forms of address and any title that is appropriate. The two people introduced to each other will then greet each other formally. At the end someone suggests going to a café, to a trattoria, and so on.

Attenzione! When referring to someone, rather than addressing him/her directly, use the definite article with their title.

INDIRECTLY	DIRECTLY
il signor Smith	«signor Smith»
la signorina Smith	«signorina Smith»
la signora Smith	«signora Smith»
l'avvocato / l'avvocatessa Smith	«avvocato / avvocatessa Smith»
l'ingegner Smith	«ingegner Smith»
il dottor Smith / la dottoressa Smith	«dottor / dottoressa Smith»
il professor Smith / la professoressa Smith	«professor / professoressa Smith»

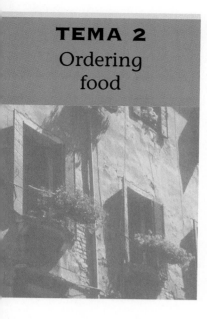

Quanto sai già?

A. Anticipazione. The following expressions are found in the dialogue. Can you guess their meanings?

1. Mentre pranzano...
2. Ho fame.
3. Ho sete.
4. un altro piatto
5. gli spaghetti alla carbonara
6. solo
7. un bicchiere d'acqua
8. un dolce qualsiasi
9. Forse ha un altro appuntamento?
10. come al solito

A. *any sweet (dessert)*
B. *a glass of water*
C. *While they are having lunch . . .*
D. *another plate*
E. *only*
F. *spaghetti with bits of bacon, egg, and cream sauce*
G. *I'm hungry.*
H. *I'm thirsty.*
I. *as usual*
J. *Maybe she has another appointment?*

B. Chi? Perché? Choose the correct answer to each question.

1. Chi aspetta (*are you waiting for*), signora?
   A. Aspetto la dottoressa Marchi.
   B. Si chiama Marchi.
2. Chissà (*who knows*) quando viene (*she is coming*)?
   A. Lei è in ritardo. (*She's late.*)
   B. Non è possibile.
3. Perché viene?
   A. Perché vuole conoscere (*wants to meet*) la dottoressa Fano.
   B. Perché è in ritardo.

C. Un po' di cultura. If you have been to Italian eateries, do the following:

1. Name them, if you remember what they are called in Italian.
2. Tell the class what you ordered in each one (if you remember).
3. Relate your experiences to the class.

Dialogo

Mentre la signora Bianchi, l'ingegner Valenti e il dottor Tozzi pranzano...

VALENTI:	Ho ancora fame°. Cameriere, un altro piatto di spaghetti alla carbonara, per favore.	*I'm still hungry.*
CAMERIERE:	E Lei, signora, desidera qualcos'altro°?	*something else*
BIANCHI:	Solo un bicchiere d'acqua. Ho sete°.	*I'm thirsty.*
TOZZI:	Per me, un dolce qualsiasi°.	*of any kind, whatever*
VALENTI:	Chi aspetta, signora?	
BIANCHI:	La dottoressa Marchi. Chissà quando° viene?	*when*
TOZZI:	Perché?	
BIANCHI:	Perché lei vuole conoscere l'ingegner Valenti. Ma, come al solito°, è in ritardo.	*as usual*
VALENTI:	Forse ha un altro appuntamento?	
BIANCHI:	No, non è possibile.	

PER ME, UN ALTRO CAFFÈ!

Comprensione

D. Answer the following questions with complete sentences.

1. Chi ha ancora fame?
2. Cosa prende l'ingegner Valenti?
3. Cosa prende la signora Bianchi?
4. Cosa prende il dottor Tozzi?
5. Chi dice (*says*): «Chissà quando viene la dottoressa Marchi?»
6. Perché viene la dottoressa Marchi?
7. Chi è in ritardo?
8. Chi ha un altro appuntamento, secondo (*according to*) l'ingegner Valenti?

E. With a partner, make up original sentences, phrases, or brief dialogues using the following new words and expressions.

ancora	*still, yet*
Ho fame.	*I'm hungry.*
Ho sete.	*I'm thirsty.*
un piatto	*a plate*
qualcosa	*something*
solo	*only*
l'acqua	*water*
un dolce	*a sweet (dessert)*

Now, give English equivalents for the following:

1. qualsiasi
2. chi
3. chissà
4. quando
5. perché
6. come al solito
7. in ritardo
8. forse
9. appuntamento
10. possibile

Modi di dire

Allora e ancora

allora	*so, then, thus, therefore*
Allora, quando arriva?	*So, when is he/she arriving?*
ancora	*still, more*
Gianni è ancora qui.	*Gianni is still here.*
Ancora spaghetti, grazie.	*More spaghetti, thanks.*

Applicazione

F. Allora o ancora? Fill in the blanks with the appropriate word.

1. _____, dov'è la dottoressa Marchi?

2. Lei non è _____ qui.

3. _____, prendiamo qualcos'altro?

4. Va bene. Cameriere, desidero _____ caffè.

5. Dottor Valenti, Lei ha _____ sete?

6. Sì, ho sete. _____, prendo un bicchiere d'acqua.

Cose da mangiare

la brioche	*sweet pastry (eaten for breakfast)*
il cornetto	*croissant*
la crema	*pudding, custard (cream)*
cioccolato	*chocolate (flavor)*
il formaggio	*cheese*
il gelato	*ice cream, gelato*
le lasagne	*lasagne (sometimes called "lasagna" in English)*
la marmellata	*jam, marmalade*
la mortadella	*mortadella*
la pasta	*pasta, pastry*
il panino	*bun, sandwich*
le penne	*penne (pasta)*
la pizza	*pizza*
la pizzetta	*small pizza*
il prosciutto	*ham*
gli spaghetti	*spaghetti*
le tagliatelle	*tagliatelle (pasta)*
i tortellini	*tortellini (pasta)*
il tramezzino	*flat sandwich*

al / alla...

Use **al** in front of masculine nouns beginning with a consonant (except **z** or **s** plus a consonant).

un panino al prosciutto	*a ham sandwich*
un panino al formaggio	*a cheese sandwich*

Use **alla** in front of feminine nouns beginning with any consonant and **all'** in front of feminine nouns beginning with any vowel.

un panino alla mortadella	*a mortadella sandwich*
gli spaghetti alla bolognese	*spaghetti prepared in Bolognese style*
una brioche alla marmellata	*a brioche with marmalade*
una pasta alla crema	*a pastry with custard pudding*
le penne all'arrabbiata	*penne with spicy sauce*

Applicazione

G. Ordiniamo. Order the food provided following the model.

MODELLO   una pasta/marmellata
Una pasta alla marmellata, per favore/piacere/cortesia!

1. un piatto di spaghetti/carbonara
2. una brioche/marmellata
3. una pasta/crema
4. un gelato/cioccolato
5. un cornetto/marmellata
6. un panino/prosciutto
7. un panino/formaggio
8. un tramezzino/prosciutto
9. le penne/arrabbiata
10. gli spaghetti/bolognese
11. i tortellini/formaggio
12. le tagliatelle/crema
13. la pizza/formaggio
14. una pizzetta/americana
15. un tramezzino/mortadella

Eating places

un fast food	*a fast-food place*
una gelateria	*an ice-cream parlor*
una mensa	*a school or business cafeteria*
una paninoteca	*a sandwich shop*
una pizzeria	*a pizza parlor*
un ristorante	*a formal restaurant*
uno snack bar	*a snack bar*
una tavola calda / una trattoria	*an informal, family-style restaurant*
un self-service	*a (public) cafeteria*

Pasti

la colazione	*breakfast*
a colazione	*at breakfast*
il pranzo	*lunch*
a pranzo	*at lunch*
pranzare	*to have lunch*
la cena	*dinner*
a cena	*at dinner*
cenare	*to have dinner*

Applicazione

H. Un panino, per favore. Imagine you have gone out to eat. Follow the cues to talk about what you will eat and drink.

> **MODELLO**   Say that you are at lunch in a sandwich shop.
> Order a ham sandwich.
> Say that you'll also have a glass of mineral water.
>
> — *Io sono a pranzo in una paninoteca.*
> — *Un panino al prosciutto, per favore.*
> — *Prendo anche un bicchiere di acqua minerale.*

1. Say that you are at a restaurant on Garibaldi Avenue.
   Say that you are at lunch.
   Order a plate of tagliatelle with cream.
2. Say that you and Maria are at a family-style restaurant.
   Say that you are at dinner.
   Ask the server for cheese tortellini.
3. Say that you are at a snack bar on Puccini Avenue.
   Say that you are at breakfast.
   Order a brioche with marmalade.
4. Say that you are in a café on Verdi Street.
   Order a cheese sandwich.
   Say that you'll also have a glass of mineral water.
5. Say that you are in a pizza parlor on Boccaccio Street.
   Order a small pizza with ham.
   Ask when Dr. Marchi is coming.
6. Say that you are in a cafeteria.
   Say that your friend is late because he/she has another appointment.
   Tell a friend that you will have nothing today.
7. Say that you are in an ice-cream parlor.
   Order a chocolate ice cream.
   Say that you'll gladly have a sweet dessert, too.
8. Say that you are in a fast-food place.
   Order a ham sandwich.
   Say that you'll also have a Coke.

Grammatica

Il presente indicativo: prima coniugazione

The following are verbs whose infinitive form—the basic form of a verb given by a dictionary—ends in **-are**. They are known as first-conjugation verbs.

arrivare	to arrive
aspettare	to wait (for)
cenare	to have dinner, dine
chiacchierare	to chat
desiderare	to wish (for)
entrare	to enter
mangiare	to eat
pranzare	to have lunch
presentare	to introduce

To conjugate these verbs in the present indicative, drop the **-are** and add the following endings to the resulting stem: **-o, -i, -a, -iamo, -ate, -ano**.

Note that the present indicative can be translated in several ways. For instance, **io arrivo** can be translated as: *I arrive, I am arriving, I do arrive*, and *I'll arrive* (when the future action is imminent or certain to occur).

aspettare → aspett-

(io)	aspetto	Maria.	I'm waiting for Maria.
(tu)	aspetti	un'amica.	You're waiting for a friend.
(lui)	aspetta	il professore.	He is waiting for the professor.
(lei)	aspetta	la dottoressa.	She is waiting for the doctor.
(Lei)	aspetta	l'ingegnere.	You are waiting for the engineer.
(noi)	aspettiamo	Franca.	We are waiting for Franca.
(voi)	aspettate	un amico.	You are waiting for a friend.
(loro)	aspettano	noi.	They are waiting for us.

In a verb such as **mangiare**, the **i** written as part of the infinitive suffix signals that the **g** is to be pronounced as a soft consonant. Thus, do not double it before the endings **-i** and **-iamo**.

mangiare → mangi-

(io)	non man*gio*	niente.	*I'm not eating anything.*
(tu)	non man*gi*	molto.	*You don't eat a lot.*
(lui)	non man*gia*	dolci.	*He doesn't eat sweets.*
(lei)	non man*gia*	paste.	*She doesn't eat pastries.*
(Lei)	non man*gia*	niente.	*You aren't eating anything.*
(noi)	non man*giamo*	molto.	*We don't eat a lot.*
(voi)	non man*giate*	altro?	*Aren't you eating anything else?*
(loro)	non man*giano*	gelato.	*They don't eat ice cream.*

Applicazione

I. Verbi, verbi! Write complete sentences using each verb with the given subject freely.

> **MODELLO** arrivare/io
> *Io arrivo sempre in ritardo per la lezione d'italiano.*

1. arrivare/lui   **5.** desiderare/Maria
2. aspettare/tu   **6.** entrare/loro
3. cenare/io   **7.** mangiare/Paolo
4. chiacchierare/noi

J. Vengo anch'io! Work with a partner to create two-line dialogues with the given verb.

> **MODELLO** arrivare
>
> TU: *Chi arriva domani?*
> COMPAGNO/A: *Franco arriva domani.*

1. aspettare   **5.** entrare
2. cenare   **6.** pranzare
3. chiacchierare   **7.** presentare
4. desiderare

K. Formale e informale. Change each question into its corresponding formal or informal form, as the case may be.

> **MODELLO** Dove ceni di solito (*usually*)?
> *Dove cena di solito?*

INFORMALE	FORMALE
1. Quando arrivate?	_____
2. _____	Dove pranzano, Loro?
3. Cosa desideri?	_____
4. _____	Quando cenano, Loro?
5. Chi aspetti?	_____
6. _____	Cosa mangiano, Loro?

Avere e venire

In the previous chapter, you encountered three irregular verbs—**bere**, **essere**, **stare**—whose conjugations you had to memorize.

In this chapter, you have come across two other irregular verbs—**avere** (*to have*) and **venire** (*to come*). Here are their present indicative forms. Notice that the **h** is always silent in the conjugation of **avere**.

avere

(io)	ho	un appuntamento.	*I have an appointment.*
(tu)	hai	fame.	*You are hungry.*
(lui)	ha	sete.	*He is thirsty.*
(lei)	ha	fame.	*She is hungry.*
(Lei)	ha	un appuntamento.	*You have an appointment.*
(noi)	abbiamo	un amico qui.	*We have a friend here.*
(voi)	avete	un'amica italiana.	*You have an Italian friend.*
(loro)	hanno	fame.	*They are hungry.*

venire

(io)	vengo	domani.	*I'm coming tomorrow.*
(tu)	vieni	con Paolo.	*You are coming with Paolo.*
(lui)	viene	con un amico.	*He is coming with a friend.*
(lei)	viene	al bar.	*She is coming to the café.*
(Lei)	viene	con Dini.	*You are coming with Dini.*
(noi)	veniamo	domani.	*We are coming tomorrow.*
(voi)	venite	al bar.	*You are coming to the café.*
(loro)	vengono	al bar.	*They are coming to the café.*

In the dialogue for this **tema**, the verb **avere** is used in the expressions **avere fame** and **avere sete**. These literally mean *to have hunger* and *to have thirst*. In English, these physical states are expressed instead with the verb *to be* plus the adjective.

Carla ha fame.	*Carla is hungry.*
Maria e Paolo hanno fame.	*Maria and Paolo are hungry.*
Il dottor Tozzi ha sete.	*Dr. Tozzi is thirsty.*
Noi non abbiamo sete.	*We are not thirsty.*

Altro

Altro (*other*) — often used with the indefinite article to mean *another* — is an indefinite adjective that agrees with the noun it modifies.

MASCHILE (SINGOLARE)	FEMMINILE (SINGOLARE)
un altro	un'altra

Prendo un altro panino.
I'll have another sandwich.

Prendo un'altra brioche.
I'll have another brioche.

Desidero un altro cornetto.
I'd like another croissant.

Desidero un'altra pasta.
I'd like another pastry.

Applicazione

L. E allora? Create sentences with the verbs **avere** and **mangiare**, and the appropriate form of *another* (**un altro/un'altra**).

> **MODELLO**   loro/fame/panino al formaggio
> *Loro hanno fame e allora mangiano un altro panino al formaggio.*

1. io/fame/tramezzino al prosciutto
2. tu/fame/piatto di tagliatelle
3. Alessandro/fame/pasta alla crema
4. Sara/fame/gelato al cioccolato
5. la dottoressa Marchi/fame/piatto di spaghetti alla carbonara
6. noi/fame/pizza
7. voi/fame/cornetto alla crema
8. loro/fame/piatto di lasagne
9. Marco e Maria/fame/spaghetti alla carbonara

M. Vengo anch'io! Create more sentences. This time use the verbs **avere** and **venire**.

> **MODELLO**   io/bar
> *Ho sete e allora vengo anch'io al bar.*

1. tu/bar
2. noi/mensa
3. voi/self-service
4. la professoressa Dini/bar
5. i due studenti americani/mensa
6. io/tavola calda

I numeri da 20 a 100

20	venti	50	cinquanta	80	ottanta
30	trenta	60	sessanta	90	novanta
40	quaranta	70	settanta	100	cento

To form numbers from 20 to 99, do the following:

■ Add the number names for 1 to 9 to the names for 20, 30, 40, and so on.

ventidue	=	22
venticinque	=	25
trentasei	=	36
novantaquattro	=	94

■ If the number name to be added begins with a vowel (**uno** or **otto**), drop the last vowel of the number name for 20, 30, 40, and so on.

ventuno	=	21
quarantuno	=	41
settantotto	=	78
novantotto	=	98

■ If the number ends in **-tre**, add an accent mark.

ventitré	=	23
ottantatré	=	83

■ Treat the number **uno**, or any number ending in **-uno**, like the indefinite article.

un panino	=	*one sandwich*
un'amica	=	*one friend*
ventun panini	=	*twenty-one sandwiches*
novantun paste	=	*ninety-one pastries*

Applicazione

N. Give the number names of the following. Notice the plural forms of the nouns. You will learn about these shortly.

> **MODELLO**   24 tramezzini
> *ventiquattro tramezzini*

1. 21 studenti
2. 32 panini
3. 43 amici (*friends*)
4. 54 trattorie
5. 65 lezioni
6. 73 piatti
7. 87 bicchieri (*drinking glasses*)
8. 91 amici
9. 98 ravioli
10. 58 ristoranti
11. 94 tortellini
12. 98 penne

*H*ave *you ever eaten at an Italian restaurant? What did you eat? How did you like it?*

Per mangiare qualcosa velocemente (*quickly*), specialmente a pranzo, gli italiani vanno (*go*) a un bar o a un self-service. I giovani (*youth*) italiani, come i giovani americani, tendono a preferire (*tend to prefer*) i locali di fast food, le paninoteche o le pizzerie. Per uscire alla sera (*to go out at night*) gli italiani vanno di solito a una trattoria o a un ristorante.

La colazione non è come la colazione americana. Consiste generalmente in un dolce (una brioche, un cornetto, una pasta, ecc.) o una fetta di pane (*a slice of bread*) e un caffè, specialmente il cappuccino o il caffellatte, o un succo di frutta.

ECCO IL GELATO!

O. Vero o falso? Indicate whether each statement is **vero** or **falso**. Correct the false statements.

> **MODELLO** Per mangiare qualcosa velocemente, gli italiani vanno spesso a un ristorante.
>
> *Falso. Per mangiare qualcosa velocemente, gli italiani vanno spesso a un bar o a un self-service.*

1. I giovani italiani tendono a preferire le trattorie e i ristoranti.
2. Quando non cenano a casa, gli italiani vanno spesso a una trattoria o a un ristorante.
3. La colazione consiste generalmente in un panino e un bicchiere di vino.

P. Sondaggio! Together with other students, conduct the following survey of your classmates. Collate your findings, and then report them back to the class.

1. Rate in order the places where you go most often:

   locali di fast food
   ristorante
   trattoria
   snack bar
   bar
   mensa

2. Indicate what you generally have for:

   colazione
   pranzo
   cena

Creativo

Q. Domande, domande! Ask a partner questions. He/She answers in an appropriate way.

> **MODELLO**   Chiedi al tuo compagno/alla tua compagna... (*Ask your partner . . .*)
> se (*if*) ha fame.
>
> TU: *Debbie, hai fame?*
> COMPAGNA: *Sì, ho fame./No, non ho fame.*

Chiedi al tuo compagno/alla tua compagna...

1. se ha fame.
2. se sì, cosa desidera mangiare.
3. se ha sete.
4. se sì, cosa desidera bere.
5. cosa mangia generalmente a colazione.
6. cosa mangia generalmente a pranzo.
7. cosa mangia generalmente a cena.

Accenti

The accent mark is used in some one-syllable words to avoid confusion: **e** (*and*) vs. **è** (*he/she is*).

When the single-letter words **a** and **e** come before another word beginning with a vowel, they may be written and pronounced as **ad** and **ed**.

Ti presento ad Armando.	*Let me introduce you to Armando.*
Lei ed io abbiamo fame.	*She and I are hungry.*

A. Accenti. The accents are missing from certain words. Add them where they belong.

1. Ecco un caffe per Lei, signorina.
2. Cameriere, dov'e il menu?
3. Chissa dove sono la dottoressa Marchi e l'ingegner Valenti.
4. Perche aspetti il professore?
5. Anche lui viene al bar perche vuole conoscere Debbie.
6. Come sta, dottoressa Marchi? Non c'e male, grazie.

B. Gara in classe! Each student has ten minutes to write down as many words written with an accent mark as he/she can remember. Each student will then write his/her words on the board pronouncing the words to the rest of the class.

Comprensione generale

C. As in the previous chapter, pay special attention to the vowels as you listen to the conversation on the CD, and see if you can determine:

1. in che tipo di locale si trovano le persone (*in what type of eating place the people find themselves*).
2. come si chiamano le persone (*what the names of the people are*).
3. che titolo ha ciascuna persona (*what title each person has*).
4. quello che ciascuna persona prende (*what each person orders*).

D. Attempt to reconstruct the conversation freely with other students.

Lettura

Prima di leggere

A. Una ricetta. Match the items in the two columns as best you can, anticipating the reading.

<table>
<tr><td>1. il riso</td><td>A. broth, soup</td></tr>
<tr><td>2. lo zafferano</td><td>B. fried onion</td></tr>
<tr><td>3. il brodo</td><td>C. container</td></tr>
<tr><td>4. il recipiente</td><td>D. rice</td></tr>
<tr><td>5. a fuoco vivo</td><td>E. butter</td></tr>
<tr><td>6. la cipolla fritta</td><td>F. high heat</td></tr>
<tr><td>7. il burro</td><td>G. saffron (a spice that gives a yellow tinge to food)</td></tr>
<tr><td>8. la ricetta</td><td>H. fry</td></tr>
<tr><td>9. misurare</td><td>I. strips</td></tr>
<tr><td>10. aggiungere</td><td>J. cook</td></tr>
<tr><td>11. mezzo</td><td>K. while</td></tr>
<tr><td>12. far rosolare</td><td>L. stir</td></tr>
<tr><td>13. il pollo</td><td>M. chicken</td></tr>
<tr><td>14. mescolare</td><td>N. to let brown</td></tr>
<tr><td>15. mentre</td><td>O. half</td></tr>
<tr><td>16. friggere</td><td>P. add</td></tr>
<tr><td>17. cuocere</td><td>Q. measure</td></tr>
<tr><td>18. le fettine</td><td>R. recipe</td></tr>
</table>

Lettura

Il risotto alla milanese!

Ecco la ricetta per il famoso risotto alla milanese.

1. Misurare[1] il riso.
2. Friggere fettine° di cipolla° con un po' di burro°. *small slices • onion • butter*
3. Aggiungere° mezzo bicchiere di vino bianco. *Add*
4. Far rosolare° il riso per due o tre minuti. *Let brown*
5. Aggiungere un po' di brodo di pollo°. *chicken broth*
6. Mescolare mentre il riso cuoce a fuoco vivo°. *high heat*
7. Aggiungere lo zafferano e mescolare.

Dopo la lettura

B. Il risotto. Complete each sentence in a logical way, according to the recipe.

1. Il risotto è fatto con...
   A. riso.
   B. tagliatelle.
2. È una ricetta...
   A. americana.
   B. milanese.
3. È fatto anche con...
   A. formaggio.
   B. zafferano.
4. È fatto anche con...
   A. prosciutto, crema e zucchero.
   B. fettine di cipolla, brodo e burro.

[1]Often in giving instructions, such as in prescriptions or recipes, the verbs specifying procedures are in the infinitive form.

C. La ricetta corretta. Each instruction is wrong. Correct it.

> **MODELLO**   Far rosolare il riso mentre cuoce a fuoco vivo.
> *Mescolare mentre il riso cuoce a fuoco vivo.*

1. Misurare lo zafferano e friggere.
2. Friggere il riso.
3. Mescolare un po' di brodo di pollo.
4. Friggere fettine di prosciutto con un po' di zucchero.
5. Aggiungere un bicchiere di aranciata.
6. Far rosolare il riso per otto o nove minuti.

D. Una ricetta originale. Imagine being a great chef. Invent a recipe for one of the following dishes. Write down the recipe and then read it in class. You can use the vocabulary listed below.

il sugo	*sauce*
il pomodoro	*tomato*
l'olio	*oil*
il sale	*salt*
il pepe	*pepper*

1. le fettuccine all'olio
2. i ravioli al formaggio
3. le lasagne al pomodoro
4. le penne al sugo di pomodoro
5. i cannelloni al formaggio

Il mondo digitale

Posta in arrivo!

Allegato	*Attachment*
Elimina	*Delete*
Inoltra	*Forward*
Invia	*Send*
Nuovo messaggio	*New message*
Ricevi	*Receive*
Rispondi	*Reply*
Rubrica	*Addresses / Nicknames*
Stampa	*Print*
Trova	*Find*

A. Explain in your own words (in English, of course) what each of the following functions does.

1. Rispondi
2. Inoltra
3. Stampa
4. Allegato
5. Elimina
6. Invia
7. Ricevi
8. Trova
9. Rubrica

B. Attività digitali. Do the following things:

1. Send an e-mail with an **allegato** to your instructor, simply greeting him/her in Italian.
2. Look over the icons or toolbar on your computer and try to translate them into Italian. Read your translations to the class, checking them with your instructor.
3. What do you think the difference is between **la posta in arrivo** and **la posta in uscita**.
4. Go on the Internet and download any information you can find about the word **ciao**. Report your findings to the class.

A. Vuoi gli spaghetti? With a partner, create dialogues as in the model (**vuoi** = *you want*, **voglio** = *I want*).

MODELLO   gli spaghetti/carbonara

TU: *Vuoi gli spaghetti?*
COMPAGNO/A: *Sì, voglio gli spaghetti alla carbonara.*

1. le lasagne/formaggio
2. le fettuccine/sugo
3. le tagliatelle/pomodoro
4. il risotto/milanese
5. i tortellini/panna
6. gli spaghetti/bolognese
7. le penne/olio

B. Un altro... Order the following things to eat as in the model.

MODELLO   panino/prosciutto
Un altro panino al prosciutto, per favore/piacere/cortesia.

1. pasta/marmellata
2. cornetto/crema
3. gelato/cioccolato
4. panino/mortadella
5. pizza/formaggio
6. tramezzino/prosciutto
7. panino/formaggio

C. Situazioni. Choose the appropriate sentence, phrase, word, or expression.

1. Il signor Marchi incontra (*meets*) la dottoressa Santini, una collega di lavoro.
   A. Ciao, dottoressa!
   B. Buongiorno, dottoressa!
2. Prego, professore, si accomodi...
   A. volentieri.
   B. qui.
3. Grazie, Lei è...
   A. in ritardo.
   B. molto gentile.
4. Professore, Le presento l'avvocato Mirri.
   A. Molto lieto!
   B. Molto lieta!
5. Cameriere, il menù, per favore!
   A. C'è!
   B. Ecco a Lei!
6. Buonanotte!
   A. ArrivederLa!
   B. Buonanotte!
7. Ciao!
   A. ArrivederLa!
   B. Arrivederci!
8. Scusi, ma...
   A. come ti chiami?
   B. come si chiama?

D. Forme di cortesia. Change each sentence into its corresponding polite form.

1. Come ti chiami?
2. Di dove sei?
3. Ciao, come stai?
4. Ti presento Marco Bellini.
5. Scusa, ma hai ancora fame?
6. Maria, tu cosa bevi?
7. E voi, cosa bevete?
8. Prendete qualcos'altro?
9. Cosa mangi?
10. Dove pranzi generalmente?

E. Now, change each sentence into its corresponding familiar form.

1. Anche Lei viene al bar?
2. Hanno sete?
3. Cosa mangia?
4. Cosa beve?
5. Dove cenano generalmente?
6. Ha fame anche Lei?
7. Chi è, Lei?

F. Verbi. Create sentences with the information provided and the verbs **mangiare**, **avere**, **venire**, and **aspettare**, following the model and using the plural forms if necessary.

MODELLO	Giancarlo

Say that the indicated person is eating something in some food establishment.
Giancarlo mangia un panino al prosciutto in un bar.

Say that he/she is waiting for someone.
Giancarlo aspetta la professoressa Marchi.

Say that he/she has an appointment with that person.
Giancarlo ha un appuntamento con la professoressa Marchi.

Say that he/she is not coming tomorrow.
Giancarlo non viene domani.

1. io
2. tu
3. loro
4. noi
5. voi
6. l'ingegner Rossi
7. la dottoressa Franceschi

G. Presentazioni. In groups of three, act out the following introductions.

> **MODELLO** Il signor Bruni presenta la professoressa Marchi al dottor Valenti
> [in the morning].
>
> BRUNI: *Buongiorno, dottor Valenti!*
> VALENTI: *Buongiorno!*
> BRUNI: *Le presento la professoressa Marchi!*
> VALENTI: *Piacere di fare la Sua conoscenza!*
> MARCHI: *Il piacere è mio!*
> VALENTI: *Di dov'è Lei?*
> MARCHI: *Sono di Roma/Venezia/ecc. E Lei di dov'è?*
> VALENTI: *Anch'io sono di Roma/Venezia/ecc./Io, invece, sono di Napoli/Palermo/ecc.*

1. Il professor Marotta presenta la dottoressa Veri all'avvocato Mirri [in the late afternoon].
2. La professoressa Dini presenta il signor Chiassi alla dottoressa Di Stefano [in the early afternoon].
3. La professoressa Baldini presenta l'ingegner Marchi alla signora Amorini [in the evening].

H. Cultura. Complete each sentence in a logical way.

1. Quando due persone si salutano (*greet each other*) formalmente...
   A. dicono (*they say*): «Ciao!»
   B. si danno la mano (*they shake hands*).
2. Il titolo di professore si usa anche (*is also used*)...
   A. con qualsiasi persona laureata (*with anyone graduated from a university*).
   B. con chi insegna al liceo (*with anyone who teaches in high school*).
3. Se desiderano mangiare qualcosa velocemente, gli italiani vanno spesso...
   A. a un bar.
   B. a un ristorante.
4. I giovani italiani tendono a preferire...
   A. i locali di fast food.
   B. le trattorie.

I. Intervista. Interview a partner.

> **MODELLO** Chiedigli/le (*Ask him/her*) se ha fame.
>
> TU: *Joanne, hai fame?*
> COMPAGNA: *Sì, ho fame./No, non ho fame.*

CHIEDIGLI/LE...
1. se ha fame.
2. se ha sete.
3. cosa mangia in un locale di fast food.
4. cosa desidera mangiare in un ristorante di lusso (*expensive*).
5. cosa prende quando è al bar con gli amici.

J. With a partner, make an ad for some product such as pasta or a sandwich.

Lessico utile

NOMI

un **appuntamento** *an appointment*
l'**avvocato** / l'**avvocatessa** *lawyer*
un **bicchiere** *a drinking glass*
una **brioche** *a type of sweet roll*
la **cena** *dinner*
il **cognome** *surname, family name*
la **colazione** *breakfast*
un / una **collega** *a colleague, associate*
un **cornetto** *a croissant*
il **corso** *avenue, street*
la **crema** *custard, pudding (cream)*
un **dolce** *a sweet (dessert)*
il **dottore** / la **dottoressa** *doctor*
la **fame** *hunger*
il **formaggio** *cheese*
una **gelateria** *an ice-cream parlor*
un **gelato** *an ice cream*
un **ingegnere** *an engineer*
le **lasagne** *lasagna dish*
il **lavoro** *work*
la **marmellata** *marmalade / jam*
una **mensa** *a school or business cafeteria*
il **menù** *menu*
la **mortadella** *mortadella*
l'**olio** *oil*

un **panino** *a bun (sandwich)*
una **paninoteca** *a sandwich shop*
la **pasta** *pasta*
una **pasta** *a pastry*
il **pepe** *pepper*
un **piatto** *a plate*
la **pizza** *pizza*
una **pizzeria** *a pizza parlor*
una **pizzetta** *a small pizza*
il **pomodoro** *tomato*
il **pranzo** *lunch*
il **professore** / la **professoressa** *professor*
il **prosciutto** *ham*
un **ristorante** *a formal restaurant*
il **sale** *salt*
un **self-service** *a (public) cafeteria*
la **sete** *thirst*
la **signora** *lady, Mrs., Ms.*
uno **snack bar** *a snack bar*
gli **spaghetti** *spaghetti*
il **sugo** *sauce*
le **tagliatelle** *cut-up wide noodles*
una **tavola calda** *an informal restaurant*
i **tortellini** *small ravioli pasta*
un **tramezzino** *sandwich on thin bread*
una **trattoria** *an informal restaurant*

AGGETTIVI

altro *other*
gentile *kind*

possibile *possible*

VERBI

arrivare *to arrive*
aspettare *to wait for*
avere *to have*
cenare *to have dinner, dine*

chiacchierare *to chat*
conoscere *to know (someone), meet*
mangiare *to eat*
pranzare *to have lunch*
venire *to come*

AVVERBI

allora *so, then, thus, therefore*
ancora *still, yet*
generalmente *usually, generally*

qui *here*
solo *only*
velocemente *quickly*

ALTRI VOCABOLI/ESPRESSIONI

a domani *see you tomorrow*

a più tardi *see you later*

a presto *see you soon*

arrivederci (*fam.*) / **arrivederLa** (*sing., pol.*) *goodbye*

avere fame *to be hungry*

avere sete *to be thirsty*

buon pomeriggio *good afternoon*

buonanotte *good night*

buonasera *good afternoon, evening*

buongiorno *hello, good day, good morning*

chi *who*

chissà *who knows*

come al solito *as usual*

Come va? *How's it going?*

di *of*

durante *during*

in ritardo *late*

Le presento (*pol.*) *let me introduce you to*

mentre *while*

Molto lieto/a! *Delighted (to meet you)!*

perché *why, because*

Permesso *Excuse me, May I?*

Piacere di fare la sua conoscenza *A pleasure to make your acquaintance*

prima (di) *before*

qualsiasi *any, whatever*

quando *when*

Scusa (*fam.*) / **Scusi** (*pol.*) *Excuse me*

se *if*

si accomodi (*pol.*) *be seated*

un po' *a little*

Sì, mi piace molto!

3

COMUNICAZIONE

- expressing likes and dislikes
- requesting information
- expressing feelings
- talking about nationalities and languages

CULTURA

- the Italian language and its dialects
- Italian cities

STRUTTURE E VOCABOLARIO

- expressing possession with **di**
- asking questions
- interrogatives
- expressions with **avere**
- making nouns plural
- time expressions
- the definite article
- numbers from 101 to 999

TEMA 1
Expressing likes and dislikes

Quanto sai già?

A. Ti piace? With a partner, say whether you like or do not like the following things using the "rule of thumb" given in the model.

> **MODELLO** il caffè espresso [with a singular noun]
> TU: *Ti piace il caffè espresso?*
> COMPAGNO/A: *Sì, mi piace.*
>
> le lasagne [with a plural noun]
> TU: *Ti piacciono le lasagne?*
> COMPAGNO/A: *Sì, mi piacciono.*

1. la lingua italiana
2. i tortellini
3. la pizza
4. Firenze
5. le fettuccine
6. i panini al prosciutto

B. Anticipazione. The following words and expressions are found in the dialogue you are about to read. Can you guess their meanings? Match each term with its English equivalent.

1.	presso	**A.**	*close*
2.	adesso	**B.**	*an agency*
3.	vicino	**C.**	*now*
4.	D'accordo!	**D.**	*city*
5.	un'agenzia	**E.**	*certainly*
6.	la città	**F.**	*tomorrow*
7.	oggi	**G.**	*today*
8.	domani	**H.**	*I agree!*
9.	certo	**I.**	*at*

C. Un po' di cultura. How much do you know about Italian culture and society?

1. Firenze and Fiesole are two Italian cities. If you have ever been to either one, or to both, relate your experiences to the class.
2. With a partner, look up both cities and give a summary of what you find to the rest of the class.
3. Do you know any Italian dialect? If so, say a few words in dialect to the class, explaining their meaning and how they differ from the standard language.

SÌ, L'ITALIA È BELLA!

Dialogo

Jim e Betty sono due studenti americani. Studiano l'italiano presso° un'università americana e parlano la lingua molto bene. Adesso sono in Italia perché vogliono conoscere° l'Italia da vicino°. Allora, si sono iscritti° a un corso di geografia all'università di Firenze. Sono in un ristorante vicino all'università dopo° una lezione.

at
they want to know
up close • registered
after

JIM: Betty, ti piace veramente l'Italia, non è vero?
BETTY: Sì, certo! Mi piace molto! L'Italia è molto bella. E mi piace molto la lingua italiana. Anche i dialetti italiani sono interessanti.
JIM: Perché non andiamo in giro per Firenze oggi? È un'ottima idea, no?
BETTY: Sì! E domani andiamo a vedere la città di Fiesole con un pullman turistico, va bene?
JIM: D'accordo! Vado a prendere due biglietti° all'agenzia.
BETTY: Ma vendono i biglietti anche all'edicola° in Piazza del Duomo, no?
JIM: Sì, hai ragione. Allora vado là. Ciao, a presto!

tickets
newsstand

Comprensione

D. Completa la seguente parafrasi del dialogo con le parole adatte. (*Complete the following paraphrase of the dialogue with the appropriate words.*)

Jim e Betty sono due _____ americani. Loro _____ l'italiano in

un'università americana. Adesso sono in Italia perché vogliono _____ l'Italia da

vicino. Allora, si sono iscritti a un _____ di geografia. Sono in un ristorante

vicino all'università _____ una lezione. A Betty piace veramente l'Italia, la

lingua _____ e i dialetti italiani. Jim vuole andare in _____ per

Firenze oggi. E Betty vuole andare a _____ Fiesole domani. Jim va a prendere

i biglietti all'_____ in Piazza del Duomo.

studiare	*to study*
presso	*at*
una lingua	*a language*
adesso	*now*
vogliono conoscere	*they want to know*
vicino	*near*
da vicino	*up close*
iscritto	*registered*
un corso	*course, subject*
la geografia	*geography*
dopo	*after*
veramente	*really*
certo	*certainly*
non è vero?	*right?*

Now, give the meaning of each word or expression, using either an English equivalent or an Italian paraphrase (as best you can).

1. bello
2. in giro
3. oggi
4. un'ottima idea
5. domani
6. vedere
7. un pullman turistico

8. là
9. D'accordo!
10. il biglietto
11. vendere
12. l'agenzia
13. l'edicola
14. interessante

Modi di dire

Piacere

The verb **piacere a** (*to be pleasing to*) will be discussed fully in a later chapter. For the present purposes, note simply, as a rule of thumb, that you must use a singular or a plural form of the verb as illustrated below.

SINGOLARE	PLURALE
Mi piace l'italiano.	**Non mi piacciono i dolci.**
I like Italian.	*I don't like sweets.*
↓	↓
[agreement with **l'italiano**]	[agreement with **i dolci**]
Barbara, ti piace l'Italia?	**Barbara, ti piacciono gli italiani?**
Barbara, do you (fam.) like Italy?	*Barbara, do you (fam.) like Italians?*
↓	↓
[agreement with **l'Italia**]	[agreement with **gli italiani**]
Signor Smith, Le piace la pizza?	**Signor Smith, Le piacciono i ravioli?**
Mr. Smith, do you (pol.) like pizza?	*Mr. Smith, do you (pol.) like ravioli?*
↓	↓
[agreement with **la pizza**]	[agreement with **i ravioli**]

When used with the infinitive of a verb, **piacere** is always singular.

Mi piace chiacchierare con gli amici.	*I like chatting with friends.*
Ti piace cenare a casa?	*Do you like dining at home?*

Applicazione

F. Ti piace? Con un compagno/una compagna, indica se ti piace o non ti piace la persona o la cosa segnalata. Segui il modello. (*With a partner, say whether you like or dislike the indicated person or thing. Follow the model.*)

> **MODELLO** Jennifer Lopez
> TU: *Barbara, ti piace Jennifer Lopez?*
> COMPAGNO/A: *Sì, mi piace (molto)./No, non mi piace.*
>
> gli spaghetti
> TU: *Ti piacciono gli spaghetti, Tom?*
> COMPAGNO/A: *Sì, mi piacciono (molto)./No, non mi piacciono.*

1. il risotto alla milanese
2. i dolci
3. Britney Spears
4. gli artisti del rap americano
5. la pizza
6. i dialetti italiani
7. le brioche alla marmellata
8. la lingua italiana

G. Ti piace la pizza? Con un compagno/una compagna, crea brevi dialoghi seguendo il modello. (*With a partner, create brief dialogues following the model.*)

> **MODELLO** la pizza [familiar address]
> TU: *Ti piace la pizza, Sandra, non è vero?*
> COMPAGNO/A: *Sì, certo, mi piace molto./No, non mi piace.*
>
> le penne al sugo [polite address]
> TU: *Le piacciono le penne al sugo, signorina Jones, vero?*
> COMPAGNO/A: *Sì, certo, mi piacciono molto./No, non mi piacciono.*

1. l'Italia [familiar address]
2. l'italiano [polite address]
3. i dialetti italiani [familiar address]
4. i cannelloni al sugo [polite address]
5. la mortadella [familiar address]
6. gli spaghetti [polite address]
7. mangiare gli spaghetti [polite address]
8. chiacchierare con gli amici [familiar address]

Essere simpatico/a

The expression **essere simpatico/a** (*to be pleasing to, to be likable*) is used in place of **piacere** mainly when referring to people with whom you are familiar.

Maschile singolare

INFORMALE

Tom, ti piace il professore?
Sì, mi piace molto.

Tom, ti è simpatico il professore?
Sì, mi è molto simpatico.
↓
[agreement with **il professore**]

FORMALE

Signorina, Le piace il professore?
Sì, mi piace molto.

Signorina, Le è simpatico il professore?
Sì, mi è molto simpatico.
↓
[agreement with **il professore**]

Femminile singolare

INFORMALE

Tom, ti piace la professoressa?
Sì, mi piace molto.

Tom ti è simpatica la professoressa?
Sì, mi è molto simpatica.
↓
[agreement with **la professoressa**]

FORMALE

Signorina, Le piace la professoressa?
Sì, mi piace molto.

Signorina, Le è simpatica la professoressa?
Sì, mi è molto simpatica.
↓
[agreement with **la professoressa**]

Maschile plurale

INFORMALE

Tom, ti piacciono gli italiani?
Sì, mi piacciono molto.

Tom, ti sono simpatici gli italiani?
Sì, mi sono molto simpatici.
↓
[agreement with **gli italiani**]

FORMALE

Signorina, Le piacciono gli italiani?
Sì, mi piacciono molto.

Signorina, Le sono simpatici gli italiani?
Sì, mi sono molto simpatici.
↓
[agreement with **gli italiani**]

Femminile plurale

INFORMALE

Tom, ti piacciono le Dixie Chicks?
Sì, mi piacciono molto.

Tom, ti sono simpatiche le Dixie Chicks?
Sì, mi sono molto simpatiche.
↓
[agreement with **le Dixie Chicks**]

FORMALE

Signorina, Le piacciono le
Dixie Chicks?
Sì, mi piacciono molto.

Signorina, Le sono simpatiche le
Dixie Chicks?
Sì, mi sono molto simpatiche.
↓
[agreement with **le Dixie Chicks**]

Applicazione

H. Ti è simpatico Tom Cruise? Crea brevi dialoghi con un compagno/una compagna seguendo il modello.

MODELLO Tom Cruise [familiar address]
TU: *Ti è simpatico Tom Cruise, Sandra, no?*
COMPAGNO/A: *Sì, mi è (molto) simpatico./No, non mi è simpatico.*

Hillary Clinton [polite address]
TU: *Le è simpatica Hillary Clinton, signorina Jones, vero?*
COMPAGNO/A: *Sì, mi è (molto) simpatica./No, non mi è simpatica.*

1. Harrison Ford [familiar address]
2. Madonna (the singer) [familiar address]
3. Eminem [polite address]
4. Oprah Winfrey [polite address]
5. gli italiani [familiar address]
6. le Dixie Chicks [familiar address]
7. Nicole Kidman e Julia Roberts [polite address]

I. Sì, mi piace! Divide into pairs. Each pair chooses one of the categories below. Then, a student from each pair asks someone else in the class if he/she likes the people or things that the pair has chosen.

MODELLO [tre attori/attrici]
Nicole Kidman
— *Ti piace/Ti è simpatica Nicole Kidman?*
— *Sì, mi piace/Sì, mi è simpatica.*
— *No, non mi piace/No, non mi è simpatica.*

1. tre attori/attrici
2. tre locali di fast-food
3. tre tipi di bevanda (*beverage*)
4. tre piatti di pasta
5. tre complessi musicali (*musical groups*)
6. tre atleti (*athletes*)

Chiedere informazioni

Che?/Cosa?/ Che cosa?	*What?*	**Che studia Betty?/ Cosa studia Betty?/ Che cosa studia Betty?**	*What is Betty studying?*
Chi?	*Who?*	**Chi è il professore d'italiano?**	*Who is the Italian professor/instructor?*
Come?	*How?*	**Come stai, Jim?**	*How are you, Jim?*
Dove?	*Where?*	**Dov'è l'edicola?**	*Where is the news-stand?*
Perché?	*Why?*	**Perché vai ad un'agenzia?**	*Why are you going to an agency?*
Quale?	*Which?*	**Quale città vuoi vedere?**	*Which city do you want to see?*
Quando?	*When?*	**Quando viene la dottoressa Marchi?**	*When is Dr. Marchi coming?*
Quanto?	*How much?*	**Quant'è un biglietto?**	*How much is a ticket?*

In interrogative sentences, the subject is normally put at the end.

Quant'è un biglietto?	*How much is a ticket?*
Quando viene la dottoressa Marchi?	*When is Dr. Marchi coming?*

The final vowel of **quanto**, **cosa**, **come**, and **dove** may be dropped in front of the verb form **è**.

Quant'è? / Quanto è?	*How much is it?*
Cos'è? / Cosa è?	*What is it?*
Com'è? / Come è?	*How is it?*
Dov'è? / Dove è?	*Where is it?*

Quale, on the other hand, is not normally apostrophized.

Qual è? / Quale è?	*Which is it?*

The plural form of **quale** is **quali**.

Qual è?	*Which one is it?*
Quali sono?	*Which ones are they?*

Fare domande

The interrogatives (**interrogativi**) listed above allow you to request specific kinds of information: *who, what, where,* etc. There is another kind of questioning strategy that is designed to elicit, instead, a *yes* or *no* response.

This is formed with the normal intonation pattern for questions without changing the word order; or by putting the subject at the end.

DOMANDA	**RISPOSTA**
Gianni ha ragione?	**Sì, Gianni ha ragione.**
Is Gianni right?	*Yes, Gianni is right.*
Ha ragione Gianni?	**No, Gianni non ha ragione.**
Is Gianni right?	*No, Gianni isn't right.*

To say *right?, doesn't he/she?, aren't you?,* etc., use either **no?**, **vero?**, or **non è vero?**

Ti piace l'Italia, no?	*You like Italy, don't you?*
Sei di Roma, non è vero?	*You're from Rome, aren't you / right?*
Jim è uno studente, vero?	*Jim is a student, right / isn't he?*

Applicazione

J. La lezione di geografia. Ecco le risposte date da Jim durante una lezione di geografia. Ricostruisci le domande fatte dall'insegnante. (*Here are the answers given by Jim during a geography class. Reconstruct the questions that the instructor asked.*)

MODELLO	[*yes/no* question] Sì, l'Italia è molto bella. *È bella l'Italia?*
	[information question] Sono molto interessanti. *Come sono i dialetti italiani?*

1. [information question] Roma è la capitale (*capital city*) d'Italia.
2. [information question] L'Italia ha la forma (*form*) di uno stivale (*boot*).
3. [yes/no question] No, l'Italia non è un'isola (*island*). È una penisola (*peninsula*).
4. [yes/no question] Sì, ciascuna regione ha il suo dialetto (*each region has its own dialect*).
5. [information question] È un dialetto molto interessante.

Stati fisici e mentali

In the previous chapter you learned to use **avere** + *noun* to express *to be hungry* and *to be thirsty*. Here are a few more expressions with **avere** + *noun* for expressing physical and mental states.

avere fretta   **avere paura**   **avere pazienza**

avere sonno   **avere fame**   **avere sete**

avere bisogno di	*to need*
avere fretta	*to be in a hurry*
avere paura	*to be afraid*
avere pazienza	*to be patient*
avere ragione	*to be right*
avere sonno	*to be sleepy*
avere torto	*to be wrong*
Io ho bisogno di mangiare.	*I need to eat.*
Tu hai ragione, ma lui ha torto.	*You're right, but he's wrong.*
Maria ha sempre fretta.	*Mary is always in a hurry.*

Applicazione

K. Domande, domande! Rispondi alle seguenti domande. (*Answer the following questions.*)

> **MODELLO** [*yes/no* question]
> C'è il professore/la professoressa in classe oggi?
> *Sì, c'è./No, non c'è.*
>
> [information question]
> Come ti chiami?
> *Mi chiamo Barbara Harrison.*

1. Come si chiama il professore/la professoressa d'italiano?
2. Che mangi generalmente a colazione?
3. Che cosa bevi generalmente a pranzo?
4. Dov'è un'edicola?
5. Perché studi la lingua italiana?
6. Hai bisogno di studiare molto per l'esame d'italiano (*Italian exam*)?
7. Hai fretta dopo la lezione d'italiano?
8. Hai paura del professore/della professoressa d'italiano?
9. Chi ha sempre ragione a casa tua (*at your house*)? Chi ha sempre torto?
10. Hai sonno in questo (*this*) momento?

L. Conoscere il proprio compagno/la propria compagna. Chiedi le seguenti domande al tuo compagno/alla tua compagna. (*Ask your partner the following questions.*)

> **MODELLO** Ask your partner, if he/she is generally patient.
>
> TU: *Debbie, hai pazienza generalmente?*
> COMPAGNO/A: *Sì, ho pazienza generalmente./No, non ho pazienza.*

Ask your partner if he/she . . .

1. is generally sleepy after Italian class.
2. is generally in a hurry after Italian class.
3. needs to study Italian today.
4. is afraid of the Italian teacher.
5. is usually right or wrong in class.

Grammatica

Spelling peculiarities of verbs ending in -are

Recall from the previous chapter that the **-i** of **mangiare** is not doubled in the present indicative before endings beginning with **-i**. The same holds for any verb ending in **-ciare**, **-giare**, and **-iare** (when the **i** is not stressed as in **studiare**).

cominciare[1]	*to begin, start*
mangiare	*to eat*
studiare	*to study*

[1] There is an alternate form of this verb: **incominciare**.

(io)	mangio	molto.	*I eat a lot.*
	comincio	domani.	*I'm starting tomorrow.*
	studio	l'italiano.	*I'm studying Italian.*
(tu)	mangi	molto.	*You eat a lot.*
	cominci	domani.	*You're starting tomorrow.*
	studi	l'italiano.	*You're studying Italian.*
(lui)	mangia	molto.	*He eats a lot.*
(lei)	comincia	domani.	*She is starting tomorrow.*
(Lei)	studia	l'italiano?	*Are you studying Italian?*
(noi)	mangiamo	molto.	*We eat a lot.*
	cominciamo	domani.	*We're starting tomorrow.*
	studiamo	l'italiano.	*We're studying Italian.*
(voi)	mangiate	molto.	*You eat a lot.*
	cominciate	domani.	*You're starting tomorrow.*
	studiate	l'italiano.	*You're studying Italian.*
(loro)	mangiano	molto.	*They eat a lot.*
	cominciano	domani.	*They're starting tomorrow.*
	studiano	l'italiano.	*They're studying Italian.*

An **h** is added before the **tu** and **noi** endings of verbs whose infinitives end in **-care** and **-gare**, such as **cercare** (*to look for, search*) and **pagare** (*to pay*). This indicates in writing that the hard **c** and hard **g** sounds are to be retained.

(io)	pago	il conto.	*I'm paying the bill.*
	cerco	l'edicola.	*I'm looking for the newsstand.*
(tu)	paghi	il conto.	*You're paying the bill.*
	cerchi	l'edicola.	*You're looking for the newsstand.*
(lui)	paga	il conto.	*He's paying the bill.*
(lei)	cerca	l'edicola.	*She's looking for the newsstand.*
(Lei)	cerca	l'edicola?	*Are you looking for the newsstand?*
(noi)	paghiamo	il conto.	*We're paying the bill.*
	cerchiamo	l'edicola.	*We're looking for the newsstand.*
(voi)	pagate	il conto.	*You're paying the bill.*
	cercate	l'edicola.	*You're looking for the newsstand.*
(loro)	pagano	il conto.	*They're paying the bill.*
	cercano	l'edicola.	*They're looking for the newsstand.*

Usi e caratteristiche del presente indicativo

The present indicative (**presente dell'indicativo**) in Italian allows you to talk about actions or events that are ongoing, continuous, or about to occur in the immediate future. It corresponds to several English tenses.

CONTINUOUS ACTION
Guardo la TV spesso.   *I often watch TV.*

ONGOING ACTION
Telefono a Carla.   *I'm phoning Carla.*

EMPHATIC ACTION
Sì, è vero, gioco a tennis!   *Yes, it's true, I do play tennis!*

IMMEDIATE FUTURE ACTION
Domani paga lui.   *Tomorrow he will pay.*

Note the following differences with respect to English which requires a preposition after the verb, while Italian does not.

cercare   *to search / look for*
aspettare   *to wait for*
ascoltare   *to listen to*
guardare   *to watch, look at*

Alessandro aspetta il professore.   *Alessandro is waiting for the professor.*
Sara ascolta la musica classica.   *Sara is listening to classical music.*
Loro guardano la TV.   *They're watching TV.*

The following verbs require the preposition **a**:

domandare   *to ask*
giocare   *to play (a sport, a game, etc.)*
telefonare   *to phone*

Lei gioca a tennis, non è vero?   *She plays tennis, doesn't she?*
Lui telefona sempre a Claudia.   *He always phones Claudia.*

Applicazione

M. Verbi, verbi. Con un compagno/una compagna, forma delle domande e delle risposte appropriate seguendo i modelli. (*With a partner, form appropriate questions and answers following the models.*)

MODELLO   tu/io
          mangiare/un panino al prosciutto

TU: *Cosa mangi (tu)?*
COMPAGNO/A: *(Io) mangio un panino al prosciutto.*

tu/io

1. mangiare/un gelato
2. cercare/un'edicola
3. studiare/la lingua italiana
4. guardare/la TV
5. pagare/i biglietti

MODELLO   voi/noi
                  cominciare a studiare/domani

        TU: *Quando cominciate a studiare (voi)?*
COMPAGNO/A: *(Noi) cominciamo domani.*

voi/noi

6. cominciare a studiare/dopo
7. telefonare al professore/domani
8. guardare la TV/dopo
9. giocare a tennis/domani
10. studiare l'italiano/dopo

MODELLO   lui/lei
                  pagare/il conto

        TU: *Paga il conto lui?*
COMPAGNO/A: *No, paga il conto lei.*

lui/lei

11. mangiare/i ravioli
12. cercare/l'edicola
13. studiare/l'italiano
14. cominciare/domani
15. ascoltare/la professoressa

MODELLO   loro/noi
                  pagare/il conto

        TU: *Loro pagano il conto, non è vero?*
COMPAGNO/A: *No, siamo noi che paghiamo il conto.*

loro/noi

16. cominciare/domani
17. studiare/l'italiano
18. ascoltare/la professoressa
19. aspettare/l'avvocato Mirri

N. Cosa fa Maria? Descrivi le attività di Maria. (*Describe Maria's activities.*)
Say that Maria . . .

1. always plays tennis with friends.
2. studies Italian at an American university.
3. is waiting for Jim at Bar Roma.
4. watches TV a lot.
5. phones Franca often (**spesso**).

Nomi al plurale

As you may have noticed in this and in the previous two chapters, regular nouns are made plural by changing the final vowel in the following ways:

SINGOLARE		PLURALE
-o	is changed to	-i
-e	is changed to	-i
-a	is changed to	-e

Here are some examples:

- Changing **-o** to **-i** (*masculine*)

un biglietto	**due biglietti**	*two tickets*
un piatto	**tre piatti**	*three plates*

- Changing **-e** to **-i** (*masculine*)

un bicchiere	**quattro bicchieri**	*four glasses*
uno studente	**cinque studenti**	*five students*

- Changing **-a** to **-e** (*feminine*)

una studentessa	**sei studentesse**	*six students (female)*
un'edicola	**sette edicole**	*seven newsstands*

- Changing **-e** to **-i** (*feminine*)

una lezione	**otto lezioni**	*eight classes*
una colazione	**nove colazioni**	*nine breakfasts*

Accordo grammaticale

When the words **altro**, **quale**, and **quanto** are used as adjectives, they must agree with the noun they modify in both gender and number as illustrated below:

MASCHILE

altro	altri
quale	quali
quanto	quanti

un altro panino	**altri due panini**
another sandwich	*two other sandwiches*

Quale studente è?	**Quali studenti sono?**
Which student is it?	*Which students are they?*

Quanto caffè desideri?	**Quanti panini desideri?**
How much coffee do you want?	*How many sandwiches do you want?*

FEMMINILE

altra	altre
quale	quali
quanta	quante

un'altra studentessa	**altre due studentesse**
another student	*two other students*

Quale studentessa è?	**Quali studentesse sono?**
Which student is it?	*Which students are they?*

Quanta pizza desideri?	**Quante pizze desideri?**
How much pizza do you want?	*How many pizzas do you want?*

Applicazione

O. Vuoi qualcos'altro? Con un compagno/una compagna, crea brevi dialoghi seguendo il modello. (*With a partner, create short dialogues following the model.*)

MODELLO	al singolare
	panino al prosciutto
TU:	*Mike, vuoi qualcos'altro?*
COMPAGNO/A:	*Sì, un altro panino al prosciutto.*
	al plurale
	tramezzino al formaggio
TU:	*Mike, cosa vuoi?*
COMPAGNO/A:	*Altri due tramezzini al formaggio.*

al singolare

1. espresso
2. granita di caffè
3. bicchiere di Coca-Cola

al plurale

4. cornetto alla crema
5. pasta alla marmellata
6. bicchiere di aranciata

P. Quanta pizza vuoi? Con un compagno/una compagna, crea altri brevi dialoghi seguendo il modello.

MODELLO	[food]
	pizza
TU:	*Jenny, quanta pizza vuoi?*
COMPAGNO/A:	*Non mangio pizza perché non mi piace.*
	[beverage]
	espresso
TU:	*Jenny, quanto espresso vuoi?*
COMPAGNO/A:	*Non bevo espresso perché non mi piace.*

1. acqua
2. caffè
3. pasta
4. frutta
5. formaggio

Q. Quanti biglietti hai? Con un compagno/una compagna, crea brevi dialoghi seguendo il modello.

> **MODELLO** biglietto/3
>
> TU: *Vivian, quanti biglietti hai?*
> COMPAGNO/A: *Ho tre biglietti.*

1. dollaro/5
2. lezione/3
3. appuntamento/2
4. bicchiere/2
5. pasta (*pastry*)/3
6. euro/10 [*Note: the euro is the currency used in Italy and the other European Union countries; it is invariable in the plural:* **un euro — due euro.**]

R. Quale panino vuoi? Con un compagno/una compagna, crea altri brevi dialoghi seguendo il modello.

> **MODELLO** panino/dolce
> [Use the first item in the singular, the second in the plural.]
>
> TU: *Becky, quale panino vuoi?*
> COMPAGNO/A: *Voglio un panino al formaggio/al prosciutto.*
> TU: *E quali dolci vuoi?*
> COMPAGNO/A: *Voglio una pasta alla crema e una brioche.*

1. tramezzino/dolce
2. panino/pasta
3. caffè/cornetto
4. gelato/panino
5. pizza/granita

Ci sono molti dialetti in Italia.* Ogni (*Each*) regione ha il proprio (*its own*) dialetto con la propria tradizione (*tradition*) e la propria letteratura (*literature*) locale. L'Italia dialettale è divisa in tre aree: (1) i dialetti del nord, come per esempio, il piemontese, il veneto e il lombardo; (2) i dialetti del centro, come per esempio, il toscano e il romano; e (3) i dialetti del sud, come il napoletano, il calabrese e il siciliano.

La lingua standard deriva dall'antico toscano, perché era (*it was*) la lingua di tre grandi scrittori medievali (*three great medieval writers*): Dante Alighieri (1265–1321), l'autore della *Divina commedia*, Francesco Petrarca (1304–1374), l'autore del *Canzoniere*, e Giovanni Boccaccio (1313–1375), l'autore del *Decamerone*.

Oggi, purtroppo (*unfortunately*), i dialetti stanno scomparendo (*are disappearing*), perché i mass media promuovono (*promote*) l'italiano standard. Ma, per fortuna (*fortunately*), c'è un movimento in molte regioni per il mantenimento (*conservation*) dei dialetti.

*For a brief outline of Italy's regions and regional capitals, refer to the first Elemento di civiltà, pg. 161.

COSA FAI OGGI?

S. Completa ciascuna frase in modo appropriato. (*Complete each sentence in the appropriate manner.*)

1. In Italia...
   A. ci sono molti dialetti.
   B. non ci sono molti dialetti.
2. L'Italia dialettale è divisa...
   A. in tre aree: il nord, il centro, il sud.
   B. in due aree: il nord e il sud.
3. La lingua italiana deriva dal...
   A. piemontese antico.
   B. toscano antico.
4. Dante Alighieri, Francesco Petrarca e Giovanni Boccaccio erano (*were*)...
   A. tre grandi scienziati (*scientists*).
   B. tre grandi scrittori (*writers*).

T. Rispondi alle seguenti domande. (*Answer the following questions.*)

1. Che cosa sta scomparendo oggi in Italia?
2. Che cosa ha ogni regione italiana?
3. Come è divisa l'Italia dialettale?
4. Qual è un dialetto del nord?
5. Qual è un dialetto del centro?
6. Qual è un dialetto del sud?
7. Da quale dialetto deriva l'italiano standard?
8. Chi sono gli autori del *Decamerone*, della *Divina commedia* e del *Canzoniere*?

MOMENTO
Creativo

U. Personaggi famosi. Prepare a list of five famous Italians whom you know. Compare your list to those of other students.

Quanto sai già?

A. Anticipazione. Le seguenti parole ed espressioni si trovano nel dialogo. Riesci ad indovinare il loro significato? (*The following words and expressions are found in the dialogue. Can you guess their meanings?*)

1. un giro
   A. *a tour*
   B. *a jar*
2. Se non sbaglio...
   A. *If I'm not feeling fine, . . .*
   B. *If I'm not mistaken, . . .*
3. un euro
   A. *a euro*
   B. *a European*
4. Deve prendere...
   A. *You must take . . .*
   B. *You must understand . . .*

5. Parte da Piazza del Duomo...
   A. *It is leaving from Piazza del Duomo . . .*
   B. *It's a part of Piazza del Duomo . . .*
6. ogni ora
   A. *everyone*
   B. *every hour*
7. È in orario?
   A. *Is it early?*
   B. *Is it on time?*
8. Buona giornata!
   A. *Have a nice day!*
   B. *Good morning!*

B. Giri turistici. Conduct a survey of the class and then report your findings.

> ❑ Quali posti in Italia vuoi visitare?
>
> ❑ Perché?
>
> ❑ Con chi vuoi andare? Perché?

Dialogo

Ad un'edicola in Piazza del Duomo.

JIM:	Quanto è un biglietto per un giro turistico° di Firenze e Fiesole in pullman?	*tour*
SIGNORA:	Lei è studente, no? Se non sbaglio°, Lei è francese, vero?	*if I'm not mistaken*
JIM:	No, sono uno studente americano.	
SIGNORA:	Allora, per gli studenti, un biglietto è solo dieci euro.	
JIM:	Due biglietti, per favore.	
SIGNORA:	Ecco a Lei. Deve prendere il pullman numero nove che parte da Piazza del Duomo ogni ora.	
JIM:	Grazie. È in orario generalmente il pullman?	
SIGNORA:	Sì! Buona giornata!	

Comprensione

C. Rispondi alle seguenti domande.

1. Dov'è Jim?
2. Cosa chiede (*asks*) alla signora?
3. Chi dice (*says*) «Lei è studente, no?»
4. Quanto è un biglietto per gli studenti?
5. Quanti biglietti chiede Jim?
6. Quale pullman deve prendere Jim?
7. Da dove parte il pullman?
8. È in ritardo generalmente il pullman?

D. Con un compagno/una compagna, crea delle frasi o dei brevi dialoghi con le nuove parole e le nuove espressioni.

DOVE ANDIAMO?

un giro turistico	*tour*
francese	*French*
Buona giornata!	*Have a good day!*
in orario	*on time, on schedule*
ogni	*every*
l'ora	*the hour, time*

Modi di dire

Espressioni utili

in orario	*on time*
in ritardo	*late (as in: the bus is late / delayed)*
tardi	*late (as in: it is late)*
in anticipo	*early (as in: the bus is early / ahead of time)*
presto	*early (as in: it is early)*

Applicazione

E. Giri turistici. Con un compagno/una compagna, crea brevi dialoghi seguendo i modelli.

MODELLO 3 biglietti

TU: *Tre biglietti per un pullman turistico, per favore.*
COMPAGNO/A: *Per dove signore/signorina?*
TU: *Per un giro turistico di Roma/Firenze/ecc.*
COMPAGNO/A: *Deve prendere il pullman numero due/tre/...*
TU: *È in orario?*
COMPAGNO/A: *Fortunatamente (fortunately), oggi è in anticipo! Buona giornata!*

1. 2 biglietti
2. 5 biglietti
3. 1 biglietto

MODELLO [Your partner says the opposite of what you say. Make up any appropriate sentence.]

presto

TU: *È presto per andare a Firenze?*
COMPAGNO/A: *No, è tardi.*

4. tardi
5. presto
6. in orario
7. in anticipo
8. in ritardo

Nazionalità e lingue

tedesco   americano   italiana

polacca   russo   spagnola   giapponese

Note that words referring to nationalities are not capitalized in Italian (unless they are the first words in sentences).

Marco è italiano.	*Marco is Italian.*
La dottoressa Mirri è italiana.	*Dr. Mirri is Italian.*
Il signor Smith è americano.	*Mr. Smith is American.*
Sharon è americana.	*Sharon is American.*
Hiroko è giapponese.	*Hiroko is Japanese.*

To make these words plural change **-o** to **-i**, **-e** to **-i**, and **-a** to **-e**.

Marco e Gianni sono italiani.	*Marco and Gianni are Italian.*
Maria e Claudia sono italiane.	*Maria and Claudia are Italian.*
Bill e Tom sono americani.	*Bill and Tom are American.*
Sharon e Betty sono americane.	*Sharon and Betty are American.*
Hiroko e Suenori sono giapponesi.	*Hiroko and Suenori are Japanese.*

These words also function as adjectives. Note that they follow the nouns they modify.

Mi piace il prosciutto italiano.	*I like Italian ham.*
Non mi piace la mortadella italiana.	*I don't like Italian mortadella.*
Quanti dialetti italiani parli?	*How many Italian dialects do you speak?*
Loro sono studentesse americane.	*They are American students.*

Many words referring to nationalities are used in their masculine singular forms to refer to languages as well.

Marco e Gianni sono italiani e parlano italiano e inglese.
Marco and Gianni are Italian, and they speak Italian and English.

NATIONALITIES: MASCULINE	NATIONALITIES: FEMININE	ENGLISH EQUIVALENT	LANGUAGE(S)	COUNTRY/ CONTINENT
americano	americana	*American*	l'inglese	gli Stati Uniti/ l'America
australiano	australiana	*Australian*	l'inglese	l'Australia
canadese	canadese	*Canadian*	l'inglese/ il francese	il Canada
cinese	cinese	*Chinese*	il cinese	la Cina
giapponese	giapponese	*Japanese*	il giapponese	il Giappone
greco	greca	*Greek*	il greco	la Grecia
inglese	inglese	*English*	l'inglese	l'Inghilterra
italiano	italiana	*Italian*	l'italiano	l'Italia
messicano	messicana	*Mexican*	lo spagnolo	il Messico
polacco	polacca	*Polish*	il polacco	la Polonia
portoghese	portoghese	*Portuguese*	il portoghese	il Portogallo
russo	russa	*Russian*	il russo	la Russia
spagnolo	spagnola	*Spanish*	lo spagnolo	la Spagna
tedesco	tedesca	*German*	il tedesco	la Germania

Applicazione

F. Di dov'è? Indica di dov'è ciascuna persona, qual è la sua nazionalità, qual è il suo paese d'origine e quale lingua parla. Segui il modello. (*Indicate where each person is from, what his/her nationality is, what his/her country of origin is, and what language he/she speaks. Follow the model.*)

MODELLO   Jennifer/Boston
Jennifer è di Boston.
Lei è americana.
Il suo paese (country) *d'origine è l'America.*
Parla inglese.

1. Hans (*m.*)/Berlino
2. Juanita (*f.*)/Madrid
3. Fyodor (*m.*)/Mosca (*Moscow*)
4. Alexander/Atene (*Athens*)
5. Suenori (*m.*)/Tokio
6. Huang (*m.*)/Pechino (*Beijing*)
7. Katja (*f.*)/Varsavia (*Warsaw*)
8. Leonora (*f.*)/Monterey
9. Denise (*f.*)/Montreal

G. Di che origine sei? In coppie, svolgete la seguente attività seguendo il modello. (*In pairs, do the following activity following the model.*)

1. Ask your partner what his/her origin is.
2. Then ask him/her which languages he/she speaks.
3. Ask him/her which languages he/she likes.
4. Finally, ask him/her which languages he/she is studying.

MODELLO

TU:	*Sandra, di che origine sei?*
COMPAGNA:	*Sono polacca.*
TU:	*Quali lingue parli?*
COMPAGNA:	*Parlo polacco e inglese.*
TU:	*Quali lingue ti piacciono?*
COMPAGNA:	*Mi piace l'italiano.*
TU:	*Quali lingue studi?*
COMPAGNA:	*Studio l'italiano e il francese.*

Grammatica

Di

The English "genitive" structure (*John's, Mary's,* etc.) is expressed in Italian with the preposition **di** as shown below:

Debbie è l'amica di Tina.	*Debbie is Tina's friend (= Debbie is the friend of Tina).*
Il russo è la lingua di Yuri.	*Russian is Yuri's language (= Russian is the language of Yuri).*

Di can be apostrophized before a vowel.

Sono gli studenti di italiano. = **Sono gli studenti d'italiano.**	*They're the students of Italian.*

Di chi is used to express *whose.*

Di chi è il biglietto?	*Whose ticket is it?*
Di chi sono i biglietti?	*Whose tickets are they?*

L'articolo determinativo

In the first three chapters, you have been using the definite article in a number of activities and exercises without the benefit of a formal explanation. As you may have figured out on your own, the definite article generally corresponds to *the* in English, but it varies according to the gender, number, and initial sound of the noun it modifies.

■ **lo** is used before a masculine noun beginning with **z** or **s** + *consonant*:

lo **zabaione**	*the eggnog dessert*
lo **zucchero**	*the sugar*
lo **spagnolo**	*the Spaniard, Spanish*
lo **studente**	*the student*

- This form is also used before a noun beginning with **gn**, **y**, and **ps**:

lo **gnocco**	*the dumpling*
lo **yogurt**	*the yogurt*
lo **psicologo**	*the psychologist*

Note, however, that very few Italian words begin with these sounds.

- **il** is used before a masculine noun beginning with any other consonant:

il **dialetto**	*the dialect*
il **portoghese**	*the Portuguese, Portuguese*
il **numero**	*the number*
il **giro**	*the tour*

- **l'** is used before a masculine noun beginning with any vowel:

*l'***americano**	*the American*
*l'***avvocato**	*the lawyer*
*l'***inglese**	*the Englishman, English*
*l'***italiano**	*the Italian, Italian*

- **la** is used before a feminine noun beginning with any consonant:

la **lingua**	*the language*
la **geografia**	*geography*
la **lezione**	*the class*
la **studentessa**	*the student*

- **l'** is used before a feminine noun beginning with any vowel:

*l'***edicola**	*the newsstand*
*l'***ora**	*the hour, time*
*l'***americana**	*the American*
*l'***inglese**	*the English woman*

The corresponding plural forms are summarized in the chart below:

	Singolare		Plurale
Maschile	**lo**	→	**gli**
	l'	→	**gli**
	il	→	**i**
Femminile	**la**	→	**le**
	l'	→	**le**
	lo zabaione		gli zabaioni
	lo spagnolo		gli spagnoli
	l'americano		gli americani
	l'inglese (*m.*)		gli inglesi
	il dialetto		i dialetti
	il portoghese		i portoghesi
	la lingua		le lingue
	la lezione		le lezioni
	l'edicola		le edicole
	l'inglese (*f.*)		le inglesi

Applicazione

H. Di chi è? Con un compagno/una compagna, crea brevi dialoghi seguendo il modello.

> **MODELLO** biglietto/Maria [al singolare]
> TU: *Di chi è il biglietto?*
> COMPAGNO/A: *È il biglietto di Maria.*
>
> biglietti/Giorgio [al plurale]
> TU: *Di chi sono i biglietti?*
> COMPAGNO/A: *Sono i biglietti di Giorgio.*

[al singolare]

1. zabaione/Mike
2. gelato/Jill
3. risotto/Lori
4. brioche/Rosanna
5. aranciata/Gina
6. panino/Harry

[al plurale]

7. spaghetti/Gloria
8. amici/Bill
9. biglietti/Jack
10. paste/Giulia
11. aranciate/Gary e Jean
12. gnocchi/Carlo

Usi e caratteristiche dell'articolo determinativo

In general, the definite article is used to convey concepts that are specific.

SPECIFIC CONCEPT	NONSPECIFIC CONCEPT
Chi è? È il professore.	**Chi è? È un professore.**
Who is he? He's the professor.	*Who is he? He's a professor.*
Il caffè al Bar Roma è buono.	**Prendo un caffè qualsiasi.**
The coffee at Bar Roma is good.	*I'll have any kind of coffee.*

In contrast to English, the definite article is also used to indicate something in general, especially when it is the subject of a sentence.

I dialetti italiani sono interessanti.	*Italian dialects are interesting.*
L'espresso è il caffè degli italiani.	*Espresso is the coffee of Italians.*

The definite article is used as well with the names of languages and countries.

L'italiano è una bella lingua.	*Italian is a beautiful language.*
Mi piace molto il francese.	*I like French a lot.*
La Germania è molto bella.	*Germany is very beautiful.*
Gli Stati Uniti sono belli.	*The U.S. is (are) beautiful.*

As you saw in the previous chapter, the definite article is used as well with titles.

il signor Buongusto	*Mr. Buongusto*
il professor Santucci	*Prof. Santucci*
il dottor Tarantino	*Dr. Tarantino*
l'avvocato Mirri	*Attorney Mirri*
l'ingegner Rossi	*Engineer Rossi*
la signorina Bianchi	*Miss / Ms. Bianchi*
la professoressa Rossi	*Professor Rossi*
la dottoressa Giusti	*Dr. Giusti*
l'avvocato / l'avvocatessa Bellini	*Attorney Bellini*
l'ingegner Nardone	*Engineer Nardone*

Recall that the article of the title is dropped when used in "direct address":

TALKING ABOUT . . .	TALKING TO . . .
Il signor Rossi non c'è.	«Buongiorno, signor Rossi.»
Mr. Rossi isn't here.	*"Hello, Mr. Rossi."*
La dottoressa Giusti è in ritardo.	«Dottoressa Giusti, come sta?»
Dr. Giusti is late.	*"Dr. Giusti, how are you?"*

Applicazione

I. Di che nazionalità è? Con un compagno/una compagna, crea brevi dialoghi seguendo i modelli.

> **MODELLO** Debbie/American
>
> TU: *Di che nazionalità è Debbie?*
> COMPAGNO/A: *Debbie è americana.*
> TU: *Quale lingua parla?*
> COMPAGNO/A: *Parla inglese.*

1. Sam (*m.*)/Russian
2. José (*m.*)/Portuguese
3. Frida (*f.*)/German
4. Anita (*f.*)/Mexican
5. Alexander (*m.*)/Greek
6. Grace (*f.*)/Australian

> **MODELLO** Italy
>
> TU: *Ti piace l'Italia?*
> COMPAGNO/A: *Sì, mi piace molto.*
> TU: *E gli italiani?*
> COMPAGNO/A: *Sì, mi piacciono molto.*

7. Spain
8. Poland
9. England
10. Japan
11. China
12. United States

👥 **J. Quando viene il dottor Giusti?** Con un compagno/una compagna, crea brevi dialoghi seguendo il modello.

> **MODELLO** Dr. Giusti (*m.*)
>
> TU: *Quando viene il dottor Giusti?*
> COMPAGNO/A: *Il dottor Giusti è qui!*
> TU: *Ah, buongiorno/buonasera, dottor Giusti.*

1. Mr. Grande
2. Miss Franchi
3. Mrs. Dini
4. Prof. Torelli (*m.*)
5. Prof. Trusso (*f.*)
6. Dr. Bruni (*f.*)

I numeri da 100 a 999

100	cento	400	quattrocento	700	settecento
200	duecento	500	cinquecento	800	ottocento
300	trecento	600	seicento	900	novecento

To form the number names from 101 to 999, do the following:

- Add the number names for 1 to 99 on to the names for 100, 200, 300, and so on.

101	centouno / centuno
202	duecentodue
322	trecentoventidue
445	quattrocentoquarantacinque

- The words may also be separated in writing.

560	cinquecentosessanta	=	cinquecento sessanta
948	novecentoquarantotto	=	novecento quarantotto

Applicazione

👥 **K.** Con un compagno/una compagna, crea brevi dialoghi seguendo il modello.

> **MODELLO** [You and your partner are suppliers for a restaurant chain. You are taking inventory of the stock you have for several very large wedding parties you'll be catering soon.]
> 102 pizzas/230
>
> TU: *Quante pizze abbiamo?*
> COMPAGNO/A: *Centodue, ma abbiamo bisogno di duecentotrenta pizze!*

1. 106 croissants/576
2. 115 sweets/687
3. 123 buns/798
4. 231 cheeses/812
5. 242 tomatoes/999
6. 354 plates/465

L. Quiz geografico. Quanto sai già sulle città italiane? Scegli la risposta adatta. (*How much do you know already about Italian cities? Choose the response that you think is correct.*)

1. La capitale d'Italia è...
   A. Firenze.
   B. Roma.
2. La città eterna (*eternal*) è...
   A. Roma.
   B. Venezia.
3. La città dei canali (*canals*) è...
   A. Napoli.
   B. Venezia.
4. La culla del Rinascimento (*cradle of the Renaissance*) è...
   A. Firenze.
   B. Milano.

Le città italiane

Le città italiane sono veramente molto belle (*beautiful*). Ogni estate (*summer*) molti turisti vogliono visitare città come Roma, Venezia e Firenze.

Roma è la capitale d'Italia. È la città «eterna». C'è la Roma antica, la Roma medioevale, la Roma rinascimentale, ecc. C'è un proverbio che dice: «Tutte le strade (*roads*) portano (*lead*) a Roma». Venezia, la città dei canali, è altrettanto (*just as*) affascinante (*fascinating*). Il cuore (*heart*) della città è Piazza San Marco e il Canal Grande. Firenze è la culla del Rinascimento.

Tutte le città italiane hanno una storia (*history*) particolare e affascinante. Una volta (*once*), infatti, molte città erano stati autonomi (*autonomous states*).

M. Rispondi alle seguenti domande.

1. Come sono le città italiane?
2. Com'è Roma?
3. Quante «Rome» ci sono?
4. Com'è Venezia?
5. Dov'è il cuore della città di Venezia?
6. Che cosa hanno tutte le città italiane?

IL COLOSSEO

IL CANAL GRANDE

7. Che cosa erano, una volta, molte città italiane?
8. Che dice il proverbio su Roma?
9. Che cosa significa?

👥 **N. Ricerca!** With a partner, look up three or four Italian cities of your choice, and then report back to the class what you found out about them.

MOMENTO
Creativo

O. Intervista. Intervista un compagno/una compagna. Chiedigli/le... (*Interview a classmate. Ask him/her . . .*)

1. quali lingue studia.
2. di che origine è.
3. quali città italiane conosce (*knows*).
4. quali città vuole (*he/she wants*) visitare.

ASCOLTO

Le vocali «e» e «o»

Speakers in different parts of Italy will pronounce stressed **e** and **o** with the mouth relatively more open or closed. In many areas, however, both pronunciations are used:

vero	the **e** is a closed vowel as in *verily*
bene	the **e** is an open vowel as in *Ben*

A. Listen to an Italian TV newscast. If one is not available in your area, then you might be able to access one on a website. Record five minutes of the newscast. Play it in class, and with the help of your instructor, try to figure out what it's all about. Indicate what aspects of the pronunciation (especially the vowels) are difficult for you.

Comprensione generale

B. Ascolta attentamente la conversazione sul CD, cercando di determinare (*Listen carefully to the conversation on the CD, and see if you can determine*):

1. che lezione è.
2. come si chiama la professoressa.
3. quali città vengono menzionate (*are mentioned*).
4. quale compito devono svolgere gli studenti (*what assignment the students have to carry out*).

C. Adesso, cerca di ricostruire la conversazione con altri studenti a piacere. (*Now, attempt to reconstruct the conversation freely with other students.*)

Lettura

Prima di leggere

 A. Anticipazione. Con un compagno/una compagna, prova a tradurre in inglese le seguenti frasi. (*With a partner, try to translate into English the following sentences.*)

1. Pensa avanti!
2. Corri a prenotare nelle agenzie di viaggio!
3. in luglio e agosto
4. posti auto

B. Posti da visitare! What do you know about the following places?

1. la Sardegna
2. la Corsica
3. l'Isola d'Elba

Lettura

Read the ad carefully. Then answer the questions and do the activities that follow.

Dopo la lettura

C. Write a paraphrase in Italian of the ad that could be used as a radio commercial. Read your text to the class.

D. Rispondi alle seguenti domande.

1. Ti piace viaggiare in auto?
2. Vuoi visitare la Sardegna, la Corsica, l'Isola d'Elba? Perché sì/no?
3. Quali posti vuoi visitare? Perché?

Il mondo digitale

| **il sito personale** | *personal website* | **la chat** | *chat (room)* |
| **Internet** (*m.*) | *Internet* | **chattare / ciattare** | *to chat* |

With a group of classmates set up a chatline to discuss the following topics in Italian. Then print out your conversations and read them to the rest of the class.

1. La città italiana che voglio visitare
2. Le lingue che voglio parlare bene

Afterwards, make an ad for a website to get people to travel to an Italian destination.

A. Ti piace? Con un compagno/una compagna, crea brevi dialoghi seguendo il modello.

> MODELLO   pizza
>   TU: *Ti piace la pizza?*
> COMPAGNO/A: *Sì, mi piace./No, non mi piace.*
>
>   Christina Aguilera
>   TU: *Ti è simpatica Christina Aguilera?*
> COMPAGNO/A: *Sì, mi è simpatica./No, non mi è simpatica.*

1. risotto
2. spaghetti
3. Italia
4. italiano (*language*)
5. Pierce Brosnan
6. italiani (*Italians*)
7. Beyoncé
8. città di Firenze

B. Cosa fa Mirella? Con i verbi **cominciare** e **cercare** forma delle frasi seguendo il modello.

> MODELLO   Mirella
>   [Say that the indicated person is starting to do something.]
>   *Mirella comincia a lavorare/a studiare/ecc.*
>   [Then say that he or she is looking for something or someone.]
>   *Cerca il professore/la professoressa/ecc.*

1. tu
2. io
3. la dottoressa Giusti
4. gli amici di Carlo
5. noi
6. voi

C. Quiz grammaticale. Volgi le seguenti frasi al plurale. (*Change the following sentences into the plural.*)

1. Lo studente americano studia molto.
2. La studentessa francese parla molto bene.
3. Il professore portoghese è bravo (*good*).
4. L'ingegnere australiano è intelligente.
5. Mi piace il panino.

D. Cultura italiana. Rispondi alle seguenti domande.

1. Da quale dialetto deriva la lingua italiana?
2. Chi sono tre grandi scrittori medioevali?
3. Quali sono le aree dialettali italiane?
4. A quale città portano tutte le strade?
5. Come si chiama la città dei canali?

E. Momento creativo. La classe si divide in gruppi. Un membro di ciascun gruppo descriverà alla classe una città selezionata dal suo gruppo. Gli altri membri della classe dovranno cercare di indovinare la città. (*The class should divide into groups. A member of each group will describe the city the group has chosen. The other classmates will have to guess the name of the city.*)

> MODELLO   *È una città molto famosa.*
>   *La città è in Italia.*
>   *Michelangelo è di questa* (this) *città.*
>   *Quale città è?* (Firenze)

Lessico utile

NOMI

l'agenzia *agency*
il biglietto *ticket*
il canale *canal*
la città *city*
il corso *course*
il cuore *heart*
il dialetto *dialect*
il dollaro *dollar*
l'edicola *newsstand*
l'euro *euro*
la geografia *geography*

il giro *tour*
l'idea *idea*
la lezione *class, lesson*
la lingua *language*
il momento *moment*
il numero *number*
l'ora *hour, time*
il pullman *bus*
la storia *history*
lo studente / la studentessa *student*
l'università *university*

NAZIONALITÀ / LINGUE / PAESI

l'Africa *Africa*
africano *African*
l'America *America*
l'Australia *Australia*
australiano *Australian*
il Canada *Canada*
canadese *Canadian*
la Cina *China*
cinese *Chinese*
la Francia *France*
francese *French*
la Germania *Germany*
il Giappone *Japan*
giapponese *Japanese*
la Grecia *Greece*
greco *Greek*

l'Inghilterra *England*
inglese *English*
l'Italia *Italy*
messicano *Mexican*
il Messico *Mexico*
polacco *Polish*
la Polonia *Poland*
il Portogallo *Portugal*
portoghese *Portuguese*
la Russia *Russia*
russo *Russian*
la Spagna *Spain*
spagnolo *Spanish*
gli Stati Uniti *United States*
tedesco *German*

AGGETTIVI

bello *beautiful*
interessante *interesting*

ottimo *great, wonderful, the best*
turistico *tourist*

VERBI

ascoltare *to listen to*
cercare *to search for, look for*
chiedere *to ask*
cominciare *to begin, start*
giocare *to play (a sport, game, etc.)*
guardare *to watch, look at*
pagare *to pay*

parlare *to speak*
piacere *to like, be pleasing to*
sbagliare *to be mistaken*
studiare *to study*
telefonare *to phone*
vedere *to see*
visitare *to visit*

AVVERBI

adesso *now*
certo *certainly*
dopo *after*
fortunatamente *fortunately*
là *there*

oggi *today*
purtroppo *unfortunately*
veramente *really*
vicino *near*

ALTRI VOCABOLI/ESPRESSIONI

avere bisogno di *to need*
avere fretta *to be in a hurry*
avere paura *to be afraid*
avere pazienza *to be patient*
avere ragione *to be right*
avere sonno *to be sleepy*
avere torto *to be wrong*
Buona giornata! *Have a good day!*
che/cosa/che cosa *what*
D'accordo! *Agreed!*

da vicino *up close*
essere simpatico *to be pleasing to*
in anticipo *early*
in giro *around*
in orario *on time*
mi piace (*s.*)/mi piacciono (*pl.*) *I like*
non è vero? *right?*
ogni *each, every*
quale *which*
ti piace (*s.*)/ti piacciono (*pl.*) *you like*

La lezione sta per cominciare!

4

COMUNICAZIONE

- getting around (on foot, by car, etc.)
- talking about oneself
- talking about school or university

CULTURA

- transportation in Italy
- the Italian educational system

STRUTTURE E VOCABOLARIO

- the verb **piacere**
- the present indicative of **andare**, **fare**, and **volere**
- the possessives **il mio** and **il tuo**
- the days of the week
- **pensare a** and **pensare di**
- the present indicative of second-conjugation (**-ere**) verbs
- the relative pronoun **che**
- numbers from 1,000 to 100,000

TEMA 1
Getting around

Quanto sai già?

A. Mezzi di trasporto. If you know what each word or expression means, explain it to the rest of the class in Italian (as best you can).

1. in macchina
2. in moto
3. in autobus
4. a piedi

B. Come si dice? Can you figure out the meanings of the following sentences?

1. La ragazza studia filosofia.
2. Ti aspetto fuori dell'aula (*classroom*).
3. Alessandro si avvicina (*approaches*) per fare conoscenza.
4. Loro si mettono a chiacchierare (*chat*).
5. La lezione d'italiano comincia troppo presto!
6. La lezione sta per cominciare.
7. Sara, che fai?
8. Abito un po' lontano.
9. Non è un problema.
10. Mamma mia!

C. Dove abiti? Rispondi alle seguenti domande scegliendo la risposta adatta (*choosing the appropriate response*). [Note: More than one response may be possible.]

1. Dove abiti? (*Where do you live?*)
   A. In un appartamento.
   B. In centro (*downtown*).
   C. In periferia (*the outskirts*).
   D. Altrove (*elsewhere*).
2. Quali corsi ti piacciono quest'anno (*this year*)?
   A. Tutti i miei (*my*) corsi.
   B. Solo il corso d'italiano.
   C. Mi piacciono i seguenti corsi...

Dialogo

Due ragazze°, Maria e Pina, aspettano la prima lezione dell'anno fuori dell'aula°. Claudio si avvicina° per fare conoscenza e i tre si mettono a chiacchierare°.

two young women, girls outside the classroom • he approaches • to chat

CLAUDIO: Ah, quanto mi piace la filosofia!
MARIA: Anche a me! Sarà° un corso eccellente! — *it will be*
CLAUDIO: Hai ragione, ma la lezione comincia troppo° presto! — *too*
MARIA: Dove abiti?
CLAUDIO: Abito in un appartamento in periferia. Quindi, abito un po' lontano!
MARIA: Allora che fai? Vieni in macchina?
CLAUDIO: No, in moto.
PINA: Anch'io abito un po' lontano. Ma per me non è un problema. Io vengo in autobus.
MARIA: Io abito proprio in centro. E, quindi, vengo a piedi°. — *on foot*
PINA: Oh, mamma mia! Adesso è già tardi°! — *late*
MARIA: Andiamo! La lezione sta per cominciare ora°! — *now*

MI PIACE MOLTO LA FILOSOFIA!

Comprensione

D. Rispondi alle seguenti domande.

1. Che cosa aspettano Maria e Pina?
2. Perché Claudio si avvicina alle ragazze?
3. Che cosa piace a Claudio e a Maria?
4. Dove abita Claudio?
5. Perché viene in moto Claudio?
6. Come viene Pina?
7. E Maria, come viene?

E. Con un compagno/una compagna, crea delle frasi o dei brevi dialoghi con le nuove parole e le nuove espressioni.

la ragazza	*young woman, girl*
primo	*first*
l'anno	*year*
fuori	*outside*
l'aula	*classroom*
si avvicina	*he/she approaches*
fare conoscenza	*to get acquainted*
si mettono a	*they start*
quanto	*how*
la filosofia	*philosophy*
eccellente	*excellent*
troppo	*too/too much*

Now, provide the Italian equivalent of each of the following and then use it in a sentence that illustrates its meaning.

1. early
2. to live, dwell
3. outskirts
4. thus, therefore
5. far
6. car
7. motorcycle
8. problem
9. bus
10. downtown
11. on foot
12. now

Modi di dire

Ways of getting around

a piedi	*on foot*
in autobus	*by bus*
in moto	*by motorcycle*
in bicicletta	*by bicycle*
in macchina	*by car*
in automobile (f.)	*by automobile*

Places and buildings

la scuola	*school*
Vado a scuola.	*I go to school.*
l'università	*university*
Vado all'università.	*I go to university.*
la casa	*house / home*
Vado a casa.	*I'm going home.*
l'appartamento	*apartment*
l'edificio	*building*
la periferia	*outskirts, suburbs*
Abito in periferia.	*I live in the suburbs.*
Abito in via Dante, numero 20.	*I live at 20 Dante St.*
Abito in corso Garibaldi.	*I live on Garibaldi Avenue.*

Applicazione

F. Io abito vicino. Forma delle frasi appropriate seguendo il modello. (*Form appropriate sentences following the model.*)

> **MODELLO**   I/near/on foot
> *Io abito vicino, e allora vengo a scuola/all'università a piedi.*
>
> you/far/by automobile
> *Tu abiti lontano, e allora vieni a scuola/all'università in automobile.*

1. we/far/by car
2. Franco/near/on foot
3. you (pl.)/far/by automobile
4. you (fam., sing.)/far/by motorcycle
5. they/near/by bicycle
6. I/far/by bus

G. Dove vai? Chiedi al tuo compagno/alla tua compagna le seguenti cose. Il compagno/La compagna risponderà in modo appropriato (*will answer in an appropriate manner*).

> MODELLO Chiedi al tuo compagno/alla tua compagna dove va generalmente a piedi.
>
> TU: *Dove vai generalmente a piedi?*
> COMPAGNO/A: *Vado a scuola/all'università/a casa...*

Chiedi al tuo compagno/alla tua compagna...

1. dove va generalmente a piedi.
2. se abita in una casa (come, per esempio, una villa) o in un appartamento.
3. come va a scuola/all'università.
4. se abita vicino o lontano.
5. dove va generalmente in macchina.
6. quando prende l'autobus.
7. se ha una moto o una bicicletta.
8. dove va in moto e/o in bicicletta.
9. se la lezione d'italiano comincia troppo presto per lui/lei.
10. in quale via/corso abita.

Per divertirsi (*to enjoy oneself*) o rilassarsi (*to relax*)

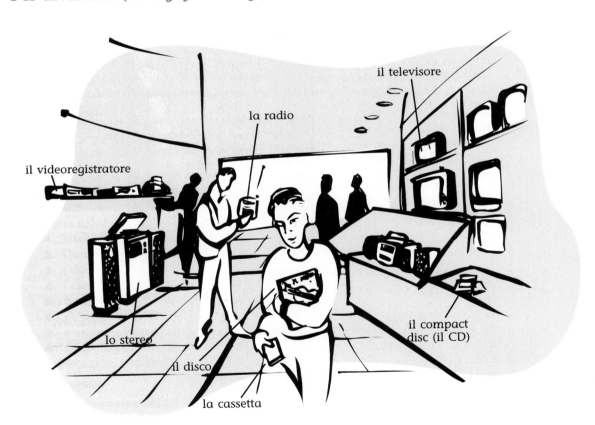

il televisore

la radio

il videoregistratore

il compact disc (il CD)

lo stereo

il disco

la cassetta

la canzone	song
il computer	computer
il DVD	DVD
il film	film / movie
la marca	brand name
preferito	favorite
il programma	program
la televisione	television
vedere	to see

The abbreviated form for **la televisione** is **la TV** or **la tivú**. This means *television* (the medium). The word for *television set* is **il televisore**.

Mezzi di trasporto

l'autobus (*m.*)	bus
l'automobile (*f.*)	automobile
la bicicletta	bicycle
la macchina	car
la motocicletta	motorcycle
il pullman	bus, coach

The word **l'automobile** is often abbreviated to **l'auto**. The abbreviated form does not change in the plural. Similarly, **la moto** is an abbreviated form of **la motocicletta**, **la bici** of **la bicicletta**, and **la radio** of **la radiofonia** or **la radioricevente**.

SINGOLARE		PLURALE	
l'auto(mobile)	= l'auto	le auto(mobili)	= le auto
la moto(cicletta)	= la moto	le moto(ciclette)	= le moto
la bici(cletta)	= la bici	le bici(clette)	= le bici
la radio(ricevente)	= la radio	le radio(riceventi)	= le radio

Applicazione

H. Come si dice? Di' in un altro modo... (*Say in another way . . .*)

> **MODELLO**   Dov'è la tua automobile?
> *Dov'è la tua auto?*

1. La mia macchina è una Ford.
2. Io prendo sempre l'autobus numero 9 per andare a scuola/all'università.
3. La mia auto è nuova.
4. La tua bici è una Trek.
5. Hai una motocicletta?

I. Qual è il tuo programma preferito? You are conducting a survey for a local newspaper. Collect information from a partner following the models. Note the singular forms of the possessives you will need to use. Possessives will be presented in detail in a later chapter.

MY [SINGULAR FORMS]
il mio (*m.*)   il mio televisore (*my TV*)
la mia (*f.*)   la mia bicicletta (*my bicycle*)

YOUR [SINGULAR FORMS]
il tuo (*m.*)   il tuo televisore (*your TV*)
la tua (*f.*)   la tua bicicletta (*your bicycle*)

MODELLO [Survey question 1] programma alla radio/programma radio

TU: *Qual è il tuo programma preferito alla radio?*
COMPAGNO/A: *Il mio programma preferito alla radio è...*

1. programma alla radio
2. canzone
3. programma in televisione
4. compact disc
5. DVD
6. film
7. lezione

MODELLO [Survey question 2] stereo

TU: *Hai uno stereo?*
COMPAGNO/A: *Sì.*
TU: *Che marca/tipo è?*
COMPAGNO/A: *È uno stereo Sony.*

8. stereo
9. televisore
10. bicicletta
11. macchina
12. computer
13. DVD
14. CD player

MODELLO [Survey question 3] compact disc/film

TU: *Quale compact disc vuoi ascoltare?/Quale film vuoi vedere?*
COMPAGNO/A: *Voglio ascoltare.../Voglio vedere...*

15. programma alla radio
16. CD
17. film
18. programma in televisione

MODELLO [Survey question 4] auto

TU: *Quante auto ci sono nella tua famiglia?*
COMPAGNO/A: *C'è un'auto./Ci sono due auto.*

19. auto
20. moto
21. bici
22. radio
23. televisori
24. computer

L'identità

il cognome	surname, family name
il nome	(first) name
la nazionalità	nationality
l'indirizzo	address
il numero di telefono	phone number

Applicazione

J. Compila la seguente scheda e poi leggila in classe. (*Fill out the following form, and then read it in class.*)

Nome _____

Cognome _____

Nazionalità _____

Indirizzo _____

Numero di telefono _____

Indirizzo e-mail _____

Corsi _____

Programmi televisivi preferiti _____

Canzoni preferite _____

Film preferiti _____

Hobby preferiti _____

Grammatica

Il verbo piacere

Recall the "rule of thumb" for using **piacere** (Capitolo 3), as shown in the examples below (in which the verb agrees with the number of the noun):

Mi piace la Ford.	*I like Ford.*
Ti piacciono le tue lezioni?	*Do you like your classes?*

Here is an addition to this "rule of thumb." The pronoun **mi** can be replaced by **a me** and the pronoun **ti** by **a te**.

Mi piace la Ford.	**A me piace la Ford.**
Ti piacciono le tue lezioni?	**A te piacciono le tue lezioni?**

In general, **a me** and **a te** can be used as alternatives to **mi** and **ti** for emphasis. They may also be required to avoid confusion and ambiguity, for example:

■ when the verb **piacere** is used more than once in a sentence

A me piace la filosofia, ma a te piace l'italiano, vero?	*I like philosophy, but you like Italian, right?*
A te piacciono gli spaghetti, ma a me, invece, piacciono i ravioli.	*You like spaghetti, but I, instead, like ravioli.*

■ when **piacere** is used after conjunctions, prepositions, and the like

Mi piace molto la filosofia. Anche a te piace, vero?	*I like philosophy a lot. You like it too, right?*
Mi piace molto l'italiano. E a te?	*I like Italian a lot. And you?*

Applicazione

K. Mi piace molto! In coppie, esprimete le vostre (*your*) preferenze seguendo i modelli.

> **MODELLO** il corso di matematica
>
> TU: *Mi piace molto il corso di matematica. Piace anche a te?*
> COMPAGNO/A: *Sì, piace anche a me./No, a me non piace!*

1. la lezione d'italiano
2. il corso di geografia
3. i film di James Bond
4. i programmi in televisione
5. studiare le lingue

> **MODELLO** i dischi dei Beatles
>
> TU: *A me piacciono molto i dischi dei Beatles, ma a te, invece, non piacciono, vero?*
> COMPAGNO/A: *No, anche a me piacciono molto./Sì, è vero. A me non piacciono i dischi dei Beatles.*

6. la lezione di geografia
7. abitare vicino al centro
8. andare in bicicletta
9. andare a piedi a scuola/all'università
10. i dischi di Britney Spears

Andare, fare e volere

In this **tema** (and in previous chapters) you have come across three irregular verbs: **andare** (*to go*), **fare** (*to do, make*), and **volere** (*to want*). Here are their conjugations in the present indicative:

(io)	vado	in bici.	*I'm going by bicycle.*
	faccio	il caffè.	*I'm making coffee.*
	voglio	un nuovo CD.	*I want a new CD.*
(tu)	vai	in bici.	*You're going by bicycle.*
	fai	il caffè.	*You're making coffee.*
	vuoi	un nuovo CD.	*You want a new CD.*

continued

(lui)	va	in bici.	He's going by bicycle.
(lei)	fa	il caffè.	She's making coffee.
(Lei)	vuole	un nuovo CD?	Do you want a new CD?
(noi)	andiamo	in bici.	We're going by bicycle.
	facciamo	il caffè.	We're making coffee.
	vogliamo	un nuovo CD.	We want a new CD.
(voi)	andate	in bici.	You're going by bicycle.
	fate	il caffè.	You're making coffee.
	volete	un nuovo CD.	You want a new CD.
(loro)	vanno	in bici.	They're going by bicycle.
	fanno	il caffè.	They're making coffee.
	vogliono	un nuovo CD.	They want a new CD.

Applicazione

L. Preferenze e gusti. Change the subject as indicated, making all the necessary changes. Note the plural forms of the possessives you learned to use above. Possessives will be presented in detail in a later chapter.

MY

[SINGULAR FORMS]

| il mio (m.) | il mio disco | my record |
| la mia (f.) | la mia lezione | my class |

[PLURAL FORMS]

| i miei (m.) | i miei dischi | my records |
| le mie (f.) | le mie lezioni | my classes |

YOUR

[SINGULAR FORMS]

| il tuo (m.) | il tuo disco | your record |
| la tua (f.) | la tua lezione | your class |

[PLURAL FORMS]

| i tuoi (m.) | i tuoi dischi | your records |
| le tue (f.) | le tue lezioni | your classes |

MODELLO   Claudio vuole un disco di Beyoncé.
tu
Anche tu vuoi un disco di Beyoncé.

1. io
2. la mia amica
3. i tuoi amici
4. noi
5. voi

MODELLO   Mario fa il caffè adesso.
tu
Anche tu fai il caffè adesso.

6. io
7. il tuo amico

8. noi

9. voi

10. le tue amiche

MODELLO   Pina va a scuola/all'università in moto.
tu/a piedi
Tu, invece, vai a piedi.

11. io/in autobus

12. i miei amici/in macchina

13. noi/in moto

14. voi/in bicicletta

15. il professore/la professoressa/a piedi

Il plurale dei nomi

In the previous chapter, you learned how to make regular nouns plural. Here are some additional rules of plural formation.

- If the noun ends in **-ca** or **-ga**, it is changed to **-che** and **-ghe**, respectively, showing that the hard **c** and **g** sounds are to be retained in the feminine plural.

la marca	*brand*	**le marche**	*brands*
l'amica	*friend*	**le amiche**	*friends*
la riga	*ruler*	**le righe**	*rulers*

- If the noun ends in **-go**, it is usually changed to **-ghi** to indicate that the hard **g** is to be maintained in the masculine plural. There are exceptions to this rule, but for present purposes it is sufficient.

il sugo	*sauce*	**i sughi**	*sauces*
il lago	*lake*	**i laghi**	*lakes*

- If the noun ends in **-co**, the following "rule of thumb" applies:

If preceded by **e** or **i**, the hard **c** is not retained (usually).

l'amico	*friend*	**gli amici**	*friends*
il greco	*Greek*	**i greci**	*Greeks*

If preceded by any other type of sound, the hard **c** is retained (usually).

il disco	*record*	**i dischi**	*records*
il pacco	*package*	**i pacchi**	*packages*

This is only a rule of thumb! Exceptions to it will be pointed out when appropriate.

- If the noun ends in **-cio** or **-gio**, it is changed to **-ci** and **-gi** in the plural to indicate that the soft **c** and **g** sounds of masculine nouns are retained.

l'edificio	*building*	**gli edifici**	*buildings*
l'orologio	*watch, clock*	**gli orologi**	*watches, clocks*

- If the noun ends in **-cia** or **-gia**, it is changed to **-ce** and **-ge**, respectively, if the **i** is not stressed.

l'arancia	*orange*	**le arance**	*oranges*
la pioggia	*rain*	**le piogge**	*rains*

■ However, if the **i** is stressed, then it is retained in the plural.

| la farmacia | *pharmacy* | le farmacie | *pharmacies* |
| la bugia | *lie* | le bugie | *lies* |

■ Nouns ending in an accented vowel or a consonant, as well as abbreviated nouns, do not undergo changes in the plural.

il caffè	*coffee*	i caffè	*coffees*
la città	*city*	le città	*cities*
il film	*movie*	i film	*movies*
il computer	*computer*	i computer	*computers*
la moto	*motorcycle*	le moto	*motorcycles*
l'auto	*car*	le auto	*cars*

■ Finally, note that the nouns **problema** and **programma** are masculine, even though they end in **-a**. Nouns ending in **-ema** and **-amma** are of Greek origin.

| il problema | *problem* | i problemi | *problems* |
| il programma | *program* | i programmi | *programs* |

Il mio/Il tuo

As you have seen above, the possessive adjectives *my* and *your* (*fam.*) have the following forms:

MASCHILE

| il mio amico | *my friend* | i miei amici | *my friends* |
| il tuo amico | *your friend* | i tuoi amici | *your friends* |

FEMMINILE

| la mia amica | *my friend* | le mie amiche | *my friends* |
| la tua amica | *your friend* | le tue amiche | *your friends* |

Applicazione

M. È il tuo disco? In coppie, svolgete i seguenti compiti seguendo i modelli.

> **MODELLO** il disco
> [First ask the question with the noun in its singular form, then in its plural form.]
>
> TU: *È il tuo disco?*
> COMPAGNO/A: *No, non è il mio disco.*
> TU: *Sono i tuoi dischi?*
> COMPAGNO/A: *No, non sono i miei dischi.*

1. l'amico
2. l'amica
3. la moto
4. la riga
5. la bici

6. l'auto
7. l'orologio
8. il programma preferito
9. il computer
10. l'arancia

MODELLO È il problema che vuoi risolvere (*to solve*)?
[Ask the question in its plural form.]

TU: *Sono i problemi che volete risolvere, vero?*
COMPAGNO/A: *Sì, sono i problemi che vogliamo risolvere.*

11. È l'autobus che va a Siena?
12. È il sugo che fa il tuo amico?
13. È il programma che piace a Pina?
14. È la canzone che lui vuole cantare (*wants to sing*)?
15. È la farmacia di corso Garibaldi?

MODELLO greco
[Ask the question with the noun in its plural form.]

TU: *Siete greci, non è vero?*
COMPAGNO/A: *Sì, siamo greci./No, non siamo greci.*

16. polacco
17. tedesco
18. greca
19. polacca
20. tedesca

N. Vero o falso? Quanto sai già sui mezzi di trasporto in Italia?

1. Il treno è un mezzo (*means of transportation*) popolare per viaggiare (*to travel*).
2. Anche il pullman è un mezzo popolare.
3. Le tariffe aeree (*air rates*) sono economiche.
4. Agli italiani non piace viaggiare in macchina.

In Italia il treno è tutt'oggi (*to this day*) un mezzo popolare per viaggiare, perché le tariffe sono economiche. Anche le linee di pullman o di autobus sono popolari, ma generalmente solo per gli spostamenti locali (*short trips*), oppure (*or else*) per i giri turistici. Le tariffe aeree (*air fares*) sono invece piuttosto elevate (*rather high*), e quindi per i viaggi nazionali l'aereo è un mezzo usato in gran parte (*mainly*) per ragioni di lavoro.

Gli italiani amano (*love to*) viaggiare in macchina, anche se la benzina (*gasoline*) costa molto. Molti usano anche mezzi di trasporto più (*more*) economici, come le moto e i motorini (*mopeds*).

O. Accoppia le frasi parziali nelle due colonne in modo da formare frasi intere.

1. La benzina in Italia...
2. Mezzi di trasporto economici sono...
3. Agli italiani piace molto...
4. Le tariffe aeree sono...
5. Le tariffe per il treno invece sono...
6. L'aereo è un mezzo usato...

A. piuttosto elevate.
B. viaggiare in macchina.
C. le moto e i motorini.
D. costa molto.
E. economiche.
F. in gran parte per ragioni di lavoro.

CI SONO TROPPE MOTO!

P. Sondaggio. Con un compagno/una compagna, svolgi il seguente sondaggio e poi insieme indicate i risultati ricavati a tutta la classe.

Qual è il tuo mezzo di trasporto preferito...

1. per andare in giro nella tua città?
2. per andare a scuola/all'università?
3. per viaggiare?

	1	2	3
■ la macchina	___	___	___
■ l'autobus	___	___	___
■ la moto	___	___	___
■ la bicicletta	___	___	___
■ il treno	___	___	___
■ il pullman	___	___	___
■ a piedi	___	___	___
■ l'aereo	___	___	___

MOMENTO
Creativo

Q. You're at a travel agency to plan a trip. With a partner in the role of the travel agent, create a dialogue in which you ask the agent what the cheap fares are, which means of transportation you should take, and so on.

Quanto sai già?

A. Il calendario. The following are days of the week and times of the day. Can you figure out their meanings?

1. martedì [day]
2. giovedì [day]
3. venerdì [day]
4. stasera [time]
5. mezzogiorno [time]

B. Cose da fare. Rispondi alle seguenti domande.

1. Hai molto da fare (*much to do*) a scuola/all'università?
2. Hai molti compiti da fare?
3. Quali lezioni hai oggi?
4. Qual è il peggiore giorno della settimana (*worst day of the week*) per te?

Dialogo

Pina telefona a Maria.

PINA:	Pronto, Maria. Sei impegnata° stasera?
MARIA:	Sì, purtroppo ho molto da fare. Domani, per esempio, c'è già un compito da fare per il corso di storia.
PINA:	Hai molte lezioni domani?
MARIA:	Veramente, no. Il martedì, oltre alla° lezione di storia, ho solo una lezione di biologia. Per me, il giovedì è il peggiore giorno della settimana. Ho sei lezioni! E tu, cosa pensi di fare stasera?
PINA:	Leggere° un po', e poi scrivere° il tema per il corso di francese che devo consegnare° venerdì.
MARIA:	Allora, ci vediamo domani a mezzogiorno, va bene?
PINA:	D'accordo! A domani!

Are you busy

in addition to

read • write hand in

PRONTO, MARIA. SEI TU?

Comprensione

C. Completa la seguente parafrasi del dialogo in modo appropriato.

Pina _____ a Maria. Lei chiede (*asks*) a Maria se è _____

stasera. Purtroppo Maria ha molto da _____. Domani, per esempio, c'è già un

_____ per il corso di storia. Maria non ha molte lezioni il _____.

Oltre alla lezione di storia, lei ha _____ una lezione di biologia. Per lei, il

_____ è il peggiore giorno della settimana. Pina pensa di _____

un po', e poi di scrivere il _____ per il corso di francese che deve

_____ venerdì.

D. Con un compagno/una compagna, crea delle frasi o dei brevi dialoghi con le nuove
parole e le nuove espressioni.

Pronto!	*Hello! (on the phone)*
essere impegnato	*to be busy*
molto da fare	*much to do*
la storia	*history*
veramente	*actually, really, truly*
la biologia	*biology*
il peggiore	*the worst*
pensare	*to think*
stasera	*tonight*
leggere	*to read*
poi	*then*
scrivere	*to write*
il tema	*composition*
consegnare	*to hand in*

Modi di dire

Materie

l'antropologia	anthropology
la biologia	biology
la chimica	chemistry
l'economia	economics
essere iscritto/a (a)	to be enrolled (in)
la filosofia	philosophy
la fisica	physics
l'informatica	computer science
la lingua	language
la matematica	mathematics
la materia umanistica	humanities subject

la scienza fisica	*physical science*
la scienza sociale	*social science*
la storia	*history*
l'aula	*classroom*
il corso	*course*
la lezione	*actual class meeting*
avere lezione	*to have a class*
la classe	*class (group of students)*

Many of the names of school subjects in Italian and in English are "cognates": that is, they are words derived from the same Latin or Greek root words.

matematica	*mathematics*
fisica	*physics*

Applicazione

E. Corsi e materie. Descrivi la materia indicata. Segui il modello.

> **MODELLO**   l'antropologia
> *L'antropologia è una scienza sociale.*
> *Io sono iscritto/a a un corso d'antropologia./Io non sono iscritto/a a un corso d'antropologia.*

1. la geografia
2. la filosofia
3. l'economia
4. la chimica
5. la biologia
6. il russo
7. l'antropologia
8. la matematica
9. lo spagnolo
10. l'informatica

F. I miei corsi. Parla dei tuoi corsi di quest'anno. Segui il modello.

> **MODELLO**   Quali corsi segui (*are you taking*)?
> *I corsi che seguo quest'anno sono la storia, la geografia,...*

1. Qual è il tuo corso preferito?
2. Quale altro corso ti piace?
3. Sei impegnato/a?
4. In quale aula c'è la lezione d'italiano?
5. Quanti studenti ci sono nella classe?

G. Che materia è? Indovina come si chiamano in italiano le seguenti materie. (*Guess what the following subjects are called in Italian.*) [Note: the words in both languages are cognates.]

> **MODELLO**   physiology
> *la fisiologia*

1. zoology
2. linguistics
3. geology
4. archeology
5. statistics
6. anatomy
7. astronomy

I giorni della settimana

lunedì	*Monday*
martedì	*Tuesday*
mercoledì	*Wednesday*
giovedì	*Thursday*
venerdì	*Friday*
sabato	*Saturday*
domenica	*Sunday*

The definite article before a day corresponds to the English time expression *on*: *on Mondays* = **il lunedì**, *on Tuesdays* = **il martedì**. All the days are masculine, except **la domenica**, which is feminine:

Lunedì non ho lezione.	*Monday I don't have a class.*
Generalmente il lunedì ho lezione d'italiano.	*Generally on Mondays I have Italian class.*
Domenica vado in centro.	*Sunday I'm going downtown.*
Generalmente la domenica ho molto da fare.	*Generally on Sundays I have much to do.*

Ogni in place of the article renders approximately the same meaning.

Il lunedì ho lezioni.	=	**Ogni lunedì ho lezioni.**
On Mondays I have classes.		*Each Monday I have classes.*

Tutti/e + definite article can also be used as an alternative.

Il lunedì ho lezioni.	=	**Tutti i lunedì ho lezioni.**
On Mondays I have classes.		*Every Monday I have classes.*
Ogni settimana ho molto da fare.	=	**Tutte le settimane ho molto da fare.**
Each week I have a lot to do.		*Every week I have a lot to do.*

Note that the days of the week are not capitalized, unless, of course, they occur as the first words in sentences.

Pensare a/Pensare di

The verb **pensare** (*to think*), when followed by the preposition **a**, means *to think about someone/something*. When followed by the preposition **di**, it means *to think of doing something*.

PENSARE A
Claudio pensa a Pina.
Claudio is thinking about Pina.

PENSARE DI
Claudio pensa di andare in centro.
Claudio is thinking of going downtown.

Applicazione

H. I miei corsi. Give a summary of your courses on weekdays and what you do on weekends, changing the given expression with an equivalent one. Follow the model.

MODELLO   il lunedì
Ogni lunedì/Tutti i lunedì ho lezione di matematica e di filosofia.

1. il lunedì
2. ogni martedì
3. tutti i mercoledì
4. il giovedì
5. ogni venerdì
6. tutti i sabati
7. la domenica

I. I pensieri di Claudio. Complete what Claudio is thinking about with the preposition **a** or **di**, as the case may be.

1. Claudio pensa _____ andare alla lezione di francese oggi.

2. Ma non pensa _____ mangiare a mezzogiorno, perché ha molto da fare.

3. Durante la lezione di italiano Claudio pensa _____ Pina.

4. Ma lei non pensa _____ lui.

5. Dopo le lezioni di oggi Claudio pensa _____ studiare molto di più (*more*).

Grammatica

Il presente indicativo—seconda coniugazione

Verbs whose infinitives end in **-ere** are known as second-conjugation verbs. Here are some common ones:

chiedere (a)	to ask
chiudere	to close
conoscere	to know someone, be familiar with
leggere	to read
mettere	to put

ripetere	to repeat
rispondere (a)	to answer
scrivere (a)	to write
vedere	to see
vendere	to sell
vivere[1]	to live

To conjugate second-conjugation verbs in the present indicative, drop the **-ere** and add the following endings to the stem: **-o, -i, -e, -iamo, -ete, -ono**.

scrivere → scriv-

(io)	scrivo	un tema.	I'm writing a composition.
(tu)	scrivi	una lettera.	You're writing a letter.
(lui)	scrive	sempre.	He is always writing.
(lei)	scrive	sempre.	She is always writing.
(Lei)	scrive	sempre.	You are always writing.
(noi)	scriviamo	un saggio.	We are writing an essay.
(voi)	scrivete	un tema.	You are writing a composition.
(loro)	scrivono	una lettera.	They are writing a letter.

Note that, unlike first-conjugation verbs, second-conjugation verbs do not undergo spelling changes.

leggere → legg- conoscere → conosc-

(io)	leggo	I read	conosco	I know
(tu)	leggi	you read	conosci	you know
(lui)	legge	he reads	conosce	he knows
(lei)	legge	she reads	conosce	she knows
(Lei)	legge	you read	conosce	you know
(noi)	leggiamo	we read	conosciamo	we know
(voi)	leggete	you read	conoscete	you know
(loro)	leggono	they read	conoscono	they know

Applicazione

J. Conosci il professore? Con un compagno/una compagna, svolgi i compiti indicati. Seguite i modelli.

> **MODELLO** conoscere
> tu
>
> TU: *Tu conosci il professore?*
> COMPAGNO/A: *Sì, io conosco il professore.*

1. voi

2. Lei

3. Francesca

4. i tuoi amici

---

[1]This verb is generally used as a synonym for **abitare** as in: **Io abito/vivo in un appartamento.** It also means *to live* (*in general*): **Io voglio vivere a lungo.** (*I want to live a long time.*)

MODELLO   ripetere
la tua compagna

TU: *La tua compagna ripete spesso le parole nuove* (new words) *in classe?*
COMPAGNO/A: *Sì, lei ripete spesso le parole nuove.*

5. tu
6. voi

7. gli altri studenti
8. il tuo compagno

K. Sì, conosco il professore di fisica! Rispondi alle seguenti domande seguendo il modello.

MODELLO   Conosci il professore di fisica?
Sì, conosco il professore di fisica.

1. Chiedi sempre qualcosa al professore/alla professoressa durante la lezione?
2. Gli studenti chiudono la porta dopo la lezione?
3. Il tuo amico mette la penna nella cartella (*school bag*) dopo la lezione?
4. Vedi la tua amica dopo la lezione?
5. I tuoi genitori (*parents*) vendono la macchina?

L. Azioni! Crea frasi con i soggetti dati seguendo il modello.

MODELLO   Pina
[First, say that she reads something every day.]
Pina legge il testo (text) *di italiano ogni giorno.*

[Then say that she always answers the phone.]
Pina risponde sempre al telefono.

[Also say that she is writing a composition for her Italian class.]
Pina scrive un tema per il corso d'italiano.

[Finally, say that she lives in an apartment on Rossini Street.]
Pina vive in un appartamento in via Rossini.

1. tu
2. io
3. l'amica di Claudio

4. gli amici di Pina
5. noi
6. voi

Che

The relative pronoun **che** is introduced here so that you will be able to start forming complex sentences. It will be taken up more formally in **Capitolo 18**. Note that it is equivalent to *that*, *which*, and *who*.

Ecco il compito che devo fare.	*Here is the assignment that I have to do.*
Abito in corso Rossini, che è molto lontano.	*I live on Rossini Avenue, which is very far.*
Lui è la persona che abita in periferia.	*He is the person who lives in the suburbs.*

Applicazione

M. Claudio legge il libro che piace a me! Unisci le due frasi con il pronome **che**, modificandole in modo appropriato. (*Join the two sentences with* **che**, *modifying them in an appropriate manner.*)

MODELLO Claudio legge il libro. Il libro piace a me.
Claudio legge il libro che piace a me./
Claudio legge il libro che mi piace.

1. Pina risponde alle domande. La professoressa fa le domande.
2. Io chiudo la porta. La porta è aperta (*open*).
3. Debbie è una studentessa. Lei è d'origine italiana.
4. Il mio amico vuole il compact disc. Il compact disc non piace a me.

I numeri da 1.000 a 100.000

1.000	mille	1.100	mille cento
1.001	mille uno	1.200	mille duecento
1.002	mille due	1.300	mille trecento
2.000	duemila		
3.000	tremila		
...			
100.000	centomila		

Here's how to form the number words from 1,001 to 100,000:

1.220	mille duecentoventi
1.416	mille quattrocentosedici
1.893	mille ottocento novantatré
2.234	duemila duecento trentaquattro
12.994	dodicimila novecento novantaquattro
98.795	novantottomila settecento novantacinque

Note that in Italy a period is used in place of the comma, and vice versa.

1.234	mille duecento trentaquattro
1,29	uno virgola ventinove

Applicazione

N. Con un compagno/una compagna, crea brevi dialoghi seguendo il modello.

MODELLO [You and your friend are taking inventory for a school supplier.]
1.100/penne

TU: *Quante penne abbiamo?*
COMPAGNO/A: *Mille cento.*

1. 1.987/cartelle (*school bags*)
2. 12.220/penne
3. 67.416/matite (*crayons, pencils*)
4. 3.678/quaderni (*exercise books*)
5. 45.789/libri di testo (*textbooks*)
6. 99.000/dischetti di computer
7. 99.999/pennarelli (*markers*)

O. A scuola in Italia! As you read, look for the answers to the following questions.[2]

1. Per quanti anni (*years*) bisogna frequentare (*does one have to attend*) la scuola dell'obbligo (*compulsory schooling*)?
2. Che cosa ricevono gli studenti alla fine della (*at the end of*) scuola elementare, della scuola media (*junior high*) e della scuola secondaria (*secondary school*)?
3. Che cosa si riceve (*does one receive*) dopo l'università?

In Italia, la scuola dell'obbligo va dai sei ai quindici anni. C'è anche la scuola dell'infanzia per i bambini (*children*) dai tre ai cinque anni.

La scuola primaria va dai sei agli undici anni, e la scuola secondaria dagli undici ai quindici anni. Alla fine della scuola primaria, gli studenti ricevono la licenza elementare (*elementary-school diploma*), e alla fine della scuola media la licenza media (*junior-high diploma*).

La scuola secondaria è divisa in diverse istituzioni: il liceo per cinque anni (classico, scientifico, linguistico o artistico[3]); l'istituto magistrale (*teacher training school*) per cinque anni; gli istituti tecnici, professionali, o artistici da tre a cinque anni; e il conservatorio di musica per cinque anni. Alla fine della scuola secondaria, gli studenti ricevono il diploma di maturità (*high-school diploma*).

Dopo l'università si riceve la laurea (*degree*). Il laureato (*graduate*) assume il titolo di *dottore/dottoressa*. C'è anche il «dottorato di ricerca» che è equivalente al Ph.D. americano.

MI PIACE LA SCUOLA!

[2]Several changes are being proposed regarding the Italian school system. The description here is a general one and subject to modification. Ask your instructor!

[3]There are four main types of **liceo**: **classico**, which focuses on literature and classical languages (Latin or Greek); **scientifico**, focusing on math and science; **linguistico**, focusing on modern languages; and **artistico**, focusing on art and art history.

P. Write a brief description of the Italian school system in your own words.

Q. Discuss the differences and similarities between the educational systems in Italy and in North America.

MOMENTO
Creativo

R. Voglio studiare in Italia! Tu vuoi studiare in Italia, ma il tuo compagno/la tua compagna cerca di convincerti di non andarci. (*You want to study in Italy, but your partner tries to convince you not to go.*)

Le vocali «i» e «u»

The letters **i** and **u** can stand for semiconsonant sounds when they occur in diphthongs (syllables consisting of two vocalic elements).

i = [y]: **piace**   **studiare**   **italiano**
u = [w]: **guardare** **quanto**   **scuola**

But, be careful! If the adjacent vowels belong to different syllables, then no diphthong is formed, and the vowels retain their normal pronunciation.

mio   = mi-o
via   = vi-a
biologia = bi-o-lo-gi-a

A. Pronuncia le seguenti parole. (*Pronounce the following words.*)

1. chiedere
2. chiudere
3. viaggiare
4. fuori
5. scuola
6. sociologia
7. quaderno
8. farmacia
9. bugia

Comprensione generale

B. Ascolta attentamente la conversazione sul CD cercando di determinare:

1. come si chiamano i tre studenti.
2. quali corsi seguono quest'anno.
3. dove abita ciascuno.
4. come fa ciascuno a venire a scuola/all'università.

C. Adesso cerca di ricostruire la conversazione con altri studenti a piacere.

Lettura

Prima di leggere

A. Anticipazione. Rispondi alle seguenti domande anticipando la lettura.

1. Conosci un poeta italiano famoso/una poetessa italiana famosa? Chi?
2. Conosci un pittore (*painter*) italiano famoso/una pittrice italiana famosa? Chi?
3. Conosci un musicista italiano famoso/una musicista italiana famosa? Chi?

B. Aldo Palazzeschi (1885–1994) was a famous Italian poet. With a partner, look him up and report your findings back to the class.

Lettura

Chi sono?

Son forse un poeta?	
No, certo.	
Non scrive che una parola, ben strana,	
la penna dell'anima° mia:	*soul*
«follia».°	*folly*
Son dunque un pittore?	
Neanche.	
Non ha che un colore	
la tavolozza° dell'anima mia:	*palette*
«malinconia»°.	*melancholy*
Un musico*, allora?	
Nemmeno°.	*Not even that*
Non c'è che una nota	
nella tastiera° dell'anima mia:	*keyboard*
«nostalgia».	
Son dunque... che cosa?	
Io metto una lente°	*magnifying glass*
davanti° al mio cuore°	*in front • heart*
per farlo vedere alla gente.	
Chi sono?	
Il saltimbanco° dell'anima mia.	*jester*

(Da: *Poemi di Aldo Palazzeschi*)

Dopo la lettura

C. Rispondi alle seguenti domande.

1. È un poeta Palazzeschi?
2. Quale parola scrive la penna della sua (*his*) anima?
3. È un pittore Palazzeschi?
4. Che colore ha la tavolozza della sua anima?
5. È un musico Palazzeschi?
6. Quale nota c'è nella tastiera della sua anima?
7. Che cosa vuole mettere Palazzeschi davanti al suo cuore?
8. Chi è, dunque, Palazzeschi?

*The more common word for *musician* is **il/la musicista**.

D. Che tipo di poesia è?

1. ironica?
2. tragica?
3. di un pessimista?
4. di un ottimista?

E. Chi sei tu? Rispondi alle seguenti domande imitando la poesia di Palazzeschi. Segui il modello.

> **MODELLO**   Tu sei forse un poeta/una poetessa?
> *Sì, sono un poeta/una poetessa.*
> *La penna dell'anima mia non scrive che...*

1. Tu sei forse un poeta/una poetessa?
2. Tu sei forse un pittore/una pittrice?
3. Tu sei forse un musicista/una musicista?
4. Chi sei dunque?

Il mondo digitale

il lettore	*reader*
la nascita	*birth*
dotato di	*equipped with*
pari a	*equal to*
la capacità	*capacity*
la rotella	*the wheel, spindle*
sensibile al tatto	*sensitive to the touch*
verde	*green*
argento	*silver*
oro	*gold*
rosa	*pink*
azzurro	*blue*
navigare	*to navigate*

A. Read over the following ad. Then answer the following questions.

1. Che cos'è un iPod?
2. Tu hai un iPod? Se sì, come lo usi?
3. Descrivi il Mini iPod, secondo il manifesto (*the ad*).
4. Che colore preferisci? Perché?
5. Quale colore non ti piace? Perché?

B. Now, make up your own ad for an iPod or a similar product. In it, make sure you indicate:

1. i colori disponibili (*available*)
2. se è fornito di musica e in che versione
3. il costo in euro
4. i comandi che ha
5. la memoria che ha

A. Chi è? Crea «l'identikit» di una persona immaginaria. Poi leggilo alla classe. Includici la seguente informazione. (*Create a profile of an imaginary person. Then read it to the class. Include in it the following information.*)

1. il suo (*his/her*) nome e cognome
2. il suo indirizzo
3. in che modo viene a scuola/all'università
4. quali sono i suoi programmi preferiti
5. i corsi che segue quest'anno
6. qual è il suo corso preferito
7. le sue lezioni da lunedì a venerdì
8. la sua nazionalità
9. quante lingue parla

B. La mia amica! Crea frasi per ogni soggetto indicato seguendo il modello.

MODELLO   la mia amica
[First say that she is doing something.]
La mia amica fa i compiti stasera.

[Then indicate how she gets to school/university.]
La mia amica va a scuola/all'università in auto.

[Then say that she wants to study something.]
La mia amica vuole studiare antropologia.

[Finally, say that she doesn't know someone.]
La mia amica non conosce Pina.

1. tu
2. il tuo amico
3. i tuoi amici
4. tu e il tuo amico/la tua amica

C. Cultura. Rispondi alle seguenti domande.

1. Quali sono due mezzi popolari ed economici per viaggiare in Italia?
2. Com'è il costo della benzina in Italia?
3. Per quanti anni si frequenta (*does one attend*) la scuola dell'obbligo?
4. Che cosa si riceve alla fine della scuola elementare, media, secondaria?
5. Che cosa si riceve alla fine dell'università?

D. Vita quotidiana. Write your weekly schedule, including in it the classes you have, the TV programs that you want to see, and the other things you typically do.

E. Momento creativo! In pairs, role-play the following situation.

A friend of yours has arranged a blind date for you. Naturally, you want to know something about the person before you go out with him/her. You try to find out some information about him/her from your friend (his/her name, where he/she lives, if he/she has a car, what he/she studies, etc.). Based on your friend's responses, you decide whether or not you want to go through with the date.

Lessico utile

NOMI

l'aereo *airplane*
l'anno *year*
l'antropologia *anthropology*
l'appartamento *apartment*
l'arancia *orange*
l'aula *classroom*
l'autobus *bus*
l'automobile *automobile*
la bicicletta *bicycle*
la biologia *biology*
la bugia *lie*
la cartella *school bag*
la casa *house, home*
la cassetta *cassette*
il centro *downtown*
la chimica *chemistry*
la classe *class of students*
il compact disc *compact disc*
il computer *computer*
il disco *record*
l'economia *economics*
l'edificio *building*
la famiglia *family*
la farmacia *pharmacy*
il film *film / movie*
la filosofia *philosophy*

la fisica *physics*
il giorno *day*
l'indirizzo *address*
l'informatica *computer science*
la macchina *car*
la marca *brand name*
la matematica *mathematics*
il mezzogiorno *noon*
la motocicletta *motorcycle*
il nome *name / first name*
l'orologio *watch, clock*
la periferia *suburbs*
la pioggia *rain*
il problema *problem*
il programma *program*
la radio *radio*
il ragazzo / la ragazza *boy / girl*
la riga *ruler*
la scuola *school*
la settimana *week*
lo stereo *stereo*
la televisione *television*
il televisore *TV set*
il tema *composition, theme*
il treno *train*
il videoregistratore *VCR*

I GIORNI DELLA SETTIMANA

lunedì *Monday*
martedì *Tuesday*
mercoledì *Wednesday*
giovedì *Thursday*

venerdì *Friday*
sabato *Saturday*
domenica *Sunday*

AGGETTIVI

eccellente *excellent*
economico *cheap, economical*
impegnato *busy, occupied*

peggiore *worse / worst*
preferito *favorite*
spiritoso *spry, vivacious*

VERBI

abitare *to live, dwell*
andare *to go*
chiedere a *to ask*
chiudere *to close*
consegnare *to hand in*
fare *to do, make*
leggere *to read*
mettere *to put*
mettersi a *to start (up)*

pensare *to think*
ripetere *to repeat*
rispondere a *to answer*
scrivere *to write*
vendere *to sell*
viaggiare *to travel*
vivere *to live*
volere *to want*

AVVERBI

domani *tomorrow*
fuori *outside*
già *already*
lontano *far (away)*
ora *now*

poi *then*
presto *early*
stasera *this evening*
troppo *too*

ALTRI VOCABOLI/ESPRESSIONI

a piedi *on foot*
all'estero *abroad*
avere lezione *to have a class*
che *that/which/who*
ci vediamo *see you*
fare conoscenza *to get acquainted*
in autobus *by bus*
in automobile *by automobile*
in bicicletta *by bicycle*
in macchina *by car*

in moto *by motorcycle*
Mamma mia! *My heavens!*
mio/tuo *my/your*
numero di telefono *phone number*
per esempio *for example*
proprio *really/right*
quindi *so, therefore, as you can see*
stare per *to be about to*
tutto *every, all*

La mia famiglia

5

COMUNICAZIONE

- talking about one's family
- describing people
- carrying out phone conversations
- inviting people to go out

CULTURA

- the Italian family
- phoning in Italy

STRUTTURE E VOCABOLARIO

- descriptive adjectives
- the present indicative of third-conjugation (**-ire**) verbs
- the present indicative of **dovere**, **potere**, **sapere**, and **uscire**
- **molto** and **tanto**
- possessives with terms for family members
- **lo stesso**
- **tra** + *time expression*
- stressed vowels
- numbers from 100,000 to 1,000,000

TEMA 1
Talking about one's family

Quanto sai già?

A. Anticipazione. Accoppia i contrari. E poi cerca di spiegare il loro significato. (*Match the opposites, and then try to explain their meaning.*)

1. difficile
2. intelligente
3. bravo
4. rientrare
5. Non ho tempo da perdere!
6. donna
7. lontano

A. vicino
B. uomo
C. Non ho niente da fare!
D. facile
E. stupido
F. cattivo
G. andare via

B. Un po' di cultura. Quanto sai già sulla famiglia italiana?

1. Se conosci una famiglia italiana, descrivila (*describe it*) agli altri membri della classe.
2. Con un compagno/una compagna, elencate (*list*) tutte le parole che si riferiscono alla famiglia che voi conoscete già (*referring to family members that you know already*).

Dialogo

Gloria e Giorgio sono iscritti allo stesso corso di informatica°. Dopo la lezione, vanno ad un bar vicino per chiacchierare un po'.   *computer science*

GIORGIO: Che corso difficile!

GLORIA: Hai ragione. Bisogna conoscere la matematica avanzata. Come facciamo a risolvere i problemi del compito che dobbiamo fare stasera?

GIORGIO: Io chiedo aiuto° a mia madre. Lei è professoressa di matematica; è una donna molto intelligente.   *help*

GLORIA: E io a mio padre. Lui è ingegnere ed è molto bravo° in matematica. Altrimenti°, c'è mia sorella. Anche lei è brava in matematica.   *good at* / *otherwise*

GIORGIO: Ma come? Sono tutti bravi in matematica nella tua famiglia?

GLORIA: Tutti, eccetto me! Ciao, Giorgio, mio padre rientra tra poco e quindi io non ho tempo da perdere°!   *time to lose*

GIORGIO: Arrivederci!

CIAO, CHE BELLO VEDERTI!

Comprensione

C. Rispondi alle seguenti domande.

1. A quale corso si sono iscritti Gloria e Giorgio?
2. Com'è il corso, secondo (*according to*) Giorgio?
3. Che cosa bisogna conoscere?
4. Come fa Giorgio a risolvere i problemi del compito che deve fare stasera?
5. E Gloria come fa?
6. Chi è professoressa di matematica?
7. Com'è la madre di Giorgio?
8. Qual è la professione del padre di Gloria?
9. Chi rientra tra poco?
10. Chi non ha tempo da perdere?

D. Con un compagno/una compagna, crea delle frasi o dei brevi dialoghi con le nuove parole e le nuove espressioni.

lo stesso	*the same*
difficile	*difficult*
avanzato	*advanced*
risolvere	*to solve*
il compito	*assignment, task*
l'aiuto	*help*
la madre	*mother*
il padre	*father*
la donna	*woman*
intelligente	*intelligent*

Adesso indica la parola o l'espressione italiana equivalente. Poi, usa ciascuna parola in una frase che ne illustri il significato. (*Then, use each word in a sentence that makes its meaning clear.*)

1. good (at something)
2. otherwise
3. sister
4. But how can that be?
5. family
6. except
7. to get in
8. in a little while
9. time
10. to lose

Modi di dire

Caratteristiche e qualità di una persona

dolce	*sweet*	**intelligente**	*intelligent*
elegante	*elegant*	**pignolo/a**	*picky*
forte	*strong*	**puntuale**	*punctual*
gentile	*kind, gentle*	**simpatico/a**	*nice*
grande	*large, big*	**spiritoso/a**	*spirited*

simpatico   spiritosa   intelligente   puntuale

gentile   dolce   forte

pignolo   elegante   grande

Maschi e femmine

MASCHI		FEMMINE	
l'uomo	man	la donna	woman
il ragazzo	boy	la ragazza	girl
il giovane	young man	la giovane	young woman
l'amico	friend	l'amica	friend
il bambino	child	la bambina	child
il parente	male relative	la parente	female relative
il genitore	male parent	la genitrice	female parent

Note the plural of **l'uomo** is **gli uomini** (*the men*). Note also that **il/la parente** means *relative*, not *parent*! The word for *parent* is **il genitore**. The feminine form, **la genitrice**, is rarely used. It is included here simply to give a complete picture of grammatical gender in this particular area of the Italian language. In the plural **i genitori** means *parents* and **i parenti** means *relatives in general*.

Applicazione

E. Descrizioni. Descrivi le seguenti persone nel modo indicato. Segui il modello.

> **MODELLO** tua madre
> [Give the person's name.]
> *Mia madre si chiama Laura Smith.*
>
> [Describe the person.]
> *Lei è dolce e simpatica. È anche molto elegante.*

Descrivi...

1. tuo padre
2. tua madre
3. tua sorella (*sister*)/tuo fratello (*brother*)
4. te stesso (*yourself*)
5. il tuo amico
6. la tua amica

F. Altre descrizioni. Chiedi al tuo compagno/alla tua compagna le seguenti cose. Seguite il modello.

> **MODELLO** Descrivi...
> your best male friend
>
> TU: *Descrivi il tuo migliore amico.*
> COMPAGNO/A: *Il mio migliore amico è alto, simpatico,...*

Descrivi...

1. your best female friend
2. your brother/sister
3. your instructor
4. your dog (**il tuo cane**)
5. your cat (**il tuo gatto**)

G. Qualità. You are given the traits of a certain person or persons. Say that the same trait applies to the person or persons of the opposite gender. Follow the model.

> **MODELLO**   L'uomo è intelligente.
> *Anche la donna è intelligente.*

1. Le donne sono intelligenti e eleganti.
2. Il ragazzo è spiritoso e simpatico.
3. La giovane è dolce ma pignola.
4. L'amico è forte e grande, ma gentile.
5. Il bambino è sempre puntuale.
6. I parenti di Michele sono spiritosi.
7. Le amiche di Maria sono molto forti.

In famiglia

I MASCHI		LE FEMMINE	
il cognato	*brother-in-law*	la cognata	*sister-in-law*
il cugino	*cousin*	la cugina	*cousin*
il figlio	*son*	la figlia	*daughter*
il fratello	*brother*	la sorella	*sister*
il genero	*son-in-law*	la nuora	*daughter-in-law*
il marito	*husband*	la moglie	*wife*
il nipote	*nephew, grandson*	la nipote	*niece, granddaughter*
il nonno	*grandfather*	la nonna	*grandmother*
il padre	*father*	la madre	*mother*
il papà	*dad*	la mamma	*mom*
il suocero	*father-in-law*	la suocera	*mother-in-law*
lo zio	*uncle*	la zia	*aunt*

Carattere e apparenza fisica

FORME MASCHILI		FORME FEMMINILI	
alto	*tall*	alta	*tall*
bello	*beautiful*	bella	*beautiful*
bravo	*good (at something)*	brava	*good (at something)*
buono	*good, good-natured*	buona	*good, good-natured*
elegante	*elegant*	elegante	*elegant*
forte	*strong*	forte	*strong*
generoso	*generous*	generosa	*generous*
giovane	*young*	giovane	*young*
grande	*big*	grande	*big*
grasso	*fat*	grassa	*fat*
intelligente	*intelligent*	intelligente	*intelligent*
magro	*thin*	magra	*thin*
piccolo	*small*	piccola	*small*

FORME MASCHILI		FORME FEMMINILI	
povero	*poor*	povera	*poor*
puntuale	*punctual*	puntuale	*punctual*
ricco	*rich*	ricca	*rich*
simpatico	*nice*	simpatica	*nice*
spiritoso	*spirited*	spiritosa	*spirited*
vecchio	*old*	vecchia	*old*

H. Tutto in famiglia! Con un compagno/una compagna, crea brevi dialoghi seguendo i vari modelli.

> **MODELLO** cognato/uomo/intelligente
>
> TU: *Com'è tuo cognato?*
> COMPAGNO/A: *Mio cognato è un uomo intelligente.*
> TU: *E tua cognata?*
> COMPAGNO/A: *Anche mia cognata è una donna intelligente.*

1. padre/uomo/generoso
2. nipote/bambino/spiritoso
3. cugino/ragazzo/puntuale
4. nonno/uomo/vecchio
5. cognato/giovane/ricco

> **MODELLO** il figlio di Maria/ragazzo/generoso
>
> TU: *Com'è il figlio di Maria?*
> COMPAGNO/A: *È un ragazzo generoso.*
> TU: *E la figlia di Maria?*
> COMPAGNO/A: *Anche lei è una ragazza generosa.*

6. il suocero di Maria/uomo/giovane
7. lo zio di Marco/uomo/alto
8. il papà di Carla/uomo/simpatico
9. il figlio di Daniela/bambino/bello
10. il genero di Carlo/uomo/grasso

> **MODELLO** Carlo/bravo/la sorella di Carlo
>
> TU: *È bravo Carlo?*
> COMPAGNO/A: *Sì, è molto bravo.*
> TU: *E la sorella di Carlo?*
> COMPAGNO/A: *Anche lei è molto brava.*

11. Franco/simpatico/l'amica di Franco
12. Bruno/elegante/la cugina di Bruno
13. Vincenzo/magro/la nipote di Vincenzo
14. Marcello/intelligente/la figlia di Marcello
15. Renato/piccolo/la zia di Renato

I. Ecco la famiglia di Giorgio! Immagina di essere Giorgio. Descrivi la tua famiglia a Gloria nel modo indicato. (*Imagine you are Giorgio. Describe your family to Gloria as indicated.*)

> **MODELLO**   Franco/grandfather/very nice and generous
> *Mio nonno si chiama Franco. È un uomo molto simpatico e generoso.*

1. Angela/grandmother/very intelligent and beautiful
2. Marco/brother/very tall and thin
3. Daniela/sister/very tall and beautiful
4. Pierina/cousin/very spirited and small
5. Alessandro/nephew/very intelligent and strong
6. Francesca/mom/very generous and elegant
7. Enrico/dad/very tall and thin

J. Ecco la famiglia di Bruno! Rispondi alle seguenti domande con frasi intere, e poi descrivi ciascuna persona liberamente. (*Answer the following questions with complete sentences, and then describe each person freely.*)

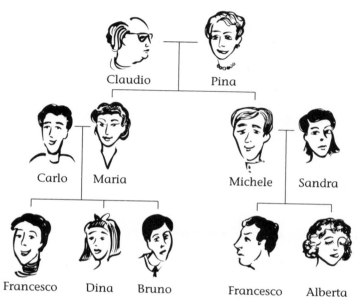

1. Chi è la madre di Bruno?
2. Chi è la madre di Francesco e la moglie di Michele?
3. Chi è la sorella di Bruno?
4. Chi sono i nonni di Bruno?
5. Bruno ha un fratello? Come si chiama?
6. Chi sono i genitori di Maria?
7. Maria ha un fratello? Come si chiama?
8. Chi è la suocera di Carlo?

Grammatica

Il presente indicativo—terza coniugazione—parte 1ª

Verbs whose infinitive ending is **-ire** are known as third-conjugation verbs. Here are some common ones:

aprire	*to open*	**partire**	*to leave, depart*
dormire	*to sleep*	**servire**	*to serve*
offrire	*to offer*	**soffrire**	*to suffer*

To conjugate these verbs in the present indicative, drop the **-ire** and add the following endings to the stem: **-o**, **-i**, **-e**, **-iamo**, **-ite**, **-ono**.

aprire → apr-

(io)	apro	il libro.	*I'm opening the book.*
(tu)	apri	il libro.	*You're opening the book.*
(lui)	apre	il libro.	*He is opening the book.*
(lei)	apre	il libro.	*She is opening the book.*
(Lei)	apre	il libro.	*You are opening the book.*
(noi)	apriamo	il libro.	*We are opening the book.*
(voi)	aprite	il libro.	*You are opening the book.*
(loro)	aprono	il libro.	*They are opening the book.*

Applicazione

K. Attività varie. Con un compagno/una compagna, crea brevi dialoghi seguendo i modelli.

MODELLO aprire la porta per una persona anziana (*older*)
tu

TU: *Tu apri la porta per una persona anziana?*
COMPAGNO/A: *Sì, io apro la porta per una persona anziana (generalmente)./No, non apro la porta per una persona anziana (generalmente).*

1. voi
2. loro
3. Alessandro

4. tuo fratello
5. le tue amiche

MODELLO partire per l'Italia tra poco
tu

TU: *Tu parti per l'Italia tra poco?*
COMPAGNO/A: *Sì, io parto per l'Italia tra una settimana/due giorni/domani/ecc./No, non parto per l'Italia.*

6. la tua mamma
7. tu e tua sorella

8. il professore/la professoressa
9. i tuoi genitori

MODELLO dormire spesso in classe
tu

TU: *Tu dormi spesso in classe, vero?*
COMPAGNO/A: *Sì, io dormo spesso in classe./No, non dormo mai (never) in classe.*

10. tu
11. tua sorella
12. tu e la tua amica

13. tuo cugino
14. i tuoi amici

👥 **L.** Con un compagno/una compagna, crea brevi dialoghi liberamente con i verbi **soffrire**, **offrire** e **servire**.

Dovere

In the dialogue, you encountered the irregular verb **dovere** (*to have to*). Its present indicative forms are as follows:

(io)	**devo**	**studiare.**	*I have to study.*
(tu)	**devi**	**studiare.**	*You have to study.*
(lui)	**deve**	**studiare.**	*He has to study.*
(lei)	**deve**	**studiare.**	*She has to study.*
(Lei)	**deve**	**studiare.**	*You have to study.*
(noi)	**dobbiamo**	**studiare.**	*We have to study.*
(voi)	**dovete**	**studiare.**	*You have to study.*
(loro)	**devono**	**studiare.**	*They have to study.*

Applicazione

👥 **M. Dovere o non dovere!** Con un compagno/una compagna, crea brevi dialoghi nel modo indicato.

MODELLO tu/a tua madre

TU: *Tu devi chiedere aiuto spesso a tua madre, vero?*
COMPAGNO/A: *Sì, è vero. Io devo chiedere spesso aiuto a mia madre./No, non è vero. Non devo chiedere aiuto a mia madre.*

1. tu/a tuo padre
2. tuo fratello/a te
3. tu e tua sorella/al professore/alla professoressa
4. tua cugina/a te
5. loro/a voi

👥 **N. Nella mia famiglia...** Spiega (*explain*) al tuo compagno/alla tua compagna che nella tua famiglia...

1. you suffer a lot when you have to study for an Italian test
2. your brother always has to study
3. your mother always has to pay
4. your sister has to study for an Italian test
5. everyone has to solve the problems

Aggettivi qualificativi

The words you have been using to describe people are known as descriptive adjectives. In Italian, these generally follow the noun they modify, and they agree with it in gender and number.

- Adjectives that end in -o (**simpatico, bello**) have a corresponding feminine form in **-a** (**simpatica, bella**).

| **Alessandro è un ragazzo simpatico e bello.** | *Alessandro is a nice and handsome boy.* |
| **Sara è una ragazza simpatica e bella.** | *Sara is a nice and beautiful girl.* |

- Adjectives that end in -e (**elegante, intelligente**) have the same masculine and feminine forms.

| **Il signor Rossi è un uomo intelligente ed elegante.** | *Mr. Rossi is an intelligent and elegant man.* |
| **La signora Franchi è una donna intelligente ed elegante.** | *Mrs. Franchi is an intelligent and elegant woman.* |

Adjectives are made plural in the same way as nouns.

	AGGETTIVI IN -O		**AGGETTIVI IN -E**	
	SINGOLARE	**PLURALE**	**SINGOLARE**	**PLURALE**
Masc.	-o	-i	-e	-i
Fem.	-a	-e	-e	-i

Loro sono bambini simpatici e belli.	*They are nice and beautiful children.*
Loro sono bambine simpatiche e belle.	*They are nice and beautiful children (female).*
Loro sono uomini alti ed eleganti.	*They are tall and elegant men.*
Loro sono donne alte ed eleganti.	*They are tall and elegant women.*

Adjectives ending in **-co, -go, -ca, -ga, -cia,** and **-gia** undergo the same patterns of plural formation as those described previously for nouns.

| **Loro sono bambini simpatici.** | *They are nice children.* |
| **Loro sono bambine simpatiche.** | *They are nice children (female).* |

Molto / Tanto

Molto can be used either as an adverb, meaning *very*, or as an adjective, meaning *much* [pl. *many, a lot (of)*].

ADVERB (No Agreement)	**ADJECTIVE (Normal Agreement)**
Gina è molto simpatica.	Gina ha molti amici.
Gina is very nice.	*Gina has many friends.*

In expressions with **avere** + *noun*, **molto** is translated as *very* in corresponding English expressions. However, it is an adjective and must agree with the noun in such expressions.

| **Ho molta fame.** | *I am very hungry (= I have much hunger).* |
| **Loro hanno molta paura.** | *They are very afraid (= They have much fear).* |

Tanto has the same meaning and features of **molto**. It also means *quite*.

| **Gina è tanto simpatica.** | *Gina is very / quite nice.* |
| **Gina ha tanti amici.** | *Gina has many / quite a few friends.* |

Applicazione

O. Com'è il tuo insegnante/la tua insegnante? In coppie, descrivete le seguenti persone seguendo il modello.

> **MODELLO** insegnante/simpatico/intelligente
>
> TU: *Com'è il tuo insegnante/la tua insegnante?*
> COMPAGNO/A: *Il mio insegnante è molto simpatico e molto intelligente./La mia insegnante è molto simpatica e molto intelligente.*

1. zie/simpatico/bello
2. zii/ricco/generoso
3. amici/gentile/bravo
4. sorelle/simpatico/piccolo
5. genitori/simpatico/generoso

P. Com'è Giorgio? Indica le forme di **molto** che mancano dalla seguente descrizione di Giorgio. (*Indicate the forms of* **molto** *missing from the following description of Giorgio.*)

Giorgio è un ragazzo _____ intelligente. Ogni giorno ha _____ lezioni, e vuole studiare _____. Lui è anche _____ generoso. Tutta la settimana va a scuola, dove ha _____ amici. È un ragazzo che ha sempre _____ fretta. La sera ha sempre _____ fame e _____ sonno. Non ha, purtroppo, _____ pazienza! Ha _____ parenti all'estero. Ama _____ i film in TV.

Q. Com'è Gloria? E adesso indica le forme di **tanto** che mancano dalla seguente descrizione di Gloria.

Gloria è una ragazza _____ brava. Anche lei ha _____ lezioni, e vuole studiare _____. Lei è anche _____ gentile. Tutta la settimana va a scuola, dove ha _____ amici e _____ amiche. È una giovane che ha sempre _____ da fare. La sera ha sempre _____ fame e _____ sonno. Anche lei, purtroppo, non ha _____ pazienza! Ha _____ parenti all'estero.

Aggettivi possessivi con i nomi di famiglia

When referring to family members, drop the article of the possessive pronoun when the noun is singular and unmodified.

SINGULAR AND UNMODIFIED	PLURAL AND/OR MODIFIED
Dov'è tuo fratello?	**Dove sono i tuoi fratelli?**
Where's your brother?	*Where are your brothers?*
Ecco mia zia.	**Ecco la mia zia ricca.**
Here's my aunt.	*Here's my rich aunt.*

■ With **mamma**, **papà**, **nonno**, and **nonna**, dropping the article is optional in colloquial speech.

mia mamma	=	la mia mamma
mio papà	=	il mio papà

Applicazione

R. Tuo cugino dorme molto? Con un compagno/una compagna, crea brevi dialoghi seguendo il modello.

MODELLO cugino/dormire/molto

TU: *Tuo cugino dorme molto?*
COMPAGNO/A: *Sì, mio cugino dorme molto./No, mio cugino non dorme molto.*

1. fratello/dormire/molto
2. sorelle/soffrire/molto quando devono studiare
3. zia/partire/tra poco
4. zia americana/partire/per l'Italia
5. amica/aprire/la porta per una persona anziana
6. papà/servire/da mangiare nella tua famiglia

S. La tua famiglia. Rispondi alle seguenti domande.

1. Com'è la tua famiglia, nucleare (*consisting of father, mother, and children only*) o tradizionale (*which may include grandparents and other relatives*)?
2. Descrivi tutti i membri della tua famiglia.

La famiglia tradizionale è in diminuzione (*on the decline*) in Italia. La famiglia «nucleare»—e cioè la famiglia che consiste in padre, madre e figli, senza nonni e altri parenti—è ormai (*by now*) quella prevalente in tutto il paese.

La legge italiana stabilisce (*establishes*) che «con il matrimonio il marito e la moglie acquistano gli stessi diritti e assumono i medesimi doveri (*same duties*)» (art. 143 cc.). Ovviamente, oggi la figura del «capofamiglia» (*head of the family*) non esiste più.

Rispetto ad (*With respect to*) altri paesi, le statistiche rivelano che in Italia ci sono meno divorzi, ma che, come negli altri paesi industrializzati, il numero è variabile.

T. Rispondi alle seguenti domande.

1. Che cosa è in diminuzione?
2. Ci sono più o meno divorzi in Italia?
3. Che cosa stabilisce la legge italiana?
4. La famiglia nucleare consiste...

U. Sondaggio. Una coppia di studenti dovrà condurre il seguente sondaggio e poi indicare i risultati ricavati a tutta la classe.

Secondo te...

1. La famiglia tradizionale è preferibile (*preferable*) alla famiglia nucleare?
   A. Sì.
   B. No.
   C. Non so.
2. C'è un capofamiglia nella tua famiglia?
   A. Sì. (Chi?)
   B. No.

3. Ci sono più o meno divorzi in America rispetto ad altri paesi industrializzati?
   A. Più.
   B. Meno.
   C. Non so.

ECCO UNA FAMIGLIA FELICE!

Creativo

V. Intervista. Intervista un compagno/una compagna. Chiedigli/le...

1. se ha una famiglia grande o piccola.
2. quanti fratelli e sorelle ha.
3. quali sono le loro (*their*) caratteristiche fisiche e sociali.
4. quali caratteristiche deve avere il suo (*his/her*) futuro marito/la sua futura moglie.

Quanto sai già?

A. Al telefono. Rispondi alle seguenti domande. [Note: The questions contain new vocabulary that you should try to figure out.]

1. Hai un cellulare?
2. Qual è il tuo numero di telefono?
3. A chi telefoni spesso?
4. Chi telefona a te spesso?
5. Ti piace parlare al telefono?
6. Usi spesso il telefonino?

B. Anticipazione. In ciascuna affermazione c'è qualcosa di anomalo. Correggila in modo appropriato. (*In each statement there is something anomalous: i.e., it makes no logical sense. Correct each one in an appropriate manner.*) [Note: The statements contain new vocabulary that you should try to figure out.]

1. C'incontriamo in piazza fra circa lunedì.
2. Sono stanca e, quindi, ho molta voglia di studiare.
3. Sto per cominciare il compito, e anche tu stai per finire, vero?
4. Puoi controllare il titolo del film nel compito di informatica?
5. C'è un nuovo film sul giornale.

Dialogo

Giorgio vuole telefonare a casa di Gloria, che sta completando° il compito   *is completing*
d'informatica. Il suo numero di telefono è (06) 40–32–01. A un certo
momento squilla° il telefono di Gloria.   *rings*

GLORIA:	Pronto!
GIORGIO:	Ciao, Gloria, sono io, Giorgio. Che fai?
GLORIA:	Sto per finire il compito d'informatica. Ma adesso sono stanca°. *tired* E tu che fai?
GIORGIO:	Grazie all'aiuto di mia madre, anch'io sto per finire lo stesso compito. Vuoi uscire° tra un'ora? *go out*
GLORIA:	Ma non devi studiare per un esame di filosofia?
GIORGIO:	No, l'esame è fra due settimane. C'è un nuovo film americano con i sottotitoli°. T'interessa? *subtitles*
GLORIA:	Chi c'è nel film?
GIORGIO:	Non lo so, ma posso controllare sul giornale...
GLORIA:	Non importa! Non ho più voglia° di studiare. Dove *I don't feel like* c'incontriamo?
GIORGIO:	In piazza, fra circa un'ora, OK?
GLORIA:	D'accordo!

Comprensione

C. Ecco una parafrasi della conversazione telefonica tra Gloria e Giorgio, dalla quale mancano certe parole. Completala con le parole giuste nelle loro forme appropriate. (*Here is a paraphrase of the phone conversation between Gloria and Giorgio with certain words missing from it. Complete it with the appropriate forms of the words.*)

Gloria sta completando il _____ d'informatica. A un certo momento

_____ il telefono. «_____!» dice Gloria. «Ciao, Gloria,

_____ io, Giorgio. Che fai?». Gloria dice a Giorgio che lei sta per _____ il compito d'informatica, ma che adesso è _____ . E anche Giorgio sta per finire il compito, _____ all'aiuto di sua (*his*) madre. Poi Giorgio chiede a Gloria se lei vuole uscire _____ un'ora. Gloria pensa che Giorgio deve (*must*) studiare per un _____ di filosofia. Ma l'esame è fra due settimane. Allora Giorgio dice che c'è un _____ film americano con i sottotitoli, ma lui non sa chi _____ nel film, ma che può _____ sul _____ . Gloria non ha più _____ di studiare. Allora i due si danno (*give each other*) appuntamento in piazza fra _____ un'ora.

D. Con un compagno/una compagna, crea delle frasi o dei brevi dialoghi con le nuove parole e le nuove espressioni.

completare	*to complete*
squillare	*to ring*
finire	*to finish*
stanco	*tired*
grazie a	*thanks to*
uscire	*to go out*
l'esame (*m.*)	*exam*
nuovo	*new*
il sottotitolo	*subtitle*
sapere	*to know*

CIAO, GLORIA. VUOI USCIRE?

Traduci le parole e le espressioni in italiano, e poi usale in altrettante frasi che ne rendano chiaro il significato. (*Translate the words and expressions in Italian, and then use them in sentences that will make their meaning clear.*)

1. to be able to
2. to be interested in
3. to check
4. newspaper

5. It doesn't matter!
6. to meet
7. city square
8. about

Modi di dire

Al telefono

ANSWERING

Pronto!	*Hello!*
Chi parla?	*Who's speaking?*
Chi è?	*Who is it?*

Al cinema

Like other nouns you have encountered, **il cinema** is an abbreviation of **il cinematografo** (*movie theater*). So, its plural form remains unchanged: **i cinema**. It means both *movies/movie theater* and *cinema* (the art form).

OK!

Like many other people in the world today, Italians use English words and expressions; hence the **OK** used by Giorgio in the dialogue. This has become a fashionable synonym for **Va bene**.

Applicazione

E. Pronto! Con un compagno/una compagna, crea brevi conversazioni telefoniche seguendo il modello.

> **MODELLO** il signor Franchi/la dottoressa Binni/(06) 34–67–98
>
> TU: *Pronto! Chi parla?/Chi è?*
> COMPAGNO/A: *Sono il signor Franchi. C'è la dottoressa Binni?*
> TU: *Scusi, ma Lei ha sbagliato numero!*
> COMPAGNO/A: *Ho sbagliato numero?*
> TU: *Che numero cerca?*
> COMPAGNO/A: *Cerco il numero (06) 34–67–98.*
> TU: *No. Ha sbagliato.*
> COMPAGNO/A: *Scusi!*

1. il professor Giusti/l'ingegner Dotti/(02) 56–98–02
2. l'avvocato Marini/la professoressa Guarneri/(02) 19–16–88
3. la signora Franchi/il signor Barone/(06) 10–12–48
4. il dottor Rosati/la signorina Dini/(06) 55–11–05

F. Vuoi andare al cinema? Con un compagno/una compagna, crea delle conversazioni telefoniche seguendo il modello, modificandolo se necessario secondo il caso. (*With a partner, make-up other phone conversations following the model, modifying it as you see fit.*)

MODELLO

[Call your friend, saying the number out loud.]
22–34–78

[Your partner answers and asks who's there.]
Pronto! Chi parla?

[Identify yourself, and ask if your partner wants to go to the movies.]
Sono Alessandro. Vuoi andare al cinema con me?

[Your partner asks what movie you want to see.]
Che film vuoi vedere?

[You answer accordingly.]
C'è un bel film di Steven Spielberg.

[The two of you end the conversation freely.]

Il telefono

il numero di telefono	} *phone number*
il numero telefonico	
il prefisso	*area code*
fare il numero	*to dial*
rispondere (a)	*to answer*
riattaccare (il telefono)	*to hang up*
il telefonino / il cellulare	*cell phone*
telefonare (a)	*to phone*
la telefonata	*phone call*
fare una telefonata	*to make a call*
la linea	*phone line*
occupata	*busy*
libera	*free*
l'interurbana	*long-distance call*
il fax	*fax*
la bolletta (del telefono)	*phone bill*
l'elenco telefonico	*phone book*
la segreteria telefonica	*answering machine*
squillare / suonare	*to ring*

Applicazione

G. Rispondi alle seguenti domande.

1. Qual è il tuo numero di telefono?
2. E il tuo prefisso?
3. A casa tua, chi risponde generalmente quando il telefono squilla?

4. Se qualcuno (*someone*) dice qualcosa di brutto (*bad/ugly*) al telefono, tu che fai? Riattacchi il telefono?
5. Quante telefonate fai generalmente ogni giorno? A chi?
6. Sai fare una telefonata interurbana in Italia? Se sì, spiega (*explain*) come si fa.
7. Sai mandare (*send*) un fax in Italia? Se sì, spiega come si fa.
8. Chi paga la bolletta del telefono a casa tua?
9. Hai una segreteria telefonica?
10. Il tuo nome è nell'elenco telefonico della tua città?
11. Hai un cellulare?
12. Lo usi spesso? (*Do you use it often?*)

H. Giorgio telefona a Gloria. Giorgio fa il numero del cellulare di Gloria. La linea è occupata. Giorgio fa ancora il numero. Questa volta (*this time*) la linea è libera. Con un compagno/una compagna, ricostruisci la conversazione telefonica tra Giorgio e Gloria.

MODELLO   [Conversazione libera]
— *Pronto! Chi parla?*
— *Sono Giorgio.*
— *Che vuoi, Giorgio?*
— *ecc.*

Grammatica

Il presente indicativo—terza coniugazione—parte 2ª

There is a second type of third-conjugation verb. It is conjugated with the addition of **-isc** to all persons except the **noi** and **voi** ones. Verbs conjugated in this way are identified as they are introduced. Here are a few third-conjugation verbs conjugated with **-isc**:

capire	*to understand*
finire	*to finish*
preferire	*to prefer*
pulire	*to clean, polish*

To conjugate these verbs, drop the infinitive ending and add **-isco**, **isci**, **-isce**, **-iamo**, **-ite**, **-iscono** to the stem.

finire → fin-

(io)	**finisco**	**il compito.**	*I'm finishing the assignment.*
(tu)	**finisci**	**il compito.**	*You're finishing the assignment.*
(lui)	**finisce**	**il compito.**	*He is finishing the assignment.*
(lei)	**finisce**	**il compito.**	*She is finishing the assignment.*
(Lei)	**finisce**	**il compito.**	*You are finishing the assignment.*
(noi)	**finiamo**	**il compito.**	*We are finishing the assignment.*
(voi)	**finite**	**il compito.**	*You are finishing the assignment.*
(loro)	**finiscono**	**il compito.**	*They are finishing the assignment.*

Potere, sapere e uscire

The dialogue on page 144 contained the irregular verbs **potere** (*to be able to, can*), **sapere** (*to know*), and **uscire** (*to go out*). Their present indicative forms are as follows:

(io)	posso	controllare.	*I can check.*
	so	parlare bene.	*I know how to speak well.*
	esco	con te.	*I'm going out with you.*
(tu)	puoi	controllare.	*You can check.*
	sai	parlare bene.	*You know how to speak well.*
	esci	con me.	*You're going out with me.*
(lui)	può	controllare.	*He can check.*
(lei)	sa	parlare bene.	*She knows how to speak well.*
(Lei)	esce	spesso?	*Do you go out often?*
(noi)	possiamo	controllare.	*We can check.*
	sappiamo	parlare bene.	*We know how to speak well.*
	usciamo	con loro.	*We're going out with them.*
(voi)	potete	controllare.	*You can check.*
	sapete	parlare bene.	*You know how to speak well.*
	uscite	con noi.	*You're going out with us.*
(loro)	possono	controllare.	*They can check.*
	sanno	parlare bene.	*They know how to speak well.*
	escono	con noi.	*They're going out with us.*

Lo stesso

The structure **lo stesso** (*the same*) agrees in gender and number with the noun.

SINGOLARE

MASCHILE
Io faccio lo stesso compito.
I'm doing the same assignment.

PLURALE

Voi fate gli stessi compiti.
You are doing the same assignments.

FEMMINILE
Gloria parla la stessa lingua.
Gloria speaks the same language.

Loro parlano le stesse lingue.
They speak the same languages.

Applicazione

I. Verbi, verbi! Con un compagno/una compagna, crea brevi dialoghi nel modo indicato seguendo i modelli.

MODELLO capire la lezione di grammatica
tu

TU: *Tu capisci la lezione di grammatica?*
COMPAGNO/A: *Sì, io capisco la lezione di grammatica, ma non so parlare bene.*

1. tu
2. voi
3. il tuo compagno
4. gli altri studenti

MODELLO finire il compito/uscire
tuo fratello

TU: *Quando tuo fratello finisce il compito, che fa? Esce?*
COMPAGNO/A: *Sì, quando mio fratello finisce il compito, (lui) esce.*

5. tu   **7.** tua sorella
6. voi   **8.** i tuoi amici

MODELLO preferire andare al cinema/non potere
tua sorella

TU: *Preferisce andare al cinema tua sorella?*
COMPAGNO/A: *Sì, mia sorella preferisce andare al cinema, ma non può (perché ha molto da fare).*

9. tu   **11.** il tuo papà
10. voi   **12.** i tuoi genitori

MODELLO finire/compito
tu

TU: *Tu finisci lo stesso compito?*
COMPAGNO/A: *Sì, io finisco lo stesso compito.*

13. voi/lezione   **15.** Lei/compiti
14. loro/cosa (*thing*)   **16.** i tuoi amici/lezioni

Dovere, potere e volere

In these first five chapters you have been using the verbs **dovere**, **potere**, and **volere**. These are known as modal verbs (**verbi modali**).

dovere	*to have to, must*
Devi andare!	*You have to go! / You must go!*
potere	*to be able to, can*
Sono stanco! Non posso più studiare!	*I'm tired! I can't study any longer!*
volere	*to want to*
Voglio andare al cinema!	*I want to go to the movies!*

Sapere *vs.* conoscere

These two verbs mean *to know* with the following differences:

Conoscere

(TO) KNOW SOMEONE
Giorgio non conosce Pina.
Giorgio doesn't know Pina.

(TO) BE FAMILIAR WITH
Giorgio non conosce il Bar Roma.
Giorgio is not familiar with Bar Roma.

Sapere

(TO) KNOW SOMETHING (SKILLS)
Giorgio non sa l'inglese.
Giorgio doesn't know English.

(TO) KNOW HOW TO
Giorgio non sa fare il compito.
Giorgio doesn't know how to do the assignment.

Tra un' ora/una settimana...

The structure **tra** + *time expression* is equivalent to English *in* + time expression.

Vengo a casa tua tra un'ora.	*I'm coming to your house in an hour (in an hour's time).*
Loro partono tra una settimana.	*They're leaving in a week (in a week's time).*

Note that **fra** is an alternate form for **tra**. **Tra/Fra** can also mean *between, among.*

tra amici	*among friends*
fra loro due	*between the two of them*

Applicazione

J. Sapere o conoscere? I verbi **sapere** e **conoscere** mancano dalle seguenti conversazioni telefoniche. Mettili negli spazi nelle loro forme corrette, secondo il caso. *(The verbs **sapere** and **conoscere** are missing from the following telephone conversations. Put them in the spaces in their correct forms, as the case may be.)*

1. (Tu) _____ come si chiama la nuova amica di Paolo?

    No, (io) non _____ le amiche di Paolo.

2. Tutti _____ che Dino non studia mai.

    Allora, anche tu _____ Dino molto bene!

3. (Noi) non _____ una buona trattoria qui a Roma!

    Come? (Voi) non _____ la Trattoria Venezia?

    No. Non _____ dov'è.

4. (Voi) non _____ il professore d'italiano?

    No, ma (noi) _____ chi è.

5. Sì, è vero, (io) _____ scrivere molto bene.

    Anche mio fratello _____ scrivere molto bene.

6. No, (noi) non _____ nessuno qui.

    Anche i miei cugini non _____ nessuno.

K. Say the following things in Italian.

Say that . . .

1. you have to study Italian more.
2. you can go out tonight.
3. your brother wants to go to Italy.
4. your sister has to go out in two hours.
5. you know how to speak Italian but that you have to study the verbs.

Aggettivi

In the dialogue the adjective **nuovo** was placed before the noun: **un nuovo film**. Some descriptive adjectives may be put before the noun to emphasize their meaning.

Lui è uno zio simpatico.   *He's a nice uncle.*
Lui è un simpatico zio.   *He's a (really) nice uncle.*

- When you put the adjective before the noun, you must be careful to make the appropriate changes to the preceding article.

uno zio simpatico (uno is used before **z** in the masculine)
BUT
un simpatico zio (un is used before **s** in the masculine)

i bravi uomini (i is used before **b** in the masculine plural)
BUT
gli uomini bravi (gli is used before vowels in the masculine plural)

Note that **buono** gives the idea of *something being good* — **La pizza è buona.** (*The pizza is good.*) — or *someone being good (at heart)* — **Lui è un uomo buono.** (*He is a good man.*)
     Bravo on the other hand renders the idea of *good at something (especially at some skill)* — **Lei è una professoressa brava.** (*She is a good teacher/professor.*)

Applicazione

L. Ti piace il nuovo film di Tornatore? Rispondi alle seguenti domande alternando la posizione dell'aggettivo (*changing the position of the adjective*).

MODELLO   Ti piace il film nuovo di Tornatore?
                 Sì, mi piace il nuovo film di Tornatore./No, non mi piace il nuovo film di Tornatore.

1. Tom è uno studente simpatico?
2. Ti piace la ricetta nuova di tua zia?
3. Shaquille O'Neill è un giocatore (*player*) bravo?
4. Cappuccetto Rosso (*Little Red Riding Hood*) è una ragazza simpatica?
5. Tuo padre è un uomo giovane?

I numeri da 100.000 a 1.000.000

100.000	centomila		600.000	seicentomila
200.000	duecentomila		700.000	settecentomila
300.000	trecentomila		800.000	ottocentomila
400.000	quattrocentomila		900.000	novecentomila
500.000	cinquecentomila		1.000.000	un milione

The words for the numbers from 100,000 to 1,000,000 are formed in the usual fashion.

122.000	cento ventidue mila
223.124	duecento ventitré mila cento ventiquattro
994.998	novecento novantaquattro mila novecento novantotto

Note that **un milione** is followed by **di** before a noun.

| **un milione di euro** | *one million euros* |
| **un milione di dollari** | *one million dollars* |

Applicazione

M. Con un compagno/una compagna, crea brevi dialoghi seguendo il modello.

> **MODELLO** 122.500
>
> TU: *Costa centoventiduemila cinquecento euro?*
> COMPAGNO/A: *No, costa mille euro in più: centoventitré mila cinquecento euro.*

1. 154.600
2. 234.590
3. 398.645
4. 450.921
5. 500.500
6. 681.990
7. 790.450
8. 888.888
9. 990.895
10. 999.000

N. Il telefono. Rispondi alle seguenti domande.

1. Tu hai una carta telefonica (*telephone card*)? Quando la usi? (*When do you use it?*)
2. Sai che cosa è un numero verde (*1–800 number*)?
3. Conosci qualcuno che ha un cellulare «ultra-moderno»? Chi?

In Italia, come in tutto il mondo, il telefono è diventato (*has become*) un mezzo di comunicazione indispensabile.

Oggi esistono vari servizi telefonici specializzati. Per esempio, c'è il «telefono azzurro (*blue*)», che risponde a problemi di bambini e genitori 24 ore su 24. Per le notizie sportive (*sports news*), c'è il numero 163; per il servizio oroscopo, c'è il numero 195; per le previsioni del tempo (*weather forecast*), c'è il numero 1912; per le ricette di cucina, c'è il numero 162 e così via (*and so on*). L'equivalente dell' «1–800 number» americano è il numero verde.*

Agli italiani piacciono molto i «telefonini» o i cellulari che portano in giro ovunque (*everywhere*).

*These numbers may vary according to region.

CIAO, MARIA. SONO IO!

O. Rispondi alle seguenti domande.

1. Che cos'è il telefono azzurro?
2. Che cos'è il numero verde?
3. Quale numero devi fare per le notizie sportive?
4. Quale numero devi fare per il servizio oroscopo?
5. Quale numero devi fare per le previsioni del tempo?
6. Quale numero devi fare per le ricette di cucina?
7. Che cosa portano in giro ovunque gli italiani?

MOMENTO
Creativo

P. Telefona a un compagno/una compagna, chiedendogli/le quello che sta facendo. Invitalo/la ad uscire. Discutete insieme diverse alternative e poi cercate di prendere una decisione insieme. (*Phone a classmate and ask him/her what he/she is doing. Invite him/her to go out. Discuss various options and agree on what you are going to do.*)

Sillabe

A stressed vowel is held longer and emphasized more than an unstressed one, especially if the vowel is in an open syllable: that is, if it is the vowel that ends the syllable.

> **ve-ro**
> **va-do**
> **uo-mo**
> **don-na**

A. Record an Italian TV newscast from some source. Transcribe a paragraph or two. Indicate which words you think are pronounced with long vowels. This is a very difficult exercise. So, try your best and seek the help of your instructor or a native speaker.

Comprensione generale

B. Ascolta attentamente la conversazione sul CD cercando di determinare:

1. i nomi delle due persone che parlano al telefono.
2. i nomi dei genitori, parenti, ecc., menzionati durante la conversazione.
3. le caratteristiche menzionate.
4. quello che decidono di fare (*what they decide to do*).

C. Adesso cerca di ricostruire la conversazione con altri studenti a piacere.

Lettura

Prima di leggere

A. Anticipazione. Sei capace di indovinare il significato delle seguenti espressioni? (*Can you guess the meanings of the following expressions?*) [Note: You will come across them in the reading.]

1. Oh, finalmente!
   A. *Oh, in the end!*
   B. *Oh, at last!*

2. Ma cara, cerca di ragionare!
   A. *But dear, try to resist.*
   B. *But dear, try to reason.*

3. Sei un'incosciente!
   A. *You're unkind!*
   B. *You're inconsiderate!*

4. Non alzare la voce!
   A. *Don't raise your voice!*
   B. *Don't voice your opinion!*

B. In base alle tue risposte, di che cosa tratterà, secondo te, la lettura? (*On the basis of your answers, what do you think the reading will be about?*)

C. Dario Fo is a famous Italian writer. With a partner do some research on him and report your findings back to the class.

Lettura

Pronto, pronto!

VOCE (*Voice*):	Pronto, pronto, rispondete. Con chi parlo?
LADRO (*Thief*):	Oh! Finalmente!
VOCE:	Oh... finalmente... Con chi parlo?
LADRO:	Maria... mia moglie! Sei tu?
MARIA:	Sì, sono io.
LADRO:	Adesso mi telefoni anche sul lavoro°? *work, job*
MARIA:	Voglio te!
LADRO:	Ma cara, cerca di ragionare. Sei un'incosciente°! *inconsiderate*
MARIA:	Non alzare la voce°. Non sei a casa tua! *Don't raise your voice.*
LADRO:	Io sono qui per rubare°! Ciao! *to steal*
MARIA:	Ma che fretta hai? Almeno un bacino°... *a little kiss*

(Libero adattamento e libera riduzione da: *Non tutti i ladri vengono per nuocere* di Dario Fo)

Dopo la lettura

D. Comprensione. Rispondi alle seguenti domande.

1. Di chi è la «voce» che dice «Pronto, pronto, rispondete. Con chi parlo?»
2. Come si chiama la moglie del ladro?
3. È ironica o sincera la risposta del ladro: «Adesso mi telefoni anche sul lavoro?»
4. Che cosa deve cercare di fare Maria, secondo il ladro?
5. Com'è Maria, secondo il ladro?
6. Perché è in quella (*that*) casa il ladro?
7. Che cosa vuole Maria alla fine (*at the end*)?

E. Ciao, ciao! In coppie, concludete la conversazione tra Maria e suo marito a piacere.

Il mondo digitale

l'opzione	*option*
indietro	*back*
lo schermo	*screen*
l'immagine (*f.*)	*image*
la fotocamera	*camera*
multimediale	*multimedia*

A. Leggi il manifesto. Mentre lo leggi, indica le seguenti cose.

1. la marca del prodotto
2. che cosa è
3. quali sono le sue caratteristiche
4. a quale sito si può andare per altre informazioni
5. se tu hai un cellulare simile
6. come sono le immagini

Now click on the website given, reporting back to the class if it still exists and, if so, what's on it.

A. Come si dice? Scegli la risposta (o l'espressione) adatta.

1. Mia madre è molto...
   A. simpatica, intelligente ed elegante.
   B. simpatico, intelligente ed elegante.
2. I miei amici sono tutti...
   A. ricchi, generosi e belli.
   B. ricche, generose e belle.
3. Le mie amiche sono tutte...
   A. alti, simpatici ed eleganti.
   B. alte, simpatiche ed eleganti.
4. Squilla il telefono...
   A. Pronto, chi parla?
   B. Ciao, come va?
5. Pronto, chi è?
   A. Sono Dina.
   B. È Dina.
6. Qual è il tuo numero di telefono?
   A. 58–56–21.
   B. Non faccio una telefonata adesso.
7. Qual è il tuo prefisso?
   A. 06.
   B. Ho sbagliato numero.

B. Chi è? Rispondi alle seguenti domande seguendo il modello.

MODELLO   È il figlio di tuo zio. Chi è?
              È mio cugino.

1. È la madre di tua madre. Chi è?
2. È il figlio dei tuoi zii. Chi è?
3. È la sorella di tua moglie. Chi è?
4. È il marito di tua figlia. Chi è?
5. È la figlia dei tuoi nonni. Chi è?

C. Giochiamo! Riesci a risolvere il seguente indovinello (*puzzle*)?
Squilla il telefono. Un uomo risponde: «Chi parla?» La voce di un bambino dice «Come? Non mi riconosci?» L'uomo risponde, «No, chi sei?» «La madre di tua moglie» dice il bambino, «è mia nonna.» Allora, chi è il bambino?

D. Verbi. Forma delle frasi con i soggetti indicati seguendo il modello.

MODELLO   la tua amica
              Say that your friend:

              [has to do a homework assignment.]
              La mia amica deve fare un compito (di informatica).

              [does not understand and know how to do it.]
              Ma la mia amica non capisce e non sa fare il compito.

              [therefore is going out somewhere.]
              Allora esce per andare al cinema/al bar/ecc.

1. tu
2. il tuo amico
3. i tuoi amici
4. tu e i tuoi amici

E. Cultura. Completa ciascuna frase in modo appropriato. (*Complete each sentence in an appropriate manner.*)

1. Il telefono azzurro risponde a _____.
2. Il numero verde è equivalente _____.
3. I divorzi in Italia sono _____.
4. Rispetto ad altri paesi, in Italia ci sono meno _____.
5. La legge italiana stabilisce la totale parità tra _____.

F. Descrizioni. Descrivi brevemente le caratteristiche principali di una delle seguenti persone. Poi leggi la tua descrizione in classe.

1. Il mio professore/la mia professoressa
2. Il mio amico/la mia amica
3. Qualsiasi altra persona (*any other person*)

G. Momento creativo! Lavorando in coppie, scegliete una persona famosa. Descrivete brevemente la persona agli altri membri della classe, i quali cercheranno di indovinare la sua identità, facendo non più di cinque domande. (*Working in pairs, choose a famous person. Describe that person to the other class members, who must try to guess who it is, asking up to no more than five questions.*)

Lessico utile

NOMI

l'aiuto *help*
il bambino/la bambina *child*
la bolletta *phone bill*
il cellulare *cell phone*
il cinema *movies, movie theater, cinema*
la cognata *sister-in-law*
il cognato *brother-in-law*
il compito *assignment*
la cosa *thing*
il cugino/la cugina *cousin*
il divorzio *divorce*
la donna *woman*
l'esame *exam*
il fax *fax*
la figlia *daughter*
il figlio *son*
il fratello *brother*
il genero *son-in-law*
il genitore/la genitrice *parent*
il giornale *newspaper*
il/la giovane *young man/woman*
l'interurbana *long-distance call*
la linea *line*
la madre *mother*

la mamma *mom*
il marito *husband*
il matrimonio *marriage*
la moglie *wife*
il/la nipote *nephew/niece, grandson/daughter*
la nonna *grandmother*
il nonno *grandfather*
la nuora *daughter-in-law*
il padre *father*
il papà *dad*
il/la parente *relative*
la piazza *square*
il prefisso *area code*
la sorella *sister*
il sottotitolo *subtitle*
la suocera *mother-in-law*
il suocero *father-in-law*
la telefonata *phone call*
il telefonino *cellular phone*
il telefono *phone*
l'uomo *man*
la zia *aunt*
lo zio *uncle*

AGGETTIVI

alto *tall*
avanzato *advanced*
bravo *good (at something)*
buono *good*
certo *certain*
difficile *difficult*
elegante *elegant*
forte *strong*
generoso *generous*
grande *big, large*

intelligente *intelligent*
libero *free*
molto *much*
nuovo *new*
occupato *busy*
puntuale *punctual*
simpatico *nice*
stanco *tired*
tanto *much (many)*

VERBI

aprire *to open*
capire *to understand*
completare *to complete*
controllare *to check, control*
dormire *to sleep*
dovere *to have to, must*
finire *to finish*
incontrarsi *to meet*
offrire *to offer*
partire *to leave, depart*
perdere *to lose*
potere *to be able to, can*

preferire *to prefer*
pulire *to clean*
riconoscere *to recognize*
rientrare *to get in / back (home)*
risolvere *to solve / resolve*
sapere *to know*
servire *to serve*
soffrire *to suffer*
squillare *to ring*
suonare *to ring*
uscire *to go out*

AVVERBI

circa *around*
ironicamente *ironically*

molto *very*
tanto *very, quite*

ALTRI VOCABOLI/ESPRESSIONI

altrimenti *otherwise*
avere voglia di *to feel like*
elenco telefonico *phone book*
fare il numero *to dial*
fare una telefonata *to make a call*
fra / tra *between, among*
in aumento *on the rise*
in diminuzione *on the decline*

Ma come? *How can that be?*
Non importa! *It doesn't matter!*
numero telefonico *phone number*
Pronto! *Hello! (on the phone)*
secondo *according to*
segreteria telefonica *answering machine*
lo stesso *the same*
tra / fra poco *in a little while*

Un po' di geografia!

GLOSSARIO

attraversare	*to cross*
la catena	*chain*
il fiume	*river*
l'isola	*island*
il lago	*lake*
meridionale	*southern*
la montagna	*mountain*
il paese	*country*
la penisola	*peninsula*
la pianura	*plain*
il piede	*foot*
quadrato	*square*
settentrionale	*northern*
lo stivale	*boot*

L'Italia è una penisola che ha la forma di uno stivale. Anche due grandi isole sono italiane: la Sicilia e la Sardegna. La penisola ha un'estensione di circa 324.000 chilometri quadrati.

A nord ci sono le Alpi, una catena di montagne; e lungo la penisola ci sono gli Appennini, un'altra catena. L'Italia è un paese montuoso: tre quarti della superficie, infatti, è montuosa. La pianura più grande è la Pianura Padana, chiamata anche la Valle del Po. Il Po, che va dalle Alpi al Mare Adriatico, è il fiume più importante d'Italia. Altri fiumi importanti sono: l'Adige, nella valle Padana, l'Arno, che attraversa Pisa e Firenze, e il Tevere, che attraversa Roma. I laghi più conosciuti sono il Lago di Como, il Lago Maggiore e il Lago di Garda, ai piedi delle Alpi.

In Italia, ci sono molti bei laghi che sono conosciuti in tutto il mondo, come il Lago di Como, il Lago Maggiore e il Lago di Garda.

ITALIA

Le regioni italiane

L'Italia è circondata dal mare: a ovest dal mar Ligure e dal mar Tirreno; a sud dal mar Ionio; e a est dal mar Adriatico.

Ci sono venti regioni italiane: otto settentrionali, sei centrali, quattro meridionali e due insulari. Le regioni sono divise in province, e ogni provincia in diversi comuni. Ogni regione ha un capoluogo, ma la capitale d'Italia è Roma. Ci sono anche due piccoli stati indipendenti: la Repubblica di San Marino e la Città del Vaticano.

A. Completa ciascuna frase in modo appropriato.

1. L'Italia è una _____ che ha la forma di uno _____ .

2. Le due grandi isole italiane sono la _____ e la _____ .

3. L'estensione dell'Italia è di circa _____ chilometri _____ .

4. Le Alpi sono a _____ e gli Appennini si trovano _____ la penisola.

5. Le Alpi e gli Appennini sono _____ .

6. L'Italia è un _____ montuoso.

7. La Pianura Padana è anche chiamata la

   _____ .

8. Como, Maggiore e Garda sono

   _____ .

9. Il Po, l'Adige e l'Arno sono _____ .

10. Il Mediterraneo e l'Adriatico sono

    _____ .

Lungo i paesaggi italiani si possono vedere molte varietà di piante e di prodotti agricoli, come le olive, le arance, l'uva, e così via.

La storia dell'Italia è molto interessante e variata. Chi visita l'Italia noterà i molti stili architettonici che caratterizzano le sue città e i suoi paesi.

Veduta panoramica tipica!

B. Regioni e capoluoghi! Consultando una cartina geografica, scrivi i nomi delle regioni e dei capoluoghi. Indica quali regioni o capoluoghi hai visitato e se ti sono piaciuti. (*Using a map write down the names of all the regions and their capital cities. Indicate whether you have ever visited any region or capital city and if you liked it.*)

MOMENTO
Creativo

C. Con un compagno/una compagna, programmate una settimana in Italia, scegliendo i posti che volete visitare da lunedì a domenica. (*With a partner, plan a week in Italy, deciding which places you want to visit from Monday to Sunday. Use a map or other material to show your classmates where these are located.*)

Che ore sono?

6

Quanto sai già?

A. Anticipazione. Indica la risposta giusta, cercando di spiegare il significato di ciascuna parola o espressione nuova.

1. In una biblioteca troviamo...
   A. libri.
   B. laghi.
2. Il pianoforte è...
   A. uno strumento musicale.
   B. un tipo di dolce.
3. Che ora è?
   A. È al cinema.
   B. È mezzogiorno.
4. Vuoi prendere qualcosa?
   A. Che disastro!
   B. No, ho appena finito di fare colazione.
5. Che ore sono?
   A. Devo fare molte cose.
   B. Sono già le dieci. È tardi.
6. Com'è la vita in famiglia oggi?
   A. È complicata!
   B. È quasi l'una.
7. Quante volte hai visto quel film?
   A. Due o tre volte.
   B. A mezzogiorno.

B. Il cinema italiano! Conosci qualche film italiano classico? Se sì, indica alla classe...

1. il suo titolo.
2. il/la regista (*director*).
3. gli attori principali.
4. l'anno del film.
5. di che cosa tratta (*what it deals with*).

Dialogo

Oggi è sabato e Roberta vuole andare in biblioteca per finire un compito di fisica. Suo fratello Giancarlo, invece, ha lezione di pianoforte al conservatorio di musica a mezzogiorno. I due hanno appena° finito di fare colazione insieme al papà e alla mamma.

just

ROBERTA:	Che ore sono°, Giancarlo?	*What time is it*
GIANCARLO:	Non lo so, non ho l'orologio°. Mamma, scusami, sai che ore sono?	*watch*
MAMMA:	Che disastro! Sono già le dieci! È tardi. Oggi devo fare molte cose!	
PAPÀ:	Stasera voglio andare al cinema Admiral, perché sta per cominciare la settimana del film classico italiano. C'è qualcuno che vuole venire con me?	
ROBERTA:	Io ho già visto quasi tutti i film classici italiani due o tre volte°! Stasera° devo completare il compito di fisica.	*two or three times • tonight*
GIANCARLO:	Io voglio uscire con gli amici per due o tre ore.	
MAMMA:	Com'è complicata la vita in famiglia oggi!	

LA FAMIGLIA, OGGI!

Comprensione

C. Correggi ciascuna frase.

> **MODELLO** Oggi è domenica.
> *No, oggi è sabato.*

1. Roberta vuole uscire con gli amici.
2. Giancarlo deve andare in biblioteca per finire un compito di fisica.
3. Roberta e Giancarlo hanno appena finito di fare colazione con gli amici.
4. Sono le nove.
5. Il papà vuole andare ad un ristorante stasera.
6. Al cinema Admiral sta per cominciare la settimana del film classico americano.

D. Con un compagno/una compagna, crea delle frasi o dei brevi dialoghi con le nuove parole e le nuove espressioni.

la biblioteca	*library*
il pianoforte	*piano*
a mezzogiorno	*at noon*
appena	*just*
Che ora è? / Che ore sono?	*What time is it?*
Non lo so.	*I don't know.*
scusami	*excuse me (fam.)*
il disastro	*disaster*
tardi	*late*
quasi	*nearly*
una volta, due volte, ...	*once, twice, . . .*
complicato	*complicated*
la vita	*life*

Modi di dire

Che ore sono?

Che ora è? / Che ore sono?	*What time is it?*
È l'una.	*It's one o'clock.*
Sono le due.	*It's two o'clock.*
Sono le tre.	*It's three o'clock.*
A che ora?	*At what time?*
All'una.	*At one o'clock.*
Alle due.	*At two o'clock.*
Alle tre.	*At three o'clock.*

Scusarsi!

Scusa! / Scusami! (*fam.*)	*Excuse me!*
Scusi! / Mi scusi! (*pol.*)	*Excuse me!*

Applicazione

E. Che ora è? Chiedi al tuo compagno/alla tua compagna che ora è nel modo indicato. Il compagno/La compagna risponderà (*will answer*) pure (*also*) nel modo indicato.

> **MODELLO** 2:00 (*fam.*)
> TU: *Scusami! Che ora è?/Che ore sono?*
> COMPAGNO/A: *Sono le due.*
>
> 1:00 (*pol.*)
> TU: *Scusi!/Mi scusi! Che ora è?/Che ore sono?*
> COMPAGNO/A: *È l'una.*

1. 3:00 (*fam.*)
2. 4:00 (*pol.*)
3. 5:00 (*fam.*)
4. 8:00 (*pol.*)

5. 9:00 (*fam.*)
6. 10:00 (*pol.*)
7. 1:00 (*fam.*)

F. A che ora? Adesso, chiedi al tuo compagno/alla tua compagna a che ora lui/lei vuole andare con te ai posti indicati. Il compagno/La compagna risponderà nel modo indicato.

> **MODELLO** a pranzo/2:00
>
> TU: *A che ora vuoi andare a pranzo?*
> COMPAGNO/A: *Alle due, va bene?*

1. al cinema/9:00
2. al ristorante/7:00
3. in centro/4:00
4. alla trattoria in via Fieramosca/1:00
5. a cena/9:00

G. Hai l'orologio? Infine, chiedi al tuo compagno/alla tua compagna le cose indicate. Lui/Lei risponderà in un modo appropriato (*in an appropriate fashion*).

> **MODELLO**   Chiedi al tuo compagno/alla tua compagna se ha l'orologio.
>
> TU: *Debbie, hai l'orologio?*
> COMPAGNO/A: *Sì, ho l'orologio./No, non ho l'orologio.*

Chiedi al tuo compagno/alla tua compagna...

1. se ha l'orologio.
2. a che ora comincia la lezione d'italiano.
3. se vuole andare in biblioteca dopo la lezione d'italiano.
4. a che ora fa colazione generalmente.
5. se deve fare molte cose oggi.
6. se conosce qualche film italiano classico (*any classic Italian movie*).
7. che cosa vuole fare oggi a mezzogiorno.
8. se vuole uscire con gli amici stasera.

Le ore

The formula for referring to the hour in Italian is shown below:

Sono le due.	*It is two o'clock.*	*= (lit.) They are two hours.*
Sono le tre.	*It is three o'clock.*	*= (lit.) They are three hours.*

Note that for one o'clock the formula has a singular form.

È l'una.	*It is one o'clock.*	*= (lit.) It is one hour.*

As you have seen, you can ask what time it is with either:

Che ora è? OR **Che ore sono?**	*What time is it?*

For official time, Italians use the 24-hour clock. After 12:00 noon the hours are referred to as 13:00, 14:00, and so on:

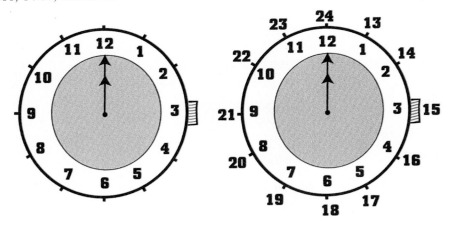

13:00	=	**le tredici**
14:00	=	**le quattordici**
15:00	=	**le quindici**
...		
24:00	=	**le ventiquattro**

Che ora è?	*What time is it?*
Sono le tredici.	*It's 1 PM.*
Sono le quattordici.	*It's 2 PM.*

Parole ed espressioni utili

la mattina	*morning*
di mattina / della mattina / del mattino	*in the morning /* AM
il pomeriggio	*afternoon*
del pomeriggio	*in the afternoon /* PM
la sera	*evening*
di sera / della sera	*in the evening /* PM
la notte	*night*
di notte / della notte	*at night / in the night*
il mezzogiorno	*noon*
la mezzanotte	*midnight*
È mezzogiorno.	*It's noon.*
È mezzanotte.	*It's midnight.*

AT . . .	
all'una	*at one o'clock*
alle due	*at two o'clock*
alle tre	*at three o'clock*
a mezzogiorno	*at noon*
a mezzanotte	*at midnight*
A che ora arriva?	*At what time is he / she / it arriving?*
Arriva alle quattro.	*He / She / It is arriving at four o'clock.*

ESEMPI

9:00 AM	=	**le nove di mattina / della mattina / del mattino**
2:00 PM	=	**le quattordici / le due del pomeriggio**
10:00 AM	=	**le dieci del mattino**
1:00 PM	=	**le tredici / l'una del pomeriggio**

Tempo, ora e volta

il tempo	*time in general*
l'ora	*clock / watch time, hour*
la volta	*occurrence, number of times*

Il tempo vola!	*Time flies!*
A che ora vengono?	*At what time are they coming?*
Quante volte hai visto quel film?	*How many times have you seen that movie?*
una volta / due volte / molte volte	*once / twice / many times*

As you learned in the previous chapter, the preposition **tra** (alternate form **fra**) allows you to convey the idea of *time from now*.

Arrivo tra / fra due ore.	*I'm arriving in two hours (in two hours' time).*

Using **in**, on the other hand, allows you to convey *duration* or *amount of time elapsed*.

Arrivo in due ore.	*I'll arrive in two hours. (It takes me two hours to arrive.)*

Che...!

Che disastro!	*What a disaster!*
Che bella musica!	*What beautiful music!*
Che professore simpatico!	*What a nice professor!*
Che donna simpatica!	*What a nice woman!*

Applicazione

H. Che ora è? Usa diversi modi per indicare l'ora (se possibile).

MODELLO   3:00 PM
Sono le quindici.
Sono le tre del pomeriggio.

1. 2:00 AM
2. 2:00 PM
3. 1:00 AM
4. 1:00 PM
5. 12:00 AM
6. 12:00 PM
7. noon
8. midnight
9. 8:00 AM
10. 8:00 PM

I. A che ora? Con un compagno/una compagna, crea brevi dialoghi seguendo il modello.

MODELLO   uscire / due ore / 3:00

        TU: *Quando vuoi uscire?*
COMPAGNO/A: *Tra / Fra due ore.*
        TU: *Alle tre?*
COMPAGNO/A: *Va bene. / D'accordo!*

1. mangiare / un'ora / 14:00
2. andare in centro / due ore / 18:00
3. rientrare in casa / quattro ore / mezzanotte
4. andare in biblioteca / un'ora / 13:00
5. andare alla mensa / qualche momento (*a few moments*) / mezzogiorno

J. Tutto in famiglia! Di' che...

1. Roberta is going to the library in an hour's time to finish an assignment.
2. It takes her an hour to arrive at the library.
3. Giancarlo has a piano lesson three times every week.
4. Roberta has seen almost all the classic Italian movies many times.
5. The mother doesn't know where the time goes.
6. Each time that the father has something to do (**da fare**), there is never enough (**abbastanza**) time.

K. Che film interessante! Riformula le seguenti frasi nel modo indicato.

> MODELLO   Il film è molto interessante!
> *Che film interessante!*

1. Il corso è molto interessante!
2. La vita è molto complicata!
3. Il professore/La professoressa è molto simpatico/a!
4. La lezione è molto difficile!
5. Il programma è molto noioso (*boring*)!

Grammatica

Buono

The adjective **buono** (*good*) can be put before or after the noun it modifies. Note that before the noun, its singular forms correspond to the indefinite article forms. Its position with respect to the noun involves different nuances of meaning. You will learn these as you use this adjective in exercises and conversational tasks.

L'ARTICOLO INDETERMINATIVO	BUONO [BEFORE]	BUONO [AFTER]
uno zio *an uncle*	il buono zio *the good uncle*	lo zio buono *the good uncle*
uno stereo *a stereo*	il buono stereo *the good stereo*	lo stereo buono *the good stereo*
un ragazzo *a boy*	il buon ragazzo *the good (hearted) boy*	il ragazzo buono *the good (natured) boy*
un amico *a friend*	il buon amico *the good friend*	l'amico buono *the good friend*
una ragazza *a girl*	la buona ragazza *the good girl*	la ragazza buona *the good girl*
un'amica *a friend*	la buon'amica *the good friend*	l'amica buona *the good friend*

The plural forms of **buono** are the same, no matter where it is placed (before or after the noun).

i buoni zii	gli zii buoni
i buoni amici	gli amici buoni
le buone ragazze	le ragazze buone
le buone amiche	le amiche buone

When **buono** is used with **molto** (*very*), then it must follow the noun.

È una buon'arancia.	È un'arancia molto buona.
It's a good orange.	*It's a very good orange.*
Sono buone macchine.	Sono macchine molto buone.
They are good cars.	*They are very good cars.*

Applicazione

L. Buono! Rispondi affermativamente alle seguenti domande mettendo l'aggettivo **buono** davanti al nome.

> **MODELLO** La FIAT è una macchina buona?
> *Sì, la FIAT è una buona macchina.*

1. Il cappuccino è una bevanda buona?
2. È un cellulare buono?
3. La Fiuggi è un'acqua minerale buona?
4. Lavazza è un caffè buono?
5. Le macchine italiane sono auto buone?
6. È un orologio buono?
7. È un risotto buono?

M. Certo! Con un compagno/una compagna, crea brevi dialoghi seguendo il modello.

> **MODELLO** l'acqua minerale Fiuggi
> TU: *Ti piace l'acqua minerale Fiuggi?*
> COMPAGNO/A: *Certo! È una buon'acqua.*
> TU: *Hai ragione! È un'acqua molto buona!*
>
> le macchine italiane
> TU: *Ti piacciono le macchine italiane?*
> COMPAGNO/A: *Certo! Sono buone macchine.*
> TU: *Hai ragione! Sono macchine molto buone!*

1. le arance siciliane (*Sicilian*)
2. il caffè all'italiana
3. il succo d'arancia
4. gli spaghetti alla carbonara
5. la pizza alla napoletana (*Neapolitan*)

Il passato prossimo — parte 1ª

The **passato prossimo** (*the present perfect*) allows you to speak and write about events and actions that took place in the recent past.

Ho capito.	*I have understood.*
Hanno finito.	*They have finished.*
Hanno parlato.	*They have spoken.*
Ho venduto.	*I have sold.*

It corresponds to the following English past tenses:

Ho finito.
I finished.
I have finished.
I did finish.

The present perfect is a compound tense (**un tempo composto**) made up of two separate parts: (1) the present indicative of the auxiliary verb (**il verbo ausiliare**) **avere**, and (2) the past participle (**il participio passato**) of the verb.

Auxiliary verb	Past participle
↓	↓
ho	finito

There are actually two auxiliary verbs in Italian: **avere** and **essere**. In this chapter we will deal only with verbs conjugated with **avere**. Those conjugated with **essere** will be discussed in the next chapter. You already know the present indicative of **avere**. So, the only thing you need to learn now is how to form the past participle of regular verbs. Here's how:

FIRST CONJUGATION	**SECOND CONJUGATION**	**THIRD CONJUGATION**
-are	-ere	-ire
↓	↓	↓
-ato	-uto	-ito
parlare → parlato	vendere → venduto	finire → finito
spoken	*sold*	*finished*

Here are these three verbs conjugated fully in the **passato prossimo**:

	PARLARE		VEDERE		FINIRE	
(io)	ho	parlato	ho	venduto	ho	finito
(tu)	hai	parlato	hai	venduto	hai	finito
(lui / lei / Lei)	ha	parlato	ha	venduto	ha	finito
(noi)	abbiamo	parlato	abbiamo	venduto	abbiamo	finito
(voi)	avete	parlato	avete	venduto	avete	finito
(loro)	hanno	parlato	hanno	venduto	hanno	finito

Do not forget to differentiate between familiar and polite forms.

Roberta, hai venduto la bicicletta?	*Roberta, did you sell your bike?* (*fam.*)
Signora Dini, ha finito di mangiare?	*Mrs. Dini, have you finished eating?* (*pol.*)

When used in the present perfect, **sapere** (*to know*) renders the idea of *to find out*.

**Io ho saputo che anche tu
sei italiano.** *I found out that you too are Italian.*

Applicazione

N. Cose passate. Svolgi i seguenti esercizi nel modo indicato seguendo i modelli.

> **MODELLO** Roberta ha già cenato...
> tu
> *Anche tu hai già cenato.*

Roberta ha già cenato...

1. io
2. tu
3. mio fratello

4. i tuoi amici
5. noi
6. voi

> **MODELLO** Giancarlo ha saputo che il professore di matematica è italiano...
> tu
> *Anche tu hai saputo che il professore di matematica è italiano.*

Giancarlo ha saputo che il professore di matematica è italiano...

7. io
8. mia sorella
9. tu
10. gli amici di mio fratello
11. noi
12. voi

> **MODELLO** Giancarlo non ha capito niente...
> tu
> *Anche tu non hai capito niente.*

Giancarlo non ha capito niente...

13. io
14. la mia amica
15. Franco e Roberta

16. i tuoi amici
17. noi
18. voi

O. Quanto tempo hai dormito? Chiedi al tuo compagno/alla tua compagna le seguenti cose. Lui/Lei risponderà in un modo appropriato.

> **MODELLO** Chiedi al tuo compagno/alla tua compagna...
> how long he/she slept last night.
>
> TU: *Quanto tempo hai dormito ieri* [yesterday] *sera?*
> COMPAGNO/A: *Ho dormito otto ore./Ho dormito solo quattro ore./ecc.*

Chiedi al tuo compagno/alla tua compagna...

1. if he/she understood the lesson on the present perfect.
2. if he/she watched television last night.
3. why he/she preferred to study Italian.
4. how long he/she waited for his/her friends yesterday.
5. if he/she listened to the radio yesterday.

P. Il cinema italiano. Rispondi alle seguenti domande.

1. Hai mai visto (*seen*) un film italiano?
2. Se sì, quale?
3. Sai chi sono i seguenti registi (*directors*): Federico Fellini, Lina Wertmüller, Giuseppe Tornatore?

Il cinema italiano è famoso in tutto il mondo. Il regista più famoso è, indubbiamente, Federico Fellini (1920–1993). Ma i film di registi come Lina Wertmüller, Vittorio De Sica, Franco Zeffirelli ed altri sono ormai passati (*they have by now passed*) negli annali della storia del cinema.

Ecco un breve elenco (*a brief list*) di alcuni film italiani classici.

Roberto Rossellini	*Roma città aperta* (1945)
Vittorio De Sica	*Ladri di biciclette* (1948)
Federico Fellini	*La dolce vita* (1961)
Luchino Visconti	*Il gattopardo* (1962)
Bernardo Bertolucci	*Il conformista* (1970)
Franco Zeffirelli	*Fratello sole, sorella luna* (1973)
Lina Wertmüller	*Sette bellezze* (1977)
Paolo e Vittorio Taviani	*Padre, padrone* (1977)
Ettore Scola	*Macaroni* (1985)
Giuseppe Tornatore	*Cinema paradiso* (1989)
Roberto Benigni	*La vita è bella* (2001)

Q. Critici del cinema. Con un compagno/una compagna, noleggia (*rent*) il DVD di un film italiano classico. Guardatelo insieme e poi descrivetelo al resto della classe.

MARCELLO MASTROIANNI

MOMENTO
Creativo

R. Intervista. Intervista un compagno/una compagna. Chiedigli/le...

1. a che ora fa colazione la mattina.
2. a che ora arriva a scuola/all'università generalmente.
3. a che ora rientra (*gets back in*) la sera.
4. a che ora preferisce studiare la sera.
5. a che ora comincia a guardare la TV generalmente.
6. a che ora va a dormire.

Quanto sai già?

A. Anticipazione. Rispondi alle seguenti domande. [These questions contain new vocabulary.]

1. Hai mai visto un'opera? Se sì, quale?
2. Hai letto il giornale oggi? Quale giornale?
3. Hai mai fatto una sorpresa a qualcuno? A chi?
4. Hai mai visto il film *Il postino*? Se sì, descrivilo alla classe.
5. Cosa hai sempre voluto vedere? Perché?
6. Ricerca sul vocabolario (*dictionary*) il significato delle seguenti parole ed espressioni, e poi discutetele in classe.
   - **A.** il tesoro
   - **B.** ricordarsi
   - **C.** la sorpresa
   - **D.** comprare
   - **E.** lì
   - **F.** immaginare
   - **G.** il posto
   - **H.** decidere

B. L'opera. Ti piace l'opera? Se sì, indica le seguenti cose alla classe.

1. Qual è la tua opera preferita?
2. Chi è il compositore dell'opera?
3. Di che cosa tratta?
4. Perché ti piace?

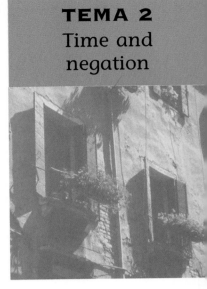

Dialogo

Il papà e la mamma di Roberta e Giancarlo, Corrado e Diana Bartolini, non hanno ancora deciso se vogliono andare al cinema.

CORRADO:	Allora, andiamo al cinema cara, sì o no? Non ho mai visto *La dolce vita*!	
DIANA:	Ma io sì, molte volte. Senti°, caro, ho letto sul giornale che stasera c'è la *Tosca* di Puccini alla Scala alle venti e trenta.	*Listen*
CORRADO:	Veramente? È un'opera che non ho mai visto ma che ho sempre voluto vedere!	
DIANA:	Allora andiamo lì, va bene?	
CORRADO:	D'accordo, ma immagino che non ci siano° più posti° per stasera!	*there aren't any • seats, places*
DIANA:	Ho una piccola° sorpresa per te, Corrado! Ho già comprato i biglietti!	*little*
CORRADO:	Come mai?	
DIANA:	Non ricordi mai niente!° Oggi è il tuo compleanno! Allora, ho deciso di farti una sorpresa!	*You never remember anything!*
CORRADO:	Grazie, cara! Come al solito, sei un tesoro°!	*sweetheart*

Comprensione

C. Completa la seguente parafrasi del dialogo con le parole adatte nelle loro forme appropriate.

1. Corrado e Diana non hanno ancora _____deciso_____ se vogliono andare al cinema.

2. Corrado non ha mai _____visto_____ *La dolce vita*.

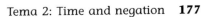

3. Ma Diana ha già visto quel
(*that*) film _molte_
volte.

4. Stasera alla _Scala_
c'è la *Tosca* alle venti e
trente .

5. Corrado ha sempre
voluto vedere
la *Tosca*.

6. Diana ha deciso di fare una
piccola sorpresa
a Corrado.

ALL'OPERA CON RICCARDO MUTI!

 **D.** Con un compagno/una compagna, crea delle frasi o dei brevi dialoghi con le nuove parole e le nuove espressioni.

decidere	to decide
caro	dear, sweetheart
vedere	to see
lì	there
immaginare	to imagine
il posto	place, seat
comprare	to buy
Come mai?	How come?
ricordare / ricordarsi	to remember
la sorpresa	surprise
il tesoro	treasure, sweetheart

Modi di dire

Le ore e i minuti

To refer to the minutes in a time expression simply add them to the hour word using **e** (*and*).

l'una e due	1:02
le due e dieci	2:10
le tre e venti	3:20
le ventitré e cinquantanove	23:59

Conoscere *vs.* incontrare

When used in the present perfect, **conoscere** means *to meet someone for the first time*. **Incontrare**, on the other hand, means *to meet, encounter, run into someone* already known.

Ho conosciuto Maria ieri.	*I met Maria yesterday.*
Ho incontrato Maria ieri.	*I ran into Maria yesterday.*

Applicazione

E. A che ora è? Con un compagno/una compagna, crea brevi dialoghi seguendo i modelli.

MODELLO la lezione d'italiano/8:20

TU: *A che ora è la lezione d'italiano?*
COMPAGNO/A: *È alle otto e venti.*

1. la lezione di matematica/9:05
2. il programma televisivo *Mondo*/19:10
3. l'esame di storia/10:40
4. il film *The Matrix-3*/20:15
5. la lezione di antropologia/11:50

MODELLO Maria/2 anni fa/2:30

TU: *Hai conosciuto Maria, vero?*
COMPAGNO/A: *Sì, due anni fa.*
TU: *Oggi la incontro* (I'm meeting her) *alle due e trenta. Vuoi venire?*
COMPAGNO/A: *Sì./No./Forse.*

6. la professoressa Giusti/1 anno fa/3:20
7. l'amica di Giancarlo/5 anni fa/17:40
8. Gina/3 anni fa/20:10
9. la signora Binni/2 anni fa/18:30

Espressioni utili

un quarto	a quarter
mezzo/mezza	half past
preciso	exactly/precisely
in punto	on the dot

3:15	=	le tre e quindici/le tre e un quarto	
16:15	=	le sedici e quindici/le sedici e un quarto	
4:30	=	le quattro e trenta/le quattro e mezzo (mezza)	
12:30	=	le dodici e trenta/le dodici e mezzo (mezza)	
1:00	=	**È l'una precisa.**	= **È l'una in punto.**
		It's exactly one.	*It's one on the dot.*
2:00	=	**Sono le due precise.**	= **Sono le due in punto.**
		It's exactly two.	*It's two on the dot.*

If there are less than (approximately) twenty minutes to go to the next hour, a commonly used formula is:

[next hour] meno (*less/minus*) [number of minutes to go]

1:50	=	l'una e cinquanta	=	le due meno dieci
6:55	=	le sei e cinquantacinque	=	le sette meno cinque
8:45	=	le otto e quarantacinque	=	le nove meno un quarto / quindici

Applicazione

F. Un corso sul cinema italiano. Tu e il tuo compagno/la tua compagna state seguendo un corso sul cinema italiano. Con lui/lei, crea brevi dialoghi seguendo il modello.

MODELLO   *Il postino/2:00/2:05*

TU: *A che ora fanno vedere* Il postino, *alle due precise?*
COMPAGNO/A: *No, alle due e cinque!*

1. *Il gattopardo*/3:00/3:02
2. *Roma città aperta*/4:00/4:04
3. *Il conformista*/8:00/8:09
4. *Blow-up*/6:00/6:10
5. *Morte a Venezia*/12:00 (noon)/12:25

G. Che ora è? Indica l'ora in tutti i modi possibili.

MODELLO   2:15 PM
Sono le quattordici e quindici.
Sono le due e quindici del pomeriggio.
Sono le due e un quarto del pomeriggio.

1. 12:00 (noon)
2. 12:30 (midnight)
3. 7:10 AM
4. 9:50 PM
5. 10:40 AM
6. 8:45 PM
7. 9:00 PM
8. 11:30 PM
9. 1:50 AM
10. 5:55 AM

Grammatica

Il passato prossimo — parte 2ª

Retain the **-i** of verbs ending in **-ciare** and **-giare** when writing the past participle to indicate that the **c** and **g** have a soft pronunciation.

cominciare	→	cominciato	*begun*
mangiare	→	mangiato	*eaten*

Add an **-i** to the past participles of the other conjugations to indicate soft sounds.

| conoscere | → | conosciuto | *known* |

Applicazione

H. Ieri. Completa ciascuna frase mettendo il verbo indicato al passato prossimo.

1. A che ora (cominciare) _____ tu a lavorare ieri?

2. Roberta non (mangiare) _____ mai il risotto alla milanese.

3. Noi (conoscere) _____ l'amica di Roberta ieri.

4. È vero che voi non (viaggiare) _____ mai fuori d'Italia?

5. Loro non (studiare) _____ mai la lingua italiana.

Participi passati irregolari

Of the verbs introduced in the first six chapters that are conjugated with **avere**, the following have irregular past participles:

aprire	→	aperto	*opened*
bere	→	bevuto	*drunk*
chiedere	→	chiesto	*asked*
chiudere	→	chiuso	*closed*
decidere	→	deciso	*decided*
fare	→	fatto	*made / done*
leggere	→	letto	*read*
mettere	→	messo	*put*
offrire	→	offerto	*offered*
perdere	→	perso	*lost*
prendere	→	preso	*taken / had*
risolvere	→	risolto	*solved*
rispondere	→	risposto	*answered*
scrivere	→	scritto	*written*
soffrire	→	sofferto	*suffered*
vedere	→	visto	*seen*

Il passato prossimo con gli avverbi

Adverbs referring to time should be placed between the auxiliary and the past participle (although this is not strictly necessary).

Non ho mai visto un'opera.   *I have never seen an opera.*
Hai già comprato i biglietti?   *Have you already bought the tickets?*

Applicazione

I. Roberta. Indica quello che ha fatto Roberta ieri seguendo il modello.

> **MODELLO**   incontrare Maria
> *Ieri Roberta ha incontrato Maria.*

1. aprire la porta
2. bere due espressi
3. chiedere aiuto a sua madre
4. chiudere la finestra
5. decidere di andare in biblioteca
6. fare colazione come al solito alle otto
7. leggere il giornale
8. mettere i biglietti per l'opera nella sua cartella
9. offrire a Giancarlo di andare in centro con lui
10. perdere la sua cartella
11. prendere l'autobus
12. vedere un film italiano classico
13. rispondere al telefono
14. soffrire quando ha sentito che la sua amica era andata via

J. Roberta e Giancarlo. Adesso indica che cosa hanno fatto Roberta e Giancarlo ieri seguendo il modello.

> **MODELLO**   finire di studiare/9:15
> *Ieri Roberta e Giancarlo hanno finito di studiare alle nove e un quarto.*

1. incontrare i loro amici/8:10
2. risolvere i problemi di matematica/10:15
3. scrivere una lettera (*letter*)/11:30
4. volere cenare/16:30
5. dovere studiare/17:30
6. potere vedere un film/20:10

La negazione

The following chart summarizes the main negative constructions in Italian:

non... affatto	*not at all*	**Non hai affatto ragione!** *You are not at all right!*
non... mai	*never*	**Io non ho mai visto la Tosca.** *I have never seen Tosca.*
non... mica	*not quite / really*	**Lui non ha mica ragione!** *He's not really right!*
non... neanche / nemmeno	*not even*	**Non ha ragione neanche Maria.** *Not even Maria is right.*
non... nessuno	*no one*	**Oggi non c'è nessuno in classe.** *There's nobody in class today.*
non... né... né	*neither . . . nor*	**Non bevo né caffè né tè.** *I drink neither coffee nor tea.*

non... niente / nulla	*nothing*	**Adesso non faccio niente.**
		Right now I'm doing nothing.
non... più	*no more / no longer*	**Roberta non ha più tempo da perdere.**
	not anymore	*Roberta has no more time to waste.*

These can be combined in various ways.

Adesso non voglio più niente.   *Right now I don't want anything else.*
Lui non prende mai niente da bere.   *He never has anything to drink.*

Like **anche**, **neanche/nemmeno** must be followed by a subject or subject pronoun.

Ha sbagliato anche Roberta.
Even Roberta was wrong.

Non ha sbagliato neanche lei.
Not even she was wrong.

Abbiamo visto anche Giancarlo.
We even saw Giancarlo.

Non abbiamo visto nemmeno lui.
We didn't see him either.

Finally, note that **mai**, **nessuno**, **niente**, **nulla**, and **più** are used without **non** if they occur at the beginning of an emphatic sentence.

Nessuno ha capito!
No one understood!

Mai voglio uscire con te!
Never do I want to go out with you!

Applicazione

K. Giancarlo. Giancarlo è un tipo dispettoso (*mischievous*). Ieri ha negato tutto quello che ha detto Roberta. In coppie, ricreate la loro conversazione nel modo indicato.

MODELLO   la mamma e il papà/leggere/
                 la *Divina commedia*

ROBERTA: *La mamma e il papà hanno letto la*
               Divina commedia.

GIANCARLO: *No, non è vero. La mamma e il papà non hanno mai letto la*
                 Divina commedia.

1. la mamma/conoscere tutti/in questa (*this*) città
2. gli amici di Paolo/avere sempre/molto da fare
3. Raffaele/avere veramente/ragione
4. il papà/bere/il caffè e il tè
5. anche la mamma/vedere/la *Tosca*
6. la mamma e il papà/fare sempre tutto/in casa
7. tutti/vedere /l'opera italiana
8. il papà e la mamma/vedere/quell'opera (*that opera*)

I numeri

1.000.000	un milione	1.000.000.000	un miliardo
2.000.000	due milioni	2.000.000.000	due miliardi
3.000.000	tre milioni	3.000.000.000	tre miliardi

The words for the numbers from one million and higher are formed with the same patterns discussed in previous chapters.

1.122.000	un milione centoventidue mila
2.223.124	due milioni duecento ventitré mila cento ventiquattro
9.999.898	nove milioni novecento novantanove mila ottocento novantotto

Note that **milione** and **miliardo** are followed by **di** before a noun.

un milione di dollari   *a million dollars*
due milardi di euro   *two billion euros*

Applicazione

L. Scrivi le seguenti cifre (*figures*) in parole.

1. 1.200.800
2. 30.900.345
3. 408.560.789
4. 504.978.989
5. 1.723.123.456
6. 9.999.999.999
7. 800.000.000.898

M. L'opera. Rispondi alle seguenti domande.

1. Conosci qualche compositore (*any composer*) d'opera? Chi?
2. Chi è il tuo compositore preferito?
3. Sai che cosa è un libretto? Se sì, spiegalo alla classe.

L'opera lirica, o il melodramma, nasce in Italia durante il Rinascimento. Il primo grande compositore d'opera fu Claudio Monteverdi (1567–1643). Le sue opere erano (*were*) basate su temi classici greci.

Ma i compositori più conosciuti sono indubbiamente Gioacchino Rossini (1792–1868), nato a Pesaro, Gaetano Donizetti (1797–1848), nato a Bergamo, Giuseppe Verdi (1813–1901), nato a Roncole di Busseto (Parma), e Giacomo Puccini (1858–1924), nato a Torre del Lago (Lucca).

È interessante notare che i libretti di tre opere italiane del grande Mozart, *Le nozze di Figaro*, *Don Giovanni* e *Così fan tutte*, furono scritti (*were written*) da Lorenzo Da Ponte, il quale diventò (*became*) famoso negli Stati Uniti all'inizio del diciannovesimo secolo (*nineteenth century*) come professore di lingua e letteratura italiana!

LA SCALA DI MILANO

COMPOSITORI	OPERE MAGGIORI
Rossini	*Il Barbiere di Siviglia, La Cenerentola, Guglielmo Tell*
Donizetti	*L'Elisir d'amore, Don Pasquale, Lucia di Lamermoor*
Verdi	*Nabucco, Il Trovatore, Rigoletto, La Traviata, Aida*
Puccini	*La Bohème, Tosca, Madama Butterfly, Turandot*

N. Comprensione. Accoppia le frasi delle due colonne in modo logico.

1. Il melodramma nasce in Italia...
2. *La Bohème, Tosca, Madama Butterfly* e *Turandot* sono opere composte da (*composed by*)...
3. Claudio Monteverdi fu il primo...

4. Giuseppe Verdi compose (*composed*)...
5. Le opere di Claudio Monteverdi erano basate su...
6. *L'Elisir d'amore, Don Pasquale* e *Lucia di Lamermoor* sono opere composte da...
7. Gioacchino Rossini compose...
8. Lorenzo Da Ponte scrisse (*wrote*) i libretti di tre opere italiane...
9. Lorenzo Da Ponte diventò famoso negli Stati Uniti all'inizio del diciannovesimo secolo ...

A. del grande Mozart.
B. *La Cenerentola, Il Barbiere di Siviglia* e *Guglielmo Tell.*
C. come professore di lingua e letteratura italiana.
D. durante il Rinascimento.
E. *Aida, Rigoletto, Nabucco* e *Il Trovatore.*
F. temi classici greci.
G. grande compositore d'opera.
H. Giacomo Puccini.
I. Gaetano Donizetti.

O. Ascoltiamo l'opera! Con un compagno/una compagna, ascoltate il CD/DVD di un'opera famosa italiana. Poi, indicate alla classe la vostra impressione.

MOMENTO
Creativo

P. Intervista! Intervista un compagno/una compagna. Chiedigli/le...

1. se ha mai visto un'opera italiana, e se sì, quale.
2. che tipo di musica preferisce e perché.

Una sillaba particolare

If a noun or adjective ends in two vowels belonging to separate syllables, the result is a lengthened vowel when the noun or adjective is pluralized.

SINGOLARE		PLURALE	
zio	*uncle*	**zii**	*uncles*
idea	*idea*	**idee**	*ideas*

A. Volgi ciascuna parola al plurale oralmente.

MODELLO   lo zio
          gli zii

1. l'idea
2. la storia
3. lo zio
4. la zia
5. la farmacia
6. la trattoria
7. la linea
8. la pizzeria
9. la bugia

Comprensione generale

B. Ascolta attentamente la conversazione sul CD cercando di determinare:

1. dove hanno deciso di andare le due persone.
2. il titolo dell'opera/del film che hanno deciso di vedere.
3. chi ha comprato i biglietti.
4. perché ha comprato i biglietti.

C. Adesso cerca di ricostruire la conversazione con altri studenti a piacere.

Lettura

Prima di leggere

A. Sai che cos'è?

1. Che cos'è un aneddoto?
   - A. È una piccola storia (*story*).
   - B. È un sinonimo per «piccolo anno».
2. Chi è Gioacchino Rossini?
   - A. È un regista famoso.
   - B. È un musicista famoso.

3. Che cos'è una festa da ballo?
   - A. È una festa dove si balla (*one dances*).
   - B. È un'aria dall'opera la *Tosca*.
4. Un compositore è una persona che...
   - A. scrive ricette di cucina.
   - B. scrive musica.

Lettura

Rossini annoiato!

Ecco un aneddoto che riguarda il famoso compositore d'opera Gioacchino Rossini.

    Una sera ad una festa da ballo, il grande compositore diventa°, a un certo punto, molto annoiato°. Ad un certo momento, un altro invitato chiede al grande maestro:

— È vero che se mangiamo il pesce, aumenta° l'intelligenza?

Rossini, con un tono ironico, risponde:

— Sì.

— Allora, quali pesci mi consiglia° di mangiare? — chiede l'altro invitato.

— Tutti — risponde il musicista.

(Libera riduzione da: *Leggere l'italiano*)

he becomes
bored

will increase

advise

Dopo la lettura

B. Comprensione. Rispondi alle seguenti domande.

1. Chi è Gioacchino Rossini?
2. Hai mai visto una delle sue opere? Se sì, quale?
3. Dov'è Rossini quando diventa annoiato?
4. Che cosa chiede l'altro invitato a Rossini?
5. Che cosa consiglia Rossini all'altro invitato?

C. A tutti la parola! Adesso rispondi alle seguenti domande personali.

1. Suoni uno strumento musicale (*musical instrument*)?
2. Se sì, quale?
3. Che tipo di musica preferisci?
   - A. l'opera
   - B. la musica classica in generale
   - C. il rock
   - D. il jazz
   - E. il rap
   - F. un altro tipo (quale)
4. Quanti CD hai?

Il mondo digitale

Leggi il seguente testo (*text*), ricercando (*looking up*) tutte le parole o espressioni che non riconosci in un dizionario. Poi svolgi le attività che seguono.

Che cosa è Internet?

Internet, in termini fisici, è una vasta rete (*network*) che consiste in migliaia (*thousands*) di reti di computer più piccole e di singoli computer. In Internet la comunicazione dei computer e delle reti è resa possibile (*is made possible*) grazie a un linguaggio comune, chiamato TCP/IP, che in inglese significa «Transmission Control Protocol/Internet Protocol».

Internet è molto più del World Wide Web. Tuttavia (*Nevertheless*), il Web è quella componente di Internet che ha avuto la maggiore crescita in popolarità e in facilità d'uso.

Intere (*Entire*) reti di computer sono dedicate ai newsgroup e ai gruppi di discussione, chiamati anche gruppi chat, in cui (*in which*) è possibile conversare in tempo reale.

Comprensione

1. Che cosa è Internet?
2. Come è resa possibile la comunicazione in Internet?
3. Internet è un sinonimo (*synonym*) di World Wide Web?
4. A che cosa sono dedicate intere reti di computer?

Discussione generale

5. Tu appartieni (*belong*) a un newsgroup o a un gruppo chat? Se sì, descrivilo (*describe it*).
6. Indica a quali ore del giorno tu di solito «navighi» su Internet.
7. Cosa si può trovare su Internet?
8. Cerca diversi siti Web che interessano (*are about*) l'opera lirica italiana e poi comunica al resto della classe quello che hai trovato.

A. Completa ciascuna frase in modo appropriato.

1. Oggi voglio andare in biblioteca...
   A. per finire un compito.
   B. perché è sabato.
2. Ieri ho avuto lezione di pianoforte...
   A. in biblioteca.
   B. al conservatorio.
3. Scusami...
   A. sai che ore sono?
   B. sa che ore sono?
4. Mi scusi...
   A. sai che ore sono?
   B. sa che ore sono?
5. Come passa...
   A. l'ora!
   B. il tempo!
6. Ho letto *La Divina commedia*...
   A. molte ore.
   B. molte volte.

B. Domande. Rispondi alle seguenti domande.

1. Quando vai in biblioteca generalmente?
2. Qualcuno nella tua famiglia suona uno strumento musicale? Chi?
3. Cosa fai generalmente il sabato sera? Vai al cinema? Esci con gli amici?
4. Quali film hai visto recentemente?
5. Quante volte al mese vai al cinema?
6. Che posto preferisci al cinema? Un posto vicino allo schermo o lontano dallo schermo?

C. Che ora è? Chiedi a un compagno/una compagna le cose indicate.

> **MODELLO** che ora è
>
> TU: *Mike, che ora è?*
> COMPAGNO/A: *Sono le nove e ventidue.*

Chiedi a un compagno/una compagna...

1. a che ora arriva a scuola/all'università la mattina.
2. a che ora finiscono generalmente le sue (*his/her*) lezioni.
3. che ore sono adesso.
4. se ha mai visto un film classico italiano. (Quale?)
5. se ha mai visto o ascoltato un'opera italiana. (Quale?)
6. se ha letto il giornale oggi, e se sì a che ora.
7. se ha finito i compiti d'italiano.

D. Cultura. Indica...

1. tre film classici italiani.
2. tre registi italiani famosi.
3. dove e quando nasce l'opera.
4. tre opere italiane.

E. Avvio allo scrivere. Scrivi una breve recensione (*review*) a un film che hai visto recentemente. Poi, leggila in classe.

Includici...

1. il nome del regista.
2. i nomi degli interpreti principali (*main actors*).
3. una descrizione schematica (*schematic*) della trama (*plot*).

F. Momento creativo. Diverse coppie di studenti dovranno mettere in scena la seguente situazione.

Uno studente/una studentessa telefona a un compagno/una compagna. Gli/Le propone (*suggests, proposes*) di andare a vedere un film. Ma il compagno/la compagna ha già visto il film. Allora, discutono il film per un po' (*they discuss the film for a little while*), dopodiché lo studente/la studentessa propone di fare qualcos'altro. I due si danno appuntamento ad un'ora appropriata (*set-up an appropriate time to meet*).

Lessico utile

NOMI

la **biblioteca** *library*
il **compleanno** *birthday*
il **conservatorio** *conservatory*
la **mattina** *morning*
la **mezzanotte** *midnight*
la **musica** *music*
la **notte** *night*
l'**opera** *opera*
il **pianoforte** *piano*

il **pomeriggio** *afternoon*
il **posto** *place*
un **quarto** *quarter*
la **sera** *evening*
la **sorpresa** *surprise*
il **tempo** *time (in a general sense)*
il **tesoro** *treasure*
la **vita** *life*
la **volta** *time, occurrence*

AGGETTIVI

caro *dear*
classico *classic*
mezzo *half*

piccolo *small*
preciso *precise / exact*
vero *true*

VERBI

completare *to complete*
comprare *to buy*
decidere *to decide*

immaginare *to imagine*
incontrare *to meet, encounter*

AVVERBI

affatto *at all*
appena *just*
così *so, such*
ieri *yesterday*
lì *there*
mai *ever*
meno *less*

neanche *neither*
nemmeno *neither*
nulla *nothing*
più *more*
proprio *really*
quasi *almost / nearly*
tardi *late*

NEGATIVI

non... affatto *not at all*
non... mai *never*
non... mica *not quite / really*
non... né... né *neither . . . nor*

non... neanche / nemmeno *not even*
non... nessuno *no one / nobody*
non... niente / nulla *nothing*
non... più *no more / no longer*

ALTRI VOCABOLI / ESPRESSIONI

a mezzanotte *at midnight*
a mezzogiorno *at noon*
Che ora è? / Che ore sono?
  What time is it?
Come mai? *How come?*
del pomeriggio *in the afternoon*
di mattina / della mattina /
  del mattino *in the morning*
di notte / della notte *at night /*
  in the night

di sera / della sera *in the evening*
fare (la) colazione *to have breakfast*
in punto *on the dot*
né *nor*
nessuno *no one*
Scusami! *(fam.) /* **Mi scusi!** *(pol.)*
  Excuse me!
Senti! *Listen!*
sul giornale *in the newspaper*

Che tempo fa?

7

TEMA 1
Talking about the weather

Quanto sai già?

A. Anticipazione. Quante delle seguenti parole o espressioni conosci già? Indicale e poi spiegale alla classe.

1. il fidanzato
2. Zitto!
3. le previsioni del tempo
4. Che tempo fa?
5. fare delle spese
6. il cielo coperto
7. la nebbia
8. Che bel tempo!
9. Che brutto tempo!
10. Fa freddo.
11. Fa caldo.
12. Non importa!
13. il negozio
14. Per fortuna!
15. fino a

B. Feste! Rispondi alle seguenti domande.

1. Sai che cosa è il Natale?
2. Lo celebri? (*Do you celebrate it?*)
3. Se sì, cosa fai di particolare?
4. Se no, celebri qualche altra festa? Quale?

Dialogo

Daniela Marchi ha invitato il suo fidanzato, Bruno Miranda, a casa dei suoi genitori per cena. Dopo la cena i due fidanzati decidono di guardare la televisione insieme.

DANIELA:	Zitto, caro! Voglio ascoltare le previsioni del tempo°.	*weather forecast*
BRUNO:	Ma perché t'interessa così tanto sapere che tempo fa?	
DANIELA:	Perché domani devo andare in giro per la città a fare delle spese° per Natale.	*to do some shopping*
BRUNO:	Mamma mia! Tra una settimana è già Natale! Come passa il tempo!	
ANNUNCIATORE:	«Domani, tempo variabile. Al mattino cielo coperto°, in serata un po' di nebbia°...»	*cloudy • fog*
DANIELA:	Che brutto tempo!	
BRUNO:	Purtroppo, cara, fa sempre un po' freddo a dicembre, anche se viviamo a Roma!	
DANIELA:	Non importa, domani esco lo stesso°!	*just the same*
BRUNO:	Per fortuna, io sono già andato in giro per i negozi la settimana scorsa! Ma purtroppo ho speso tutto il mio stipendio° del mese scorso! Ma mia cara Daniela, ho una sorpresa eccezionale per te!	*salary*
DANIELA:	Cosa?	
BRUNO:	No, no, cara! Devi aspettare fino al giorno di Natale!	

192 Capitolo 7: Che tempo fa?

MIN/MAX PREVISTE		
	min.	max.
Roma	12	24
Milano	13	25
Palermo	17	21
Amsterdam	8	17
Atene	17	25
Belgrado	12	23
Bruxelles	8	19
Budapest	10	22
Bucarest	12	23
Copenaghen	8	17
Dublino	7	16
Francoforte	8	20
Ginevra	9	19
Helsinki	9	15
Istanbul	13	22
Lisbona	19	26
Londra	9	18
Madrid	16	26
Mosca	11	22
Oslo	6	17
Parigi	11	20
Praga	7	19
Sofia	10	21
Stoccolma	8	16
Varsavia	8	18
Vienna	9	19

OGGI IN ITALIA

LE PREVISIONI DEL TEMPO!

Comprensione

C. Rispondi alle seguenti domande.

1. Chi ha invitato Bruno Miranda a casa dei genitori di Daniela?
2. Che cosa hanno deciso di fare dopo la cena, Daniela e Bruno?
3. Che cosa ha voluto ascoltare Daniela a un certo punto?
4. Perché a Daniela interessa così tanto sapere che tempo fa?
5. Che cosa c'è tra una settimana?
6. Che tempo fa domani?

D. Con un compagno/una compagna, crea delle frasi o dei brevi dialoghi con le nuove parole e le nuove espressioni.

il fidanzato	*fiancé*
la fidanzata	*fiancée*
Zitto!	*Quiet!*
le previsioni del tempo	*weather forecast*
Che tempo fa?	*How's the weather?*
fare delle spese	*to do some shopping*
il cielo coperto	*cloudy (covered) sky*
la nebbia	*fog*
Che brutto tempo!	*What awful weather!*
Fa freddo.	*It's cold.*

Adesso indica la parola o l'espressione italiana equivalente, e poi usala in una frase che ne renda chiaro il significato.

1. It doesn't matter!
2. store
3. Luckily!
4. until
5. salary
6. to spend
7. Christmas

Modi di dire

Che tempo fa?

fare bel tempo	Fa bel tempo!	*It's beautiful (weather)!*
fare brutto tempo	Fa brutto tempo!	*It's ugly weather!*
fare cattivo tempo	Fa cattivo tempo!	*It's bad weather!*
fare caldo	Fa caldo!	*It's hot!*
fare freddo	Fa freddo!	*It's cold!*
essere tempo variabile	È tempo variabile!	*It's variable weather!*
la neve	C'è la neve!	*There's snow!*

Espressioni utili

essere nuvoloso	*to be cloudy*
fare fresco	*to be cool*
lampeggiare	*(lit.) to be lightning*
nevicare	*to snow*
la pioggia	*rain*
piovere	*to rain*
tuonare	*to be thundering*
il vento	*wind*

Applicazione

👥 **E. Che tempo fa?** Con un compagno/una compagna, crea brevi dialoghi nel modo indicato dalle immagini (*pictures*).

MODELLO

TU: *Che tempo fa oggi?*
COMPAGNO/A: *Fa caldo.*

1.

2.

3.

4.

5.

6.

F. Che tempo ha fatto? In coppie, adesso descrivete il tempo di ieri usando le stesse immagini.

MODELLO

TU: *E ieri che tempo ha fatto?*
COMPAGNO/A: *Ha fatto caldo.*

1.   2.   3.

4.   5.   6.

Altre espressioni utili

Note that **il tempo** refers to both *time*, in a general sense, and the *weather*.

Come passa il tempo!	*How time flies!*
Che tempo fa?	*How's the weather?*

The adjectives **bello**, **brutto**, and **cattivo** can come before or after **tempo**.

Oggi fa bel tempo.	**Ieri ha fatto tempo bello.**
It's beautiful today.	*It was beautiful yesterday.*
Oggi fa brutto tempo.	**Ieri ha fatto tempo brutto.**
It's ugly today.	*It was ugly yesterday.*
Oggi fa cattivo tempo.	**Ieri ha fatto tempo cattivo.**
It's bad/awful today.	*It was bad/awful yesterday.*

The verbs **lampeggiare**, **nevicare**, **piovere**, and **tuonare** are called impersonal verbs because they are used only in the third person.

Oggi piove fuori.	*Today it is raining outside.*
Ieri ha tuonato tutto il giorno.	*Yesterday it thundered all day long.*

Freddo / caldo

When used in reference to the weather, the verb **fare** is used with **caldo** and **freddo**.

| Fa caldo. | *It's hot.* |
| Fa freddo. | *It's cold.* |

When used in reference to people, the verb **avere** is used instead.

| Ho caldo. | *I'm hot.* |
| Ho freddo. | *I'm cold.* |

When used in reference to things, the verb **essere** is used.

| La pizza è calda. | *The pizza is hot.* |
| La pizza è fredda. | *The pizza is cold.* |

Applicazione

G. Il tempo, ieri e oggi. Indica il tempo di ieri e di oggi seguendo il modello.

> **MODELLO** caldo/il cielo coperto
> *Ieri ha fatto caldo, ma oggi c'è il cielo coperto (ma oggi il cielo è coperto).*

1. bel tempo/nevicare
2. brutto tempo/tempo variabile
3. cattivo tempo/tempo bello
4. tempo bello/lampeggiare e tuonare
5. nevicare/piovere
6. caldo/fresco
7. nuvoloso/piovere

H. Hai caldo? Con un compagno/una compagna, crea brevi dialoghi nel modo indicato.

> **MODELLO** Alessandro/caldo
> TU: *Alessandro, hai caldo?*
> COMPAGNO/A: *No, veramente ho freddo.*
>
> ieri/caldo
> TU: *Che tempo ha fatto ieri?*
> COMPAGNO/A: *Ieri ha fatto caldo.*
>
> pizza/molto/caldo
> TU: *Com'è la pizza?*
> COMPAGNO/A: *La pizza è molto calda.*

1. ieri/freddo
2. Jan/freddo
3. caffè/caldo
4. l'anno scorso/molto/caldo
5. la settimana scorsa/molto/freddo
6. Sandra/caldo
7. Marco and Maria/freddo
8. spaghetti/molto/caldo
9. cioccolata/molto/caldo

Serata / giornata

The form **serata**, instead of **sera**, adds a nuance of "duration" to the meaning: *all evening long*. This is also true when the same suffix, **-ata**, is added on to similar words. Notice that the gender of all words with this suffix is feminine.

l'anno	year	l'annata	the (entire) year
il giorno	day	la giornata	the (entire) day
la mattina	morning	la mattinata	the (entire) morning
la notte	night	la nottata	the (entire) night
la sera	evening	la serata	the (entire) evening

Buona giornata!	Have a good day (all day long)!
È una serata lunga!	It's a long evening!

Scorso

Scorso renders the idea of *last* (*previous*) in time expressions.

l'anno scorso	last year
la settimana scorsa	last week
lunedì scorso	last Monday

Parole ed espressioni utili

a casa mia	at my home / house
a casa tua	at your home / house
stare zitto / a	to keep quiet
zitto (m.) / zitta (f.)	quiet

Applicazione

I. L'anno scorso. In coppie, svolgete i compiti indicati seguendo i modelli.

> **MODELLO** last year/to Florence
>
> TU: *Dove sei andato/a l'anno scorso?*
> COMPAGNO/A: *Sono andato/a a Firenze.*

1. last month/to Rome
2. last year/to Venice
3. last week/to my parent's house
4. last month/downtown
5. last Monday/to class
6. last Sunday/shopping

> **MODELLO** giorno
>
> TU: *Dove hai passato la giornata ieri?*
> COMPAGNO/A: *Ho passato la giornata a casa.*
> [**passare** *to pass, spend time*]

7. notte
8. mattina
9. sera
10. giorno

J. A tutti la parola! Rispondi alle seguenti domande.

1. Hai un fidanzato/una fidanzata? Se sì, hai mai invitato il tuo fidanzato/la tua fidanzata a casa tua?
2. Che cosa fai generalmente dopo cena?
3. Quando devi stare zitto/a generalmente?
4. Che tempo fa domani?
5. Quando vai in giro a fare delle spese generalmente?
6. Che tempo fa generalmente a Natale nella tua città?
7. Cosa hai fatto di eccezionale la settimana scorsa?
8. Cosa hai fatto di eccezionale il mese scorso?

Grammatica

Il passato prossimo — parte 3ª

Some verbs are conjugated with **essere** in the **passato prossimo** rather than with **avere**.

VERBS CONJUGATED WITH AVERE	VERBS CONJUGATED WITH ESSERE
Daniela ha deciso di uscire con Sara.	**Bruno è andato al cinema.**
Daniela decided to go out with Sarah.	*Bruno went to the movies.*
Loro hanno già cenato.	**Loro sono usciti alle 19:00.**
They have already had supper.	*They went out at 7 PM.*

With such verbs, the past participle agrees with the subject.

Il ragazzo è andato al cinema.	*The boy went to the movies.*
Anche la ragazza è andata al cinema.	*The girl too went to the movies.*
I due ragazzi sono già usciti.	*The two boys have already gone out.*
Anche le due ragazze sono già uscite.	*The two girls too have already gone out.*

Generally speaking, verbs indicating movement, physical change, and change in position (or no change in position) are conjugated with **essere**. Here are three such verbs fully conjugated in the **passato prossimo**:

	ANDARE		CRESCERE (TO GROW)		USCIRE	
(io)	sono	andato/a	sono	cresciuto/a	sono	uscito/a
(tu)	sei	andato/a	sei	cresciuto/a	sei	uscito/a
(lui/lei/Lei)	è	andato/a	è	cresciuto/a	è	uscito/a
(noi)	siamo	andati/e	siamo	cresciuti/e	siamo	usciti/e
(voi)	siete	andati/e	siete	cresciuti/e	siete	usciti/e
(loro)	sono	andati/e	sono	cresciuti/e	sono	usciti/e

Gina, dove sei andata ieri?	*Gina, where did you go yesterday?*
Marco, sei andato a fare delle spese?	*Marco, did you go shopping?*
Lui è cresciuto molto l'anno scorso.	*He grew a lot last year.*
Anche lei è cresciuta molto l'anno scorso.	*She also grew a lot last year.*
I due uomini sono usciti.	*The two men went out.*
Le due donne sono uscite.	*The two women went out.*

With the polite form of address, the agreement is made with the actual sex (male or female) of the person addressed.

Signor Verdi, dov'è andato ieri?	*Mr. Verdi, where did you go yesterday?*
Signora Binni, dov'è andata ieri?	*Mrs. Binni, where did you go yesterday?*

In the plural, the agreement pattern between past participle and subject is as follows:

■ The feminine plural ending **-e** is used when a single-noun subject is feminine, or when all the nouns of a plural subject are feminine.

Le ragazze sono uscite insieme ieri.	*The girls went out together yesterday.*
Maria e Claudia sono andate al bar.	*Maria and Claudia went to the café.*

■ The masculine plural ending **-i** is used in all other cases.

I ragazzi sono usciti insieme.	*The boys went out together.*
I ragazzi e le ragazze sono usciti.	*The boys and girls went out.*

Note the following irregular past participles of verbs conjugated with **essere**:

essere	→	**stato**
venire	→	**venuto**

But note that **stare** has a regular past participle: **stato**.

Applicazione

K. Sono andata in giro! Indica quello che hanno fatto ieri le seguenti persone seguendo il modello. I verbi sono coniugati con **essere**.

> **MODELLO**   io (*f.*)/andare in giro per la città
> *Ieri io sono andata in giro per la città.*

1. Io (*m.*)/andare in centro
2. Adriana e Claudia/arrivare dagli Stati Uniti
3. Daniela e Bruno/entrare in classe allo stesso tempo
4. Tu (*f.*)/partire per l'Italia
5. Tutti i miei amici/essere/a casa tutta la giornata
6. Le amiche di Daniela /rientrare molto tardi
7. Io (*m.*) e mio fratello/stare molto male
8. Io (*f.*) e mia sorella/uscire nel pomeriggio
9. Voi (*m.*)/venire a casa mia

Quali verbi sono coniugati con essere?

As a "rule of thumb" assume that most verbs are conjugated with **avere** in the present perfect, memorizing those that are not. Recall that most verbs conjugated with **essere** refer to some form of physical motion or change. Of the verbs introduced so far, the following are conjugated instead with **essere**. In subsequent chapters, verbs that require **essere** in compound tenses will be identified as they are introduced. A complete list of such verbs can be found at the back of this book.

andare	to go
arrivare	to arrive
crescere	to grow
entrare	to enter
essere	to be
esserci	to be there
partire	to leave, depart
piacere	to like
rientrare	to get in, back home
stare	to stay, be
uscire	to go out
venire	to come

Note that impersonal weather verbs, such as **piovere**, **nevicare**, **lampeggiare**, and **tuonare** are conjugated with **essere**, although there is a strong tendency in colloquial Italian to use **avere** with these verbs.

È piovuto tutto il giorno.	=	**Ha piovuto tutto il giorno.**	*It rained all day.*
È nevicato tutto il giorno.	=	**Ha nevicato tutto il giorno.**	*It snowed all day.*

Applicazione

L. Dove sei stato? Con un compagno/una compagna, svolgi i seguenti compiti nel modo indicato.

MODELLO
       TU: Marco/essere/ieri
         Marco, dove sei stato ieri?
  COMPAGNO/A: a casa
         Ieri, sono stato a casa.

1.   TU: Maria/essere/ieri
  COMPAGNO/A: all'università
2.   TU: Signora Marchi/essere/ieri mattina
  COMPAGNO/A: a casa
3.   TU: Signor Marchi/essere/ieri pomeriggio
  COMPAGNO/A: a casa
4.   TU: Bruno/andare/ieri sera
  COMPAGNO/A: al cinema
5.   TU: Professoressa Dini/andare/ieri sera
  COMPAGNO/A: all'opera
6.   TU: Daniela/andare/ieri mattina
  COMPAGNO/A: all'università

M. Essere o avere? Indica le forme appropriate del verbo ausiliare e del participio passato secondo il caso.

1. Daniela _____ venut___ all'università con me ieri.

2. Ieri _____ fatt___ bel tempo.

3. I miei genitori _____ uscit___ insieme ieri.

4. La settimana scorsa _____ piovut___ molto.

5. Il mese scorso _____ nevicat___ un po'.

6. La settimana scorsa _____ fatt___ un po' di neve.

7. Ieri _____ tuonat___ e lampeggiat___ tutta la giornata.

N. Intervista. Chiedi al tuo compagno/alla tua compagna...

> **MODELLO** what he/she did yesterday
>
> TU: *Cosa hai fatto ieri?*
> COMPAGNO/A: *Ieri ho studiato tutta la giornata.*

Chiedi al tuo compagno/alla tua compagna...

1. what he/she did before class (*prima della lezione*)
2. what the weather was like yesterday
3. what he/she did last month
4. where he/she went last week
5. who came to class yesterday
6. to indicate three things that he/she did yesterday afternoon

O. Feste! Rispondi alle seguenti domande.

1. Tu celebri il Natale?
2. Se sì, conosci il significato (*meaning*) dei seguenti simboli (*symbols*): l'albero (*tree*) e Babbo Natale (*Santa Claus*)?
3. Che fai generalmente durante il periodo di Natale?

L'Italia è un paese storicamente (*historically*) cattolico. Quindi, il Natale è un periodo dell'anno significativo in Italia. Ma come in altri paesi moderni, oggi si celebra non solo in modo religioso, ma anche in modo consumistico (*consumerist fashion*).

Naturalmente, oggi ci sono Babbo Natale e l'albero di Natale come simboli significativi del Natale anche in Italia. Per i bambini c'è anche la festa della Befana. Nel folclore italiano la Befana è una donna vecchia che scende dal camino (*chimney*) della casa a portare regali (*gifts*) nella notte dell'Epifania, e cioè il sei gennaio. Buon Natale!

SCENA NATALIZIA!

3. Come si celebra oggi il Natale in Italia?
4. Chi è la Befana?

P. Comprensione. Rispondi alle seguenti domande.

1. Che tipo di paese è l'Italia storicamente?
2. Quale periodo dell'anno è particolarmente significativo per gli italiani?

Q. Sondaggio. Due o tre studenti dovranno condurre il seguente sondaggio della classe e poi indicare i risultati ricavati a tutta la classe.

---

1. Per te è un periodo significativo il Natale?
   a. Sì, perché...
   b. No, perché...
2. Se tu celebri il Natale o qualche altra festa religiosa, come lo/la celebri (*how do you celebrate it*)?
   a. Solo in modo religioso.
   b. Solo in modo consumistico o secolare.
   c. Sia in modo religioso che in modo secolare.*
3. Quali simboli sono significativi per te?

---

*Sia... che *both . . . and.*

R. Previsioni del tempo. Immagina di essere un annunciatore/un'annunciatrice della televisione. Prepara le previsioni del tempo per oggi e recitale (*recite them*) in classe. Usa le parole e le espressioni che hai imparato (*learned*) in questo capitolo.

MODELLO   *Signore e signori, buon giorno. Ecco le previsioni del tempo. Oggi purtroppo fa cattivo tempo. Fa freddo e forse nevica stasera. Buona giornata!*

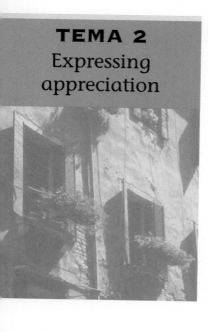

Quanto sai già?

A. Anticipazione. Scegli l'alternativa che, secondo te, è quella corretta (*the correct one*), anticipando i vocaboli nuovi (*new words*).

1. Ti ho appena... un regalo.
   A. dato
   B. bevuto
2. L'anello si porta...
   A. sulla testa (*head*).
   B. al dito (*finger*).
3. In una gioielleria, possiamo anche comprare...
   A. un orologio.
   B. una sciarpa di seta (*silk*).
4. Ecco il tuo regalo!
   A. Grazie mille!
   B. Prego!

B. La Fontana di Trevi. Se hai mai visitato Roma e hai visto la Fontana di Trevi, indica alla classe...

1. com'è.
2. dov'è.
3. perché è importante.
4. se vuoi tornare a Roma.
5. perché.

Dialogo

Oggi è Natale. Bruno ha appena dato il suo regalo a Daniela.

DANIELA:	Oh, Bruno! Che bell'anello! Dove l'hai comprato?
BRUNO:	Sono dovuto andare alla gioielleria che si trova° vicino alla Fontana di Trevi.[1]
DANIELA:	Perché?
BRUNO:	Come? Non ti ricordi? Sei tu che hai visto l'anello lì tre mesi fa.
DANIELA:	È vero! Sei veramente molto romantico! Ed ecco a te, Bruno, il mio regalo.
BRUNO:	Oh, che bella sciarpa di seta°, Daniela! Grazie mille e buon Natale cara!
DANIELA:	Anche a te!

which is found

silk scarf

Comprensione

C. Immagina che oggi sia (*is*) il giorno dopo Natale. Rispondi alle seguenti domande.

MODELLO   Che giorno era (*was it*) ieri?
               Ieri era Natale.

1. Che giorno era ieri?
2. Che regalo ha dato Bruno a Daniela?
3. Dov'è dovuto andare per comprare il regalo?

[1]See the **Taccuino culturale** on page 213.

4. Chi ha visto l'anello alla gioielleria?

5. Quando ha visto l'anello?

6. Chi ha detto (*said*) «Grazie mille»?

7. Che regalo ha dato Daniela a Bruno?

GRAZIE MILLE!

D. Con un compagno/una compagna, crea delle frasi o dei brevi dialoghi con le nuove parole e le nuove espressioni.

dare	*to give*
l'anello	*ring*
comprare	*to buy*
la gioielleria	*jewelry store*
trovarsi	*to be found*
ricordare / ricordarsi	*to remember*
romantico	*romantic*
la sciarpa	*scarf*
Grazie mille!	*Thanks a lot!*

Modi di dire

Regali!

la maglia

la collana

gli orecchini

la scarpa

la pant<u>o</u>fola

il guanto

Applicazione

E. Grazie mille! Con un compagno/una compagna nel ruolo del tuo fidanzato/della tua fidanzata, crea brevi dialoghi seguendo i modelli.

> **MODELLO** [singolare] sciarpa di seta
>
> TU: *Ecco a te una sciarpa di seta.*
> COMPAGNO/A: *Grazie mille! È veramente molto bella! Ho sempre voluto avere una sciarpa di seta!*

1. anello d'oro (*gold*)
2. orologio digitale
3. collana d'oro
4. maglia di lana (*wool*)

> **MODELLO** [plurale] orecchini d'oro
>
> TU: *Hai comprato un regalo per me?*
> COMPAGNO/A: *Sì, gli orecchini d'oro. Ti piacciono?*
> TU: *Sono veramente belli! Mi sono sempre piaciuti gli orecchini d'oro!*

5. scarpe italiane
6. pantofole di lana
7. guanti di lana

> **MODELLO** orecchini/three months ago
>
> TU: *Dove hai comprato gli orecchini?*
> COMPAGNO/A: *Sono andato/a in un negozio in via Venezia tre mesi fa.*

8. guanti/one week ago
9. pantofole/last month
10. scarpe/four months ago
11. collana/two weeks ago
12. maglia/a year ago
13. sciarpa/five days ago
14. orologio/a few days ago

Parole ed espressioni utili

esserci (l')afa	C'è l'afa!	It's muggy!
esserci (la) nebbia	C'è la nebbia!	It's foggy!
esserci (il) sole	C'è il sole!	It's sunny!
esserci il/un temporale	C'è il temporale!	There's a storm!
esserci la/una tempesta	C'è la tempesta!	There's a bad storm!
esserci (il) vento/tirare (il) vento	C'è il vento!/Tira vento!	It's windy!
essere sereno	È sereno!	It's clear!

Note that **essere**, rather than **fare**, is used normally to indicate climate or general weather conditions.

In Italia il tempo è sempre bello.	*In Italy the weather is always beautiful.*
Ma oggi fa cattivo tempo.	*But today the weather's bad.*

La temperatura

In Italy the temperature is reported in centigrade degrees.

il grado	*degree*
cent<u>i</u>grado	*centigrade[2]*
meno	*minus*

Oggi la temperatura è a due gradi centigradi.	*Today the temperature is at two degrees centigrade.*
È a meno dieci.	*It's at minus ten.*

Applicazione

👥 **F. Che tempo fa oggi?** Con un compagno/una compagna, svolgi i seguenti compiti seguendo i modelli.

> **MODELLO** esserci l'afa/fare caldo
>
> TU: *Che tempo fa oggi?*
> COMPAGNO/A: *Oggi c'è l'afa e fa caldo.*

1. esserci una tempesta di neve/fare molto freddo
2. tirare vento/fare cattivo tempo
3. esserci il sole/fare bel tempo
4. essere sereno/fare un po' fresco

> **MODELLO** esserci il vento/piovere
>
> TU: *Che tempo ha fatto ieri?*
> COMPAGNO/A: *C'è stato il vento ed ha (è) piovuto tutta la giornata.*

5. esserci una tempesta/tuonare e lampeggiare
6. esserci il sole/fare bel tempo
7. esserci la nebbia/fare brutto tempo
8. esserci un temporale/esserci il vento

👥 **G. Fa freddo!** In coppie, create brevi dialoghi seguendo il modello.

> **MODELLO** 1°C
>
> TU: *Qual è la temperatura di oggi?*
> COMPAGNO/A: *Un grado centigrado.*
> TU: [Provide an appropriate response]
> *Fa un po' freddo, no?*

1. 25°C		**5.** 22°C
2. 38°C		**6.** 40°C
3. −7°C		**7.** −13°C
4. 18°C		**8.** 10°C

H. Il tempo. Rispondi alle seguenti domande.

1. Che tempo fa oggi?
2. Che tempo ha fatto ieri?
3. Che tempo ha fatto la settimana scorsa?
4. Com'è il tempo generalmente nella tua città?

[2]0°C = 32°F

5. Ti piacciono le giornate calde o le giornate fredde? Perché?

6. Qual è la temperatura di oggi?

7. Descrivi il tempo perfetto per te!

Grammatica

Il passato prossimo — parte 4ª

Piacere

As pointed out in this chapter, **piacere** is conjugated with **essere**.

FAMILIAR SINGULAR

Daniela, ti è piaciuto l'anello?   Sì, mi è piaciuto molto.
Daniela, did you like the ring?   *Yes, I liked it a lot.*

Claudia, ti è piaciuta la collana?   Sì, mi è piaciuta molto.
Claudia, did you like the necklace?   *Yes, I liked it a lot.*

POLITE SINGULAR

Professoressa Dini, Le è piaciuto il film?   Sì, mi è piaciuto molto.
Professor Dini, did you like the movie?   *Yes, I liked it a lot.*

Dottor Marchi, Le è piaciuta la sciarpa?   No, non mi è piaciuta affatto.
Doctor Marchi, did you like the scarf?   *No, I didn't like it at all.*

FAMILIAR PLURAL

Daniela, ti sono piaciuti gli orecchini?   Sì, mi sono piaciuti molto.
Daniela, did you like the earrings?   *Yes, I liked them a lot.*

Bruno, ti sono piaciute le pantofole?   No, non mi sono piaciute affatto.
Bruno, did you like the slippers?   *No, I didn't like them at all.*

POLITE PLURAL

Professoressa, Le sono piaciuti i film?   Sì, mi sono piaciuti molto.
Professor, did you like the movies?   *Yes, I liked them a lot.*

Dottore, Le sono piaciute le maglie?   No, non mi sono piaciute affatto.
Doctor, did you like the sweaters?   *No, I didn't like them at all.*

Esserci

Recall the features of **esserci** described in Chapter 1. This verbal expression is conjugated with **essere** in the present perfect.

PRESENT

SINGULAR

C'è Maria a casa?
Is Maria home?

PRESENT PERFECT

No, ma c'è stata tutto il giorno ieri.
No, but she was all day yesterday.

PLURAL

Ci sono i tuoi amici a casa?
Are your friends home?

No, ma ci sono stati tutto il giorno ieri.
No, but they were all day yesterday.

Dovere, potere, volere

The auxiliary of the modal verbs **dovere**, **potere**, and **volere** is determined by the infinitive.

VERBS WITH AVERE	VERBS WITH ESSERE
Maria ha voluto finire il compito.	**Maria è voluta andare in giro.**
Maria wanted to finish the assignment.	*Maria wanted to go out and about.*
Loro hanno dovuto fare il compito.	**Loro sono dovuti uscire.**
They had to do the assignment.	*They had to go out.*
Loro hanno potuto fare tutto.	**Le ragazze non sono potute uscire.**
They were able to do everything.	*The girls were not able to go out.*

In colloquial Italian, however, the tendency is to use **avere** in all modal constructions.

Maria è voluta andare in giro.	=	**Maria ha voluto andare in giro.**
Loro sono dovuti uscire.	=	**Loro hanno dovuto uscire.**
Le ragazze non sono potute uscire.	=	**Le ragazze non hanno potuto uscire.**

Il verbo *dare*

Note the forms of the verb **dare** (*to give*):

Present Indicative:	(io) **do**, (tu) **dai**, (lui/lei/Lei) **dà**, (noi) **diamo**, (voi), **date**, (loro) **danno**
Past Participle:	**dato (ho dato, hai dato,...)**

Bello

Like the adjective **buono** (**Capitolo 6**), the adjective **bello** (*beautiful, nice, handsome*) can be put before or after the noun it modifies. When it is put before its forms correspond to the definite article forms.

L'ARTICOLO DETERMINATIVO	BELLO [BEFORE]	BELLO [AFTER]
lo zio	il bello zio	lo zio bello
lo studente	il bello studente	lo studente bello
gli zii	i begli zii	gli zii belli
gli studenti	i begli studenti	gli studenti belli
l'anello	il bell'anello	l'anello bello
gli anelli	i begli anelli	gli anelli belli
il guanto	il bel guanto	il guanto bello
i guanti	i bei guanti	i guanti belli
la collana	la bella collana	la collana bella
le collane	le belle collane	le collane belle
l'opera	la bell'opera	l'opera bella
le opere	le belle opere	le opere belle

Note the usual adjustments that must be made to the preceding articles.

lo zio bello (**lo** is used before **z** in the masculine singular)
BUT
il bello zio (**il** is used before **b** in the masculine singular)

gli anelli belli (**gli** is used before vowels in the masculine plural)
BUT
i begli anelli (**i** is used before **b** in the masculine plural)

Note also that when the adjective is used with **molto** (*very*), then it must come after the noun.

È un bell'anello.
It's a beautiful ring.

È un anello molto bello.
It's a very beautiful ring.

Sono due begli orecchini.
They are two beautiful earrings.

Sono due orecchini molto belli.
They are two very beautiful earrings.

Applicazione

I. Ti è piaciuta? Con un compagno/una compagna, svolgi i seguenti compiti seguendo i modelli.

> **MODELLO** maglia/alla mia fidanzata
>
> TU: *Ti è piaciuta la maglia che ho dato alla mia fidanzata?*
> COMPAGNO/A: *Sì, mi è piaciuta molto. È una bella maglia!*

1. collana/alla mia fidanzata
2. sciarpa/a mia madre
3. anello/al mio fidanzato
4. regalo/al mio amico
5. maglia/a mio fratello

> **MODELLO** orecchini/alla mia fidanzata
>
> TU: *Ti sono piaciuti gli orecchini che ho dato alla mia fidanzata?*
> COMPAGNO/A: *Sì, mi sono piaciuti molto. Sono molto belli.*

6. scarpe/a mia sorella
7. pantofole/a mio nonno
8. guanti/alla mia amica
9. orologi/ai miei amici
10. regali/alle mie amiche

J. Le è piaciuta l'opera? Adesso, in coppie, svolgete i seguenti compiti seguendo i modelli.

> **MODELLO** Professor Marchi/opera
>
> TU: *Professor Marchi, Le è piaciuta l'opera?*
> COMPAGNO/A: *Sì, mi è piaciuta molto. È una bell'opera!*

1. Dottoressa Aiello/opera
2. Avvocato Binni/film
3. Profesoressa Giusti/programma televisivo
4. Signorina Grande/corso
5. Ingegner Corti/musica di Verdi

MODELLO Signora Bruni/regali

> TU: *Signora Bruni, Le sono piaciuti i regali?*
> COMPAGNO/A: *No, non mi sono piaciuti affatto. Non sono molto belli!*

6. Dottoressa Armandi/guanti
7. Avvocato Bartolini/scarpe
8. Profesoressa Grimaldi/programmi televisivi
9. Signora Mirri/sciarpe di seta
10. Professor Ancelli/orologi d'oro

K. Ci sono i tuoi amici? Con un compagno/una compagna, svolgi i seguenti compiti seguendo il modello.

MODELLO i tuoi amici

> TU: *Sono a casa i tuoi amici?*
> COMPAGNO/A: *No, ma ci sono stati tutto il giorno ieri.*

1. le tue amiche
2. tuo fratello
3. tua sorella
4. i tuoi cugini

L. Esercizio creativo! Adesso crea brevi frasi che illustrano l'uso dei seguenti verbi.

MODELLO dare [al passato]
Io ho sempre dato bei regali ai miei amici.

1. dare [al presente]
2. dare [al passato]
3. potere [al passato]
4. dovere [al passato]
5. volere [al passato]

M. Bello, bello! Rispondi alle seguenti domande affermativamente, mettendo l'aggettivo davanti al nome.

MODELLO La FIAT è una macchina bella?
Sì, la FIAT è una bella macchina. Anzi (As a matter of fact), è una macchina molto bella.

1. Roma è una città bella?
2. *Cinema Paradiso* è un film bello?
3. Jennifer Lopez è una donna bella?
4. Brad Pitt è un uomo bello?
5. I film di Fellini sono film belli?
6. Tom Cruise e Pierce Brosnan sono uomini belli?
7. L'Empire State e la Torre Trump sono edifici belli?
8. La FIAT e l'Alfa Romeo sono auto belle?
9. Le Alpi sono montagne belle?
10. Lo Swatch è un orologio bello?

I numeri

L'addizione

- $1 + 3 = 4$ Uno più tre fa quattro.
- $12 + 5 = 17$ Dodici più cinque fa diciassette.

La sottrazione

- $8 - 5 = 3$ Otto meno cinque fa tre.
- $10 - 6 = 4$ Dieci meno sei fa quattro.

La moltiplicazione

- $1 \times 3 = 3$ Uno per tre fa tre.
- $12 \times 5 = 60$ Dodici per cinque fa sessanta.

La divisione

- $9 \div 3 = 3$ Nove diviso tre fa tre.
- $12 \div 2 = 6$ Dodici diviso due fa sei.

N. Scrivi in parole i seguenti problemi aritmetici, assieme alle loro soluzioni.

1. $12 + 5$
2. $125 + 456$
3. $25 - 15$
4. $250.000 - 60.500$
5. 24×3
6. 125×5
7. $120 \div 10$
8. $1.000 \div 5$

O. Una famosa fontana. Rispondi alle seguenti domande.

1. Sei mai stato/a a Roma?
2. Se sì, quando?
3. Ti è piaciuta la città? Perché sì/no?
4. Hai visto la Fontana di Trevi?
5. Se sì, descrivila alla classe.

ECCO LA FONTANA DI TREVI!

La Fontana di Trevi si trova a Roma. È molto famosa, non solo per la sua bellezza (*beauty*), ma anche perché si dice che chi getta (*whoever throws*) soldi nella Fontana è destinato a tornare (*to return*). Questo è il tema della famosa canzone americana *Three Coins in a Fountain*.

Ma cosa succede (*happens*) ai soldi? I soldi sono ridistribuiti agli operai (*workers*) che si occupano della manutenzione (*look after the maintenance*) della Fontana. Secondo diverse fonti (*sources*) d'informazione, si dice che la città raccoglie (*collects*) dai 2.000 ai 4.000 euro alla settimana dalla Fontana. Ovviamente, c'è tanta gente che vuole tornare a Roma!

P. Comprensione. Rispondi alle seguenti domande.

1. Dove si trova la Fontana di Trevi?
2. Perché è famosa?
3. Qual è il tema della canzone americana *Three Coins in a Fountain*?
4. Cosa succede ai soldi?
5. Secondo diverse fonti d'informazione, quanti soldi raccoglie la città dalla Fontana?
6. Quanta gente vuole tornare a Roma?

Q. Ricerca! Con un compagno/una compagna, fa' una ricerca su posti o monumenti italiani di particolare interesse (per esempio, gli Uffizi di Firenze, la Cappella Sistina del Vaticano, ecc.). Indicate quello che trovate al resto della classe.

MOMENTO
Creativo

R. Intervista. Intervista un compagno/una compagna.

Chiedigli/le...

1. quali film gli/le sono piaciuti l'anno scorso.
2. a chi dà regali generalmente.
3. tre cose che ha dovuto fare ieri.
4. tre cose che ha voluto fare ieri.
5. tre cose che non ha potuto fare ieri.

L'accento

Here are a few "rules of thumb" with regard to stress:

- In two-syllable words the accent falls on the first syllable.

casa	=	c<u>a</u>-sa
sole	=	s<u>o</u>-le
scarpa	=	sc<u>a</u>r-pa

- Unless, of course, the final vowel is accented.

caffè	=	caf-f<u>è</u>
città	=	cit-t<u>à</u>
perché	=	per-ch<u>é</u>

- In words with more than two syllables, the stress falls, for the most part, on the next-to-last syllable.

temperatura	=	tem-pe-ra-t<u>u</u>-ra
temporale	=	tem-po-r<u>a</u>-le
regalo	=	re-g<u>a</u>-lo

There are, however, words that do not follow this pattern.

pantofola	=	pan-t<u>o</u>-fo-la
semplice	=	s<u>e</u>m-pli-ce
zucchero	=	z<u>u</u>c-che-ro

A. Indica come si pronunciano le seguenti parole.

1. scontrino
2. vacanza
3. zucchero
4. normale
5. prendono
6. si chiamano
7. gioielleria
8. fontana
9. edicola
10. università
11. Messico
12. compiti
13. suocero
14. uomini
15. difficile
16. musica

Comprensione generale

B. Ascolta attentamente la conversazione sul CD cercando di determinare:

1. che tempo fa oggi.
2. che tempo ha fatto ieri.
3. qual è la temperatura di oggi.
4. che tempo farà probabilmente domani.

C. Adesso cerca di ricostruire la conversazione con altri studenti a piacere.

Lettura

Prima di leggere

A. Contrari. Indovina il contrario (*opposite*) di ciascuna delle seguenti parole ed espressioni.

1. giorno
   - A. pomeriggio
   - B. notte
2. aperto
   - A. chiesto
   - B. chiuso
3. Fa freddo.
   - A. Fa brutto tempo.
   - B. Fa caldo.
4. stare bene
   - A. stare per cominciare
   - B. stare male
5. i vecchi
   - A. i giovani
   - B. i genitori

Lettura

E pensare che tra una settimana è Natale!

FIGLIO:	Notte!
FIGLIA:	Notte!
MADRE:	Chiuso il balcone°?
FIGLIA:	Chiuso!
MADRE:	Chiuse le persiane°?
FIGLIA:	Chiuse!
PADRE:	Chiusa la porta d'entrata?
FIGLIO:	Chiusa!
FIGLIA:	Fa un freddo!
PADRE:	Freddo?
FIGLIA:	Freddo. Freddo!
FIGLIO:	Si prepara un inverno...
MADRE:	Freddo?
FIGLIO:	Freddo!
MADRE:	Ma qui fa caldo! (Va in cucina.)
FIGLIO:	Sì, ma...
PADRE:	Caldo, caldo. (Alla figlia.) Le pantofole.
FIGLIA:	Pantofole? Fa un freddo!
FIGLIO:	L'hai già detto... e qui fa caldo.
FIGLIA:	Sì, qui fa caldo ma fuori fa freddo.

balcony window

Persian shutters

La conversazione continua, poi...

ZIA:	E pensare che tra una settimana è Natale...
FIGLIA:	Natale?
FIGLIO:	Natale? Pensavo Pasqua, io, pensavo!
MADRE:	Eh... voi giovani!
PADRE:	Pasqua o Natale, quello che importa è non star male!

(Da: *Dopo una giornata di lavoro chiunque può essere brutale* di F. Zardi)

Dopo la lettura

B. Comprensione. Rispondi alle seguenti domande.

1. Che periodo della giornata è?
2. Com'è il balcone, chiuso o aperto?
3. E le persiane?
4. E la porta d'entrata?
5. Che cosa si prepara?
6. Dove fa caldo?
7. Chi va in cucina?
8. Chi vuole le pantofole?
9. Che cosa c'è tra una settimana?
10. Che cosa importa, secondo il padre?

C. Riscrivi la lettura con frasi complete.

> **MODELLO**   Notte!
> *È notte!*

1. Notte!
2. Chiuso il balcone?
3. Chiuse le persiane?
4. Chiusa la porta d'entrata?
5. Freddo?
6. Caldo!
7. Pantofole?

D. Interpretazione. Secondo te...

1. Che tipo di famiglia è?
2. Come si può interpretare l'espressione della madre «Eh... voi giovani»?
3. Sei d'accordo con l'idea del padre che «quello che importa è non star male»? Perché sì/no?
4. Qual è il «tema» della lettura?

Il mondo digitale

Leggi il seguente testo, ricercando tutte le parole ed espressioni che non sai in un dizionario.

Che cosa c'è sul Web?

Il World Wide Web è forse l'aspetto più conosciuto di Internet. Le pagine (*pages*) Web, sono facilmente accessibili. Ecco quello che puoi trovare sul Web:

Organizzazioni non-profit:	Molte organizzazioni di questo tipo usano il Web.
Organizzazioni commerciali:	Con il Web si possono fare acquisti di ogni tipo.
Notizie stampa:	I giornali offrono notizie online regolarmente.
Istruzione:	Molte università offrono corsi online.
Ricerca:	Molte istituzioni pubblicano informazioni sul Web.
Enti governativi:	Si possono contattare gli enti governativi (*government bodies*).
Siti amatoriali:	Questi sono i «siti dell'amore». Attenzione!

Domande e attività

1. Che cosa è il Web?
2. Descrivi i vari siti che si possono trovare sul Web.
3. Quali siti hai visitato recentemente? Perché?
4. Quali siti vuoi visitare? Perché?
5. Visita un sito che ha il bollettino meteorologico per l'Italia. Poi comunica al resto della classe che tempo fa oggi in Italia.

A. Situazioni. Completa ciascuna frase in modo logico.

1. Devo andare...
   - A. in città.
   - B. per fortuna.
2. Il cielo è...
   - A. freddo.
   - B. coperto.
3. Ho speso tutto il mio stipendio...
   - A. due settimane fa.
   - B. per fortuna.
4. Ieri ha piovuto e...
   - A. ha nevicato.
   - B. ha lampeggiato e tuonato.
5. Daniela...
   - A. fa sempre caldo.
   - B. ha sempre caldo.
6. Il caffè...
   - A. ha molto caldo.
   - B. è molto caldo.

B. Che tempo fa? Descrivi il tempo in ogni scena.

1.
2.
3.
4.

C. Bello, bello! Rispondi mettendo l'aggettivo **bello** davanti al nome. Segui il modello.

MODELLO Hai comprato una maglia ieri?
Sì, ho comprato una bella maglia ieri.

1. Hai visto un film ieri?
2. Hai comprato un anello ieri?
3. Hai comprato due orologi ieri?
4. Hai visto un'opera ieri?
5. Hai ricevuto una collana ieri?
6. Hai comprato due libri ieri?
7. Hai ricevuto due sciarpe ieri?

D. Che bella maglia! Esprimi reazioni positive, imitando il modello.

> **MODELLO**   maglia
> *Che bella maglia! Mi è piaciuta molto!*

1. anello
2. orologio
3. canzone
4. orecchini
5. montagne

E. Cultura. Vero o falso? Correggi le affermazioni che sono false.

1. L'Italia è un paese storicamente cattolico.
2. Il Natale è un periodo significativo per l'Italia.
3. Il Natale si celebra solo in modo religioso.
4. Babbo Natale è un simbolo del Natale anche in Italia.
5. La Befana è una donna vecchia che scende dal camino a portare regali la notte di Natale.
6. La Fontana di Trevi si trova a Firenze.
7. È famosa sia per la sua bellezza che per il fatto che chi getta soldi nella Fontana è destinato a tornare.
8. I soldi che la città di Roma raccoglie dalla fontana sono ridistribuiti agli operai che si occupano della sua manutenzione.

F. Avvio allo scrivere! Prepara le previsioni del tempo in base alla seguente immagine, e poi leggile in classe.

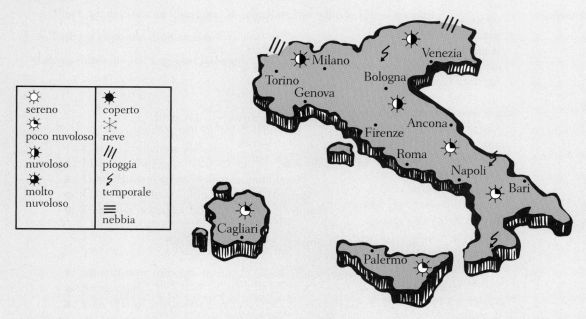

G. Momento creativo! Intervista un compagno/una compagna. Chiedigli/le...

1. che cosa ha fatto ieri.
2. dov'è andato/a la settimana scorsa.
3. se ha un fidanzato/una fidanzata e come si chiama.
4. se sa le previsioni del tempo di domani.

Lessico utile

NOMI

l'afa *mugginess*
l'anello *ring*
il cielo *sky*
la collana *necklace*
la fidanzata *fiancée*
il fidanzato *fiancé*
la gioielleria *jewelry store*
il grado *degree*
il guanto *glove*
la maglia *sweater*
il mese *month*
il Natale *Christmas*
la nebbia *fog*
il negozio *store*
la neve *snow*

gli orecchini *earrings*
la pantofola *slipper*
la Pasqua *Easter*
il regalo *gift*
la scarpa *shoe*
la sciarpa *scarf*
la seta *silk*
il sole *sun*
lo stipendio *salary*
la temperatura *temperature*
la tempesta *bad storm*
il tempo *weather, time*
il temporale *storm*
il vento *wind*

AGGETTIVI

brutto *ugly*
cattivo *bad*
centigrado *centigrade*
coperto *covered / cloudy*
eccezionale *exceptional*

nuvoloso *cloudy*
romantico *romantic*
scorso *last*
variabile *variable*
zitto *quiet*

VERBI

crescere *to grow*
dare *to give*
invitare *to invite*
lampeggiare *to be lightning*
nevicare *to snow*

passare *to pass / spend*
piovere *to rain*
spendere *to spend*
tuonare *to be thundering*

ALTRI VOCABOLI / ESPRESSIONI

a casa di *at / to the home of*
anzi *as a matter of fact*
Che tempo fa? *How's the weather?*
esserci il sole *to be sunny*
esserci il temporale *to be stormy*
esserci il vento *to be windy*
esserci l'afa *to be muggy*
esserci la nebbia *to be foggy*
esserci la tempesta *to be really stormy*
essere sereno *to be clear*
essere tempo variabile *to be variable (weather)*
fa *ago*

fare bel tempo *to be beautiful weather*
fare brutto tempo *to be ugly weather*
fare caldo *to be hot*
fare cattivo tempo *to be bad weather*
fare delle spese *to shop*
fare freddo *to be cold*
fare fresco *to be cool*
fino a *until*
per fortuna *luckily / fortunately*
previsioni del tempo *weather forecast*
stare zitto / a *to keep quiet*
tirare il vento *to be windy*

Buon compleanno!

8

COMUNICAZIONE

- giving best wishes
- age and birthdays
- work and working
- dates
- expressing various feelings

CULTURA

- preparing a résumé in Italian
- Italian holidays

STRUTTURE E VOCABOLARIO

- **troppo**, **poco**, **caro**, and **povero**
- jobs and professions
- the present progressive
- the months and the seasons
- the verbs **partire**, **uscire**, **lasciare**, and **andare via**
- reflexive verbs
- the verbs **dire** and **rimanere**
- prepositional contractions
- ordinal numbers

Quanto sai già?

A. Anticipazione. Ecco un elenco di nuove parole ed espressioni. Diverse coppie di studenti dovranno cercare il significato di una o due parole o espressioni a piacere in un vocabolario. Le coppie dovranno poi indicare quello che hanno trovato al resto della classe.

1. seduto
2. festeggiare
3. il compleanno
4. intorno
5. il medico
6. ambedue
7. Tanti auguri!
8. compiere gli anni
9. cantare
10. felice
11. divertirsi
12. la torta
13. Buon appetito!
14. troppo

B. Il curriculum. Chi sa spiegare alla classe che cosa è un curriculum e per quali motivi è usato?

Dialogo

La famiglia Barzetti è seduta° a tavola. Oggi stanno festeggiando° il compleanno° della nonna, Renata. Intorno alla nonna ci sono le seguenti persone: la figlia Maria, che fa il medico, il genero Massimo, che è professore universitario, e i nipoti Sandra e Stefano, ambedue° studenti universitari.

seated • they are celebrating • birthday

both

SANDRA:	Tanti auguri° nonna!
STEFANO:	Buon compleanno! Quanti anni compi oggi?
NONNA:	Troppi, troppi, caro!
MARIA:	Facciamo gli auguri alla nonna! Cantiamo insieme:
TUTTI:	Tanti auguri a te, tanti auguri a te, tanti auguri cara nonna, tanti auguri a te!
NONNA:	Grazie a tutti! Io sono felice e mi diverto° solo quando sono insieme a voi! E grazie per la bella torta°! Buon appetito!

best wishes

I enjoy myself cake

Comprensione

C. Rispondi alle seguenti domande.

1. Dov'è la famiglia Barzetti?
2. Che cosa c'è oggi in famiglia?
3. Chi è Renata? Sandra? Stefano? Maria? Massimo?
4. Chi fa gli auguri alla nonna, prima degli altri (*before the others*)?
5. Quanti anni compie la nonna, secondo lei stessa (*according to herself*)?
6. Quando è felice e si diverte la nonna?
7. Che cosa cantano tutti alla nonna?
8. Quali sono le professioni (*professions*) di Maria e Massimo?

D. Con un compagno/una compagna, crea delle frasi o dei brevi dialoghi con le nuove parole e le nuove espressioni.

seduto	*seated*
festeggiare	*to celebrate*
il compleanno	*birthday*
intorno	*around*
il medico	*doctor*
ambedue	*both*
Tanti auguri!	*Best wishes!*
compiere gli anni	*to have a birthday (lit.: to finish years)*
cantare	*to sing*
felice	*happy*
divertirsi	*to enjoy oneself*
la torta	*cake*
Buon appetito!	*Enjoy your meal! (lit.: Good appetite!)*
troppo	*too much*

Modi di dire

Quanti anni hai?

Quanti anni hai (fam.) **/ ha** (pol.)**?**	*How old are you?*[1]
Ho diciannove anni.	*I'm nineteen years old.*
compiere gli anni	*(lit.) to finish years, to turn so many years old*
festeggiare il compleanno	*to celebrate a birthday*

Buon compleanno!

Buon compleanno!	*Happy birthday!*
Buona giornata!	*Have a nice day!*
Buona fortuna!	*Good luck!*

[1] Lit.: *How many years do you have?*

Buon appetito!	*Enjoy your meal!*
Tanti auguri!	*Best wishes!*
Tante belle cose!	*All the best! (Many nice things!)*

Ti diverti o ti annoi?

divertirsi	*to enjoy oneself, to have fun*
annoiarsi	*to become bored*
Ti diverti? *(fam.)*	*Are you enjoying yourself?*
Si diverte? *(pol.)*	*Are you enjoying yourself?*
Mi diverto. / Non mi diverto.	*I'm enjoying myself. / I'm not enjoying myself.*
Ti annoi? *(fam.)*	*Do you get bored?*
Si annoia? *(pol.)*	*Do you get bored?*
Mi annoio. / Non mi annoio.	*I get bored. / I don't get bored.*

Applicazione

E. Quanti anni hai? In coppie, svolgete i compiti indicati seguendo il modello.

> **MODELLO** Chiedi a un compagno/una compagna quanti anni ha.
>
> TU: *Quanti anni hai, Marisa?*
> COMPAGNO/A: *Ho ventidue anni.*

Chiedi a un compagno/una compagna...

1. quanti anni ha.
2. quando ha compiuto gli anni (una settimana fa, due mesi fa, ecc.).
3. oppure (*or else*) quando compie gli anni (tra una settimana, tra un mese, ecc.).
4. come festeggia il compleanno.

F. Quanti anni ha? Adesso chiedi al tuo/alla tua insegnante...

1. quanti anni ha.
2. quando ha compiuto gli anni.
3. oppure quando compie gli anni.
4. come festeggia il compleanno.

G. Facciamo gli auguri! Fa' gli auguri seguendo il modello.

> **MODELLO** compleanno
> *Buon compleanno!*
>
> auguri
> *Tanti auguri!*

1. anno
2. viaggio (*trip*)
3. Natale
4. Pasqua
5. appetito
6. giornata
7. serata
8. belle cose

H. Ti diverti o ti annoi? Con un compagno/una compagna, crea brevi dialoghi seguendo i modelli.

> **MODELLO** quando c'è una festa (*party, feast*) in famiglia
>
> TU: *Ti diverti o ti annoi quando c'è una festa in famiglia?*
> COMPAGNO/A: *Mi diverto molto./Mi annoio molto.*

1. quando c'è una festa in famiglia
2. quando c'è una festa tra amici
3. durante la lezione d'italiano
4. quando sei seduto/a tavola con la famiglia
5. quando sei insieme ai tuoi amici

> **MODELLO** Signor Forte/all'opera
>
> TU: *Signor Forte, Lei si diverte o si annoia all'opera?*
> COMPAGNO/A: *Mi diverto molto./Mi annoio molto.*

6. Signora Giusti/al cinema
7. Professor Corelli/alle feste in famiglia
8. Ingegner Cardelli/ai matrimoni (*weddings*)
9. Dottoressa Bruni/a casa
10. Professoressa Amato/in vacanza

Troppo

The word **troppo**, like **molto** and **tanto**, has both adjectival and adverbial functions.

- Used as an adverb

La giornata è troppo lunga.	*The day is too long.*
La lezione è troppo difficile.	*The class is too difficult.*

- Used as an adjective (agreeing, of course, with the noun it modifies)

Ci sono troppi studenti in classe.	*There are too many students in class.*
Ho fatto troppe cose ieri.	*I did too many things yesterday.*

Caro, povero

The adjectives **caro** (*dear*) and **povero** (*poor*) can be put before or after the nouns they modify. However, their position alters the meaning.

BEFORE

È un caro amico.	*He's a dear friend.*
Povero ragazzo! Ha tanti soldi ma pochi amici.	*Poor boy! He has lots of money but few friends.*

AFTER

È un libro caro.	*It's an expensive book.*
Lui è un ragazzo povero.	*He's a poor boy (with little money).*

Mestieri e professioni

MASCHI	FEMMINE	
l'avvocato	l'avvocato	*lawyer*
il commesso	la commessa	*store clerk*
il dottore	la dottoressa	*doctor / Dr.*
l'impiegato	l'impiegata	*office worker*
l'ingegnere	l'ingegnere	*engineer*
il medico	il medico	*doctor*
l'operaio	l'operaia	*factory worker*
il professore	la professoressa	*professor, teacher*
lo studente	la studentessa	*student*

Many words for professions are also used as titles.

PROFESSION	TITLE
un professore	il professor Verdi
un ingegnere	l'ingegner Dini

Note that **il medico**, **l'avvocato**, and other masculine forms are used to indicate the profession.

Renato è medico.	*Renato is a doctor.*
Anche Silvana è medico.	*Silvana is also a doctor.*

Fare il medico

The formula **fare l'avvocato/fare il medico**, etc., is used commonly to indicate that someone practices a certain profession or does a certain job.

Mia madre fa l'avvocato.	*My mother is a lawyer.*
Mia sorella fa il medico.	*My sister is a doctor.*
Mio cugino fa l'operaio.	*My cousin is a factory worker.*
Mia zia fa la cuoca.	*My aunt is a chef.*

However, if the noun is modified, **essere** + *the indefinite article* must be used.

Mio padre è un bravo avvocato.	*My father is a good lawyer.*
Mia sorella è un bravo medico.	*My sister is a good doctor.*
Mia madre è un medico eccezionale.	*My mother is an exceptional doctor.*
Lui è uno studente universitario.	*He is a university student.*

Applicazione

I. Troppi, troppi! Rispondi alle seguenti domande, usando **troppo** come aggettivo o avverbio secondo il caso. Segui il modello.

MODELLO	Quanti compiti hai generalmente?
	Generalmente ho troppi compiti.
	È lunga generalmente la lezione d'italiano?
	Sì, generalmente la lezione d'italiano è troppo lunga.

1. Quanta pasta mangi generalmente?
2. Sono facili generalmente i compiti d'italiano?
3. Quanto caffè bevi generalmente al giorno?
4. Quanti compiti devi fare generalmente la sera?
5. Quante cose devi fare ogni giorno?
6. Sono difficili generalmente i compiti di matematica?

J. Professioni e mestieri. Intervista un compagno/una compagna, chiedendogli/le se nella sua famiglia c'è...

> **MODELLO** medico
>
> TU: *C'è un medico nella tua famiglia?*
> COMPAGNO/A: *Sì, mio padre fa il medico./No, nella mia famiglia nessuno*
> *fa il medico.*

1. medico
2. avvocato
3. operaio/a
4. commesso/a
5. impiegato/a
6. ingegnere
7. professore/professoressa

K. Come si dice? Esprimi le seguenti cose in italiano.

1. a poor (unfortunate) woman
2. a dear girl
3. an expensive book
4. a poor (penniless) man
5. a good lawyer
6. a good sandwich

Grammatica

Il presente progressivo

The ongoing action expressed by English present progressive forms, such as *I am writing, you are writing*, etc., can be expressed by the **presente indicativo** in Italian, as you have seen in previous chapters. However, these forms have exact counterparts in Italian in the framework of the tense called the **presente progressivo**.

> scrivo   =   sto scrivendo   =   *I am writing*

The **presente progressivo** is made up of two separate parts: (1) the present indicative of the auxiliary verb **stare**, and (2) the gerund (**il gerundio**) of the verb.

AUXILIARY VERB	GERUND
↓	↓
sto	**scrivendo**

You already know the present indicative of **stare**. So, the only thing you must learn now is how to form the gerund of regular verbs. Here's how:

	FIRST CONJUGATION		SECOND CONJUGATION	THIRD CONJUGATION
	-are		-ere	-ire
	↓		↓	↓
	-ando		-endo	-endo
	parlare	→	parlando	*speaking*
	scrivere	→	scrivendo	*writing*
	finire	→	finendo	*finishing*

The **-i** of verbs ending in **-ciare** and **-giare** is retained in writing.

cominciare	→	cominciando	*beginning*
mangiare	→	mangiando	*eating*

Here are three verbs conjugated fully in the **presente progressivo**:

	PARLARE		SCRIVERE		FINIRE	
(io)	sto	parlando	sto	scrivendo	sto	finendo
(tu)	stai	parlando	stai	scrivendo	stai	finendo
(lui / lei / Lei)	sta	parlando	sta	scrivendo	sta	finendo
(noi)	stiamo	parlando	stiamo	scrivendo	stiamo	finendo
(voi)	state	parlando	state	scrivendo	state	finendo
(loro)	stanno	parlando	stanno	scrivendo	stanno	finendo

The verbs below have irregular gerund forms.

bere	→	bevendo	*drinking*
fare	→	facendo	*doing, making*
venire	→	venendo	*coming*

Note that **dare** and **stare** have regular gerund forms.

dare	→	dando	*giving*
stare	→	stando	*staying, being*

Applicazione

L. Cosa stanno facendo? Descrivi ciascuna scena usando il presente progressivo.

M. Chi guarda la TV? Svolgi i compiti indicati seguendo i modelli.

MODELLO   Chi guarda la TV?/io
                Io sto guardando la TV.

1. Chi festeggia il compleanno?/mia madre
2. Chi dà i regali alla nonna in questo momento?/tu
3. Chi apre la finestra?/noi
4. Chi dorme?/i miei genitori
5. Chi pulisce la casa?/voi
6. Chi esce?/io
7. Chi fa colazione?/tu

MODELLO   leggere/io
                Sto leggendo un'e-mail/una lettera/un giornale/un compito...

8. pensare/tu
9. mangiare/lui
10. bere/io
11. fare/noi
12. venire/loro
13. cominciare/le lezioni

N. Indicativo o progressivo? Rispondi alle domande in modo appropriato, con il presente indicativo o il presente progressivo del verbo secondo il caso. Segui il modello.

MODELLO   Cosa fai il sabato generalmente?/andare in centro
                Generalmente il sabato vado in centro.

                     Cosa stai facendo ora (*now*)?/mangiare un panino
                Ora sto mangiando un panino.

1. Cosa stai facendo adesso?/festeggiare il mio compleanno
2. Cosa stai facendo?/mangiare la torta
3. Cosa mangi generalmente a colazione?/mangiare una brioche
4. Cosa fai generalmente la domenica?/dormire fino a tardi

Verbi riflessivi — parte 1ª

Reflexive verbs are defined as verbs that refer back to the subject.

Mi diverto molto alle feste.	*I enjoy myself a lot at parties.*
Anche tu ti diverti, vero?	*You also enjoy yourself, don't you?*

The **verbi riflessivi** are made up of two separate parts: (1) a reflexive pronoun that precedes a conjugated verb, and (2) the verb conjugated in its usual way.

You already know how to conjugate verbs in the present indicative. So, the only thing to learn now is the system of reflexive pronouns.

1st-person singular	**mi**	*myself*
2nd-person singular	**ti**	*yourself (fam.)*
3rd-person singular	**si**	*himself* *herself* *yourself (pol.)* *itself* *oneself*

1st-person plural	ci	ourselves
2nd-person plural	vi	yourselves
3rd-person plural	si	themselves

A reflexive infinitive can be recognized by the **-si** (*oneself*) suffix.

alzarsi	*to get up*	= **alzare + si**
mettersi	*to put on, to wear*	= **mettere + si**
vestirsi	*to get dressed*	= **vestire + si**
annoiarsi	*to get bored*	= **annoiare + si**
divertirsi	*to enjoy oneself, to have fun*	= **divertire + si**
chiamarsi	*to be called, to call oneself*	= **chiamare + si**

Here are three reflexive verbs conjugated fully in the present indicative:

	ALZARSI		**METTERSI**		**DIVERTIRSI**	
(io)	mi	alzo	mi	metto	mi	diverto
(tu)	ti	alzi	ti	metti	ti	diverti
(lui / lei / Lei)	si	alza	si	mette	si	diverte
(noi)	ci	alziamo	ci	mettiamo	ci	divertiamo
(voi)	vi	alzate	vi	mettete	vi	divertite
(loro)	si	alzano	si	mettono	si	divertono

Do not forget to differentiate between familiar and polite forms.

| **Roberta, a che ora ti alzi di solito?** | *Roberta, at what time do you get up (fam.) usually?* |
| **Signora Dini, a che ora si alza di solito?** | *Mrs. Dini, at what time do you get up (pol.) usually?* |

The polite pronoun can be capitalized.

| **Come si chiama, Lei?** | = | **Come Si chiama, Lei?** | *What's your name?* |

The reflexive meaning is often implied in English but not expressed: e.g., **Mi lavo la faccia** = *I wash my face*. Moreover, many Italian verbs have both reflexive and nonreflexive forms.

NONREFLEXIVE		**REFLEXIVE**	
alzare	*to lift*	alzarsi	*to get up*
mettere	*to put*	mettersi	*to put on*
chiamare	*to call*	chiamarsi	*to be called*
lavare	*to wash*	lavarsi	*to wash oneself*

Perché metti il libro lì?	Why are you putting the book there?
Perché non ti metti la maglia?	Why don't you put on a sweater?
Chi lava i piatti stasera?	Who is washing the dishes tonight?
Carlo si lava ogni giorno.	Carlo washes himself every day.

Applicazione

O. Cosa fanno? Descrivi ciascuna scena usando verbi riflessivi.

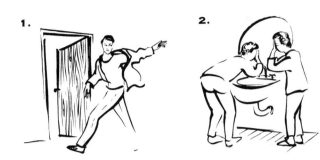

1.   **2.**   **3.**

P. A che ora si alza Carlo? Con un compagno/una compagna, crea brevi dialoghi nel modo indicato. Segui i modelli.

MODELLO alzarsi
Carlo/7:30

TU: *A che ora si alza Carlo generalmente?*
COMPAGNO/A: *Carlo si alza alle sette e mezzo generalmente.*

alzarsi...

1. Maria/6:30
2. tu/7:00
3. i tuoi amici/8:00
4. tu e tua sorella/9:00

MODELLO mettersi per uscire
Maria

TU: *Che cosa si mette Maria per uscire?*
COMPAGNO/A: *Maria si mette la maglia.*

mettersi per uscire...

5. Paolo
6. tu
7. le tue amiche
8. tu e tuo fratello

MODELLO divertirsi alle feste
tua sorella

TU: *Si diverte tua sorella alle feste?*
COMPAGNO/A: *No, mia sorella non si diverte mai alle feste.*

divertirsi alle feste...

9. Paolo
10. tu

11. le tue sorelle
12. tu e tuo fratello

Q. Verbi. Crea frasi liberamente con i seguenti verbi.

1. alzare
2. alzarsi
3. mettere
4. mettersi
5. chiamare
6. chiamarsi
7. lavare
8. lavarsi

Osserva come si prepara un curriculum all'italiana

R. Il curriculum. Rispondi alle seguenti domande.

1. Tu sai che cos'è un curriculum?
2. Hai mai preparato un curriculum? Se sì, per quale motivo?
3. Spiega i seguenti termini: *Studi, Vita professionale, Conoscenze linguistiche*.
4. Quando hai letto il curriculum di Angela di Stefano indica che tipo di persona è probabilmente.

S. Il mio curriculum. Prepara il tuo curriculum e poi presentalo alla classe. Includici le seguenti informazioni.

1. il tuo nome e cognome
2. il tuo indirizzo di casa
3. il tuo numero telefonico
4. dove sei nato/a e il giorno della tua nascita (*birth*)
5. il nome del liceo dove hai conseguito la maturità (*where you got your diploma*)/o dove conseguirai la maturità
6. il nome dell'università dove hai conseguito la laurea/o dove conseguirai la laurea (*where you will get your degree*)
7. un riassunto (*summary*) della tua vita professionale
8. le lingue che parli e/o scrivi (e il livello)

ANGELA DI STEFANO
via Torino, 50
20133 Milano
Tel. (02) 29–56–89

citizen
married

Nata a Milano il cinque marzo 1970
Cittadina° italiana
Coniugata° con Mario Rossi, due figli

STUDI

Maturità scientifica – Liceo Mameli di Milano nel 1988
Laurea in matematica – Università Bocconi di Milano nel 1993

VITA PROFESSIONALE

computer
programmer

Impiegata presso la Ditta IBM (dal settembre 1993 al gennaio 1996)
Funzione: programmatrice°

CONOSCENZE LINGUISTICHE

Italiano, lingua madre
Inglese, ottimo livello, sia scritto che parlato

MOMENTO
Creativo

T. Intervista. Intervista un compagno/una compagna.

Chiedigli/le...

1. come si chiama.
2. quando è nato/a. (Sono nato/a nel 19...)
3. a che ora si alza dal lunedì al venerdì.
4. a che ora si alza il sabato e la domenica.
5. quando si diverte.
6. quando si annoia.
7. quale mestiere/professione vuole esercitare nel futuro.
8. come festeggia generalmente il suo compleanno.

TEMA 2
Dates and holidays

Quanto sai già?

A. Anticipazione. Quante delle seguenti parole ed espressioni nuove conosci già? Spiega quelle che conosci alla classe.

1. la cucina
2. la fetta
3. rimanere (*past participle*: **rimasto**)
4. dopodiché
5. il soggiorno
6. dimenticarsi
7. sbadato
8. il migliore
9. in pieno inverno

B. Feste italiane! Rispondi alle seguenti domande.

1. Quali feste italiane conosci?
2. Indica alla classe come sono festeggiate.

Dialogo

Sandra, Stefano e tutti gli altri sono in cucina. Stanno mangiando le poche fette° di torta che sono rimaste°, dopodiché° vanno nel soggiorno.   *slices • remained • after which*

SANDRA: Stefano, che fai di bello stasera?
STEFANO: Non lo so. Che giorno è oggi?
SANDRA: (*ironicamente*) È proprio vero che non ti ricordi mai niente!
Abbiamo appena° festeggiato il compleanno della nonna!   *just*

DUE AMICI CHE S'INCONTRANO AD UNA FESTA!

STEFANO:	(*sorpreso*) Ah già, è il sei gennaio; il giorno della Befana! Mamma mia! Mi sono dimenticato una cosa importante!		*absent-minded*
SANDRA:	Ho sempre detto che sei sbadato°!		
STEFANO:	Hai ragione. Oggi è anche il compleanno di Franco, il mio miglior amico.		
SANDRA:	Allora, cosa pensi di fare?		
STEFANO:	Niente. Siamo in pieno inverno e fuori fa un freddo! Lo chiamo domani.		
SANDRA:	E io vado a dormire. Mi devo alzare presto domani mattina. Buonanotte.		
STEFANO:	Buonanotte, Sandra!		

Comprensione

C. Rispondi alle seguenti domande.

1. Chi non si ricorda mai niente?
2. Che cosa hanno appena festeggiato?
3. Che cosa è rimasto?
4. Che giorno è?
5. Chi è sbadato?
6. Di chi è il compleanno oggi?
7. Cosa pensa di fare Stefano oggi?
8. Che tempo fa fuori?
9. Dove decide di andare Sandra? Perché?

D. Con un compagno/una compagna, crea delle frasi o dei brevi dialoghi con le nuove parole e le nuove espressioni.

la cucina	*kitchen*
la fetta	*slice*
dopodiché	*after which*
il soggiorno	*living room*
dimenticarsi	*to forget*
sbadato	*absent-minded*
il migliore	*the best*
in pieno inverno	*in the thick of winter*

Modi di dire

I mesi dell'anno

gennaio	*January*	**luglio**	*July*
febbraio	*February*	**agosto**	*August*
marzo	*March*	**settembre**	*September*
aprile	*April*	**ottobre**	*October*
maggio	*May*	**novembre**	*November*
giugno	*June*	**dicembre**	*December*

The months of the year, like the days of the week, are not capitalized, unless they are the first words in a sentence.

Quando sei nato/a?

nascere	*to be born*
nato (*past participle*)	*born*

Quando sei nato/a?	*When were you born?*
Sono nato il 15 settembre.	*I was born on September 15.*
Sono nata il 21 settembre.	*I was born on September 21.*

Applicazione

E. Che mese è? Indovina il mese suggerito, e poi descrivi che tempo fa generalmente in quel (*that*) mese nella tua città. Segui il modello.

> **MODELLO**　　È il mese prima di agosto.
> *Luglio. Generalmente fa molto caldo a luglio.*

1. È il mese dopo febbraio.
2. È il mese in cui ricorre (*in which occurs*) la festa di San Valentino.
3. È il mese in cui ricorre il Natale.
4. È il mese in cui ricorre la festa della Befana.
5. È il mese prima di maggio.
6. È il mese in cui ricorre il Thanksgiving americano.
7. È il mese dopo aprile.
8. È il mese prima di luglio.
9. È il mese dopo settembre.
10. È il mese prima di agosto.
11. È il mese dopo agosto.
12. È il mese prima di settembre.

F. Quando sei nato/a? Con un compagno/una compagna, crea brevi dialoghi seguendo il modello.

> **MODELLO**
>
> TU: *Paolo, quando sei nato?*
> COMPAGNO/A: *Sono nato il cinque febbraio.*
> TU: *Quanti anni hai?*
> COMPAGNO/A: *Ho ventidue anni.*

Le stagioni

la primavera	*spring*
l'estate (f.)	*summer*
l'autunno	*fall, autumn*
l'inverno	*winter*

Come indicare la data

Che giorno è?	*What day is it?*
Che data è?	*What's the date?*
Quanti ne abbiamo?	*What's the date?* [*lit.: How many (days) do we have?*]

To give the date in general, use the first formula.

È il tre maggio.	*It's May 3.*
È il quattro dicembre.	*It's December 4.*
È il quindici settembre.	*It's September 15.*
È il ventun settembre.	*It's September 21.*

When responding to **Quanti ne abbiamo?**, you can use one of the following formulas:

È il venti febbraio.	**Ne abbiamo venti.**	*It's the twentieth (of February).*
È il tre maggio.	**Ne abbiamo tre.**	*It's the third (of May).*

Do not forget to use the correct form of the article before **otto** and **undici**.

È l'otto giugno.	*It's June 8.*
È l'undici luglio.	*It's July 11.*

There is one exception to this formula. For the first day of each month, the ordinal number **primo** is used instead of the cardinal number.

È il primo ottobre.	*It's October 1.*
È il primo gennaio.	*It's January 1.*

Note that the definite article must be used when referring to a year.

Il 1492 è un anno importante.	*1492 is an important year.*
Sono nato/a nel (= in + il) 1998.	*I was born in 1998.*
Mio fratello è nato nel 1994.	*My brother was born in 1994.*

Partire, uscire, lasciare, andare via

Note the following differences in conveying the idea of *leaving*:

partire	*to leave* in the sense of *departing*
Domani partiamo per l'Italia.	*Tomorrow we are leaving for Italy.*
lasciare	*to leave* in the sense of *leaving behind*
Non voglio ancora lasciare l'università.	*I don't want to leave the university yet.*
uscire	*to leave* in the sense of *going out*
Vuoi uscire stasera?	*Do you want to go out tonight?*
andare via	*to leave* in the sense of *going now*
Devo andare via.	*I have to go now.*

Poco

The word **poco**, like **molto**, **tanto**, and **troppo**, has both adjectival and adverbial functions.

- Used as an adverb

La lezione è poco interessante.	*The class is not very interesting.*
I compiti sono poco interessanti.	*The assignments are not very interesting.*

■ Used as an adjective (agreeing with the noun it modifies)

Ci sono pochi studenti in
classe oggi.   *There are few students in class today.*
Ho fatto poche cose ieri.   *I did a few things yesterday.*

Applicazione

G. Le stagioni. Identifica la stagione indicata da ciascuna delle seguenti scene descrivendone il tempo (*describing its weather*).

1.

2.

3.

4.

👥👥 **H. Mesi, anni, compleanni!** Con un compagno/una compagna, svolgi i compiti indicati seguendo i modelli.

> **MODELLO** Marina/28/1[2]
>
> TU: *Marina, che giorno è oggi?/Marina, che data è oggi?*
> COMPAGNO/A: *È il ventotto gennaio.*

1. Sandra/1/1
2. Stefano/11/2
3. Maria/8/11
4. Massimo/4/4
5. Franco/12/3
6. Giuseppe/19/6

> **MODELLO** Signor Franchi/20/1
>
> TU: *Signor Franchi, quanti ne abbiamo oggi?*
> COMPAGNO/A: *Ne abbiamo venti. È il venti gennaio.*

7. Signora Bellini/27/8
8. Signor Rossi/8/10
9. Dottoressa Verini/18/9
10. Dottor Scalini/10/1
11. Professor Parisi/8/12

---

[2]Note that there are differences in the way dates are treated in Europe: 8/11 = August 11 in America; 8/11 = November 8 in Italy.

MODELLO   Mario/3 febbraio/1976

TU: *Mario, quando sei nato?*
COMPAGNO/A: *Sono nato il tre febbraio del 1976.*

12. Maria/1 aprile/1978
13. Dottoressa Verini/8 dicembre/1951
14. Paolo/6 giugno/1980
15. Professor Giusti/15 settembre/1955

I. Intervista. Intervista un compagno/una compagna. Chiedigli/le...

MODELLO   quanti anni ha

TU: *Quanti anni hai?*
COMPAGNO/A: *Ho diciotto anni.*

Chiedi al tuo compagno/alla tua compagna...

1. quanti anni ha.
2. quando è nato/a.
3. in quale anno è nato/a.
4. quanti ne abbiamo oggi.
5. qual è la sua (*his/her*) stagione preferita dell'anno.
6. qual è il suo mese preferito.

J. Usa le seguenti parole ed espressioni in altrettante frasi che ne rendano chiaro il significato. (*Use the following words in sentences that make their meaning clear.*)

1. partire
2. uscire
3. lasciare

4. andare via
5. poco (in funzione di avverbio)
6. poco (in funzione di aggettivo)

Grammatica

Dire e rimanere

Note the irregular forms of **dire** (*to say, tell*) and **rimanere** (*to remain*):

dire

Present Indicative:	(io) **dico**, (tu) **dici**, (lui/lei/Lei) **dice**, (noi) **diciamo**, (voi) **dite**, (loro) **dicono**
Past Participle:	**detto** (ho detto, hai detto,...)
Gerund:	**dicendo** (sto dicendo, stai dicendo,...)

rimanere

Present Indicative:	(io) **rimango**, (tu) **rimani**, (lui/lei/Lei) **rimane**, (noi) **rimaniamo**, (voi) **rimanete**, (loro) **rimangono**
Past Participle:	**rimasto** (sono rimasto/a, sei rimasto/a,...)

Verbi riflessivi — parte 2ª

Dovere, potere, volere

With modal verbs, the reflexive pronouns may be put either before the modal or attached to the verbal infinitive (dropping the final **-e** of the infinitive first).

BEFORE

Lui non si vuole alzare presto.	*He doesn't want to get up early.*
Io mi devo alzare presto domani.	*I have to get up early tomorrow.*
Sandra e io ci dobbiamo alzare presto.	*Sandra and I have to get up early.*

ATTACHED

Lui non vuole alzarsi presto.	*He doesn't want to get up early.*
Io devo alzarmi presto domani.	*I have to get up early tomorrow.*
Sandra e io dobbiamo alzarci presto.	*Sandra and I have to get up early.*

Forme progressive

Reflexive verbs can also have a progressive form. The reflexive pronouns may be put either before **stare** or attached to the gerund in progressive constructions. But it is more common to put them before, as shown below:

Lui non si sta divertendo.	*He isn't enjoying himself.*
Io mi sto annoiando.	*I'm getting bored.*
Sandra e io ci stiamo annoiando.	*Sandra and I are getting bored.*

Applicazione

K. Attività varie. Svolgi le seguenti attività seguendo i modelli.

MODELLO [Rispondi alle seguenti domande.]
Marina ha sempre detto la verità (*truth*), no?
Sì, Marina ha sempre detto la verità.

1. Tu hai sempre detto la verità, no?
2. Anch'io ho sempre detto la verità, non è vero?
3. I tuoi amici hanno sempre detto la verità, vero?
4. Tu sei rimasto/a a casa ieri, vero?
5. Anche voi siete rimasti a casa ieri, vero?
6. Maria è rimasta a casa ieri, no?

MODELLO [Indica la forma appropriata del verbo.]
Marco non _____ (rimanere) mai a casa da solo (*alone*).
Marco non rimane mai a casa da solo.

7. Io _____ (dire) sempre la verità!

8. Cosa _____ (dire) tuo fratello?

9. I tuoi amici _____ (rimanere) sempre a casa quando fa freddo, no?

10. Anche tu _____ (dire) sempre la verità, no?

11. È vero che tu e tua sorella _____ (rimanere) a casa quando fa freddo?

12. Noi non _____ (dire) mai niente quando parla il professore.

13. Anche voi non _____ (dire) mai niente in classe, vero?

14. Io non _____ (rimanere) mai a casa da sola.

15. I tuoi amici non _____ (dire) mai la verità!

16. Tu non _____ (rimanere) mai a casa da solo, vero?

17. Perché tuo padre _____ (rimanere) sempre a casa da solo la domenica?

18. Noi _____ (rimanere) a casa quando fa freddo.

MODELLO   [Forma domande nel modo indicato.]
Io devo alzarmi presto domani.
tu
Anche tu devi alzarti presto, vero?/Anche tu ti devi alzare presto, vero?

19. tuo fratello
20. voi
21. noi
22. loro
23. io

MODELLO   Io mi voglio divertire alla festa!
noi
Anche noi ci vogliamo divertire alla festa!

24. voi
25. mia sorella
26. tu
27. io

I verbi riflessivi al passato prossimo

Reflexive verbs are conjugated with **essere** in compound tenses such as the **passato prossimo**. Since you already know how to conjugate verbs in the present perfect with **essere**, all you really have to keep in mind are the things that you already know; e.g., the past participle agrees with the subject.

Il ragazzo si è alzato tardi.
The boy got up late.

La ragazza si è alzata tardi.
The girl got up late.

I miei amici si sono divertiti.
My friends enjoyed themselves.

Le mie amiche si sono divertite.
My friends enjoyed themselves.

With the polite form of address, the agreement is made with the sex (male or female) of the person referred to or addressed.

Signor Verdi, quando si è alzato, Lei?
Mr. Verdi, when did you get up?

Signora Binni, quando si è alzata, Lei?
Mrs. Binni, when did you get up?

Here are three reflexive verbs conjugated in the present perfect:

	alzarsi		**mettersi**		**vestirsi**	
(io)	mi sono	alzato/a	mi sono	messo/a	mi sono	vestito/a
(tu)	ti sei	alzato/a	ti sei	messo/a	ti sei	vestito/a
(lui/lei/Lei)	si è	alzato/a	si è	messo/a	si è	vestito/a
(noi)	ci siamo	alzati/e	ci siamo	messi/e	ci siamo	vestiti/e
(voi)	vi siete	alzati/e	vi siete	messi/e	vi siete	vestiti/e
(loro)	si sono	alzati/e	si sono	messi/e	si sono	vestiti/e

With modal verbs, you have two choices with respect to the reflexive pronouns:

- You can put the reflexive pronouns before the entire verb construction.

Lui non si è voluto alzare presto.	*He didn't want to get up early.*
Io mi sono dovuto/a alzare presto.	*I had to get up early.*
Sandra e io ci siamo dovuti alzare presto.	*Sandra and I had to get up early.*

- You can attach the reflexive pronouns to the infinitive, but then you must conjugate the entire verb construction with **avere** instead of **essere**.

Lui non ha voluto alzarsi presto.	*He didn't want to get up early.*
Io ho dovuto alzarmi presto.	*I had to get up early.*

Forme reciproche

Some verbs can be turned into reflexives, so to speak. They are called *reciprocal verbs*. The reflexive pronouns in such cases convey the idea of *each other/one another*:

telefonare	→	telefonarsi	=	*to phone each other*

Loro si telefonano ogni sera.	*They phone each other every evening.*
Loro si sono telefonati ieri sera.	*They phoned each other last night.*
Stefano e io ci telefoniamo spesso.	*Stefano and I phone each other often.*
Stefano e io ci siamo telefonati ieri.	*Stefano and I phoned each other yesterday.*

vedere	→	vedersi	=	*to see each other*

Noi ci vediamo spesso.	*We see each other often.*
Ci siamo visti/e ieri.	*We saw each other yesterday.*
Anche voi vi vedete spesso, no?	*You also see each other often, don't you?*
Vi siete visti/e anche ieri, no?	*You saw each other yesterday too, right?*

Le preposizioni articolate

Prepositions used with the definite article contract to become one word.

a + la = alla
a + il = al

Ho dato un anello *alla* mia fidanzata.   *I gave my girlfriend a ring.*
Ho dato un regalo *al* tuo amico.   *I gave your friend a gift.*

Here is a chart of the main prepositional contractions:

+	il	i	lo	l'	gli	la	le
a	al	ai	allo	all'	agli	alla	alle
su	sul	sui	sullo	sull'	sugli	sulla	sulle
in	nel	nei	nello	nell'	negli	nella	nelle
di	del	dei	dello	dell'	degli	della	delle
da	dal	dai	dallo	dall'	dagli	dalla	dalle

Chi ha messo il libro *sul* tavolo?   *Who put the book on the table?*
Chi c'è *nell'*aula?   *Who's in the classroom?*
È il compleanno *dello* zio.   *It's uncle's birthday.*
Sono arrivati *dall'*Italia pochi anni fa.   *They arrived from Italy a few years ago.*

For the preposition **con**, you have two choices:

CON IL/COL
Vado *con il* fratello di Carlo. /
Vado *col* fratello di Carlo.
I'm going with Carlo's brother.

CON L'/COLL'
Vado *con l'*amica di Betty. /
Vado *coll'*amica di Betty.
I'm going with Betty's friend.

Don't forget to contract prepositions in front of possessive adjectives, which are preceded by the definite article.

Ho dato un regalo *al* mio amico.   *I gave my friend a gift.*
È il compleanno *della* tua amica.   *It's your friend's birthday.*

However, recall that the article is dropped when the possessive adjective is used with a singular, unmodified, kinship noun:

Ho dato un regalo *a* mio fratello.   *I gave my brother a gift.*
È il compleanno *di* tua sorella.   *It's your sister's birthday.*

Applicazione

L. Verbi riflessivi. Svolgi le seguenti attività seguendo i modelli.

MODELLO   [Coniuga il verbo nel modo indicato.]
                 annoiarsi/lui
                 Lui si è annoiato.

1. divertirsi/Stefano
2. annoiarsi/io
3. lavarsi/tu
4. vestirsi/noi

MODELLO   [Metti il verbo al passato prossimo.]
Io (f.) mi alzo presto.
Io mi sono alzata presto.

5. Lui si diverte alla festa.
6. Noi (f.) ci dimentichiamo tutto.
7. Io (m.) mi annoio all'opera.
8. Tu (f.) non ti ricordi del mio compleanno?
9. Loro non si mettono la maglia.

MODELLO   Io mi sono voluto alzare presto.
Io ho voluto alzarmi presto.

10. Tu ti sei voluta divertire in Italia.
11. Anche loro si sono voluti divertire in Italia.
12. Lei non si è potuta divertire alla festa.

M. Alla mia amica! Metti negli spazi la forma appropriata della preposizione, articolata o semplice, secondo il caso.

1. Ho dato la penna _____ mia amica.

2. Ho dato la penna _____ tua madre.

3. Ho letto una cosa interessante _____ giornale.

4. Il libro è _____ tavolo.

5. La mia penna è _____ cartella.

6. _____ mese di agosto vado sempre in vacanza.

7. Non metto niente _____ caffè.

8. Mi sono divertito ieri sera _____ opera.

9. Lui abita _____ edificio vicino a me.

10. Vado al cinema _____ amico di Carlo.

11. Vado al cinema _____ mia sorella.

12. Loro sono arrivati _____ Italia due giorni fa.

N. Preposizioni. Usa le seguenti preposizioni articolate correttamente in frasi che ne rendano chiaro il loro uso.

MODELLO   allo
Ho dato un regalo allo zio./La professoressa ha telefonato allo studente./ecc.

1. al
2. sulla
3. col
4. dagli
5. negli
6. dell'
7. della
8. delle

9. sui
10. nella
11. nelle
12. agli
13. dalla
14. nel
15. sugli

I numeri

Gli ordinali da 1 a 10[3]

1°	primo	6°	sesto
2°	secondo	7°	settimo
3°	terzo	8°	ottavo
4°	quarto	9°	nono
5°	quinto	10°	decimo

Note that these are adjectives and thus must agree with the nouns they modify.

il primo amico	*the first friend*
la seconda parte	*the second part*
i quarti piani	*the fourth floors*
le ottave parti	*the eighth parts*

O. Come si dice?

1. the first day of the week
2. the second week
3. the third month
4. the fourth part
5. the fifth floor
6. the sixth lesson
7. the seventh day
8. the eighth month
9. the ninth floor
10. the tenth day

[3] Note that "°" is for masculine forms. An "ᵃ" is for feminine forms.

P. Feste! Rispondi alle seguenti domande.

1. Quali feste italiane conosci?
2. Sai come si celebrano?
3. Qual è la tua festa preferita? Perché?

In Italia, le principali feste dell'anno sono storicamente religiose. Il Natale è il giorno della nascita di Gesù Cristo, il 25 dicembre. Come abbiamo visto nel capitolo precedente, è un giorno significativo per l'Italia, un paese cattolico. Altre feste religiose importanti sono l'Epifania, la Pasqua e il Ferragosto. Quest'ultima festa ricorre il 15 agosto in onore dell'Assunzione (*The Assumption*).

Tra le feste non religiose ci sono il Capodanno, il primo gennaio, e il Carnevale. Quest'ultima festa si celebra fra il Natale e la Quaresima (*Lent*). Culmina (*It culminates*) in balli (*dances*) e mascherate (*masquerades*) nell'ultima settimana.

CARNEVALE!

Q. A tutti la parola! Rispondi alle seguenti domande.

1. Qual è la festa più importante per la tua famiglia? Perché?
2. Quale festa non ti piace celebrare? Perché?
3. Che fai la vigilia di Capodanno (*New Year's Eve*) generalmente?
4. Sei mai stato/a ad un ballo o una mascherata di Carnevale? Se sì, ti è piaciuto/a?
5. Quali feste religiose celebri? Come le celebri?

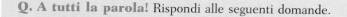

MOMENTO
Creativo

R. Un esame di storia! In coppie, mettete in scena la seguente situazione.

Il tuo amico/la tua amica ti rammenta (*reminds you*) che domani c'è un esame di storia americana, del quale ti eri dimenticato/a (*which you had forgotten*). Allora lui/lei ti farà cinque domande rispetto agli eventi e alle date (*dates*) più importanti. Dopo le domande, decidete di fare qualcosa insieme.

Consonanti

The consonants represented by **b**, **d**, **f**, **l**, **m**, **n**, **p**, **r**, **t**, **v** are, with a few differences in detail, similar to corresponding English consonants. In general, they are pronounced with relatively more force in Italian.

Note that . . .

- the so-called "dark" English **l** (as in *dull*, *will*, *bill*, etc.) does not exist in Italian.

- in articulating the Italian **d** and **t**, the tongue should always be made to touch the upper teeth: **temperatura**, **medico**.

- **r** is rolled in Italian: **regali**, **mestiere**.

A. Pronuncia le seguenti parole.

1. vento
2. temperatura
3. regali
4. pantofole
5. negozi
6. mese
7. festa
8. medico
9. mestiere
10. persone
11. pizza
12. torta

Comprensione generale

B. Ascolta attentamente la conversazione sul CD cercando di determinare:

1. di chi è il compleanno.
2. quando è nata la persona festeggiata.
3. che cosa dice agli altri.
4. perché è felice.

C. Adesso cerca di ricostruire la conversazione con altri studenti a piacere.

Lettura

Prima di leggere

A. Che festa è? Descrivi la fotografia. Che periodo dell'anno è? Che festa implica la scena?

B. Alberto Moravia. Fa' una ricerca su Alberto Moravia, l'autore del brano che leggerai. Indica quello che trovi al resto della classe.

C. Anticipazione. Con un compagno/una compagna, cerca il significato delle seguenti parole ed espressioni in un dizionario e poi indica quello che trovi al resto della classe.

1. verso
2. tremare
3. debiti da pagare
4. in fila
5. un poveraccio
6. un macello
7. roba da mangiare
8. appostarsi
9. un brigante
10. all'angolo della strada

Lettura

Feste!

Natale, Capodanno, Befana, quando verso il quindici di dicembre comincio a sentire° parlare di feste, tremo°, come a sentir parlare di debiti da pagare e per i quali non ci sono i soldi. Natale, Capodanno, Befana chissà° perché le hanno messe tutte in fila, così vicine queste feste? Così in fila, non sono feste, ma, per un poveraccio come me, sono un macello°. E qui non si dice che uno non vorrebbe festeggiare il Santo Natale, il primo dell'anno, l'Epifania, qui si vuol dire che i commercianti di roba da mangiare si appostano in quelle tre giornate come tanti briganti all'angolo della strada, così che, alle feste, uno ci arriva vestito e ne esce nudo°.

(Libera riduzione da: *Racconti romani* di Alberto Moravia)

to hear • I tremble
who knows

a disaster (lit.: a slaughter)

comes out of it nude (penniless)

Dopo la lettura

D. Comprensione. Rispondi alle seguenti domande.

1. Come reagisce (*reacts*) il narratore quando sente parlare di feste verso il quindici di dicembre?
2. Per un poveraccio come il narratore, cosa sono le feste messe in fila?
3. Dove si appostano i commercianti di roba da mangiare?
4. Come arriva uno (*one*) alle feste?
5. Come ne esce?

E. Discussione in classe.

1. Sono veramente diventate (*become*) troppo commerciali le feste, come dice Moravia?
2. Perché, secondo te, festeggiamo il Capodanno?
3. Fa' una ricerca sulla festa della Befana e poi discuti perché gli italiani la festeggiano.

Il mondo digitale

Leggi il seguente testo, ricercando tutte le parole o espressioni che non riconosci in un dizionario. Poi svolgi le attività che seguono.

Gli emoticon

Gli emoticon (chiamate anche **le emoticone**) sono simboli che sono impiegati (*are employed*) nella posta elettronica per trasmettere (*transmit*) le emozioni. Gli emoticon assomigliano a espressioni della faccia. Si osservano reclinando (*leaning*) la testa a sinistra. Ecco quelli più comuni:

:-)	Felice (lo «smiley»)
:-))	Molto felice
:-(	Triste
:-((	Molto triste
:-/	Indeciso
:-p	Ironico
:-*	Baciare
:-t	Arrabbiato (*angry*)
:-V	Gridare (*to shout*)
:-O	Scioccato
:-{	Disapprovare
;-)	Ammiccare (*to wink*)

Attività

1. Indica che tipo di emozione o segnale rappresenta ciascun emoticon.
   - **A.** :-)
   - **B.** :-(
   - **C.** :-/
   - **D.** :-p
   - **E.** :-*
   - **F.** :-t
   - **G.** :-V
   - **H.** :-O
   - **I.** :-{
   - **J.** ;-)
2. Conosci altri emoticon o abbreviazioni? Quali?

A. Situazioni. Scegli la risposta adatta.

1. Oggi compio ventidue anni!
   A. Bravo!
   B. Buon compleanno!
2. Cominciamo a mangiare!
   A. Buon appetito!
   B. Tanti auguri!
3. Quanti ne abbiamo?
   A. Ne abbiamo dodici.
   B. Ne abbiamo pochi.

B. Intervista. Chiedi al tuo compagno/alla tua compagna...

1. quanti anni ha.
2. quando è nato/a.
3. quale professione vuole esercitare nel futuro e perché.
4. cosa sta studiando quest'anno a scuola/all'università.
5. a che ora si alza la domenica.
6. che giorno è oggi.
7. che fa di bello stasera.
8. se si ricorda sempre di tutto.
9. se è sbadato/a qualche volta (*once in a while*).
10. se tra poco è il compleanno di suo fratello/di sua sorella.
11. se lui/lei e i suoi amici si vedono spesso.
12. se si sta divertendo nel corso d'italiano.
13. se si è dovuto alzare presto questa mattina.

C. Cultura. Svolgi le seguenti attività.

1. Prepara un curriculum italiano immaginario e poi leggilo in classe.
2. Descrivi le seguenti feste: il Natale, la Befana, il Carnevale, la Pasqua, il Ferragosto.

D. Avvio allo scrivere. Descrivi la tua festa preferita (in meno di 250 parole). Poi leggi la tua descrizione in classe.

E. Momento creativo! In gruppi, mettete in scena la seguente situazione. In una famiglia è il compleanno della madre e tutti sono seduti a tavola. Diverse persone fanno gli auguri alla madre. La madre dice che è molto felice. Dopo che tutti hanno mangiato la torta, il figlio e la figlia indicano che vogliono uscire. Il dialogo finisce con un commento (*comment*) della madre sui giovani d'oggi.

Lessico utile

NOMI

l'augurio *wish*
l'autunno *fall, autumn*
il commesso/la commessa *store clerk*
la cucina *kitchen, cuisine*
l'estate *summer*
la festa *party/holiday*
la fetta *slice*
l'impiegato/l'impiegata *office worker*
l'inverno *winter*

il medico *doctor*
il mestiere *job/occupation*
l'operaio/l'operaia *factory worker*
la persona *person*
la primavera *spring*
la professione *profession*
il soggiorno *living room*
la stagione *season*
la tavola *table*
la torta *cake*

I MESI DELL'ANNO

gennaio *January*
febbraio *February*
marzo *March*
aprile *April*
maggio *May*
giugno *June*

luglio *July*
agosto *August*
settembre *September*
ottobre *October*
novembre *November*
dicembre *December*

AGGETTIVI

felice *happy*
importante *important*
impossibile *impossible*
pieno *full*
poco *little, few*

povero *poor*
sbadato *absent-minded*
seguente *following, next*
universitario *of university*

VERBI

alzarsi *to get up*
annoiarsi *to become bored*
cantare *to sing*
compiere *to complete, finish*
dimenticarsi *to forget*
dire *to say, tell*
divertirsi *to enjoy oneself, have fun*
festeggiare *to celebrate*

lasciare *to leave (behind)*
lavarsi *to wash oneself*
mettersi *to put on*
nascere *to be born*
ricordarsi *to remember*
rimanere *to remain*
vestirsi *to get dressed*

AVVERBI

poco *little*

ALTRI VOCABOLI/ESPRESSIONI

ambedue *both*
andare via *to go away*
Che fai di bello? *What's up?*
Che giorno è? *What's the date?*

da solo *alone*
intorno *around*
Quanti anni hai (fam.)/ha (pol.)? *How old are you?*
Quanti ne abbiamo? *What's the date?*

Quanto costa?

9

Quanto sai già?

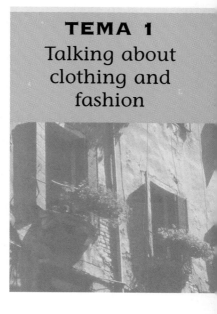
A. Anticipazione. Accoppia le frasi italiane con le frasi corrispondenti inglesi, anticipando i nuovi vocaboli.

1. Aveva intenzione di fare delle spese.
2. abbigliamento femminile
3. in vetrina
4. Ce l'ha ancora?
5. in quello stile
6. i nuovi modelli
7. Peccato!
8. per di più
9. in saldo
10. Che taglia porta?
11. Vuole provarsi questa?
12. Quanto costa?
13. La prendo.
14. Le sta veramente bene.

A. *It looks really good on you.*
B. *I'll take it.*
C. *How much does it cost?*
D. *Would you like to try this one on?*
E. *What size are you?*
F. *on sale*
G. *what's more*
H. *Too bad!*
I. *Do you still have it?*
J. *She planned on doing some shopping.*
K. *women's clothing*
L. *in the store window*
M. *the new models*
N. *in that style*

B. Capi di vestiario. Sai spiegare in italiano che cosa sono le seguenti cose?

1. un vestito rosso
2. una camicetta bianca
3. un cappello blu
4. una giacca marrone

C. La moda italiana. Rispondi alle seguenti domande.

1. Conosci qualche stilista italiano?
2. Ti piace vestire alla moda? Perché sì/no?
3. Sei mai stato/a a una sfilata di moda (*fashion show*)? Se sì, descrivi quello che hai visto al resto della classe.

Dialogo

Ieri la signora Biagi aveva intenzione di fare delle spese. Nella mattinata, è andata in un negozio di abbigliamento° femminile.

clothing

COMMESSA: Buongiorno, desidera?

BIAGI: Sì, grazie. Due settimane fa ho comprato un bellissimo vestito rosso° e una camicetta bianca° in questo negozio. E mi ricordo che c'era un cappello° in vetrina, che aveva un colore blu come il blu della canzone di Modugno, «Nel blu dipinto di blu»[1]. Ce l'ha ancora?

red dress
white blouse • hat

COMMESSA: Purtroppo abbiamo venduto tutti i cappelli in quello stile. Ma fra poco arrivano i nuovi modelli.

BIAGI: Peccato! Se non sbaglio°, c'era anche una giacca° marrone molto elegante in vetrina.

If I'm not mistaken • jacket

COMMESSA: C'è ancora, e per di più, è in saldo°. Che taglia° porta, signora?

on sale • size

BIAGI: La 42 o la 44.

[1]You will have the opportunity to become familiar with this beautiful song in this chapter's **Lettura** section.

ECCOLE GLI EURO!

COMMESSA:	Vuole provarsi° questa giacca qui?
BIAGI:	Oh, che bella! Mi piace moltissimo! Quanto costa?[2]
COMMESSA:	Come ho detto prima, è in saldo. Costa 150 euro.
BIAGI:	Va bene, grazie, la prendo.
COMMESSA:	Le sta veramente bene!

to try on

Comprensione

D. Rispondi alle seguenti domande.

1. Cosa aveva intenzione di fare ieri la signora Biagi?
2. Dov'è andata?
3. Che cosa ha comprato due settimane fa?
4. Cosa c'era in vetrina?
5. Che colore aveva?
6. Che cos'altro c'era in vetrina?
7. Che taglia porta la signora Biagi?
8. Che cosa decide di prendere?
9. Quanto costa?
10. Come le sta?

E. Con un compagno/una compagna, crea delle frasi o dei brevi dialoghi con le nuove parole e le nuove espressioni.

avere intenzione di	*to plan on*
fare delle spese	*to do some shopping*
l'abbigliamento	*clothing*
il vestito	*dress, suit*
la vetrina	*store window*

[2]**Costare** is conjugated with **essere** in the compound tense.

il colore	*color*
lo stile	*style*
Peccato!	*Too bad!*
per di più	*what's more, moreover*
in saldo	*on sale*
provarsi	*to try on*
costare	*to cost*
stare bene a	*to look good on*

Modi di dire

Capi di vestiario

la camicetta

il cappello

la giacca

il vestito

il guanto

la cravatta

la maglia

la scarpa

la sciarpa

la borsa

la calza

il calzino

la cintura

lo stivale

la gonna

la camicia (*pl.:* le camicie)

il cappotto

i pantaloni

Applicazione

F. Quanto costa? Con un compagno/una compagna, crea brevi dialoghi nel modo indicato seguendo il modello.

un paio di   *a pair of*

MODELLO una maglia/blu/45€

    TU: *Buongiorno, desidera?*
COMPAGNO/A: *Sì, grazie, vorrei una maglia.*
    TU: *Di che colore?*
COMPAGNO/A: *Blu. Quanto costa?*
    TU: *Quarantacinque euro.*

1. una sciarpa/rossa (*red*)/24€
2. una camicetta/bianca (*white*)/40€
3. scarpe/marrone (*brown*)/240€
4. un cappello/bianco/88€
5. una maglia/azzurra (*blue*)/95€
6. una giacca/marrone/200€
7. un vestito/rosso/350€
8. una cravatta/azzurra/50€
9. guanti/bianchi/65€
10. cappotto/azzurro/245€
11. borsa/marrone/145€
12. cintura/verde (*green*)/55€
13. gonna/rossa/120€
14. camicia/azzurra/99€

👥 **G. Quanto costano?** Con un compagno/una compagna, crea brevi dialoghi nel modo indicato.

> **MODELLO** calze
>
> TU: *Quanto costano le calze che erano in vetrina la settimana scorsa?*
> COMPAGNO/A: *Purtroppo, abbiamo venduto tutte le calze in quello stile.*

1. calzini
2. stivali
3. camicie
4. pantaloni
5. calze

L'abbigliamento

■ l'abbigliamento femminile	*women's clothing*
■ l'abbigliamento maschile	*men's clothing*

Note that . . .

- **capi di vestiario** means *clothing items.*
- **vestito** means both *suit* and *dress.*
- the plural of **la camicia** is **le camicie**.
- the plural of **il paio** is **le paia**.
- the verb **costare** is conjugated with **essere** in compound tenses.

  Quanto è costata la camicia?   *How much did the shirt cost?*

Colori

(*inv.* = *invariable*)

arancione (*inv.*)	*orange*
azzurro	*blue*
bianco	*white*
blu (*inv.*)	*navy blue*
celeste	*light blue*
giallo	*yellow*
grigio	*gray*
marrone (*inv.*)	*brown*
nero	*black*
rosa (*inv.*)	*pink*
rosso	*red*
verde	*green*
viola (*inv.*)	*purple*

Color adjectives, like other descriptive adjectives, agree with the noun they modify. Several of these, however, are invariable.

il vestito rosso	*the red dress*	**i vestiti rossi**	*the red dresses*
la giacca verde	*the green jacket*	**le giacche verdi**	*the green jackets*

BUT

il cappotto viola	*the purple coat*	**i cappotti viola**	*the purple coats*
la camicia arancione	*the orange shirt*	**le camicie arancione**	*the orange shirts*

Stare bene a...

The expression **stare bene a** conveys the idea of *to look good on.* . . . To use this expression you will need to learn the indirect-object pronouns (*to me, to you,* etc.).

mi	*to me, on me*
ti	*to you, on you (fam.)*
Le	*to you, on you (pol.)*
gli	*to him, on him*
le	*to her, on her*
ci	*to us, on us*
vi	*to you, on you (pl.)*
gli	*to them, on them*

Examples with singular nouns:

Questa giacca mi sta bene.	*This jacket looks good on me.*
Questo cappotto ti sta bene.	*This coat looks good on you (fam.).*
Questa cintura Le sta bene.	*This belt looks good on you (pol.).*
Questa maglia vi sta bene.	*This sweater looks good on you (pl.).*
Questo cappello gli sta bene.	*This hat looks good on him.*

Examples with plural nouns:

Queste scarpe mi stanno bene.	*These shoes look good on me.*
Questi calzini ci stanno bene.	*These socks look good on us.*
Queste camicie vi stanno bene.	*These shirts look good on you (pl.).*
Questi pantaloni gli stanno bene.	*These pants look good on him.*

Applicazione

H. Mi sta bene! Svolgi i seguenti compiti nel modo indicato seguendo i modelli.

> **MODELLO** red shirt/on me
> *La camicia rossa mi sta bene.*
>
> navy blue pants/on you (*fam.*)
> *I pantaloni blu ti stanno bene.*

1. purple raincoat/on me
2. green skirt/on you (*pol.*)
3. red tie/on him
4. pink blouse/on her

5. black gloves/on you (*pl.*)
6. brown boots/on you (*fam.*)
7. gray pants/on us
8. yellow socks/on them

MODELLO　　the light blue pants/25€
　　　　　　　I pantaloni celesti che ho comprato la settimana scorsa sono costati solo
　　　　　　　venticinque euro.

9. the two white shirts/34€
10. the white suit/69€
11. the pair of blue gloves/25€
12. the three pairs of orange socks/15€
13. the two pairs of navy blue boots/178€
14. the two white shirts/50€
15. the pair of brown shoes/77€

I. Cosa portano? Descrivi quello che porta ciascuna persona, liberamente.

1.　　**2.** CINE

3.　　**4.**

J. A tutti la parola! Adesso descrivi com'è vestito/a il compagno/la compagna seduto/a vicino a te.

Grammatica

L'imperfetto indicativo — parte 1ª

The **imperfetto indicativo** allows you to refer to repeating, recurring, or habitual actions that took place in the past. It is also used for descriptions of attributes (in past time). It is usually rendered in English with forms such as *I was doing something, I used to do something, you were doing something, you used to do something,* and so on.

Ieri lei aveva intenzione di fare delle spese.	*Yesterday, she was planning on doing some shopping.*
Il cappello aveva un colore blu.	*The hat was blue in color.*
C'era anche una giacca marrone.	*There was also a brown jacket.*

Here's a comparison between the **passato prossimo** and the **imperfetto**:

PASSATO PROSSIMO	**IMPERFETTO**
Ieri ho letto il giornale.	Da giovane, non leggevo mai il giornale.
Yesterday I read the newspaper.	*As a youth, I never used to read the paper.*
Ieri ho ascoltato una canzone di Modugno.	Quando ero giovane, ascoltavo sempre le canzoni di Modugno.
Yesterday I listened to a song by Modugno.	*When I was young, I always used to listen to Modugno's songs.*

In essence, you use the . . .

PASSATO PROSSIMO	**IMPERFETTO**
to refer to finished actions	to refer to unfinished or habitual actions
ho letto (*I read, I have read*)	**leggevo** (*I used to read, I was reading*)

To conjugate regular verbs in the **imperfetto**:

- Drop the **-re** of the infinitive suffix of all three conjugations.

FIRST CONJUGATION	**SECOND CONJUGATION**	**THIRD CONJUGATION**
parlare	leggere	finire
↓	↓	↓
parla-	legge-	fini-

- Add the endings **-vo, -vi-, -va, -vamo, -vate, -vano** to the stems.

	parlare	**leggere**	**finire**
(io)	parlavo	leggevo	finivo
(tu)	parlavi	leggevi	finivi
(lui / lei / Lei)	parlava	leggeva	finiva
(noi)	parlavamo	leggevamo	finivamo
(voi)	parlavate	leggevate	finivate
(loro)	parlavano	leggevano	finivano

The **-i** of verbs ending in **-ciare** and **-giare** is retained in writing.

cominciare	→	cominciavo, cominciavi, ...
mangiare	→	mangiavo, mangiavi, ...

As always, do not forget to differentiate between familiar and polite forms.

Roberta, cosa leggevi ieri?	*Roberta, what were you reading yesterday? (fam.)*
Signora Dini, cosa leggeva ieri?	*Mrs. Dini, what were you reading yesterday? (pol.)*

Da bambino...

The formula **da...** renders the idea of *as a . . . .* It generally requires use of the **imperfetto** when past time is involved.

Da bambino ero felice.	*As a child, I was happy.*
Da giovane avevo molti amici.	*As a young person, I had a lot of friends.*
Da piccolo, amavo gli animali.	*As a small child, I used to love animals.*

Applicazione

K. Da bambina. Svolgi i compiti indicati seguendo i modelli.

[portare]

> **MODELLO**   bambina/mia sorella/maglia
> *Da bambina, mia sorella portava sempre una maglia rossa/elegante/troppo grande.*

1. giovane/io/scarpe
2. ragazzo/tu/calzini
3. ragazza/la mia amica/pantaloni
4. bambini/noi/cappelli
5. giovani/voi/stivali
6. bambini/i miei amici/guanti

[sapere]

> **MODELLO**   bambina/mia sorella/parlare francese molto bene
> *Da bambina, mia sorella sapeva parlare francese molto bene.*

7. giovani/voi/risolvere i problemi di matematica facilmente
8. bambino/mio fratello/giocare a tennis molto bene
9. ragazza/tu/cantare/tante canzoni
10. bambini/loro/fare/tante cose
11. ragazza/io/parlare spagnolo molto bene
12. giovani/noi/cantare molto bene

[uscire]

> **MODELLO**   bambina/mia sorella
> *Da bambina, mia sorella non usciva mai da sola.*

13. bambino/mio fratello
14. giovane/io
15. piccolo/tu
16. ragazze/noi
17. bambine/voi
18. piccoli/i miei amici

L. Passato prossimo o imperfetto? Scegli il verbo adatto secondo il caso.

1. Mentre (*While*) io (dormivo / ho dormito) ieri, tu (leggevi / hai letto) il giornale.
2. Cosa (mangiavi / hai mangiato) spesso da bambino?
3. Cosa (mangiavi / hai mangiato) questa mattina?
4. Per due anni (vivevo / sono vissuto) in Italia.
5. Da piccolo (sognavo / ho sognato) (*dreamt*) tante cose.

M. L'imperfetto. Usa ciascuno dei seguenti verbi in frasi all'imperfetto liberamente.

1. mangiare   **3.** pagare
2. cominciare   **4.** cercare

N. A tutti la parola! Indica tre cose che...

1. tu facevi (*used to do*) da bambino/a.
2. tuo fratello/tua sorella faceva da bambino/a.
3. tu non facevi mai da bambino/a.
4. tuo fratello/tua sorella non faceva mai da bambino/a.

Bellissimo

The suffix **-issimo** can be added to most adjectives or adverbs as an emphatic equivalent of **molto/tanto** and **veramente**.

È una giacca molto bella.	=	**È una giacca bellissima.**
It's a very beautiful jacket.		*It's a very (extremely) beautiful jacket.*
Mi piace veramente molto.	=	**Mi piace moltissimo.**
I really like it a lot.		*I like it an awful lot.*

For most adjectives or adverbs, drop the final vowel and then simply attach the suffix.

bello	→	**bell-**	→	**bellissimo**	*very (extremely) beautiful*
felice	→	**felic-**	→	**felicissimo**	*very (extremely) happy*
vero	→	**ver-**	→	**verissimo**	*very true*

Questa è una bellissima giacca.	*This is a very beautiful jacket.*
I miei amici sono felicissimi.	*My friends are extremely happy.*

If the word ends in **-co** and is regularly pluralized to **-chi** [e.g., **stanco** (*tired*) → **stanchi**], retain the **h** to indicate that the hard sound is to be preserved.

stanco	→	**stanchissimo**	*very (extremely) tired*
bianco	→	**bianchissimo**	*very white*

But if the word ends in **-co** and is pluralized instead to **-ci** [e.g., **simpatico** (*nice*) → **simpatici**], then the **h** is not required, since the soft sound is to be preserved in this case.

simpatico	→	**simpaticissimo**	*very nice*

If the word ends in **-go**, the **h** is always retained to indicate that the hard sound is to be preserved.

lungo	→	**lunghissimo**	*very long*

L'aggettivo dimostrativo *questo*

As is the case with any adjective, the demonstrative adjective **questo** (*this*) agrees with the noun it modifies.

SINGOLARE	PLURALE
MASCHILE	
questo cappello	**questi cappelli**
this hat	*these hats*
FEMMINILE	
questa giacca	**queste giacche**
this jacket	*these jackets*

In the singular, the final vowel can be dropped before a word beginning with a vowel.

questo impermeabile	=	**quest'impermeabile**	*this raincoat*
questa estate	=	**quest'estate**	*this summer*

Applicazione

O. Questo cappello. Svolgi i compiti indicati seguendo i modelli.

MODELLO cappello/io
Io avevo intenzione di comprare questo cappello la settimana scorsa.

1. scarpe/tu
2. cintura/mia sorella
3. vestito/io
4. stivali/noi
5. guanti/loro
6. camicie/voi

MODELLO cappello/molto bello
Questo cappello è bellissimo.

7. stivali/veramente grandi
8. pantaloni/molto piccoli
9. scarpe/veramente eleganti
10. camicie/molto belle
11. cappotto/veramente lungo
12. borsa/molto cara

P. Sì, è stanchissimo! Con un compagno/una compagna, crea brevi dialoghi seguendo il modello.

MODELLO ragazzo/stanco

TU: *Questo ragazzo è molto stanco, non è vero?*
COMPAGNO/A: *Sì, è stanchissimo!*

1. lezione/importante
2. persona/romantica
3. compiti/difficili
4. donna/stanca
5. bambine/simpatiche
6. macchine/economiche

Q. Moda. Rispondi alle seguenti domande.

1. In che tipo di negozio preferisci comprare i tuoi capi di vestiario? Nelle boutiques, nei grandi magazzini (*department stores*)...?
2. Che taglia porti di camicia/camicetta? di pantaloni? di giacca?
3. Sai usare il sistema metrico per indicare le tue taglie?

Gli italiani vanno a comprare i capi di vestiario sia alle boutiques che ai grandi magazzini come l'UPIM e la Standa. In Italia, si usa il sistema metrico, e quindi le taglie sono diverse da quelle americane. Ecco un confronto (*comparison*) tra i due sistemi:

Abbigliamento				Scarpe	
Uomini		Donne			
U.S.A.	Italia	U.S.A.	Italia	U.S.A.	Italia
S	46	8	44	7	37
M	48	10	48	8	38
L	50	12	50	9	39
XL	52	14	52	11	41

L'Italia è famosa in tutto il mondo per la moda, sin dai tempi del Rinascimento (*since the Renaissance*). Il «Made in Italy» è una garanzia (*guarantee*) di eleganza (*elegance*), stile e fantasia (*imagination, fantasy*). Tra i suoi stilisti famosi sono da ricordare (*the following should be mentioned*): Armani, Benetton, Gucci, Fendi, Inghirami, Valentino, Versace, Prada e Missoni. Ne conosci altri? Quali?

R. Comprensione. Rispondi alle seguenti domande.

1. Dove vanno gli italiani a comprare i capi di vestiario?
2. Quali sono due grandi magazzini popolari italiani?
3. Che tipo di sistema si usa in Italia?
4. Sin da quando è famosa l'Italia per la moda?
5. Di che cosa è garanzia il «Made in Italy»?
6. Quali sono gli stilisti italiani più famosi oggi come oggi?

S. Sondaggio. Due o tre studenti dovranno fare il seguente sondaggio e poi indicare i risultati ricavati a tutta la classe.

1. Vorresti (*Would you like*) portare indumenti (*clothes*) di uno stilista italiano?
   a. Sì. (Perché?)
   b. No. (Perché?)
2. Se sì, chi è il tuo stilista preferito? (Perché?)
3. Che taglia porti...
   a. di pantaloni?
   b. di camicia/camicetta?
   c. di cintura?
   d. di giacca?
4. Dove compri di solito i tuoi capi?
5. Qual è il tuo colore preferito?
6. Che tipo di vestito non ti sta bene?

Creativo

T. In gruppi di tre, mettete in scena la seguente situazione.

Due amici/amiche sono in un negozio di abbigliamento. Uno dei due ha bisogno di comprare qualcosa (un vestito, una camicia, ecc.). L'altro/a dovrà esprimere la sua opinione sui diversi stili e colori e su come gli/le stanno. Il commesso/la commessa interverrà di tanto in tanto (*will intervene every once in a while*) cercando di persuadere (*trying to convince*) il/la cliente di comprare il capo che sta considerando. Alla fine, però, il/la cliente decide di non comprarlo.

TEMA 2
Books and writers

Quanto sai già?

A. Anticipazione. Rispondi alle seguenti domande, anticipando i nuovi vocaboli ed elementi di cultura.

1. Quali sono le tue opere letterarie (*literary works*) preferite? Perché?
2. Conosci qualche grande scrittore/scrittrice italiano/a? Se sì, chi?
3. Che genere (*genre*) di libro preferisci?
4. Leggi regolarmente qualche rivista? Se sì, quale? Perché ti piace?
5. Ti piacciono i romanzi gialli (*mystery/detective novels*)? Di quale autore/autrice?
6. Ti piacciono i romanzi di spionaggio (*spy*)? Di quale autore/autrice?
7. Ti piacciono i romanzi di fantascienza (*sci fi*)? Di quale autore/autrice?
8. Ti piacciono i fumetti (*comics*)? Quali in particolare?

Dialogo

Nel pomeriggio, la signora Biagi è andata in una libreria°³ del centro per comprare un libro. Alla signora Biagi sono sempre piaciute le opere letterarie dei grandi scrittori e delle grandi scrittrici d'Italia. Ma ieri voleva comprare un libro completamente diverso.　　*bookstore*

BIAGI:	Mi scusi, Lei vende libri in lingua inglese?
COMMESSO:	Certo. Abbiamo ogni tipo di libro, giornale e rivista in lingua inglese. Che genere di libro preferisce?
BIAGI:	Mi piacciono molto i romanzi, specialmente i gialli⁴. Da giovane mi piacevano molto i libri di spionaggio.
COMMESSO:	Ecco, signora. Abbiamo questo libro qui di Ian Fleming: *Dr. No.*
BIAGI:	Va bene. Lo prendo.
COMMESSO:	Le serve altro?°
BIAGI:	Qualcosa per mio nipote. Ce l'ha un libro di fantascienza per bambini? O forse un libro di Harry Potter?
COMMESSO:	Mi dispiace°, ma abbiamo venduto l'ultima copia alcuni giorni fa. Perché non compra un volume di fumetti per Suo nipote? Ecco, questo qui è molto popolare.
BIAGI:	No, non sono sicura. Torno° un'altra volta assieme a° lui. Grazie.
COMMESSO:	Non c'è di che!°

Do you need something else?

I'm sorry

I'll come back
together with
Don't mention it!

---

³Note that **libreria** means *bookstore*, whereas **biblioteca** means *library*.
⁴Mysteries and detective fiction are referred to as **gialli** because at one time many were published with yellow covers.

Comprensione

B. Rispondi alle seguenti domande.

1. Dov'è andata la signora Biagi per comprare un libro?
2. Cosa voleva comprare?
3. Che genere di libro preferisce la signora Biagi?
4. Che tipo di libro leggeva da giovane?
5. Quale libro ha comprato?
6. Che cos'altro le serviva?

C. Con un compagno/una compagna, crea delle frasi o dei brevi dialoghi con le nuove parole e le nuove espressioni.

IN UNA LIBRERIA DEL CENTRO

la libreria	*bookstore*
l'opera letteraria	*literary work*
lo scrittore / la scrittrice	*writer*
il romanzo	*novel*
completamente	*completely*
diverso	*different*
il tipo	*type*
la rivista	*magazine*
il genere	*genre*
il giallo	*mystery / detective story*
ultimo	*last*
la copia	*copy*
sicuro	*sure*
tornare	*to come back, return*
assieme a	*together with*

Modi di dire

Generi letterari

i fumetti	*comics*
la narrativa	*fiction, prose, narrative*
la poesia	*poetry*
il romanzo rosa	*love story / romance novel / harlequin romance*
la saggistica	*essays / nonfiction*
il teatro	*plays, theater*

The word **poesia** refers to both *poetry* in general and a single *poem*.

La poesia mi piace molto.	*I like poetry a lot.*
Ma questa poesia non mi piace.	*But I don't like this poem.*

Servire a...

The expression **servire (a)** is a synonym for **avere bisogno di**. Treat it exactly like **piacere** grammatically. In other words, use the same rule of thumb.

■ With a singular noun

Cosa ti serve?	*What do you need (fam.)?*
Cosa Le serve?	*What do you need (pol.)?*
Mi serve una giacca.	*I need a jacket.*
Cosa serve alla signora Biagi?	*What does Mrs. Biagi need?*
Alla signora Biagi serve una borsa.	*Mrs. Biagi needs a purse.*

■ With a plural noun

Ti servono anche le scarpe?	*Do you also need shoes (fam.)?*
Le servono anche le scarpe?	*Do you also need shoes (pol.)?*
Sì, mi servono anche le scarpe.	*Yes, I also need shoes.*
Servono i libri a tua sorella?	*Does your sister need books?*
Sì, a mia sorella servono i libri.	*Yes, my sister needs books.*
Sì, le servono i libri.	*Yes, she needs books.*
Vi servono questi pantaloni?	*Do you (pl.) need these pants?*

Applicazione

D. Libri e riviste. Rispondi alle seguenti domande.

1. Tu sai dove si possono comprare (*one can buy*) i giornali e le riviste, oltre che in una libreria (*other than at a bookstore*)?
2. Hai mai letto un romanzo rosa? Ti è piaciuto? Perché?
3. Ti piace la poesia? Chi è il tuo poeta preferito?
4. Hai mai letto un giallo? Quale? Ti piacciono i romanzi di questo tipo? Perché?
5. Ti piacciono i fumetti? Quali? Perché?
6. Ti piace il teatro? Hai mai visto un dramma/una commedia di uno scrittore/una scrittrice italiano/a? Quale?
7. Hai mai letto la narrativa o la saggistica italiana? Com'è? Facile o difficile?

E. Mi servono due volumi. Con l'espressione **servire (a)**, indica che...

MODELLO   tu hai bisogno di due volumi di poesia
Mi servono due volumi di poesia.

Indica che...

1. il signor Giusti ha bisogno di un nuovo libro.
2. la signora Giusti ha bisogno di scarpe nuove.
3. tua sorella ha bisogno di nuovi libri.
4. i tuoi genitori hanno bisogno di una nuova macchina.
5. tu hai bisogno di un paio di scarpe nuove.

Grammatica

L'imperfetto indicativo — parte 2ª

I verbi riflessivi

As you learned in the previous chapter, reflexive verbs are conjugated in the same manner as nonreflexive ones. This is true of reflexive verbs in the imperfect as well. Here are three reflexive verbs conjugated fully in the **imperfetto**:

	alzarsi		**mettersi**		**divertirsi**	
(io)	mi	alzavo	mi	mettevo	mi	divertivo
(tu)	ti	alzavi	ti	mettevi	ti	divertivi
(lui / lei / Lei)	si	alzava	si	metteva	si	divertiva
(noi)	ci	alzavamo	ci	mettevamo	ci	divertivamo
(voi)	vi	alzavate	vi	mettevate	vi	divertivate
(loro)	si	alzavano	si	mettevano	si	divertivano

Il pronome dimostrativo *questo*

The pronoun forms of **questo** are as follows:

AGGETTIVO		PRONOME
questo libro	→	questo
this book		*this one*

Questo libro è interessante.
This book is interesting.

Questo è interessante.
This one is interesting.

Quest'impermeabile è caro.
This raincoat is expensive.

Questo è caro.
This one is expensive.

questi libri	→	questi
these books		*these ones*

Questi libri sono interessanti.
These books are interesting.

Questi sono interessanti.
These ones are interesting.

Questi impermeabili sono cari.
These raincoats are expensive.

Questi sono cari.
These ones are expensive.

questa giacca	→	questa
this jacket		*this one*

Questa giacca è nuova.
This jacket is new.

Questa è nuova.
This one is new.

Quest'operaia è molto brava.
This worker is very good.

Questa è molto brava.
This one is very good.

queste giacche	→	queste
these jackets		*these ones*

Queste giacche sono nuove.
These jackets are new.

Queste operaie sono molto brave.
These workers are very good.

Queste sono nuove.
These ones are new.

Queste sono molto brave.
These ones are very good.

Applicazione

F. Da bambino. Rispondi alle domande seguendo il modello.

> **MODELLO**   A che ora ti alzavi da bambino/a per andare a scuola?
> *Mi alzavo alle sette e mezzo.*

1. A che ora si alzava tuo fratello/tua sorella da bambino/a per andare a scuola?
2. Cosa ti mettevi per andare a scuola da bambino/a?
3. Si divertivano i tuoi amici da bambini?
4. Come si chiamava il tuo miglior amico/la tua miglior amica?
5. Come vi vestivate tu e tua sorella da bambini?

G. A tutti la parola!

Indica tre cose che...

1. tu volevi fare da bambino/a.
2. tu dovevi fare da bambino/a.
3. tu non potevi fare da bambino/a.

Da bambino/a...

4. a che ora ti alzavi dal lunedì al venerdì?
5. cosa ti mettevi di solito per andare a giocare (*play*) con i compagni?
6. come ti divertivi?

H. Quali? Questi! Con un compagno/una compagna, crea brevi dialoghi nel modo indicato.

> **MODELLO**   romanzi
>
> TU: *Quali romanzi volevi comprare ieri?*
> COMPAGNO/A: *Questi.*

1. libro
2. matita
3. guanti
4. scarpe

5. volume di saggistica
6. sciarpa
7. volumi di narrativa
8. maglie

Il suo

The possessive adjective **il suo** (*his/her*)/**il Suo** (*your*) (*pol.*) has the following forms:

il suo amico	*his/her friend (m.)*
i suoi amici	*his/her friends (m.)*
la sua amica	*his/her friend (f.)*
le sue amiche	*his/her friends (f.)*

il Suo amico	*your friend (m., pol.)*
i Suoi amici	*your friends (m., pol.)*
la Sua amica	*your friend (f., pol.)*
le Sue amiche	*your friends (f., pol.)*

Don't forget that the article is dropped with a singular and unmodified kinship noun.

Mirella è sua cugina.	*Mirella is his/her cousin.*
Mirella e Paola sono le sue cugine.	*Mirella and Paola are his/her cousins.*

Note that the possessive **suo** agrees with the gender of the noun it modifies. Since this pattern is different from English usage, you will have to be very careful!

HIS

È il compleanno di Roberto.	È il suo compleanno.	*It is his birthday.*
Maria è l'amica di Roberto.	Maria è la sua amica.	*Maria is his friend (f.).*
Loro sono gli amici di Roberto.	Sono i suoi amici.	*They are his friends (m.).*
Loro sono le amiche di Roberto.	Sono le sue amiche.	*They are his friends (f.).*

HER

È il compleanno di Carla.	È il suo compleanno.	*It is her birthday.*
Maria è l'amica di Carla.	Maria è la sua amica.	*Maria is her friend (f.).*
Loro sono gli amici di Carla.	Sono i suoi amici.	*They are her friends (m.).*
Loro sono le amiche di Carla.	Sono le sue amiche.	*They are her friends (f.).*

YOUR (POL.)

È il Suo compleanno, signor Rossi?	È il Suo compleanno?	*It's your birthday?*
È il Suo compleanno, signora Dini?	È il Suo compleanno?	*It's your birthday?*
È la Sua collega, signor Rossi?	È la Sua collega?	*Is she your colleague?*
È la Sua collega, signora Dini?	È la Sua collega?	*Is she your colleague?*
Sono i Suoi amici, signor Rossi?	Sono i Suoi amici?	*Are they your friends (m.)?*
Sono i Suoi amici, signora Dini?	Sono i Suoi amici?	*Are they your friends (m.)?*
Sono le Sue amiche, signor Rossi?	Sono le Sue amiche?	*Are they your friends (f.)?*
Sono le Sue amiche, signora Dini?	Sono le Sue amiche?	*Are they your friends (f.)?*

Polite forms are capitalized so that they can be differentiated from other third-person forms. However, this is not strictly necessary: **il Suo compleanno** or **il suo compleanno** = *your birthday*.

Grande

Like **buono** and **bello**, the adjective **grande** (*big, large, great*) can be put before or after the noun it modifies. When it is put before the noun, its forms vary in the following ways:

■ The optional form **gran** can be used before a singular noun beginning with a consonant.

BEFORE		AFTER	
un gran libro un grande libro	*a great book*	un libro grande	*a big book*
una gran donna una grande donna	*a great woman*	una donna grande	*a big woman*

■ But before a masculine singular noun beginning with **z** or **s** + *consonant* the form **grande** must be used.

un grande scrittore	uno scrittore grande	*a great writer*

- Before a vowel, the form **grand'** may be used.

una grand'opera	**un'opera grande**	*a great (big) work*

- In the plural, **grandi** is used both before and after.

due grandi libri	*two great books*	**due libri grandi**	*two big books*
due grandi donne	*two great women*	**due donne grandi**	*two big women*

Note that the position of **grande** can be used to convey a difference in meaning.

È un gran libro.	*It's a great book.*
È un libro grande.	*It's a big book.*

You will learn to be sensitive to this nuance in meaning with time and exposure. Just keep in mind, as a rule of thumb, that **grande** normally means *great* when placed before a noun and *big* after.

Applicazione

I. Sì, è il suo romanzo! Con un compagno/una compagna, crea brevi dialoghi nel modo indicato.

MODELLO romanzo/di tuo fratello

TU: *È questo il romanzo di tuo fratello?*
COMPAGNO/A: *Sì, è il suo romanzo.*

1. poesia/di tuo fratello
2. poesie/di tua sorella
3. amica/di Maria
4. amico/di Maria
5. cugino/di Paolo

6. cugina/di Paolo
7. zii/del tuo amico
8. zie/del tuo amico
9. genitori/della tua amica

J. Secondo te... Con un compagno/una compagna, crea brevi dialoghi nel modo indicato.

MODELLO *Il nome della rosa*/Umberto Eco/romanzo
TU: *Secondo te,* Il nome della rosa *di Umberto Eco è veramente grande come romanzo?*
COMPAGNO/A: *Sì, è veramente un gran romanzo.*

Luigi Pirandello/scrittore
TU: *Secondo te, Luigi Pirandello è veramente grande come scrittore?*
COMPAGNO/A: *Sì, è veramente un grande scrittore.*

1. *I promessi sposi*/Alessandro Manzoni/romanzo
2. *L'infinito*/Giacomo Leopardi/poesia
3. Elsa Morante/scrittrice
4. Galileo Galilei/scienziato
5. Michelangelo Buonarroti/artista
6. *Il barbiere di Siviglia*/Gioacchino Rossini/opera
7. Antonio Vivaldi/compositore
8. Sofia Loren/attrice
9. *La dolce vita*/Fellini/film

K. Sì, è il suo libro preferito! Rispondi alle seguenti domande nel modo indicato.

> **MODELLO**   È il libro preferito di tuo fratello?
> *Sì, è il suo libro preferito.*

1. È il libro preferito di tua sorella?
2. Italo Calvino è lo scrittore preferito del tuo amico?
3. Natalia Ginzburg è la scrittrice preferita di tuo padre?
4. Questi sono i guanti preferiti della tua compagna?
5. Queste sono le scarpe preferite del tuo compagno?

L. È la Sua camicia? Con un compagno/una compagna, crea brevi dialoghi nel modo indicato seguendo il modello.

> **MODELLO**   signor Tozzi/camicia
>
> TU: Signor Tozzi, questa è la Sua camicia?
> COMPAGNO/A: *Sì, è la mia camicia.*

1. signor Tozzi/cappello
2. signorina Franchi/cappelli
3. professor Gentile/impermeabile
4. professoressa Moretti/stivali
5. dottor Pulci/cintura
6. dottoressa Bruni/scarpe

I numeri

To form the word for any ordinal number after **decimo** (*tenth*), just add the suffix **-esimo** to the corresponding cardinal number word as shown:

11th	**undici + -esimo**	=	**undicesimo**
124th	**centoventiquattro + -esimo**	=	**centoventiquattresimo**

If the cardinal number ends in **-tré** or **-sei**, retain the final vowel (without the accent mark).

23rd	**ventitré + -esimo**	=	**ventitreesimo**
56th	**cinquantasei + -esimo**	=	**cinquantaseiesimo**

Recall that the ordinal numbers are adjectives, and thus agree in gender and number with the noun they modify. For this reason, the numerical form includes a vowel (in superscript) indicating the agreement pattern.

il ventitreesimo posto	=	**il 23° posto**	*the 23rd place*
la centesima volta	=	**la 100ª volta**	*the 100th time*

To indicate the century, you can use **il secolo** and the ordinal number to refer to the number of the century, or else you can indicate it by simply referring to the "hundreds part" of the century.

13th century				
il tredicesimo secolo	=	**il Duecento**	=	*1200s*
14th century				
il quattordicesimo secolo	=	**il Trecento**	=	*1300s*

Applicazione

M. Svolgi i seguenti compiti seguendo i modelli.

> **MODELLO**　　23ᵃ puntata (*episode of a series*)
> *la ventitreesima puntata*

1. 11ᵃ puntata
2. 15ᵃ volta
3. 26ᵃ lezione
4. 33° capitolo
5. 50° compleanno
6. 126° volume
7. 234ᵃ puntata
8. 500ᵃ volta
9. 1000ᵃ volta

> **MODELLO**　　il Duecento
> *il tredicesimo secolo*

10. il Novecento
11. il Trecento
12. il Cinquecento
13. il Quattrocento
14. l'Ottocento
15. il Settecento
16. il Seicento

> **MODELLO**　　Enrico/4°
> *Enrico Quarto* (Henry the Fourth)

17. Luigi/14° (*Louis the Fourteenth*)
18. Enrico/8°
19. Giovanni/23°
20. Elisabetta/2ᵃ

N. Conosci la letteratura? Rispondi alle seguenti domande.

1. Hai mai letto qualche opera letteraria italiana? Quale? Descrivila alla classe.
2. Quale genere di letteratura preferisci? Perché?

I primi grandi scrittori d'Italia erano i tre maestri (*masters*) del Medioevo, e cioè, Dante Alighieri, Francesco Petrarca e Giovanni Boccaccio (terzo capitolo). Ma sono anche conosciute in tutto il mondo le opere letterarie di grandi scrittori e scrittrici moderni come Eugenio Montale, Luigi Pirandello, Natalia Ginzburg, Umberto Eco, Elsa Morante e Italo Calvino.

Qui basta menzionare cinque grandi opere di fama internazionale in ordine cronologico: *La locandiera* (1733), grande commedia del teatro italiano, di Carlo Goldoni (1707–1793); *I promessi sposi* (1825), romanzo del grande scrittore del romanticismo italiano, Alessandro Manzoni (1785–1873); *Sei personaggi in cerca d'autore* (1921), dramma moderno del grande drammaturgo (*playwright*) Luigi Pirandello (1867–1936); e *La luna e i falò* (1950) e *La ciociara* (1957), rispettivamente di due grandi scrittori del Novecento, Cesare Pavese (1908–1950) e Alberto Moravia (1907–1991).

O. Comprensione. Rispondi alle seguenti domande.

1. Chi sono i tre grandi maestri del Medioevo?
2. Chi sono alcuni scrittori moderni?
3. Cosa ha scritto Carlo Goldoni?
4. Chi ha scritto *I promessi sposi*?
5. Chi era Luigi Pirandello?
6. Che cosa ha scritto?
7. Chi erano Cesare Pavese e Alberto Moravia?
8. Cosa hanno scritto?

UMBERTO ECO

P. Ricerca letteraria. Diversi studenti dovranno portare in classe un brano (*excerpt*) tratto da (*taken from*) una delle opere menzionate e leggerlo a tutta la classe. Poi, alla fine, ci sarà una discussione in classe.

MOMENTO
Creativo

Q. In una libreria. In coppie, mettete in scena la seguente situazione.

CLIENTE:	Cerca un libro, ma non sa quale comprare.
COMMESSO/A:	Chiede al cliente quali sono le sue preferenze.
CLIENTE:	Indica alcune preferenze.
COMMESSO/A:	Consiglia diversi tipi di libri in base alle preferenze del/della cliente.
CLIENTE:	Decide di comprare uno dei libri indicati.

C, ci, ch, q

The hard /k/ sound in Italian is represented by the following characters:

- **c** before the vowels **a, o, u** and any consonant

  cappello, camicetta, canzone, ...
  colore, copia, come, ...
  cucina, cuore, ...
  cravatta, crema, classe, ...

- **ch** before the vowels **e, i**

  che, chi, chimica, ...

- **q** in front of **u**

  quanto, questo, quale, ...

The corresponding soft sound is represented by the following characters:

- **c** before the vowels **e, i**

  celeste, cena, centro, ...
  cintura, città, cinema, ...

- **ci** before the vowels **a, o, u**

  ciao, bacio, ...

A. Indica come si pronuncia ciascuna delle seguenti parole.

1. dicembre
2. ciao
3. aranciata
4. cameriere
5. semplice
6. chiamarsi
7. cena
8. certo
9. amico
10. amici
11. amiche
12. tedeschi
13. comincio
14. cravatta
15. camicia

Comprensione generale

B. Ascolta attentamente la conversazione sul CD cercando di determinare:

1. come si chiama il/la cliente.
2. in quale negozio si trova.
3. cosa sta cercando.
4. perché la sta cercando.

C. Adesso cerca di ricostruire la conversazione con altri studenti a piacere.

Lettura

Prima di leggere

A. Sogni! Rispondi alle seguenti domande.

1. Sai che cosa è un sogno? Definiscilo.
2. Hai mai fatto un sogno romantico? Se sì, descrivilo.

B. Trova il CD della canzone «Nel blu dipinto di blu». Portalo in classe per far sentire la canzone a tutta la classe (*to allow the whole class to listen to it*).

Lettura

«Nel blu dipinto di blu»

Penso che un sogno così non ritorni mai più: Mi dipingevo° le mani e la faccia di blu, poi d'improvviso° venivo dal vento rapito° e incominciavo a volare (*to fly*) nel cielo infinito.

I was painting my . . .
suddenly • I was being
snatched away by the wind

> Volare... oh, oh!
> cantare... oh, oh, oh, oh!
> nel blu dipinto di blu
> felice di stare lassù°.

up there

E volavo, volavo felice più in alto del sole° ed ancora più su, mentre il mondo pian piano° spariva° lontano laggiù°, una musica dolce suonava soltanto per me.

sun
little by little • was
disappearing • down there

> Volare... oh, oh!
> cantare... oh, oh, oh, oh!
> nel blu dipinto di blu
> felice di stare lassù.

Ma tutti i sogni nell'alba° svaniscon° perché, quando tramonta, la luna° li porta con sé. Ma io continuo a sognare negli occhi° tuoi belli, che sono blu come il cielo trapunto di stelle°.

at dawn • vanish • when
the moon sets • eyes
dotted with stars

> Volare... oh, oh!
> cantare... oh, oh, oh, oh!
> nel blu dipinto di blu
> felice di stare quaggiù°.

down here

E continuo a volare felice più in alto del sole ed ancora più su, mentre il mondo pian piano scompare° negli occhi tuoi blu; la tua voce è una musica dolce che suona per me.

disappears

> Volare... oh, oh!
> cantare... oh, oh, oh, oh!
> nel blu, dipinto di blu
> felice di stare lassù...
> Nel blu degli occhi tuoi blu
> felice di stare quaggiù, con te!

(«Nel blu dipinto di blu» di Domenico Modugno)

Dopo la lettura

C. Verbi, verbi! Metti negli spazi i verbi mancanti (*missing*).

Penso che un sogno così non ritorni mai più: Mi _____ le mani e la faccia di blu, poi

d'improvviso _____ dal vento rapito e _____ a _____ nel

cielo infinito.

        _____... oh, oh!

        _____... oh, oh, oh, oh!

        nel blu dipinto di blu

        felice di _____ lassù.

E _____, _____ felice più in alto del sole ed ancora più su, mentre il mondo

pian piano _____ lontano laggiù, una musica dolce _____ soltanto per me.

        _____... oh, oh!

        _____... oh, oh, oh, oh!

        nel blu dipinto di blu

        felice di _____ lassù.

Ma tutti i sogni nell'alba svaniscon perché, quando tramonta, la luna li porta con sé. Ma io continuo a

_____ negli occhi tuoi belli, che sono blu come il cielo trapunto di stelle.

        _____... oh, oh!

        _____... oh, oh, oh, oh!

        nel blu dipinto di blu

        felice di _____ quaggiù.

E continuo a _____ felice più in alto del sole ed ancora più su, mentre il mondo pian piano

scompare negli occhi tuoi blu; la tua voce è una musica dolce che suona per me.

        _____... oh, oh!

        _____... oh, oh, oh, oh!

        nel blu dipinto di blu

        felice di _____ lassù

        Nel blu degli occhi tuoi blu

        felice di _____ quaggiù, con te!

D. A tutti la parola! Rispondi alle seguenti domande.

1. Ti è piaciuta la canzone di Modugno? Perché sì/no?
2. Ti sogni spesso? Come sono i tuoi sogni?
3. Racconta un tuo sogno particolarmente memorabile (*memorable*).
4. Conosci altre canzoni popolari classiche italiane? Quali? Chi le canta? Come sono?

Il mondo digitale

A. Respondi alle seguenti domande.

1. Qual è la tua rivista di computer preferita? Quanto costa?
2. Perché ti piache?
3. Quali videogiochi sono famosi nella tua opinione?
4. Che cosa significa ciasuno dei seguenti termini: «periferiche», «schede video» e «notebook»?
5. Hai mai giocato online? Se sì, descrivi la tua esperienza.

A. Situazioni. Scegli la risposta (o l'espressione) adatta.

1. Che _____ porta?
   A. taglia
   B. saldo
2. Come mi sta questa gonna?
   A. Le sta molto bene.
   B. Le stanno molto bene.
3. Come mi stanno questi pantaloni?
   A. Le sta molto bene.
   B. Le stanno molto bene.
4. Le serve...
   A. questo romanzo?
   B. questi romanzi?
5. Mi servono...
   A. queste camicie.
   B. questa camicia.

B. Perfetto o imperfetto? Metti il verbo indicato al passato prossimo o all'imperfetto, secondo il caso.

1. Ieri, mia sorella (andare) _____ in centro.
2. Due settimane fa io (comprare) _____ un impermeabile nuovo.
3. (Esserci) _____ una camicetta in vetrina.
4. La camicetta (avere) _____ un colore blu come il blu della canzone di Modugno.
5. Purtroppo noi (vendere) _____ tutte le camicette in quel colore.
6. Da bambino io (alzarsi) _____ sempre presto.

C. Bellissimo! Usa forme equivalenti in **-issimo**.

MODELLO   Ho comprato un vestito molto bello.
             Ho comprato un vestito bellissimo./Ho comprato un bellissimo vestito.

1. La tua giacca è molto bella.
2. Questo vestito è molto lungo.
3. Hai un'amica molto simpatica.
4. Come mai porti una camicetta così bianca?
5. Mia sorella è molto felice.
6. Noi siamo molto stanchi.
7. Questo è un romanzo veramente grande.

D. Ti piace? Metti negli spazi le forme adatte del dimostrativo **questo**.

1. Ti piace _____ impermeabile?
2. Dove hai comprato _____ camicia?
3. Se non sbaglio, _____ pantaloni sono stretti (*tight*), vero?
4. Perché ti sei messo _____ scarpe?
5. _____ cappotto ti sta proprio bene.

E. È la penna di Roberto? Rispondi nel modo indicato seguendo il modello.

MODELLO   È la penna di Roberto?
Sì, è la sua penna.

1. Sono le scarpe di Franco?
2. Sono i libri della signora Giusti?
3. È il cappello di tua sorella?
4. È la camicia di tuo fratello?
5. Sono i fumetti di Maria?

F. Cultura. Completa ciascuna frase in modo appropriato.

1. Gli italiani vanno a comprare i capi di...
2. In Italia si usa...
3. L'Italia è famosa per la moda...
4. I primi grandi scrittori d'Italia erano...
5. Carlo Goldoni ha scritto...
6. Luigi Pirandello era...

A. il sistema metrico.
B. sin dal Rinascimento.
C. Dante, Petrarca e Boccaccio.
D. vestiario sia nelle boutiques che nei grandi magazzini.
E. un grande drammaturgo moderno.
F. *La Locandiera.*

G. Avvio allo scrivere! Scrivi un breve componimento (*composition*) di circa 100–150 parole sul seguente tema: «Un sogno che non potrò mai dimenticare» (*A dream that I will never be able to forget*). Poi leggilo a tutta la classe.

H. Momento creativo! Intervista il tuo compagno/la tua compagna. Chiedigli/le...

1. dove compra i suoi capi di vestiario.
2. che genere di libro preferisce.
3. qual è il suo romanzo preferito.
4. qual è la sua poesia preferita.
5. chi è il suo scrittore preferito/la sua scrittrice preferita.

Lessico utile

NOMI

l'abbigliamento *clothing*
la borsa *purse*
la calza *stocking*
il calzino *sock*
la camicetta *blouse*
la camicia *shirt*
la canzone *song*
il cappello *hat*
il cappotto *coat*
la cintura *belt*
il colore *color*
la copia *copy*
la cravatta *tie*
la fantascienza *science fiction*
il fotoromanzo *illustrated novel*
i fumetti *comics*
il genere *genre*
la giacca *jacket*
il giallo *detective / mystery story*
la gonna *skirt*
l'impermeabile *raincoat / overcoat*
l'intenzione *intention*

la libreria *bookstore*
il modello *model*
la narrativa *fiction, prose*
l'opera *work*
il paio *pair*
i pantaloni *pants*
la poesia *poetry, poem*
la rivista *magazine*
il romanzo *novel*
il romanzo rosa *harlequin novel*
la saggistica *nonfiction, essays*
lo scrittore / la scrittrice *writer*
lo spionaggio *espionage, spy*
lo stile *style*
lo stivale *boot*
la taglia *size*
il teatro *plays, theater*
il tipo *type*
il vestito *dress, suit*
la vetrina *store window*
il volume *volume / book*

AGGETTIVI

arancione *orange*
azzurro *blue*
bianco *white*
blu *dark blue*
celeste *sky blue*
diverso *different, diverse*
femminile *feminine, women's*
giallo *yellow*
grigio *gray*
letterario *literary*

marrone *brown*
maschile *masculine, men's*
nero *black*
popolare *popular*
rosa *pink*
rosso *red*
sicuro *sure*
ultimo *last*
verde *green*
viola *purple*

VERBI

costare *to cost*
portare *to wear / carry*

provarsi *to try on*
tornare *to return*
volare *to fly*

AVVERBI

completamente *completely*

prima *before*

ALTRI VOCABOLI / ESPRESSIONI

alcuni / e *several, a few*
assieme a *together with*
avere intenzione di *to have the intention to*
da quando *ever since*
di solito *usually*
in saldo *on sale*

Non c'è di che! *Don't mention it!*
Peccato! *Too bad!*
per di più *what's more / moreover*
servire a *to need*
stare bene a *to look good on*
suo *his / her / its / your (pol.)*

L'alimentazione

10

Quanto sai già?

A. Anticipazione. Rispondi alle seguenti domande.

1. Chi fa la spesa (*food shopping*) a casa tua? Perché?
2. Che cos'è un negozio di generi alimentari?
3. Ti piacciono le mele (*apples*) fresche?
4. Ti piace l'uva fresca (*fresh grapes*)?
5. Che cosa significa l'aggettivo «squisito», secondo te?

B. Cibi. Indica i cibi che ti piacciono e quelli che non ti piacciono e perché.

1. l'uva
2. le mele
3. le arance
4. la carne (*meat*)
5. la verdura (*vegetables*)
6. il gelato
7. la pasta

C. La spesa. Scrivi una lista di tutti i cibi che vuoi comprare questa settimana.

Dialogo

Ieri Giorgio stava facendo un po' di spesa[1] in un negozio di generi alimentari°...   *food store*

COMMESSO:	Prego, signore, desidera?
GIORGIO:	Vorrei un po' di frutta.
COMMESSO:	Va bene. Abbiamo delle mele fresche. Vale la pena° di comprarle. Sono squisite!
GIORGIO:	Sono veramente fresche?
COMMESSO:	Certo.
GIORGIO:	Ha anche dell'uva fresca?
COMMESSO:	No, abbiamo venduto tutta l'uva che avevamo ieri prima di mezzogiorno.
GIORGIO:	Allora va bene così, grazie. Quanto viene?
COMMESSO:	In tutto, 12 euro. Ecco il Suo scontrino.

It's worthwhile (appears beside the "Vale la pena°" line)

Comprensione

D. Le seguenti affermazioni sono false. Correggile in modo appropriato.

> **MODELLO** Ieri Giorgio stava facendo delle spese in centro.
> *No, stava facendo un po' di spesa in un negozio di generi alimentari.*

1. La spesa di Giorgio è costata 10 euro.
2. Alla fine il commesso ha dato a Giorgio una bolletta.
3. Il giorno prima avevano venduto tutte le mele prima di mezzogiorno.
4. Ieri avevano tanta uva fresca.
5. Giorgio voleva tanta frutta.
6. Secondo il commesso, valeva la pena di comprare l'uva.

[1]Note that food shopping is rendered by **fare la spesa**, whereas shopping (in general) is rendered by **fare delle spese**.

UN MERCATO

E. Con un compagno/una compagna, crea delle frasi o dei brevi dialoghi con le nuove parole e le nuove espressioni.

fare la spesa	*to do food shopping*
il negozio di generi alimentari	*food store*
la mela	*apple*
fresco	*fresh*
l'uva	*grapes*
valere la pena	*to be worthwhile*

Modi di dire

Parole ed espressioni utili

il mercato	*outdoor market*
il supermercato	*supermarket*
valere la pena di	*to be worthwhile*
valso [past part., conjugated with **essere**]	
Vale la pena.	*It is worthwhile.*
È valsa la pena.	*It has been worthwhile.*

Frutta

l'arancia	orange
la banana	banana
la ciliegia	cherry
la fragola	strawberry
il limone	lemon
la mela	apple
la pera	pear
la pesca	peach
l'uva	grapes

Applicazione

F. Queste o quelle? Con un compagno/una compagna, crea brevi dialoghi seguendo i modelli.

MODELLO mele

TU: *Vorrei queste mele.* (I would like these apples.)
COMPAGNO/A: *Queste? Valgono la pena.*

1. arance
2. uva
3. pesche
4. pere

5. banane
6. ciliege
7. limoni
8. mele

MODELLO mele

TU: *Vale la pena di comprare queste mele?*
COMPAGNO/A: *Sì, sono freschissime!*

9. arance
10. uva
11. pesche
12. pere

13. banane
14. ciliege
15. limoni
16. mele

G. Quanto sai? Rispondi liberamente alle seguenti domande.

1. Spiega la differenza tra un mercato e un supermercato.
2. Spiega la differenza tra «fare delle spese» e «fare la spesa».

Cibi

i broccoli	broccoli
la carota	carrot
il fagiolino	string bean
il fagiolo	bean
la patata	potato
il pisello	pea

il pomodoro	*tomato*
gli spinaci	*spinach*
la carne	*meat*
il pane	*bread*
il pesce	*fish*
Quanto/a ne vuole?	*How much (of it) do you want?*
una decina	*around ten*
una ventina	*around twenty*
una trentina	*around thirty*

To express the quantitative concept *around twenty*, *around thirty*, etc., simply add the suffix **-ina** to the number word, as shown below:

quaranta → quarant- + ina = quarantina

But note:

una dozzina	*a dozen*

Differenze!

Note the following differences between English and Italian:

- **L'uva** is singular in Italian, but plural in English.

L'uva ti fa molto bene.	*Grapes are good for you.*

- **Gli spinaci** is plural in Italian, but singular in English.

Gli spinaci ti fanno molto bene.	*Spinach is good for you.*

- Recall from **Capitolo 3** that the definite article is used with nouns referring to things in general.

Le mele sono rosse.	*Apples are red.*
Mi piacciono le banane.	*I like bananas.*

- The word for *vegetables* in general is singular in Italian: **la verdura**.

La verdura ti fa bene.	*Vegetables are good for you.*

- The word for specific *kinds of vegetables* is plural: **le verdure**.

Non mi piacciono quelle verdure.	*I don't like those vegetables.*

- Finally, recall that the metric system of weights is used in Italy.

il grammo	*gram*
l'ettogrammo (l'etto)	*hectogram (100 grams)*
il chilogrammo (il chilo)	*kilogram (1000 grams)*

Applicazione

H. In un negozio di alimentari. Osserva le immagini (*figures*). Poi rispondi alle domande.

- Che cibo è?

- Quanto pesa/pesano? (*How much does it/do they weigh?*)

MODELLO *Sono delle banane.*
Pesano un chilo.

banane

1.

pesche

2.

ciliege

3.

pere

4.

fragole

I. Vorrei dei fagioli! Con un compagno/una compagna, crea brevi dialoghi seguendo i modelli.

MODELLO dei fagioli/450 grammi

TU: *Vorrei dei fagioli, per favore.*
COMPAGNO/A: *Quanti ne vuole?*
TU: *450 grammi.*

1. dei fagiolini/6 etti (*short for* **ettogrammi**)
2. dei pomodori/un chilo e mezzo
3. delle patate/5 chili
4. dei piselli/500 grammi
5. delle carote/800 grammi

MODELLO delle banane/circa (*around*) 10

COMPAGNO/A: *Vuole anche delle banane?*
TU: *Sì, circa dieci banane./Sì, una decina di banane.*

6. delle carote/circa 15
7. dei pomodori/circa 20
8. delle pere/circa 12
9. delle arance/circa 25
10. delle mele/circa 12

J. A tutti la parola! Indica...

1. tre cibi che ti piacciono molto.
2. tre cibi che non ti piacciono affatto.
3. un cibo che ti piaceva da bambino/a, ma che ora non ti piace più.
4. se preferisci mangiare la carne o il pesce, o se non ti piace né la carne né il pesce.
5. che tipo di pane preferisci.

Grammatica

Il partitivo — parte 1ᵃ

The preposition **di** + *definite article* renders the idea of partialness: *some/any*. For this reason, it is known as the **partitivo**.

Vorrei del formaggio.	=	di + il formaggio	*I would like some cheese.*
Ho comprato dei piselli.	=	di + i piselli	*I bought some peas.*
Chi vuole dello zucchero?	=	di + lo zucchero	*Who would like some sugar?*
Vorrei degli spinaci.	=	di + gli spinaci	*I would like some spinach.*
Vorrei della frutta.	=	di + la frutta	*I would like some fruit.*
Ha dell'uva?	=	di + l'uva	*Do you have any grapes?*
Ha delle mele?	=	di + le mele	*Do you have any apples?*

With mass singular nouns, **un po' di** can replace the partitive, rendering more precisely the idea of *a little/a bit of*:

Vorrei un po' di frutta.	*I would like a bit of fruit.*
Ho mangiato un po' di carne.	*I ate a little meat.*

Grammatically, the partitive gives you, in effect, the plural of the indefinite article.

SINGULAR	PLURAL	
un romanzo	dei romanzi	*some novels*
un amico	degli amici	*some friends*
uno studente	degli studenti	*some students*
una studentessa	delle studentesse	*some students*
un'amica	delle amiche	*some friends*

In the negative, the **partitivo** is normally dropped.

AFFIRMATIVE	NEGATIVE	
Voglio del formaggio.	Non voglio formaggio.	*I do not want any cheese.*
Ho comprato dei piselli.	Non ho comprato piselli.	*I didn't buy any peas.*
Prendo dello zucchero.	Non prendo zucchero.	*I don't take any sugar.*

Applicazione

K. Al supermercato. Con un compagno/una compagna, crea brevi dialoghi seguendo il modello.

> **MODELLO** patate
>
> TU (COMMESSO/A): *Vuole delle patate?*
> COMPAGNO/A: *No, non voglio patate!*

1. limoni	**6.** fagioli
2. pesce	**7.** spinaci
3. ciliege	**8.** broccoli
4. carne	**9.** uva
5. pane	**10.** banane

L. In giro per i negozi di via Dante. Con un compagno/una compagna, crea altri brevi dialoghi seguendo il modello.

> **MODELLO** romanzo/riviste
>
> TU (COMMESSO/A): *Vuole un romanzo?*
> COMPAGNO/A: *No, vorrei delle riviste.*

1. giacca/pantaloni
2. vestito/guanti
3. pesca/spinaci
4. penna/matite
5. orologio/orecchini
6. giornale/riviste
7. volume di poesia/romanzi di spionaggio

M. Al ristorante! Adesso immagina di essere un cameriere/una cameriera. Con un compagno/una compagna, crea brevi dialoghi seguendo il modello.

> **MODELLO** pane
>
> TU (CAMERIERE/A): *Vuole un po' di pane?*
> COMPAGNO/A: *No, non prendo mai pane.*

1. carne	**4.** frutta
2. formaggio	**5.** caffè
3. prosciutto	**6.** latte

Aggettivi possessivi

In previous chapters, you have learned to use three possessive adjectives — **il mio**, **il tuo**, and **il suo**. The remaining possessive adjectives are: **il nostro** (*our*), **il vostro** (*your, pl.*), and **il loro** (*their*). Here is the entire system of **aggettivi possessivi**:

SINGOLARE	PLURALE	
MASCHILE		
il mio amico	i miei amici	*my*
il tuo amico	i tuoi amici	*your (fam.)*
il suo amico	i suoi amici	*his/her*
il Suo amico	i Suoi amici	*your (pol.)*
il nostro amico	i nostri amici	*our*
il vostro amico	i vostri amici	*your (pl.)*
il loro amico	i loro amici	*your*

SINGOLARE	PLURALE	
FEMMINILE		
la mia amica	le mie amiche	*my*
la tua amica	le tue amiche	*your*
la sua amica	le sue amiche	*his / her*
la Sua amica	le Sue amiche	*your (pol.)*
la nostra amica	le nostre amiche	*our*
la vostra amica	le vostre amiche	*your (pl.)*
la loro amica	le loro amiche	*their*

Note that **loro** is invariable.

il loro libro	i loro libri	*their books*
la loro matita	le loro matite	*their pencils*

In the plural, the **vostro** form is usually employed when a group of people are addressed, although a familiar/polite distinction is sometimes maintained: **il vostro/il Loro**.

FAMILIAR	POLITE	
(Marco e Maria)	(Il signore e la signora Dini)	
Quando è il vostro compleanno?	Quando è il Loro compleanno?	*When is your birthday?*

Don't forget to drop the article with singular unmodified kinship nouns.

Come si chiama vostro fratello?	**Dove sono i vostri fratelli?**
What's your brother's name?	*Where are your brothers?*
Questa è nostra zia.	**La nostra zia ricca abita in Italia.**
This is our aunt.	*Our rich aunt lives in Italy.*
Dov'è tuo cugino?	**Dove sono i tuoi cugini?**
Where's your cousin?	*Where are your cousins?*

The exception to this rule is **loro**.

Come si chiama il loro fratello?	**Dove sono i loro fratelli?**
What's their brother's name?	*Where are their brothers?*
Questa è la loro zia.	**La loro zia ricca abita in Italia.**
This is their aunt.	*Their rich aunt lives in Italy.*
Dov'è il loro cugino?	**Dove sono i loro cugini?**
Where is their cousin?	*Where are their cousins?*

Replacing the definite article with the indefinite article allows you to convey the kind of concepts expressed in English with *of mine, of yours*, etc.

Lui è un nostro amico.	*He's a friend of ours.*
Maria è una loro cugina.	*Maria is a cousin of theirs.*

In the plural the article is generally omitted.

Loro sono nostri amici.	*They are friends of ours.*
Maria e Paola sono vostre cugine.	*Maria and Paolo are cousins of yours.*

Finally, with reflexive verbs, the possessive adjective is best omitted because it is implied.

Io mi metto la mia giacca.	=	**Io mi metto la giacca.**	*I am putting on my jacket.*
Lui si prova la sua camicia.	=	**Lui si prova la camicia.**	*He is trying on his shirt.*

L'aggettivo dimostrativo *quello*

The forms of the demonstrative adjective **quello** (*that/those*) correspond to those of the definite article.

MASCULINE FORMS

■ Before **z**, **s** + *consonant*

lo zio	*quello* zio	*that uncle*
lo studente	*quello* studente	*that student*
gli zii	*quegli* zii	*those uncles*
gli studenti	*quegli* studenti	*those students*

■ Before any other consonant

il guanto	*quel* guanto	*that glove*
i guanti	*quei* guanti	*those gloves*

■ Before a vowel

*l'*anello	*quell'*anello	*that ring*
gli anelli	*quegli* anelli	*those rings*

FEMININE FORMS

■ Before any consonant

la collana	*quella* collana	*that necklace*
le collane	*quelle* collane	*those necklaces*

■ Before any vowel

*l'*opera	*quell'*opera	*that opera*
le opere	*quelle* opere	*those operas*

Applicazione

N. In giro a fare delle spese. Con un compagno/una compagna, crea brevi dialoghi seguendo il modello.

MODELLO libro

TU (COMMESSO/A): *Quale libro vuole?*
COMPAGNO/A: *Vorrei quel libro.*

1. romanzi
2. giallo
3. riviste
4. maglia
5. stivali
6. impermeabile
7. cappotto
8. stereo
9. cravatta
10. calze
11. orecchini

O. Di chi è? In coppie, svolgete i compiti indicati seguendo i modelli.

> **MODELLO** penna/*ours*
>
> TU: *Di chi è quella penna?*
> COMPAGNO/A: *È la nostra penna.*

1. borsa/*hers*
2. vestiti/*ours*
3. stivali/*ours*
4. riviste/*yours (pl.)*
5. pantaloni/*yours (pl.)*
6. impermeabili/*theirs*
7. gonne/*theirs*
8. giacche/*ours*

> **MODELLO** ragazza/amica mia e di mia sorella
>
> TU: *Chi è quella ragazza?*
> COMPAGNO/A: *È un'amica mia e di mia sorella. È una nostra amica.*

9. ragazza/amica di Paolo
10. uomini/amici tuoi e di tuo fratello
11. donne/professoresse di Marco
12. commesso/cugino di Maria

> **MODELLO** conoscere/*her brother/her sister*
>
> TU: *Hai conosciuto suo fratello?*
> COMPAGNO/A: *No, ho conosciuto sua sorella.*

13. vedere/*his uncle/his aunt*
14. telefonare/*their cousin (m.)/their father*
15. vedere/*our cousins (f.)/your brothers*
16. conoscere/*their aunt/their mother*

I negozi di generi alimentari

P. Negozi! Rispondi alle seguenti domande.

1. Quale orario (*schedule*) seguono i negozi di generi alimentari nella tua città?
2. In quale giorno/quali giorni della settimana sono chiusi i negozi?
3. Dove si tende a (*does one tend to*) fare la spesa nella tua città, nei supermercati o in altri negozi di generi alimentari?

In gran parte dell'Italia, i negozi di generi alimentari cominciano a seguire un orario simile a quello americano.* Alcuni negozi sono chiusi il giovedì. In molte città sono chiusi anche il lunedì. In tutti i negozi d'Italia è illegale lasciare il negozio senza lo scontrino (*receipt*).

Anche in Italia oggi si tende a fare la spesa nei supermercati, specialmente nei centri urbani. Ma continuano ad essere molto popolari i mercati, generalmente il mercoledì o il sabato. In alcune città, come Firenze, questi mercati sono permanenti.

*In general, in Italy, food stores still don't follow the "orario continuato." They still tend to close for "lunch." The hours are usually: 8:00 AM to 1:30 PM/4:00 PM to 8:00 PM. Of course, lifestyles *are* changing, and, therefore, in the future food stores will adopt the "orario continuato."

Q. Comprensione. Rispondi alle seguenti domande.

1. Che cosa sono i mercati?
2. Dove si tende a fare la spesa oggi in Italia?
3. In quali giorni della settimana ci sono, di solito, i mercati?
4. Che cosa è illegale in Italia?

AL SUPERMERCATO!

R. Sondaggio. Due o tre studenti dovranno fare il seguente sondaggio e poi indicare i risultati ricavati a tutta la classe.

> Quale fattore determina (*which factor determines*) dove fai la spesa?
>
> 1. il prezzo del cibo
> 2. il tipo di negozio (supermercato, mercato, ecc.)
> 3. dove è situato (*situated*) il negozio (vicino a casa, ecc.)
> 4. altri fattori

MOMENTO Creativo

S. Sono fresche? In coppie, mettete in scena la seguente situazione.

Un/una cliente sta facendo la spesa. Lui/Lei chiede come sono diversi tipi di frutta e di verdura (Sono fresche? Quanto costano? ecc.). Il commesso/La commessa risponde in modo appropriato. Alla fine, il/la cliente incontra un vecchio amico/una vecchia amica che pure (*also*) sta facendo la spesa. Chiacchierano per un po' di tempo e poi decidono di fare qualcosa insieme più tardi.

Quanto sai già?

A. Anticipazione. Scegli la risposta che tu pensi sia quella più appropriata, anticipando i nuovi vocaboli.

1. «Però» è un sinonimo di...
   A. ma.
   B. come.
2. L'espressione «Non riesco a trovare...» si può tradurre in inglese con...
   A. *I can't hide . . .*
   B. *I can't find . . .*
3. L'olio d'oliva si usa per...
   A. condire (*to season*) il cibo.
   B. addolcire (*to sweeten*) il cibo.
4. L'espressione «parecchio tempo» significa...
   A. poco tempo.
   B. molto tempo.

B. Proverbi. Rispondi alle seguenti domande.

1. Tu sai che cos'è un proverbio? Se sì, spiega che cos'è alla classe.
2. Conosci qualche proverbio italiano? Se sì, spiegalo alla classe.
3. Secondo te, cosa significa «Il tempo è denaro»?

Dialogo

Mentre° Giorgio stava finendo di fare la spesa al negozio di generi alimentari, ha incontrato un vecchio amico, Bruno.   *While*

GIORGIO: Bruno, come va? Anche tu stai facendo un po' di spesa?

BRUNO: Eh già!° Però, questa è la prima volta che faccio la spesa in questo negozio.   *Yeah!*

GIORGIO: La frutta qui è freschissima, anche se alcune volte non riesco a trovare quello che voglio.

BRUNO: Cosa hai comprato?

GIORGIO: Delle mele. E tu?

BRUNO: Un po' di formaggio, alcune arance e due litri di olio d'oliva.

GIORGIO: Allora, che fai di bello°?   *What's up?/What's*

BRUNO: Senti, è parecchio tempo che non ci vediamo. Perché non vieni a cena a casa mia stasera o domani sera?   *with you?*

MMM... CHE TORTA SQUISITA!

GIORGIO: Non è possibile. Sono troppo impegnato in questo periodo. Sai come dice il proverbio, no? «Il tempo è denaro».

BRUNO: Sarà per un'altra volta.°

GIORGIO: Senz'altro°! Ciao!

BRUNO: Arrivederci!

Some other time.
Of course!/No question!

Comprensione

C. Rispondi alle seguenti domande.

1. Cosa stava facendo Giorgio quando ha incontrato Bruno?
2. Cosa stava facendo Bruno?
3. Cosa ha comprato Bruno?
4. Quanto tempo è che Giorgio e Bruno non si vedono?
5. Com'è Giorgio in questo periodo?

👥 **D.** Con un compagno/una compagna, crea delle frasi o dei brevi dialoghi con le nuove parole e le nuove espressioni.

Eh già!	*Yeah!*
però	*however, but*
riuscire a	*to be able to, to be capable of*
l'olio d'oliva	*olive oil*
parecchio tempo	*quite a while*
il periodo	*period*
Senz'altro!	*No question (Surely)!*

Modi di dire

Qualche libro!

Note the following equivalent way to express the partitive:

dei libri	=	**qualche libro**	=	*some books*
degli amici	=	**qualche amico**	=	*some friends*
delle banane	=	**qualche banana**	=	*some bananas*

Proverbi

Il tempo è denaro.	*Time is money.*
Meglio tardi che mai.	*Better late than never.*
L'abito non fa il monaco.	*Clothes do not make the man. (The habit doesn't make the monk.)*
Sbagliando s'impara.	*One learns through one's mistakes.*
Tutto il mondo è paese.	*Things are the same the world over. (The world is one village.)*

Riuscire a...

This verb renders the idea of *being able to do something* in the sense of *having the capacity to do it.*

Non riesco a fare tutto!	*I can't do everything!*
Loro non sono riusciti a fare tutto!	*They weren't able to do everything!*

It is conjugated exactly like **uscire: riuscire = ri + uscire.**

PRESENTE INDICATIVO	**PASSATO PROSSIMO**
Io non riesco a fare tutto!	**Maria non è riuscita a venire ieri!**
I can't do everything!	*Maria couldn't come yesterday!*
Tu non riesci a fare tutto!	**Loro non sono riusciti a venire ieri!**
You can't do everything!	*They couldn't come yesterday!*

Applicazione

👥 **E. Sì, è vero!** In coppie, create brevi dialoghi seguendo il modello.

> **MODELLO** pere
>
> TU: *È vero che ieri hai comprato delle pere?*
> COMPAGNO/A: *Sì, è vero. Ho comprato qualche pera.*

1. arance
2. pesche
3. fagioli

4. limoni
5. banane
6. fragole

F. Proverbi. Indica un proverbio adatto seguendo il modello.

> **MODELLO** Non ho più tempo da perdere!
> *Il tempo è denaro!*

1. Ho consegnato quel compito in ritardo!
2. Che sbaglio che ho fatto! Ma ho imparato (*learned*) a stare zitto/a!
3. Il mio amico non è quello che sembra (*what he seems to be*)!
4. Anche a quegli studenti stranieri (*foreign*) non piace studiare molto!

G. Cosa riesci a fare? Indica tre cose che...

1. riesci a fare con grande facilità (*facility*).
2. non sei mai riuscito/a a fare bene.
3. riuscivi a fare da bambino/a, ma che adesso non riesci più a fare, o riesci a fare con difficoltà (*difficulty*).

Grammatica

Il partitivo — parte 2ª

There are other partitive structures that can be used in Italian. Here is a summary.

(1) With count nouns, i.e., with nouns that can be put into the plural, three types of the partitive can be used:

■ **Di** + *definite article* (as you learned above)

un libro	dei libri	*some books*
uno studente	degli studenti	*some students*
una penna	delle penne	*some pens*
un'amica	delle amiche	*some friends*

■ **alcuni/e** (this means more precisely *a few, several*)

un libro	alcuni libri	*some/a few/several books*
uno studente	alcuni studenti	*some/a few/several students*
una penna	alcune penne	*some/a few/several pens*
un'amica	alcune amiche	*some/a few/several friends*

■ **qualche** + *singular noun*

un libro	qualche libro	*some / a few / several books*
uno studente	qualche studente	*some / a few / several students*
una penna	qualche penna	*some / a few / several pens*
un'amica	qualche amica	*some / a few / several friends*

Note: The structure in the latter case is singular, **qualche libro**, but its meaning is plural, *some books*.

(2) With noncount nouns, i.e., with nouns that normally do not have a plural form, two forms of the partitive can be used:

■ **Di** + *definite article*

il formaggio	del formaggio	*some cheese*
lo zucchero	dello zucchero	*some sugar*
la carne	della carne	*some meat*
l'acqua	dell'acqua	*some water*

■ **Un po' di**

il formaggio	un po' di formaggio	*some / a little / a bit of cheese*
lo zucchero	un po' di zucchero	*some / a little / a bit of sugar*
la carne	un po' di carne	*some / a little / a bit of meat*
l'acqua	un po' d'acqua	*some / a little / a bit of water*

Note: **Qualche** cannot be used with noncount nouns!

Applicazione

H. In giro per i negozi del centro. In coppie, svolgete i compiti indicati seguendo i modelli.

MODELLO libro/d'informatica

TU (COMMESSO/A): *Desidera un libro?*
COMPAGNO/A: *Sì, ha dei libri d'informatica?*

1. giacca/di seta
2. impermeabile/per l'autunno
3. romanzo/rosa
4. volume/di saggistica

MODELLO patate/circa venti

TU (COMMESSO/A): *Vuole alcune patate?*
COMPAGNO/A: *Sì, una ventina.*

5. arance/circa dieci
6. mele/circa dodici
7. limoni/circa quindici
8. banane/circa venti

MODELLO libri d'informatica/di matematica

TU (COMMESSO/A): *Ha dei libri d'informatica?*
COMPAGNO/A: *No, ma abbiamo qualche libro di matematica.*

9. volumi di narrativa/di saggistica
10. libri di scrittori medioevali/di scrittori contemporanei
11. impermeabili per l'autunno/per la primavera
12. dischi di Modugno/di Celentano

MODELLO pane/carne

TU (COMMESSO/A): *Vuole anche del pane?*
COMPAGNO/A: *No, ma vorrei un po' di carne.*

13. zucchero/formaggio
14. prosciutto/pasta
15. verdura/olio d'oliva
16. uva/latte

I. La lista di Giorgio. Ecco la lista delle cose che Giorgio voleva comprare ieri al negozio di generi alimentari. Però dalla sua lista mancano i partitivi. Completa la lista in modo appropriato. Segui il modello.

MODELLO ... pane
del pane/un po' di pane

Cose da comprare ...

1 .... pane
2 .... latte
3 .... formaggio
4 .... mele
5 .... arance
6 .... pesca
7 .... pera
8 .... pomodori
9 .... fagiolo

Il pronome dimostrativo *quello*

The pronoun forms of **quello** are as follows:

AGGETTIVO
quel negozio *that store*
Quel negozio è in via **Dante.**
That store is on Dante Street.

quei negozi *those stores*
Quei negozi sono in via **Dante.**
Those stores are on Dante Street.

PRONOME
quello *that one*
Quello è in via **Dante.**
That one is on Dante Street.

quelli *those ones*
Quelli sono in via **Dante.**
Those ones are on Dante Street.

quello studente *that student*	**quello** *that one*
Quello studente è bravo.	**Quello** è bravo.
That student is good.	*That one is good.*
quegli studenti *those students*	**quelli** *those ones*
Quegli studenti sono bravi.	**Quelli** sono bravi.
Those students are good.	*Those ones are good.*
quell'orologio *that watch*	**quello** *that one*
Quell'orologio è nuovo.	**Quello** è nuovo.
That watch is new.	*That one is new.*
quegli orologi *those watches*	**quelli** *those ones*
Quegli orologi sono nuovi.	**Quelli** sono nuovi.
Those watches are new.	*Those ones are new.*
quella pera *that pear*	**quella** *that one*
Quella pera è fresca.	**Quella** è fresca.
That pear is fresh.	*That one is fresh.*
quell'arancia *that orange*	**quella** *that one*
Quell'arancia è buona.	**Quella** è buona.
That orange is good.	*That one is good.*
quelle pere *those pears*	**quelle** *those ones*
Quelle pere sono fresche.	**Quelle** sono fresche.
Those pears are fresh.	*Those ones are fresh.*
quelle arance *those oranges*	**quelle** *those ones*
Quelle arance sono buone.	**Quelle** sono buone.
Those oranges are good.	*Those ones are good.*

I pronomi possessivi

Possessive pronouns have the same forms as their corresponding adjectives.

AGGETTIVO		PRONOME	
il mio amico	*my friend*	**il mio**	*mine*
la nostra amica	*our friend*	**la nostra**	*ours*
i suoi amici	*his/her friends*	**i suoi**	*his/hers*
le loro amiche	*their friends*	**le loro**	*theirs*

Oggi è il mio compleanno.	**Quando è il tuo?**
Today is my birthday.	*When is yours?*
Ecco la mia amica.	**Dov'è la vostra?**
Here's my friend.	*Where is yours?*

With few exceptions, the article is always used with pronoun forms, even if it is dropped in corresponding adjective uses.

Ecco mia madre.	**Dov'è la tua?**
Here's my mother.	*Where is yours?*
Claudia è nostra cugina.	**Chi è la vostra?**
Claudia is our cousin.	*Who is yours?*

L'imperfetto — parte 2ª

Forme progressive

As in the present indicative, there exists a progressive form of the **imperfetto** that corresponds exactly to the ongoing action expressed by English forms such as *I was writing, you were writing*, etc.

Cosa leggevi ieri?	*What were you reading yesterday?*

OR

Cosa stavi leggendo ieri?	*What were you reading yesterday?*

As you know, the progressive form of a verb is made up of two separate parts: (1) the auxiliary verb **stare**, and (2) the gerund of the verb. In the case of the imperfect progressive, the auxiliary is conjugated in the imperfect.

Here are three verbs conjugated fully in the **imperfetto progressivo**:

	parlare		scrivere		finire	
(io)	stavo	parlando	stavo	scrivendo	stavo	finendo
(tu)	stavi	parlando	stavi	scrivendo	stavi	finendo
(lui/lei/Lei)	stava	parlando	stava	scrivendo	stava	finendo
(noi)	stavamo	parlando	stavamo	scrivendo	stavamo	finendo
(voi)	stavate	parlando	stavate	scrivendo	stavate	finendo
(loro)	stavano	parlando	stavano	scrivendo	stavano	finendo

Reflexive verbs can also have a progressive form.

Lui non si stava divertendo.	*He wasn't enjoying himself.*
Io mi stavo annoiando.	*I was getting bored.*
Sandra e io ci stavamo annoiando.	*Sandra and I were getting bored.*

Verbi irregolari

Of the verbs you have encountered so far, the following have irregular imperfect forms:

bere	bevevo, bevevi, beveva, bevevamo, bevevate, bev**e**vano
dire	dicevo, dicevi, diceva, dicevamo, dicevate, dic**e**vano
essere	ero, eri, era, eravamo, eravate, **e**rano
fare	facevo, facevi, faceva, facevamo, facevate, fac**e**vano

Note that **dare** and **stare** are not irregular in the imperfect.

dare	davo, davi, dava, davamo, davate, d**a**vano
stare	stavo, stavi, stava, stavamo, stavate, st**a**vano

Note as well the forms of **esserci** and **piacere** in the imperfect.

C'era anche una giacca in vetrina.	*There was also a jacket in the window.*
C'<u>e</u>rano anche gli stivali in vetrina.	*There were also boots in the window.*
Da bambino/a mi piaceva il latte.	*I used to like milk as a child.*
Da bambino/a ti piac<u>e</u>vano i fumetti.	*You used to like the comics as a child.*

Applicazione

J. Verbi e pronomi. Con un compagno/una compagna, crea brevi dialoghi nel modo indicato seguendo i modelli.

> **MODELLO** camicia
>
> TU (COMMESSO/A): *Vuole quella camicia?*
> COMPAGNO/A: *Sì, voglio proprio quella.*

1. impermeabile
2. cappello
3. stivali
4. pantaloni
5. scarpe
6. orecchini
7. stile
8. modello
9. cravatta

> **MODELLO** tuo/vestito/suo
>
> TU: *Era tuo, quel vestito?*
> COMPAGNO/A: *No, non era il mio, era il suo.*

10. tuo/giacca/nostro
11. suo/impermeabile/vostro
12. suo/camicia/mio
13. tuo/pantaloni/loro [*Be careful!*]

> **MODELLO** leggere/tu/un libro
>
> TU: *Cosa stavi leggendo tu ieri?*
> COMPAGNO/A: *Stavo leggendo un libro.*

14. fare/tu/i compiti
15. dire/il professore/molte cose
16. bere/il tuo amico/un cappuccino
17. guardare/i tuoi amici/un programma interessante

> **MODELLO** tu/comprare/quel vestito
>
> TU: *Perché tu non hai comprato quel vestito?*
> COMPAGNO/A: *Perché ho comprato proprio quello* (exactly that one) *due settimane fa.*

18. tu/leggere/quel libro
19. lui/comprare/quella giacca
20. voi/bere/quel caffè
21. voi/pagare/quel conto (*bill*)

K. Da bambino/a! Indica...

1. tre cose che potevi fare da bambino/a, ma che ora non puoi più fare.
2. tre cose che dovevi fare da bambino/a, ma che ora non devi più fare.
3. tre cose che volevi fare da bambino/a, ma che ora non vuoi più fare.
4. tre cose che sapevi fare da bambino/a, ma che ora non sai più fare.

L. L'imperfetto. Adesso, usa ciascuno dei seguenti verbi all'imperfetto liberamente.

1. essere
2. esserci
3. piacere
4. bere
5. fare
6. dire
7. dare

Il trapassato prossimo

The pluperfect indicative (**il trapassato prossimo**) allows you to express an action that occurred before the action indicated by the **passato prossimo** or the **imperfetto**.

PAST ACTION	ACTION THAT OCCURRED BEFORE IT
Ho mangiato il panino.	**Dopo che avevo mangiato il panino, ho bevuto un caffè.**
I ate the sandwich.	*After I had eaten the sandwich, I had a coffee.*
Da bambino leggevo sempre i fumetti.	**Da bambino andavo a dormire solo dopo che avevo letto i fumetti.**
As a child I always used to read the comics.	*As a child I used to go to bed only after having read the comics.*

This tense corresponds to the action expressed by such English forms as *I had eaten, you had written, . . .*

The **trapassato** is a compound tense made up of two separate parts: (1) the imperfect of the auxiliary verb **avere** or **essere**, and (2) the past participle.

Auxiliary verb	Past participle
↓	↓
avevo	**finito**
ero	**andato/a**

So, you already know everything you need to know in order to conjugate verbs in the **trapassato**. You know: (1) how to form past participles, (2) which verbs are conjugated with **avere** or **essere**, and (3) how to conjugate **avere** and **essere** in the **imperfetto**.

Here are three verbs fully conjugated for you in the **trapassato**: (1) a verb conjugated with **avere**, (2) a verb conjugated with **essere**, and (3) a reflexive verb.

	(1) **comprare**		(2) **andare**		(3) **divertirsi**	
(io)	avevo	comprato	ero	andato/a	mi ero	divertito/a
(tu)	avevi	comprato	eri	andato/a	ti eri	divertito/a
(lui/lei/Lei)	aveva	comprato	era	andato/a	si era	divertito/a

	(1) comprare		(2) andare		(3) divertirsi	
(noi)	avevamo	comprato	eravamo	andati/e	ci eravamo	divertiti/e
(voi)	avevate	comprato	eravate	andati/e	vi eravate	divertiti/e
(loro)	avevano	comprato	erano	andati/e	si erano	divertiti/e

I numeri

Fractions are named the same in Italian as they are in English.

$\frac{2}{3}$	→	**due**	*two*	[cardinal number word]
	→	**terzi**	*thirds*	[ordinal number word]
$\frac{1}{3}$		**un terzo**		
$\frac{3}{4}$		**tre quarti**		
$\frac{7}{8}$		**sette ottavi**		

Exception:

$\frac{1}{2}$	**metà** (*noun*) / **mezzo** (*adjective*)

Applicazione

M. Il trapassato. Usa ciascuno dei seguenti verbi al trapassato prossimo liberamente.

1. annoiarsi
2. tornare
3. uscire
4. cominciare
5. finire

N. Scrivi in parole le seguenti frazioni e usa il verbo al trapassato prossimo.

MODELLO $\frac{3}{4}$/(io) mangiare
Avevo mangiato solo tre quarti (della torta, del cibo, ...).

1. $\frac{2}{5}$/(tu) comprare
2. $\frac{3}{7}$/(lui) volere
3. $\frac{9}{10}$/(noi) fare
4. $\frac{11}{25}$/(voi) mangiare
5. $\frac{4}{5}$/(loro) capire
6. $\frac{5}{8}$ (io) dire
7. $\frac{123}{500}$ (tu) capire
8. $\frac{1}{2}$ torta/(lui) mangiare

O. Indovina i proverbi! Accoppia i proverbi a sinistra con le loro interpretazioni a destra.

1. La lingua batte dove il dente duole.
2. Il tempo è denaro.
3. L'abito non fa il monaco.

A. Il tempo è prezioso.
B. Le persone si conoscono prendendo in considerazione le loro qualità personali.
C. Quando abbiamo un dolore (*pain*) o una preoccupazione (*worry*), tendiamo a parlarne (*speak about it*).

I proverbi di una cultura costituiscono le sue percezioni (*perceptions*) più fondamentali sulla natura del comportamento umano (*human behavior*). Prendiamo, come esempio, il proverbio italiano: *La lingua batte dove il dente duole.* Chi non ha mai avuto un mal di denti non potrà capire questa espressione. Quando parla, beve o mangia, chi ha mal di denti tende inevitabilmente (*inevitably*) a mettere la lingua sul dente che gli fa male (*on the tooth that hurts*). Per analogia (*By analogy*), quando si ha un dolore o una preoccupazione che vogliamo nascondere (*hide*), si finisce sempre con il parlarne (*one always ends up talking about it*). Il proverbio descrive un aspetto intrinseco (*intrinsic aspect*) del comportamento umano che tutti riconoscono (*recognize*).

Ecco un altro proverbio interessante: *L'abito non fa il monaco.* Un monaco si veste con un abito tutto particolare. Ma, come dice il proverbio, questo non garantisce (*guarantee*) la spiritualità del monaco, la quale deve venire dall'interno (*inside*) della persona stessa. In altre parole, per meglio conoscere qualcuno non bisogna solo prendere in considerazione il suo «abito esterno»; bisogna prendere in considerazione le sue qualità personali.

P. Comprensione. Rispondi alle seguenti domande.

1. Che cosa costituiscono i proverbi di una cultura?
2. Come si veste un monaco?

L'ABITO NON FA IL MONACO!

3. Cosa bisogna fare per meglio conoscere una persona?
4. Cosa si finisce per fare quando abbiamo un dolore o una preoccupazione che vogliamo nascondere?
5. Cosa descrivono i proverbi?
6. Conosci qualche proverbio? Spiegalo.

Q. In un negozio di alimentari. In gruppi di tre, mettete in scena la seguente situazione.

COMMESSO/A:	Chiede al/alla cliente quello che vuole.
CLIENTE:	Indica i cibi che vuole.
COMMESSO/A:	Indica quanto costano.
CLIENTE:	Dopo che ha fatto la spesa incontra un amico/un'amica.
AMICO/A:	Propone di fare qualcosa.
CLIENTE:	Risponde negativamente, citando (*quoting*) un proverbio adatto.

ASCOLTO

La consonante *g*

The hard /g/ sound in Italian is represented by the following two characters:

- **g** before the vowels **a, o, u** and any consonant

  gonna, guanto, grande, ...

- **gh** before the vowels **e, i**

  spaghetti, lunghi, ...

The corresponding soft /j/ sound is represented by the following two characters:

- **g** before the vowels **e, i**

  genere, generoso, giro, ...

- **gi** before the vowels **a, o, u**

  giacca, giocare, ...

A. Indica come si pronunciano le seguenti frasi.

1. Vorrei una granita di caffè.
2. Ho comprato due vestiti lunghi.
3. Ho mangiato il gelato al cioccolato.
4. Che giorno è?
5. Lui è generoso.
6. Hai letto il giornale?
7. Non mi piacciono i romanzi gialli.
8. Lui porta sempre una giacca grigia.
9. E lei porta sempre i guanti grigi.

Comprensione generale

B. Ascolta attentamente la conversazione sul CD cercando di determinare:

1. il nome della persona che sta facendo la spesa.
2. cosa compra.
3. chi incontra alla fine.
4. cosa decidono di fare insieme.

C. Adesso cerca di ricostruire la conversazione con altri studenti a piacere.

Lettura

Prima di leggere

A. Al supermercato. Rispondi alle seguenti domande.

1. Ti piace fare la spesa al supermercato? Perché sì/no?
2. Fai la spesa da solo/a o in compagnia (con chi)?
3. Se non sei tu a fare la spesa (*If it is not you who goes food shopping*) a casa tua, chi la fa (*who does it*)? Perché?

Lettura

I supermercati in Italia!

La parola «supermercato» viene adottata° in Italia nell'anno 1956, in imitazione della parola inglese «supermarket». Comunque°, i supermercati sono diventati popolari solo negli ultimi dieci anni. Queste vaste strutture organizzate per la vendita° di prodotti, soprattutto alimentari e domestici, in cui le persone si servono da sole pagando l'importo° totale alle casse che sono all'uscita, cominciano a rimpiazzare° le vecchie botteghe di generi alimentari in tutto il paese.

is adopted
however

sale
cost
to replace

Nei supermercati sono comuni i carrelli° nei quali si mette la roba dei vari reparti° che sono organizzati in corsie°. Fare la spesa nei supermercati è come andare in una biblioteca, dove possiamo trovare i libri che vogliamo facilmente. Similmente, in un supermercato, il cibo è organizzato come i libri in una biblioteca.

carts
departments • aisles

I supermercati sono, in un certo senso, riflessi° della società moderna dove l'essere anonimo° è diventato°, purtroppo, un fatto di vita!

reflections
being anonymous • has become

Dopo la lettura

B. Comprensione. Rispondi alle seguenti domande.

1. Quando viene adottata la parola supermercato in Italia?
2. Che cosa sono i supermercati?
3. Che cosa cominciano a rimpiazzare?
4. Como sono organizzati i supermercati?
5. Perché sono simili a «biblioteche»?
6. Di che cosa sono i riflessi?

C. A tutti la parola! Rispondi alle seguenti domande.

1. Quali sono, secondo te, i motivi per cui in un supermercato si compra di più (*the reasons why one buys more in a supermarket*)?
   A. il risparmio (*savings*)
   B. le luci
   C. la musica
   D. l'abbondanza dei prodotti (*vast amount of products*)
   E. altro
2. La nostra società ci crea dei bisogni non essenziali. Sai indicarne alcuni?

Il mondo digitale

A. Leggi il seguente testo, ricercando tutte le parole ed espressioni che non riconosci in un dizionario. Poi svolgi le attività che seguono.

La chat room

Il termine «Internet chat» si riferisce alle conversazioni che avvengono (*take place*) in tempo reale in Internet. Quello che digitate è trasferito (*transferred*) istantaneamente alle persone che sono connesse alla stessa chat. Connettersi a una chat room è molto facile:

1. inserire un nome utente,
2. digitare l'indirizzo e-mail,
3. aspettare un po' prima di accedere al gruppo d'interesse.

Alcuni siti chat danno l'opportunità di scambiare informazioni e di fare domande a celebrità (*celebrities*). Queste sono caratteristiche tipiche dei serivizi online.

Comprensione

1. Che cosa è una chat room?
2. Descrivi come si fa per connettersi a una chat room.
3. Che cosa danno alcuni siti chat?

Elaborazione

4. Tu appartieni (*Do you belong*) a un gruppo chat? Se sì, di che cosa parlate?
5. A quale tipo di gruppo chat vorresti appartenere (*would you like to belong*) e perché?

Attività

6. Diversi studenti in classe dovranno formare una chat room in cui potranno discutere la lezione d'italiano della settimana. Poi, la settimana susseguente (*subsequent*) dovranno dire al resto della classe di che cosa hanno parlato.

A. Situazioni. Scegli la parola o l'espressione adatta.

1. Vorrei un po' di...
   A. verdura.
   B. neve.
2. Vorrei anche dell'...
   A. arance.
   B. uva.
3. A quanto...
   A. viene?
   B. dice?
4. Ecco il Suo...
   A. scontrino.
   B. fresco.
5. Non ... trovare quello che voglio.
   A. riesco a
   B. posso
6. Vorrei due ... d'olio.
   A. grammi
   B. litri

B. Fare la spesa! Ecco una lista delle cose che devi comprare per una festa che stai organizzando. Dalla lista mancano i partitivi. Completa la lista inserendo i partitivi adatti. Segui il modello.

MODELLO   patate
                alcune patate/delle patate

                fagiolo
                qualche fagiolo

Cose da comprare...

1. _____ carote
2. _____ piselli
3. _____ pomodoro
4. _____ fagiolini
5. _____ uva
6. _____ limone
7. _____ fragole
8. _____ arance
9. _____ carne
10. _____ pesce
11. _____ pane

C. In un negozio di alimentari. Rispondi alle seguenti domande seguendo il modello.

MODELLO   Quali sono le sue banane, queste o quelle?
Quelle sono le sue.

1. Qual è la loro carne, questa o quella?
2. Quali sono le vostre ciliege, queste o quelle?
3. Quali sono i suoi pomodori, questi o quelli?
4. Quali sono le sue banane, queste o quelle?

D. Verbi, verbi! Metti i verbi indicati al passato prossimo, all'imperfetto o al trapassato prossimo secondo il caso.

1. Maria (uscire) _____ quando Franco (arrivare) _____ .

2. Da bambina, io (alzarsi) _____ sempre dopo che (alzarsi) _____ i miei genitori.

3. Mi ricordo che il cibo (costare) _____ meno quando io (essere) _____ giovane.

4. Ieri io (dovere) _____ andare in centro per comprare un regalo.

5. Mentre tu (fare) _____ un compito ieri, io (leggere) _____ il giornale.

E. Cultura. Spiega o illustra ciascuno dei seguenti proverbi.

1. Meglio tardi che mai.
2. L'abito non fa il monaco.
3. La lingua batte dove il dente duole.
4. Sbagliando s'impara.
5. Tutto il mondo è paese.

F. Momento creativo! Intervista il tuo compagno/la tua compagna.

Chiedigli/le...

1. dove fa la spesa.
2. quali sono i suoi cibi preferiti.
3. quali cibi odia (*hates*).
4. se conosce qualche proverbio interessante.

Lessico utile

la **banana** *banana*
i **broccoli** *broccoli*
la **carne** *meat*
la **carota** *carrot*
il **chilogrammo** *kilogram*
il **cibo** *food*
la **ciliegia** *cherry*
il **denaro** *money*
la **dozzina** *dozen*
l'**ettogrammo** *hectogram*
il **fagiolino** *string bean*
il **fagiolo** *bean*
la **fragola** *strawberry*
il **grammo** *gram*
il **latte** *milk*
il **limone** *lemon*
il **litro** *liter*

la **mela** *apple*
la **metà** *half*
il **mercato** *outdoor market*
l'**olio d'oliva** *olive oil*
il **pane** *bread*
la **patata** *potato*
la **pera** *pear*
il **periodo** *period*
la **pesca** *peach*
il **pesce** *fish*
il **pisello** *pea*
il **proverbio** *proverb*
gli **spinaci** *spinach*
il **supermercato** *supermarket*
l'**uva** *grapes*
la **verdura** *vegetables*

Aggettivi

fresco *fresh*
mezzo *half*

parecchio *quite (a bit of)*
squisito *delicious*

Verbi

riuscire a *to be able to*

trovare *to find*

Altri vocaboli/Espressioni

Eh già! *Yeah!*
fare la spesa *to shop for food*
intanto che *while*
negozio di generi alimentari
  food store

nostro *our*
però *however*
senz'altro *surely*
valere la pena *to be worthwhile*
vostro *your (pl.)*

Roma!

GLOSSARIO

escludere	*to exclude*
situato	*situated*
la riva	*bank (of a river, lake, etc.)*
il Tevere	*Tiber*
sopra	*above, on top of*
il colle	*hill*
pianura ondulata	*wavy plain*
rendere	*to render*
unico	*unique*
fondare	*to found*
a.C.	*«avanti Cristo» (BC)*
d.C.	*«dopo Cristo» (AD)*
il nucleo	*nucleus*
tuttoggi	*even today*
notevole	*notable, noteworthy*
il restauro	*restoration*
il tempio	*temple*
sepolto	*buried*
il luogo di martirio	*place of martyrdom*
rendersi conto	*to realize, to become aware*

Una qualsiasi discussione della civiltà italiana non può escludere un commento su Roma, la «Città Eterna». Situata a circa 20 chilometri dal mare sulle rive del Tevere, su sette colli in mezzo ad una pianura ondulata, Roma ha l'aspetto di una grande metropoli che è, allo stesso tempo, ricca di storia e preistoria. E questa la rende praticamente unica nella civiltà occidentale.

Tutte le strade portano a Roma!

Gli Antichi Romani fondarono una delle più grandi civiltà della storia. Costruirono strade, fortezze e città attraverso il loro intero Impero.

Secondo la tradizione, Roma fu fondata nel 754 a.C. Dopo il periodo classico dell'Impero Romano, la città eterna diventò il nucleo di un altro Impero, e cioè quello della Chiesa Cattolica.

Due monumenti dell'Antica Roma tuttoggi notevoli sono il Pantheon e il Colosseo. Il Pantheon fu costruito nel 27 a.C. da Marco Agrippa, genero di Augusto. Fu ricostruito

Il Foro era il nucleo del sistema politico degli Antichi Romani, poiché era il posto dove I Senatori Romani si incontravano per dibattere le questioni importanti della loro epoca.

dall'imperatore Adriano e poi dagli imperatori Settimio Severo e Caracalla. Ebbe restauri anche nel Rinascimento. Il Pantheon è un tempio che gli Antichi Romani dedicavano a tutte le loro divinità. Ma è anche un tempio dove sono sepolte delle persone illustri. Nel Pantheon romano si trova, per esempio, la tomba di Raffaello, grande artista morto nel 1520.

Il Colosseo fu costruito nel 72 a.C. dall'imperatore Vespasiano per gli spettacoli pubblici e per i combattimenti tra i gladiatori e gli animali feroci. Diventò poi il luogo di martirio dei primi Cristiani. Nel Medioevo fu trasformato in fortezza, e nel Settecento iniziarono i lavori di restauro. Il Colosseo ha una forma ellittica e può contenere circa 50 mila spettatori. Sotto l'arena ci sono corridoi e passaggi che venivano usati nell'organizzazione degli spettacoli.

Logicamente, Roma fu scelta come capitale del nuovo Stato Italiano che si formò nell'Ottocento, fra il 1861 e il 1870, ed è, oggi, il centro politico della nazione. Camminando per le strade di Roma ci si rende veramente conto delle diverse epoche storiche dell'umanità. Da una strada all'altra si passa dall'Antichità al Medioevo, al Rinascimento, al Barocco, al Classicismo, al Romanticismo, fino al più recente postmodernismo! Prima o poi tutti devono vedere Roma. Come dice un vecchio proverbio, «tutte le strade portano a Roma»!

A. Comprensione. Rispondi alle seguenti domande.

1. Che cosa non può escludere un qualsiasi commento sulla civiltà italiana? Perché?
2. Descrivi dove è situata la città di Roma.
3. Che tipo di aspetto ha?
4. Perché è unica questa città?
5. Che cosa diventò dopo il periodo classico?
6. Descrivi il Pantheon (struttura fisica, tipi di funzione che aveva, ecc.).
7. Adesso descrivi il Colosseo.
8. Com'è la Roma moderna?

B. A tutti la parola! Rispondi alle seguenti domande.

1. Sei mai stato/a a Roma? Se sì, racconta le tue impressioni alla classe. E se no, immagina di essere a Roma.
2. Osserva le foto sopra e descrivi quello che vedi.

La televisione

II

Quanto sai già?

A. Anticipazione. Rispondi alle seguenti domande, anticipando i nuovi vocaboli.

1. Sai che cos'è un programma a puntate?
2. Se sì, danne un esempio (*give an example of one*).
3. Che cos'è una partita di pallacanestro?
4. Conosci qualche giocatore di pallacanestro? Chi?
5. Qual è il tuo canale (*channel*) preferito?
6. Che cos'è un'inchiesta?
7. Conosci qualche inchiesta condotta recentemente? Se sì, descrivila.

B. La televisione italiana. Hai mai visto un programma televisivo italiano? Se sì, indica...

1. che tipo di programma era.
2. se ti è piaciuto o no, e perché.
3. se era simile o diverso da programmi americani.
4. quali erano le sue caratteristiche principali.
5. se riuscivi a capire quello che dicevano.

Dialogo

Maria e suo fratello, Roberto, stanno guardando la TV. Ma i due non sono mai d'accordo° sul tipo di programma da guardare.

they never agree

MARIA:	Stasera su RAI Due[1] comincerà un nuovo programma a puntate. Lo voglio guardare, va bene?
ROBERTO:	No, no! Tra poco ci sarà un'importante partita di pallacanestro su un altro canale! Ti giuro° che dopo la partita guarderemo tutti i programmi televisivi che vuoi tu!
MARIA:	Mio caro Roberto, tu la guardi troppo la televisione! Ho letto sul giornale poco tempo fa che un'inchiesta condotta negli Stati Uniti ha trovato che quelli che passano più di un'ora al giorno a guardare la televisione tendono a diventare pigri°!
ROBERTO:	La tua tattica° non funzionerà! Sono quasi le venti e la partita sta per cominciare!
MARIA:	Ma il telecomando° ce l'ho io°! Quindi°, decido io quello che guarderemo!
ROBERTO:	Uffa! Ma dopo il tuo programma, mi devi promettere[2] che guarderemo la partita, va bene?
MARIA:	OK!

I swear to you

lazy

tactic

remote control • is in my hands • Thus, Therefore

[1] *Radio Audizioni Italiane* (Italy's public television channels are RAI 1, 2, 3).
[2] Conjugated like **mettere** (past participle: **promesso**).

Comprensione

C. Rispondi alle seguenti domande.

1. Su che cosa non sono mai d'accordo Maria e Roberto?
2. Che cosa comincerà stasera su RAI Due?
3. Che cosa giura Roberto?
4. Che cosa ha trovato un'inchiesta condotta negli Stati Uniti?
5. Chi ha il telecomando?

D. Con un compagno/una compagna, crea delle frasi o dei brevi dialoghi con le nuove parole e le nuove espressioni.

essere d'accordo	*to agree*
un programma a puntate	*series*
la partita	*game, match*
la pallacanestro	*basketball*
l'inchiesta	*survey*
la tattica	*tactic*
il telecomando	*remote control (device)*
quindi	*thus*
promettere	*to promise*
giurare	*to swear (make an oath or pledge)*

Modi di dire

La televisione

il documentario	*documentary*
l'intervista	*interview*
il programma a puntate	*series, serial*
il programma sportivo	*sports program*
la pubblicità	*advertising*
lo spettacolo	*variety show*
lo spot (pubblicitario)	*TV commercial*
il telefilm	*TV movie*
il telegiornale	*TV newscast*
il telequiz	*TV quiz show*

Applicazione

E. Sì, lo guarderò! Con un compagno/una compagna, crea brevi dialoghi seguendo i modelli. [NOTE: The appropriate direct-object pronoun is given to you in parentheses. Direct-object pronouns will be taken up later on in this chapter.]

> **MODELLO** il programma a puntate/(lo)
>
> TU: *Guarderai il programma a puntate?*
> COMPAGNO/A: *Sì, lo guarderò.*

1. i nuovi programmi di RAI Tre/(li)
2. la partita di pallacanestro/(la)
3. tutte le partite che sono in televisione/(le)
4. il programma sulla nuova inchiesta/(lo)

> **MODELLO** tu
>
> TU: *Tu sei pigro?*
> COMPAGNO/A: *No, ma da bambino/a ero pigrissimo/a.*

5. tu
6. tua sorella e tuo fratello
7. i tuoi amici
8. le tue amiche

> **MODELLO** i programmi a puntate/(li)/*twice per week*
>
> TU: *Guardi mai i programmi a puntate?*
> COMPAGNO/A: *Sì, li guardo due volte alla settimana.*

9. i telefilm/(li)/*once per month*
10. i programmi a puntate/(li)/*twice per day*
11. i programmi sportivi/(li)/*two or three times per week*
12. il telegiornale/(lo)/*three or four times per day*

F. A tutti la parola! Indica qual è...

1. il tipo di documentario che ti piace di più.
2. il programma-intervista che guardi regolarmente.
3. il tuo spot pubblicitario preferito.
4. lo spettacolo televisivo che guardi regolarmente.
5. il telegiornale che guardi regolarmente.
6. il telequiz che guardi regolarmente.

Parole ed espressioni varie

Lavorare means *to work* (*at something, somewhere,* etc.). The verb **funzionare** means *to work* in the sense of *to function* or *to operate.*

LAVORARE	**FUNZIONARE**
Lui lavora in un negozio.	**Il mio orologio non funziona.**
He works in a store.	*My watch isn't working.*
Dove lavora Maria?	**Le tue tattiche non funzioneranno.**
Where does Maria work?	*Your tactics won't work.*

La televisione refers to *television* in general, whereas **il televisore** refers to *a television set.*

A common way to emphasize something in Italian is to put it at the end of the sentence.

Domani guarderemo i programmi televisivi che vuoi *tu*!	*Tomorrow we'll watch the programs that you want!*
Guarderemo i programmi che dico *io*!	*We'll watch the programs that I say!*

Recall that **scorso** means *last.* **Prossimo** means *next.*

l'anno scorso	*last year*
la settimana scorsa	*last week*
l'anno prossimo	*next year*
la settimana prossima	*next week*

Applicazione

👥👥 **G. Vuoi guardare un telefilm?** Con un compagno/una compagna, crea brevi dialoghi seguendo il modello. [NOTE: Again, the appropriate direct-object pronoun is given to you in parentheses.]

> **MODELLO** telefilm/(lo)/prossimo/settimana
>
> TU: *Vuoi guardare un telefilm stasera?*
>
> COMPAGNO/A: *No, lo guarderò la prossima settimana/la settimana prossima.*
>
> telefilm/(lo)/scorso/settimana
>
> TU: *Vuoi guardare un telefilm stasera?*
>
> COMPAGNO/A: *No, l'ho guardato la scorsa settimana/la settimana scorsa.*

1. telefilm/(lo)/prossimo/lunedì
2. programma a puntate nuovo/(lo)/scorso/settimana
3. programma sportivo/(lo)/prossimo/domenica
4. spettacolo/(lo)/scorso/domenica
5. telequiz/(lo)/prossimo/settimana

H. Funzionare o lavorare? Metti negli spazi il verbo adatto nella sua forma appropriata.

> **MODELLO** Il mio orologio non _____ mai.
> *Il mio orologio non funziona mai.*

1. Mio fratello _____ per RAI Due, nel reparto (*department*) delle interviste.
2. Mia sorella _____ per un'azienda (*company*) di pubblicità.
3. Il mio televisore non _____ quasi mai.
4. Le tattiche di tua sorella non hanno mai _____.

I. Ecco il programma che voglio vedere io! Esprimi le seguenti cose enfaticamente.

> **MODELLO** Io guarderò quel programma.
> *Guarderò quel programma io!/Guarderò io quel programma!*

1. Io tengo il telecomando.
2. Anche tu hai guardato quel programma la settimana scorsa.
3. Anche noi guarderemo quel telefilm domani sera.
4. Io lo voglio. (*I want it.*)

J. A tutti la parola! Rispondi alle seguenti domande.

1. Quanto tempo passi a guardare la TV ogni giorno? Perché?
2. Secondo te, la televisione ha un effetto negativo (*negative effect*) sui bambini? Perché sì/no?
3. Secondo te, la pubblicità ha un effetto negativo sulle persone? Perché sì/no?
4. Che marca di televisore hai? Che caratteristiche particolari ha?

Grammatica

Il futuro semplice — parte 1ª

As in English, the **futuro semplice** allows you to refer to future actions and events. It also allows you to convey concepts such as *going to do something* and *will be doing something*.

Fra una settimana arriverà mia zia.
- *In a week my aunt will arrive.*
- *In a week my aunt is going to arrive.*
- *In a week my aunt will be arriving.*

Ti chiamerò stasera.
- *I will call you tonight.*
- *I'll be calling you tonight.*
- *I am going to call you tonight.*

To conjugate regular verbs in the **futuro semplice**:

- For all conjugations, drop the **-e** of the infinitive suffix. For first-conjugation verbs, change the **-a** of the infinitive suffix to **-e**.

FIRST CONJUGATION	SECOND CONJUGATION	THIRD CONJUGATION
parlare	leggere	finire
↓	↓	↓
parler-	legger-	finir-

- Add the endings **-ò**, **-ai-**, **-à**, **-emo**, **-ete**, **-anno** to the stems.

Here are three verbs conjugated fully in the **futuro semplice**:

	parlare	**leggere**	**finire**
(io)	parlerò	leggerò	finirò
(tu)	parlerai	leggerai	finirai
(lui / lei / Lei)	parlerà	leggerà	finirà
(noi)	parleremo	leggeremo	finiremo
(voi)	parlerete	leggerete	finirete
(loro)	parleranno	leggeranno	finiranno

Applicazione

K. Domani! Con un compagno/una compagna, svolgi i compiti indicati seguendo il modello.

MODELLO

TU: cosa/comprare/tua sorella
COMPAGNO/A: mia sorella/comprare/un vestito nuovo

TU: *Cosa comprerà tua sorella domani?*
COMPAGNO/A: *Mia sorella comprerà un vestito nuovo.*

1. **TU:** con chi/parlare/tu
   COMPAGNO/A: io/parlare/con il professore d'informatica
2. **TU:** con chi/pranzare/voi
   COMPAGNO/A: noi/pranzare/con i nostri amici
3. **TU:** chi/incontrare/i tuoi amici
   COMPAGNO/A: i miei amici/incontrare/il loro professore
4. **TU:** a chi/scrivere/tu
   COMPAGNO/A: io/scrivere/a una mia cugina
5. **TU:** cosa/leggere/la classe d'italiano
   COMPAGNO/A: la classe d'italiano/leggere/una poesia di Ungaretti
6. **TU:** cosa/vendere/i tuoi genitori
   COMPAGNO/A: i miei genitori/vendere/la loro macchina
7. **TU:** con chi/uscire/tu
   COMPAGNO/A: io/uscire/con una mia amica
8. **TU:** a che ora/partire/voi
   COMPAGNO/A: noi/partire/verso mezzogiorno
9. **TU:** quando/finire/la classe d'italiano
   COMPAGNO/A: la classe d'italiano/finire/più tardi del solito

Pronomi di complemento oggetto — parte 1ª

The **pronomi di complemento oggetto/pronomi di oggetto diretto** (*direct-object pronouns*) come right before a conjugated verb (i.e., a verb that is in the present, the present perfect, future, etc.).

Stasera guarderò quel programma.	**Stasera *lo* guarderò.**
Tonight I'll watch that program.	*Tonight I'll watch it.*
Domani chiamerò tua sorella.	**Domani *la* chiamerò.**
Tomorrow I'll call your sister.	*Tomorrow I'll call her.*
Tu conosci quegli studenti?	**Tu *li* conosci?**
Do you know those students?	*Do you know them?*

The direct-object pronouns are as follows:

Singular	1st	**mi** (*me*)	**Roberto non *mi* chiama mai.** *Roberto never calls me.*
	2nd	**ti** (*you*)	**Maria *ti* chiama sempre.** *Maria always calls you.*
	3rd	**lo** (*him / it*)	**Non *lo* conosco.** *I don't know him.*
		la (*her / it*)	**Non *la* conosco.** *I don't know her.*
		La (*you, pol.*)	**Signor Rossi, *La* chiamo domani.** *Mr. Rossi, I'll call you tomorrow.* **Signora Rossi, *La* chiamo domani.** *Mrs. Rossi, I'll call you tomorrow.*
Plural	1st	**ci** (*us*)	**Lui *ci* chiama sempre.** *He always calls us.*
	2nd	**vi** (*you*)	**Io non *vi* conosco.** *I do not know you.*
	3rd	**li** (*them, m.*)	**Quegli studenti? Non *li* conosco.** *Those students? I don't know them.*
		le (*them, f.*)	**Quelle studentesse? Non *le* conosco.** *Those students? I don't know them.*

The third-person forms (**lo**, **la**, **li**, **le**) can replace noun phrases functioning as the objects of verbs.

Roberto vuole *il libro di Eco*.	**Roberto *lo* vuole.**
Roberto wants Eco's book.	*Roberto wants it.*
Maria guarderà *la televisione*.	**Maria *la* guarderà.**
Maria will watch television.	*Maria will watch it.*
Io non compro mai *i fumetti*.	**Io non *li* compro mai.**
I never buy the comics.	*I never buy them.*
Non conosco *quelle riviste*.	**Non *le* conosco.**
I don't know those magazines.	*I don't know them.*

Ne

The particle **ne**, meaning *some (of it, them)*, can replace several partitive structures (**Capitolo 10**). Like the direct-object pronoun, it is placed right before the conjugated verb.

■ It can replace the **di + l'articolo determinativo** form of the partitive.

Vuoi *dei libri*?	**Sì, *ne* voglio.**
Would you like some books?	*Yes, I would like some.*
Comprerai *della carne*?	**No, non *ne* comprerò.**
Are you going to buy some meat?	*No, I am not going to buy any.*

■ It can replace the noun in partitive phrases beginning with **alcuni/e** or **un po' di**.

Vorrei *alcuni libri*.	***Ne* vorrei *alcuni*.**
I would like a few books.	*I would like some.*
Prendo *alcune banane*.	***Ne* prendo *alcune*.**
I'll take some bananas.	*I'll take some.*
Comprerò *un po' di carne*.	***Ne* comprerò *un po'*.**
I will buy some/a bit of meat.	*I will buy some/a bit.*
Prendo *un po' di zucchero*.	***Ne* prendo *un po'*.**
I'll have some/a little sugar.	*I'll have some/a little.*

■ It can replace the noun in numerical and quantitative expressions.

Vorrei *due mele*.	***Ne* vorrei *due*.**
I would like two apples.	*I would like two (of them).*
Conosco *molte persone*.	***Ne* conosco *molte*.**
I know many people.	*I know many (of them).*
Prenderò solo *un panino*.	***Ne* prenderò solo *uno*.**
I'll take only one sandwich.	*I'll take only one.*
Prenderò solo *una mela*.	***Ne* prenderò solo *una*.**
I'll take only one apple.	*I'll take only one.*

Applicazione

L. Mi chiamerai domani? Rispondi alle domande usando le forme appropriate del pronome di complemento.

> **MODELLO**   Mi chiamerai domani?
> *Sì, (io) ti chiamerò.*
>
> Maria aspetterà suo fratello domani?
> *Sì, lo aspetterà.*

1. Mi aspetterai domani?
2. Ci inviterete alla festa la prossima settimana?
3. Maria incontrerà la sua amica domani?
4. E dopo incontrerà suo cugino?
5. Tuo fratello chiamerà i suoi amici domani?

M. Domani! Adesso forma frasi appropriate seguendo i modelli.

> **MODELLO**   Marco/chiamare
> *Marco, ti chiamerò domani.*

1. Maria/chiamare
2. Signorina Rossi/incontrare
3. Gianni e Maria/aspettare
4. Paolo/chiamare
5. Professor Michelini/aspettare
6. ragazzi/incontrare

> **MODELLO**   il programma/guardare
> *Il programma? Lo guarderò domani.*

7. la giacca/comprare
8. i romanzi/leggere
9. le interviste/guardare
10. il telegiornale/guardare
11. il caffè/prendere

> **MODELLO**   Vuoi dei libri?/due
> *Sì, ne voglio due.*

12. Vuoi delle matite?/quattro
13. Vuoi del pane?/un po'
14. Vuoi dei dischi?/alcuni
15. Vuoi qualche mela?/una o due
16. Vuoi alcune patate?/una dozzina

N. A tutti la parola! Rispondi alle seguenti domande.

1. Cosa studierai l'anno prossimo?
2. Hai una macchina? Che macchina comprerai in futuro (probabilmente)?
3. Che programmi televisivi guarderai stasera (probabilmente)?
4. Con chi uscirai questo weekend (probabilmente)?

O. La televisione italiana. Con un compagno/una compagna, guarda qualche programma televisivo italiano (via satellite, via Internet, ecc.). Poi, indica al resto della classe...

1. che tipo di programma era.
2. se vi è piaciuto o no, e perché.
3. che differenze avete notato tra i programmi italiani e quelli americani.

In Italia ci sono tre canali pubblici, e cioè le TV di stato (*state-run*): RAI Uno, RAI Due e RAI Tre. Ma ci sono anche parecchie TV private. Ogni città o regione italiana ha le sue. In tutta l'Italia oggi, i telespettatori (*TV viewers*) possono scegliere (*choose*) fra una ventina di canali differenti, e hanno diverse possibilità di accedere a (*have access to*) programmi via satellite e, in minor modo (*less so*), via cavo.

  Anche le radio private sono molto numerose. Una caratteristica delle radio private è che trasmettono molta musica e gli ascoltatori (*listeners*) possono, in molti casi, telefonare ai disc-jockey per chiedere di mandare in onda (*to put on the air*) le loro canzoni preferite.

IN TELEVISIONE

P. Comprensione. Rispondi alle seguenti domande.

1. Quali sono le TV di stato in Italia?
2. Fra che cosa possono scegliere i telespettatori?
3. Sono molte le radio private in Italia?
4. Qual è una caratteristica interessante delle radio private?

Q. Sondaggio. Due o tre studenti dovranno condurre il seguente sondaggio e poi indicare i risultati ricavati a tutta la classe.

Che cosa preferisci guardare in televisione e perché?

1. interviste
2. spettacoli
3. telefilm
4. programmi sportivi
5. telequiz
6. documentari

7. telegiornali
8. spot pubblicitari
9. programmi a puntate
10. altri tipi di programmi
11. niente (non guardo la TV)

MOMENTO
Creativo

R. Pubblicità! Diversi gruppi dovranno creare brevi spot pubblicitari e poi recitarli davanti alla classe.

Quanto sai già?

A. Anticipazione. Scegli la frase o la parola adatta, anticipando le parole e le espressioni nuove.

1. Zitto, siamo quasi... del programma.
   A. alla fine
   B. finito
2. Il tuo programma è...
   A. zitto.
   B. terminato.
3. Secondo la... il teledramma comincia alle 19.30.
   A. guida
   B. televisione
4. L'episodio sarà veramente...
   A. affascinante.
   B. finito.
5. Il secondo episodio andrà... tra qualche momento.
   A. via
   B. in onda
6. Michelangelo è... un grande artista!
   A. davvero
   B. quasi

B. Michelangelo. Se sai chi è Michelangelo Buonarroti, indica alla classe...

1. chi è.
2. perché è importante.
3. quali sono le sue opere artistiche più importanti e dove si possono vedere oggi.

Dialogo

Alla fine del programma a puntate...

ROBERTO: Adesso che è terminato il tuo programma, guardiamo la partita, va bene?

MARIA: Ma, veramente, su RAI Uno c'è, secondo la guida, un affascinante episodio drammatico sulla vita di Michelangelo che anche tu dovresti° guardare!   *you should*

ROBERTO: Uffa!

MARIA: Zitto! Sta per cominciare!

UN'ANNUNCIATRICE: Signore e signori, sono le ventidue precise. Adesso andrà in onda il teledramma a puntate *La vita di Michelangelo.* Buon divertimento!

MARIA: Certo che Michelangelo è stato davvero uno dei più grandi artisti della storia! Che fai, Roberto? Birbante!° Hai cambiato il canale!   *rascal*

ROBERTO: Zitta! La partita è quasi finita!

MARIA: In questa famiglia ci vuole veramente tanta pazienza!

Comprensione

C. Accoppia le frasi in modo logico.

1. Appena il programma era terminato...
2. Secondo la guida, c'era...
3. Secondo Maria, Roberto dovrebbe (*should*)...
4. Il programma su Michelangelo è andato in onda...
5. Michelangelo è stato davvero...
6. A un certo punto...
7. Roberto ha potuto vedere solo...
8. Secondo Maria, nella sua famiglia...

A. guardare il teledramma su RAI Uno.
B. Roberto voleva vedere la partita di pallacanestro.
C. ci vuole tanta pazienza.
D. uno dei più grandi artisti della storia.
E. Roberto ha cambiato il canale.
F. la fine della partita.
G. un episodio drammatico sulla vita di Michelangelo su RAI Uno.
H. alle ventidue precise.

D. Con un compagno/una compagna, crea delle frasi o dei brevi dialoghi con le nuove parole e le nuove espressioni.

la fine	*end*
terminare	*to end*
la guida	*guide*
affascinante	*fascinating*
l'episodio	*episode*
drammatico	*dramatic*
andare in onda	*to go on the air*
il teledramma	*TV drama, docudrama*
Buon divertimento!	*Enjoy! Have fun!*
davvero	*truly*
il/la birbante	*rascal, sneak*
cambiare	*to change*
quasi	*almost*

Modi di dire

Volerci

This expression renders the idea of *something being needed*, as illustrated below. Notice that it has the same features of the verb **piacere** and, thus, you can use the same rule of thumb for the purposes of this chapter.

SINGULAR

Ci vuole tempo.	*Time is needed.*
Ci è voluto tempo.	*Time was needed.*

PLURAL

Ci vogliono due ore per arrivare.	*Two hours are needed to arrive.*
Ci sono volute due ore per arrivare.	*Two hours were needed to arrive.*

Nessuno

Nessuno renders the idea of *none* or *not . . . any*. Notice that: (1) its forms correspond to the forms of the indefinite article and (2) it must be followed by a singular noun.

Vuoi dei dischi?
Do you want any records?

No, non voglio *nessun* disco.
No, I don't want any records.

Vuoi degli orologi?
Do you want any watches?

No, non voglio *nessun* orologio.
No, I don't want any watches.

Vuoi degli scontrini?
Do you want any receipts?

No, non voglio *nessuno* scontrino.
No, I don't want any receipts.

Vuoi delle mele?
Do you want any apples?

No, non voglio *nessuna* mela.
No, I don't want any apples.

Applicazione

E. Ci vuole tanto tempo! Con un compagno/una compagna, crea brevi dialoghi seguendo i modelli.

     MODELLO [Al presente]
          tempo/per fare quel compito/tanto
        TU: *Quanto tempo ci vuole per fare quel compito?*
  COMPAGNO/A: *Ci vuole tanto tempo.*

          tempo/per arrivare in centro/tre ore
        TU: *Quanto tempo ci vuole per arrivare in centro?*
  COMPAGNO/A: *Ci vogliono tre ore.*

[Al presente]

1. tempo/per finire quel compito/un'ora
2. tempo/scrivere quella lettera/tante ore
3. tempo/per completare quell'inchiesta/due o tre settimane
4. tempo/per completare quel sondaggio/solo una giornata

     MODELLO [Al passato]
          tempo/per fare quel compito/tanto
        TU: *Quanto tempo ci è voluto per fare quel compito?*
  COMPAGNO/A: *Ci è voluto tanto tempo.*

          tempo/per arrivare in centro/tre ore
         TU: *Quanto tempo ci è voluto per arrivare in centro?*
  COMPAGNO/A: *Ci sono volute tre ore.*

5. tempo/per finire quel compito/un'ora
6. tempo/scrivere quella lettera/tante ore
7. tempo/per completare quell'inchiesta/due o tre settimane
8. tempo/per completare quel sondaggio/solo una giornata

     MODELLO libri/volere

        TU: *Vuoi quei libri?*
  COMPAGNO/A: *No, non voglio nessun libro.*

9. arance/volere
10. studenti/conoscere
11. pere/preferire
12. professori/conoscere

Contrari

The adjective **pigro** means *lazy*. Its opposite is **energico**, meaning *energetic*. Associating adjectives in terms of opposite meanings is an effective way of remembering them. Here are some common adjectives arranged as opposites. You have already encountered many of them in the first ten chapters.

AGGETTIVO		CONTRARIO	
alto	tall	basso	short
bello	beautiful, nice	brutto	ugly
buono / bravo	good	cattivo	bad
felice	happy	triste	sad
generoso	generous	avaro	greedy
giovane / nuovo	young / new	vecchio	old
interessante	interesting	noioso	boring
magro	skinny	grasso	fat
pigro / stanco	lazy / tired	energico	energetic
ricco	rich	povero	poor
simile	similar	differente / diverso	different
simpatico	nice	antipatico	unpleasant

Parole tipo *annunciatore*

L'annunciatore is the masculine form corresponding to **l'annunciatrice**, which you encountered in the dialogue on page 325. Here are other pairs of words that show this same type of pattern:

MASCHILE		FEMMINILE	
l'attore	actor	l'attrice	actress
il pittore	painter	la pittrice	painter
lo scultore	sculptor	la scultrice	sculptress

Parole utili

il dipinto	painting
la scultura	sculpture
rappresentare	to represent
recitare	to act, recite, play (a part)
amare	to love

Applicazione

F. Esprimi il contrario seguendo il modello.

MODELLO   Questo programma è interessante.
                     No, questo programma è noioso.

1. Quell'attore è alto e magro, ed è anche triste e povero.
2. Quegli spettacoli sono simili e, perciò, molto noiosi.
3. Quel televisore è nuovo.
4. Tutti gli attori in quel telefilm sono ricchi, belli e giovani.
5. In quel film le attrici sono generose e simpatiche.
6. I bambini che guardano sempre la TV sono pigri, cattivi e antipatici.

G. Artisti. Indica...

1. tre attori/attrici molto bravi/brave.
2. tre pittori/pittrici famosi/e e alcuni dei loro dipinti.
3. tre scultori/scultrici famosi/e e alcune delle loro sculture.

Grammatica

Il futuro semplice — parte 2ª

In writing, the **-i** of verbs ending in **-ciare** and **-giare** is not retained in the future.

cominciare	→	comincer-	→	comincerò, comincerai, ecc.
mangiare	→	manger-	→	mangerò, mangerai, ecc.

An **h** is added to verbs ending in **-care** and **-gare** to indicate retention of the hard sounds.

cercare	→	cercher-	→	cercherò, cercherai, ecc.
pagare	→	pagher-	→	pagherò, pagherai, ecc.

Reflexive verbs are conjugated in the same way, of course, as nonreflexive verbs. Here are three verbs fully conjugated for you:

	alzarsi		**mettersi**		**divertirsi**	
(io)	mi	alzerò	mi	metterò	mi	divertirò
(tu)	ti	alzerai	ti	metterai	ti	divertirai
(lui/lei/Lei)	si	alzerà	si	metterà	si	divertirà
(noi)	ci	alzeremo	ci	metteremo	ci	divertiremo
(voi)	vi	alzerete	vi	metterete	vi	divertirete
(loro)	si	alzeranno	si	metteranno	si	divertiranno

Pronomi di complemento oggetto — parte 2ª

In compound tenses, the past participle agrees in gender and number with third-person direct-object pronouns: **lo, li, la, le**. Note that only the forms **lo** and **la** can be apostrophized.

Roberto ha comprato *quella giacca*.
Roberto bought that jacket.

Roberto *l'ha* (*la ha*) comprata.
Roberto bought it.

Maria ha voluto *quel libro*.
Maria wanted that book.

Maria *l'*ha (*lo ha*) voluto.
Maria wanted it.

Io non ho comprato *i biglietti*.
I didn't buy the tickets.

Io non *li* ho comprati.
I didn't buy them.

Io non ho comprato *le patate*.
I didn't buy the potatoes.

Non *le* ho comprate.
I didn't buy them.

The same rule extends to **ne**.

Ho comprato *della frutta*.
I bought some fruit.

Ne ho comprata.
I bought some.

Ho preso *alcune banane*.
I took some bananas.

Ne ho prese *alcune*.
I took some.

Ho mangiato *un po' di carne*.
I ate a bit of meat.

Ne ho mangiata *un po'*.
I ate a bit.

Abbiamo mangiato *tre mele*.
We ate three apples.

Ne abbiamo mangiate *tre*.
We ate three.

For all other cases, the agreement rule is optional.

Maria, *ti* ha chiamato ieri Claudia?
Maria, did Claudia call you yesterday?

Maria, *ti* ha chiamata ieri Claudia?
Maria, did Claudia call you yesterday?

Sì, *mi* ha chiamato.
Yes, she called me.

Sì, *mi* ha chiamata.
Yes, she called me.

Il partitivo negativo

Recall from the previous chapter that, in general, the negative partitive is not expressed overtly.

Voglio delle mele.
I want some apples.

Non voglio mele.
I don't want any apples.

Prendo un po' di zucchero.
I'll take a bit of sugar.

Non prendo zucchero.
I don't take any sugar.

In the **Modi di dire** section on page 327, however, you were introduced to **nessuno**, which can be used optionally as a negative partitive structure.

Hai dei libri?
Do you have any books?

No, non ho nessun libro.
No, I don't have any books.

Hai mangiato alcune mele?
Did you eat some apples?

No, non ho mangiato nessuna mela.
No, I haven't eaten any apples.

Hai molti amici?
Do you have many friends?

No, non ho nessun amico.
No, I don't have any friends.

Hai molti zii?
Do you have many uncles?

No, non ho nessuno zio.
No, I don't have any uncles.

This structure cannot be used with noncount nouns.

Vuoi della carne?
Do you want some meat?

No, non voglio carne.
No, I don't want any meat.

Vuoi un po' di pane?
Do you want some bread?

No, non voglio pane.
No, I don't want any bread.

Parole tipo *programma*

Nouns ending in **-amma**, which are of classical Greek origin, are all masculine. To make them plural, change **-amma** to **-ammi**.

l'anagramma	*anagram*	gli anagrammi	*anagrams*
il diagramma	*diagram*	i diagrammi	*diagrams*
il dramma	*drama*	i drammi	*dramas*
il programma	*program*	i programmi	*programs*

Applicazione

H. Una guida TV. Osserva la seguente pagina tratta da (*taken from*) una guida televisiva italiana. Poi, svolgi i compiti indicati.

MODELLO Choose 5 to 10 programs and then . . .

    1. [identify each program.]
       Alle 6,00 ci sarà il programma «Euronews» su RAI Uno.

    2. [indicate or guess what it is about.]
       È un programma di attualità (news, current events).

    3. [say whether or not you will like it.]
       Probabilmente mi piacerà/non mi piacerà.

I. Mangerò un po' di frutta! Con un compagno/una compagna svolgi i compiti indicati seguendo i modelli.

MODELLO

          TU: cosa/mangiare/tu/a mezzogiorno
  COMPAGNO/A: io/mangiare/un po' di frutta

          TU: *Cosa mangerai tu a mezzogiorno?*
  COMPAGNO/A: *Mangerò un po' di frutta.*

1.   TU: dove/cercare/tu/un lavoro
    COMPAGNO/A: io/cercare/un lavoro/in città
2.   TU: chi/pagare/il conto
    COMPAGNO/A: loro/pagare/il conto
3.   TU: quando/esserci/quei programmi
    COMPAGNO/A: quei programmi/esserci/domani sera
4.   TU: quando/alzarsi/tu/domani mattina
    COMPAGNO/A: io/alzarsi/alle sei e venti
5.   TU: cosa/mettersi/tuo fratello/per andare alla festa
    COMPAGNO/A: mio fratello/mettersi/un vestito qualsiasi

MODELLO quelle patate/due settimane fa

          TU: *Hai comprato quelle patate ieri?*
  COMPAGNO/A: *No, le ho comprate due settimane fa.*

6. quei DVD/un mese fa
7. quella bicicletta/la settimana scorsa
8. quel libro/due giorni fa
9. quelle matite/alcuni giorni fa
10. quell'orologio/un anno fa

MODELLO carne/sì/troppa
          TU: *Hai mangiato della carne?*
  COMPAGNO/A: *Sì, ne ho mangiata troppa.*

            pesche/no/nessuno
          TU: *Hai mangiato delle pesche?*
  COMPAGNO/A: *No, non ho mangiato nessuna pesca.*

11. del pesce/sì/troppo
12. dell'uva/sì/un po'
13. delle patate/sì/molte
14. qualche ciliegia/sì/troppe
15. dei piselli/no/nessuno
16. delle patate/no/nessuno
17. delle fragole/no/nessuno

MODELLO risolvere/anagramma

TU: *Hai risolto quegli anagrammi?*
COMPAGNO/A: *No, non li ho risolti.*

18. fare/diagramma
19. vedere/dramma
20. guardare/programma

J. Artisti italiani. Rispondi alle seguenti domande.

1. Conosci qualche artista (pittore/pittrice, scultore/scultrice) italiano/a?
2. Chi?
3. Conosci qualche sua opera importante? Quale/i?
4. Riconosci la scultura nella foto?

Dal Rinascimento ad oggi, l'Italia vanta (*boasts*) grandi artisti rinomati (*renowned*) in tutto il mondo. Ce ne sono veramente tanti. Qui basterà indicarne alcuni.

IL DAVID!

Filippo Brunelleschi (1377–1446)	inventore della prospettiva (*perspective*) architettonica
Donatello (c. 1386–1466)	grande scultore
Masaccio (c. 1401–1428)	grande pittore che lanciò (*launched*) un nuovo stile di pittura
Sandro Botticelli (c. 1445–1510)	grande pittore, la cui opera *La Nascita di Venere* è conosciuta in tutto il mondo
Leonardo Da Vinci (1452–1519)	grande artista e scienziato; tra le sue opere: *La Gioconda** e *L'Ultima Cena*
Michelangelo Buonarroti (1475–1564)	forse il più grande artista di tutti i tempi; tra le sue opere: il *David*, la *Pietà* e gli affreschi (*frescoes*) della Cappella Sistina
Raffaello (1483–1520)	dopo Michelangelo e Da Vinci, l'artista rinascimentale più conosciuto
Gianlorenzo Bernini (1598–1680)	grande architetto e scultore del Barocco
Giorgio De Chirico (1888–1928)	grande pittore surrealista che dipingeva scene di grandi piazze
Amedeo Modigliani (1884–1920)	pittore e scultore famoso per le sue forme corporee allungate (*elongated body forms*)

*I.e., *Mona Lisa*.

K. Comprensione. Accoppia le due colonne.

1. Modigliani
2. Brunelleschi
3. Donatello
4. De Chirico
5. Bernini
6. Masaccio
7. Botticelli
8. Raffaello
9. Leonardo
10. Michelangelo

A. architetto e scultore del Barocco
B. pittore di grandi piazze surrealiste
C. famoso per le sue forme allungate
D. dopo Michelangelo e Da Vinci, l'artista rinascimentale più conosciuto
E. ha dipinto *La Gioconda*
F. ha dipinto gli affreschi della Cappella Sistina
G. ha dipinto *La Nascita di Venere*
H. inventore della prospettiva architettonica
I. lanciò un nuovo stile di pittura durante il Rinascimento
J. grande scultore rinascimentale

L. L'arte italiana in classe! Diversi studenti dovranno portare in classe esempi di opere di uno o due degli artisti menzionati sopra. Le opere saranno poi discusse (*will then be discussed*) in classe.

1. Di che cosa tratta ciascuna opera (scultura, dipinto, ecc.)?
2. Ti piace o non ti piace? Perché?

M. Il telegiornale. Diversi studenti/diverse studentesse dovranno preparare il telegiornale (da leggere poi davanti alla classe) in base a uno dei seguenti titoli (*headlines*).

MODELLO   Attore famoso arriva in Italia.
Signore e signori, buonasera. Un attore famoso, Patrick Hudson, è arrivato in Italia con un'attrice americana, Debbie Smith. I due vivranno in Italia e lavoreranno per la RAI. Aspettano già il loro primo figlio.

1. Professore italiano famoso arriva negli Stati Uniti.
2. Le previsioni di oggi.
3. Ci sarà un altro incontro tra il Presidente italiano e il Presidente americano.

ASCOLTO

Gli e gn

The three-letter character **gli** stands for a sound that is similar to the sound represented by *lli* in the English word *million*.

figlia, luglio, taglia,...

The first two letters, **gl**, can also stand for /g/ + /l/ in some words.

globo (*globe*), **gloria** (*glory*),...

The two-letter character **gn** stands for a sound that is similar to the *ny* sound in the English word *canyon*.

giugno, signora,...

A. Pronuncia le seguenti frasi, notando i suoni rappresentati da **gli** e **gn**.

1. Ecco gli gnocchi.
2. Voglio le lasagne.
3. Sono nata in luglio.
4. A me non piacciono le tagliatelle.
5. Domani arriveranno gli amici dalla Spagna.
6. La figlia e il figlio di mio zio sono ingegneri.

Comprensione generale

B. Ascolta attentamente la vignetta sul CD cercando di determinare:

1. che tipo di prodotto viene pubblicizzato (*is being advertised*).
2. quanto costa.
3. quali sono le sue caratteristiche più importanti.
4. a chi è indirizzato (*to whom is it directed*).

C. Adesso cerca di ricostruire la conversazione con altri studenti a piacere.

Lettura

Prima di leggere

👥👥 **A. Che vuol dire?** Quattro coppie di studenti dovranno ricercare (*look up*) il significato delle seguenti parole ed espressioni. Poi, insieme dovranno indicare il loro significato alla classe. [NOTE: The vocabulary is separated according to TV soap program (*Vivere, Febbre d'amore, Sentieri, Beautiful*). Each individual pair should be assigned the vocabulary of one of the soaps.]

VIVERE
una telenovela
un bacio respinto
evitare
compiacersi
sotto lo stesso tetto
sferrare un cruento attacco
rinunciare a tentare di recuperare
il rapporto

FEBBRE D'AMORE
consigliare
una riconciliazione
nel frattempo
perdonare
riconquistare
il cavaliere
perdere di vista
assicurarsi
un confronto

SENTIERI
investito/a
l'ospedale
sottoposto
un intervento chirurgico
precipitarsi
abbracciare con affetto
il pericolo
un sospiro di sollievo
la cassetta di sicurezza
trafugare il contenuto
sbarazzarsi di
sbrigare
un individuo losco

BEAUTIFUL
un parere
la scelta
l'arredamento
ribadire
l'incarico
il consiglio raggiunge la maggioranza
destituire
riabbracciare con gioia
un attaccamento
un viaggio distensivo

Lettura

telenovele e soap

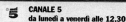

CANALE 5
da lunedì a venerdì alle 12,30

Giacomo si rende conto che Chiara, dopo quel bacio **respinto**, sta cercando di evitarlo anche come collega. Intanto, con l'arrivo in Villa del piccolo Lorenzo, mentre Pierfrancesco si compiace di vedere finalmente **riunita** sotto lo stesso tetto tutta la sua famiglia, Alfio si prepara a sferrare un cruento **attacco** contro di lui. Nel frattempo Luca, dopo aver visto ancora una volta Marta insieme a Danilo, rinuncia a tentare di recuperare il **rapporto** con lei. Ma quando la ragazza si rende conto che lo sta davvero perdendo, è lei stessa a **cercarlo**…

RETE 4
da lunedì a venerdì alle 09,40

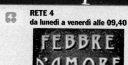

Lynn consiglia a Cricket di tentare una **riconciliazione** con Paul il quale, nel frattempo, chiede a Isabella di perdonarlo. Anche Olivia consiglia a Neil di fare di tutto per **riconquistare** Drucilla. Durante le stesse ore Colleen riesce a convincere J.T. a farle da cavaliere al ballo di **San Valentino** al Crimson Lights. Ma John ordina a Billy di accompagnare Colleen alla festa e di non perderla mai di vista proprio per **assicurarsi** che la nipote non incontri J.T. Intanto Ashley dice a Brad che **aspetta** un figlio. I due, dopo un lungo confronto, si riconciliano.

CANALE 5
da lunedì a venerdì alle 13,40

Samantha va da Massimo per domandargli un parere sulle scelte dell'arredamento e per ribadire di voler **rimuovere** Brooke dall'incarico di presidente della Forrester. Intanto, alla casa di moda, il consiglio raggiunge la **maggioranza** con il voto di Deacon e destituisce Brooke che chiede una nuova votazione. Tutti, però, votano contro la donna. Qualche giorno più tardi il piccolo Eric torna a casa e **riabbraccia** con gioia Amber e Eric, ma dimostra anche un certo attaccamento per Deacon e Macy. Nel frattempo Nick e Brooke partono per un viaggio **distensivo** a Las Olas…

RETE 4
da lunedì a venerdì alle 16,00

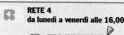

Zach, **investito** da un'auto, viene portato in ospedale e sottoposto a un delicato intervento chirurgico. Phillip e Harley temono per la vita del bambino. Appresa la notizia dell'incidente, Olivia si **precipita** da Phillip e lo abbraccia con affetto. Intanto Mel annuncia che il piccolo Zach è fuori **pericolo**: Phillip e Harley tirano un sospiro di sollievo. Nel frattempo Alexandra, dopo aver aperto la cassetta di sicurezza di Chicago e averne **trafugato** il contenuto, decide di sbarazzarsi di Roy e, per sbrigare il lavoro, la donna ingaggia due **loschi** individui…

Dopo la lettura

B. Le soap. Cerca di parafrasare quello che succederà sulle soap.

1. *Vetrine*
2. *Febbre d'amore*
3. *Sentieri*
4. *Beautiful*

C. Discussione

1. Ti piacciono le soap? Perché sì/no?
2. Descrivi la soap che ti piace in modo particolare.
3. Perché pensi che le soap siano così popolari?
3. Secondo te, si può stare senza la televisione oggi (*can one live without TV today*)?
4. Come sarà la televisione in futuro?

Il mondo digitale

Leggi attentamente il seguente manifesto pubblicitario. Ricerca in un vocabolario qualsiasi parola che non riconosci. Poi svolgi le attività che seguono.

Comprensione

1. Che cosa offre il nuovo BeoVision 6?
2. Che cosa permette di fare?
3. Che cosa è disponibile (*available*)?
4. Dove troveremo informazioni sul prodotto?

Attività

5. Con un compagno/una compagna, andate online all'indirizzo Internet indicato sul manifesto. Poi, indicate alla classe se esiste ancora e, se sì, quello che c'è.

Apri gli occhi & guarda il futuro

Lasciatevi trasportare nell'immagine LCD più reale che abbiate mai visto. Il nuovo BeoVision 6 in soli 16 cm di spessore offre una profondità di immagine ed un coinvolgimento sonoro che attiveranno i vostri sensi come non mai. Un supporto da pavimento dalle linee semplici ed originali vi permette di inclinare lo schermo 22" come desiderate; basta un lieve tocco della mano. Disponibile una completa gamma di supporti, da parete o da ripiano. BeoVision 6 trova spazio nel vostro ambiente quanto nel vostro stile di vita. Date un'occhiata voi stessi, e concorderete con noi che le parole, a volte, limitano la realtà.

Mettete alla prova i vostri sensi presso il più vicino negozio Bang & Olufsen. Troverete gli indirizzi sul sito www.bang-olufsen.com oppure chiamando il numero 800 514433.

Design di David Lewis

BANG & OLUFSEN B&O

A. Situazioni. Scegli la parola o l'espressione adatta.

1. Vorrei guardare quel nuovo...
   A. programma a puntate.
   B. programma alla radio.
2. La tua tattica...
   A. non funzionerà.
   B. non lavorerà.
3. Il programma sta per...
   A. andare in onda.
   B. davvero.

4. Perché ... il canale?
   A. è mezzo finito
   B. hai cambiato
5. In questa famiglia, ci vuole...
   A. pazienza!
   B. due telecomandi!
6. In questa famiglia, ci vogliono...
   A. pazienza!
   B. due telecomandi!

B. Guarderai la partita? Con un compagno/una compagna, crea brevi dialoghi nei modi suggeriti dai modelli.

> **MODELLO** guardare/la partita
>
> TU: *Guarderai la partita?*
> COMPAGNO/A: *Sì, la guarderò.*
> TU: *Ma, non l'hai già guardata?*

1. ascoltare/le nuove canzoni alla radio
2. comprare/una giacca nuova
3. guardare/quei nuovi programmi
4. leggere/tutte quelle cose

> **MODELLO** comprare/delle banane/tre o quattro
>
> TU: *Comprerai delle banane?*
> COMPAGNO/A: *Sì, ne comprerò tre o quattro.*

5. leggere/qualche poesia/una o due
6. comprare/alcuni DVD/due o tre
7. comprare/delle patate/una dozzina
8. prendere/del caffè/un po'

C. Felice o triste? Descrivi il tuo miglior amico/la tua miglior amica.

Lui/lei è...

alto/a o basso/a
felice o triste

interessante o noioso/a
simpatico/a o antipatico/a

D. Cultura. Rispondi alle seguenti domande.

1. Quanti canali di stato ci sono in Italia?
2. Che cosa possono scegliere i telespettatori oggi?
3. Qual è una caratteristica delle radio private italiane?
4. Indica cinque grandi artisti italiani.
5. Identifica tre grandi opere d'arte italiane.

E. Avvio allo scrivere! Prepara una guida dei programmi televisivi locali. Includici: giorno, canale, orario, tipo di programma, titolo e descrizione.

F. La televisione. In gruppi di due o tre persone, preparate insieme una delle seguenti vignette. Ciascun gruppo dovrà poi recitare la propria vignetta davanti alla classe.

1. Uno spot pubblicitario
2. Il telegiornale
3. Un episodio di una «telenovela» (*soap opera*)

Lessico utile

NOMI

l'**anagramma** *anagram*
l'**artista** *artist*
l'**attore** / l'**attrice** *actor / actress*
il **diagramma** *diagram*
il **dipinto** *painting*
il **divertimento** *enjoyment*
il **dramma** *drama*
l'**episodio** *episode*
la **fine** *end*
l'**inchiesta** *survey / study*
l'**intervista** *interview*
la **pallacanestro** *basketball*
la **partita** *match / game*

la **pazienza** *patience*
il **pittore** / la **pittrice** *painter*
la **pubblicità** *advertising*
lo **scultore** / la **scultrice** *sculptor / sculptress*
la **scultura** *sculpture*
lo **spettacolo** *variety show, spectacle*
la **tattica** *tactic*
il **telecomando** *remote control*
il **teledramma** *TV drama, docudrama*
il **telefilm** *TV movie*
il **telegiornale** *TV newscast*
il **telegramma** *telegram*
il **telequiz** *TV game show*

AGGETTIVI

affascinante *fascinating*
avaro *greedy*
basso *short*
differente *different*
drammatico *dramatic*
energico *energetic*
grasso *fat*

magro *skinny*
noioso *boring*
pigro *lazy*
prossimo *next*
simile *similar*
vecchio *old*

VERBI

amare *to love*
cambiare *to change*
diventare *to become*
funzionare *to function, work*
giurare *to swear / pledge*
lavorare *to work*

promettere *to promise*
rappresentare *to represent*
recitare *to act, recite, play*
tendere (a) *to tend*
terminare *to end*
volerci *to be needed, required*

ALTRI VOCABOLI / ESPRESSIONI

essere d'accordo *to agree*
davvero *truly*
programma a puntate *series (program)*

programma sportivo *sports program*
quindi *thus*

L'oroscopo

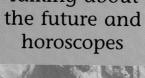

Quanto sai già?

A. Anticipazione. Accoppia i sinonimi, anticipando quello che leggerai.

1. timido
2. volere bene a
3. sud
4. crisi
5. affettivo
6. sposare

A. meridione
B. situazione critica
C. sentimentale
D. amare
E. incerto
F. prendere marito o moglie

B. L'oroscopo. Rispondi alle seguenti domande.

1. Tu credi nell'oroscopo? Perché sì/no?
2. Di che segno (*sign*) sei?
3. Sei mai stato/a da una chiromante (*fortuneteller*)?
4. Se sì, perché ci sei andato/a?

Dialogo

Stefano e Sonia sono fidanzati ormai° da anni. Ma Stefano è molto timido, e allora per sapere se Sonia veramente gli vuole bene, decide di andare da una chiromante che vive a sud di casa sua.

by now, already

CHIROMANTE:	Mi dica°, signore!
STEFANO:	Signora, sono un giovane in crisi, dal punto di vista affettivo. Prima vorrei sapere se la mia fidanzata, Sonia, veramente mi vuole bene, e poi, se mi sposerà in futuro.
CHIROMANTE:	Nella sfera di cristallo° vedo che Lei vuole molto bene a Sonia.
STEFANO:	Sì, sì!
CHIROMANTE:	Di che segno è la Sua fidanzata?
STEFANO:	È un Ariete.
CHIROMANTE:	Sonia è una ragazza bella, intelligente e simpatica, vero?
STEFANO:	Sì, sì, e le voglio molto bene. Ma, signora, mi deve dire se Sonia vuole bene a me.
CHIROMANTE:	Certo che Le vuole bene. Non può che essere così!°
STEFANO:	Ah, Lei mi ha fatto veramente felice!

May I help you? (lit.: Tell me!)

crystal ball

It cannot help but be this way.

Comprensione

C. Completa la seguente parafrasi del dialogo con le parole adatte nelle loro forme appropriate.

Stefano e Sonia sono fidanzati ormai _____ anni. Stefano è un giovane molto

_____ e allora decide di andare da una _____, che si trova a

_____ di casa sua.

   Stefano dice alla chiromante che lui è un giovane in _____, dal punto di

vista _____. Prima vorrebbe sapere (*he would like to know*) se la sua fidanzata

gli vuole bene e poi se lo _____ in futuro. La chiromante guarda nella sua

_____ di cristallo e vede che Stefano vuole molto bene a Sonia. Lei dice che

Sonia è una ragazza bella, _____ e simpatica. Stefano poi chiede se Sonia

vuole _____ a lui. E la chiromante risponde: «Non può che essere

_____!»

D. Con un compagno/una compagna, crea delle frasi o dei brevi dialoghi con le nuove parole e le nuove espressioni.

ormai	*by now, already*
timido	*shy, timid*
voler bene a	*to love*
la chiromante	*fortuneteller*
la crisi	*crisis*
il punto di vista	*point of view*
affettivo	*emotional, affective*
sposare	*to marry*
la sfera di cristallo	*crystal ball*
il segno	*sign*

Modi di dire

Parole, espressioni e strutture utili

prima... poi	*first . . . then*

da...

dalla chiromante	*to / at the fortune teller's*
dal dottore	*to / at the doctor's*
da Stefano	*to / at Stefano's place*
voler bene a	*to love, like someone a lot*
Stefano mi vuole bene.	*Stefano loves me.*
Sonia ti ha sempre voluto bene.	*Sonia has always loved you.*

Stefano vuole bene...			Stefano loves . . .
a me	→	Stefano *mi* vuole bene.	me
a te	→	Stefano *ti* vuole bene.	you
a lui	→	Stefano *gli* vuole bene.	him
a lei	→	Stefano *le* vuole bene.	her
a noi	→	Stefano *ci* vuole bene.	us
a voi	→	Stefano *vi* vuole bene.	you
a loro	→	Stefano *gli* vuole bene.	them

Applicazione

E. Andrò dalla chiromante! Svolgi i compiti indicati seguendo i modelli.

MODELLO   Dove andrai oggi?
scuola/chiromante
Prima andrò a scuola e poi andrò dalla chiromante.

Dove andrai oggi?

1. lezione/medico
2. trattoria/Maria
3. Gianni/casa
4. biblioteca/chiromante
5. medico/supermercato

MODELLO   Sonia vuole bene a me.
Sonia mi vuole bene.

6. Sonia vuole bene a te.
7. Mio padre ha sempre voluto bene a noi.
8. Mia madre vuole bene a voi.
9. Io voglio bene ai miei amici.
10. Stefano ha sempre voluto bene a Sonia.

MODELLO   a Marcello
*Io voglio bene a Marcello. Gli voglio bene adesso e gli ho
sempre voluto bene.*

11. a mia madre
12. a mio padre
13. ai miei amici
14. a te
15. a voi

Darsi del tu

Throughout the first eleven chapters you have been using both the informal (**tu**) and formal (**Lei**) forms of address. To initiate, request, or suggest a change in the level of formality, the appropriate expression is:

dare/darsi del tu	*(literally) to give the "tu" form; to be on familiar terms*
Ci diamo del tu, va bene?	*Let's be on familiar terms, OK?*
Loro si danno del tu.	*They're on familiar terms.*
Io do del tu al professore.	*I'm on familiar terms with the professor.*

Gli usi di *da*

In addition to its basic meaning *from*, the preposition **da** has the following meanings and uses in Italian:

■ It means *at, to* + place

Stefano è andato dalla chiromante.	*Stefano went to the fortuneteller's.*
Devo andare dal dottore.	*I have to go to the doctor's.*
Sono da Maria.	*I'm at Maria's house.*

■ It can be used in expressions such as

un orologio da polso	*a wristwatch*
un vestito da signora	*a lady's dress*

In such cases it means *for*: *a watch for the wrist; a dress for a lady.*

■ Finally, you have encountered it in expressions such as

da bambino / a	*as a child*
da giovane	*as a youth*

Applicazione

F. A chi dai del tu? Con un compagno/una compagna, svolgi il compito indicato seguendo il modello.

> **MODELLO** al professore/alla professoressa
>
> TU: *Tu dai del tu al professore/alla professoressa?*
> COMPAGNO/A: *Sì, ci diamo del tu./No, non ci diamo del tu.*

1. allo studente/alla studentessa accanto a te
2. ai tuoi genitori
3. al medico di famiglia
4. ai tuoi parenti

G. Comprerari quel vestito? Con un compagno/una compagna, svolgi i compiti indicati seguendo i modelli.

> **MODELLO** vestito/sera
>
> TU: *Comprerai veramente quel vestito da sera?*
> COMPAGNO/A: *Sì, lo comprerò domani.*

1. orologio/donna
2. orologio/polso
3. scarpe/sera
4. pantaloni/uomo
5. pantaloni/donna

MODELLO medico

> TU: *Dove sei andato/a ieri?*
> COMPAGNO/A: *Sono andato/a dal medico.*

scuola

> TU: *Dove sei andato/a ieri?*
> COMPAGNO/A: *Sono andato/a a scuola.*

6. Claudia
7. università
8. chiromante
9. agenzia
10. zia
11. Sonia

MODELLO bambino/cinema

> TU: *Che facevi spesso da bambino?*
> COMPAGNO/A: *Andavo spesso al cinema.*

12. bambino/nonni
13. giovane/Italia
14. ragazza/Roma
15. bambina/biblioteca

Grammatica

Il futuro: verbi irregolari

To conjugate **andare**, **avere**, **dovere**, **potere**, **sapere**, **vedere**, and **vivere** in the future, drop both the final vowel and the first vowel of the infinitive suffix, and then add the usual endings.

andare	→ andr-	→ andrò, andrai, andrà, andremo, andrete, andranno
avere	→ avr-	→ avrò, avrai, avrà, avremo, avrete, avranno
dovere	→ dovr-	→ dovrò, dovrai, dovrà, dovremo, dovrete, dovranno
potere	→ potr-	→ potrò, potrai, potrà, potremo, potrete, potranno
sapere	→ sapr-	→ saprò, saprai, saprà, sapremo, saprete, sapranno
vedere	→ vedr-	→ vedrò, vedrai, vedrà, vedremo, vedrete, vedranno
vivere	→ vivr-	→ vivrò, vivrai, vivrà, vivremo, vivrete, vivranno

Below are irregular verbs that are not conjugated in this way:

bere	berrò, berrai, berrà, berremo, berrete, berranno
dare	darò, darai, darà, daremo, darete, daranno
essere	sarò, sarai, sarà, saremo, sarete, saranno
fare	farò, farai, farà, faremo, farete, faranno
rimanere	rimarrò, rimarrai, rimarrà, rimarremo, rimarrete, rimarranno
stare	starò, starai, starà, staremo, starete, staranno
venire	verrò, verrai, verrà, verremo, verrete, verranno
volere	vorrò, vorrai, vorrà, vorremo, vorrete, vorranno

Note that **dire** is regular in the future.

dire	dirò, dirai, dirà, diremo, direte, diranno

Applicazione

H. Che tempo farà? Esprimi il contrario seguendo il modello.

> **MODELLO** A nord farà freddo.
> *A sud, invece, farà caldo.*

nord	*north*	est	*east*
sud	*south*	ovest	*west*
settentrionale	*northern*	orientale	*eastern*
meridionale	*southern*	occidentale	*western*

1. A sud farà brutto tempo.
2. Nell'Italia settentrionale pioverà.
3. A est ci sarà molta afa.
4. Nelle regioni orientali la temperatura salirà (*will go up*).
5. A ovest ci sarà la nebbia.
6. Nelle regioni occidentali nevicherà.
7. A ovest farà bel tempo.
8. Nell'Italia meridionale farà caldo.

I. Cosa berrai tu? Con un compagno/una compagna, svolgi i compiti indicati seguendo i modelli.

> **MODELLO**
>
> TU: cosa/bere/tu
> COMPAGNO/A: Io/bere/un cappuccino
>
> TU: *Cosa berrai tu?*
> COMPAGNO/A: *Io berrò un cappuccino.*

1. TU: cosa/dare/tu/al professore
   COMPAGNO/A: gli/dare/il compito
2. TU: cosa/dire/voi/alla professoressa
   COMPAGNO/A: le/dire/tutto
3. TU: dove/volere andare/loro/per le vacanze
   COMPAGNO/A: loro/volere andare/in Francia
4. TU: dove/vivere/voi/in futuro
   COMPAGNO/A: noi/vivere/qui
5. TU: quando/venire/tuo fratello/in America
   COMPAGNO/A: lui/venire/tra un anno
6. TU: dove/stare/voi/in futuro
   COMPAGNO/A: noi/stare/in questa città
7. TU: dove/rimanere/tuo fratello/domani
   COMPAGNO/A: mio fratello/rimanere/a casa
8. TU: chi/vedere/tu/stasera
   COMPAGNO/A: io/vedere/la mia amica
9. TU: quando/sapere parlare/tu/l'italiano bene
   COMPAGNO/A: io/sapere parlare/l'italiano bene/fra un anno

MODELLO andare in Italia/tu

TU: *Andrai in Italia?*
COMPAGNO/A: *Sì, andrò in Italia.*

10. andare a Parigi/voi
11. dovere studiare molto per l'esame/tu
12. potere uscire stasera/Lei
13. avere molto da fare stasera/Lei

Pronomi di complemento di termine

You have already been using indirect-object pronouns (**pronomi di complemento di termine**) in previous chapters. Like the direct-object pronouns, these come right before a conjugated verb.

Singular	1st	**mi** *(to me)*	**Stefano *mi* dice tutto.** *Stefano tells me everything.*
	2nd	**ti** *(to you, fam.)*	**Sonia *ti* parlerà domani.** *Sonia will speak to you tomorrow.*
	3rd	**gli** *(to him)*	**Io *gli* consegnerò il compito domani.** *I will hand in the assignment to him tomorrow.*
		le *(to her)*	**Non *le* ho scritto.** *I didn't write to her.*
		Le *(to you, pol.)*	**Signor Rossi, *Le* telefonerò domani.** *Mr. Rossi, I'll phone you tomorrow.* **Signora Rossi, *Le* telefonerò domani.** *Mrs. Rossi, I'll phone you tomorrow.*
Plural	1st	**ci** *(to us)*	**Lui *ci* scrive sempre.** *He always writes to us.*
	2nd	**vi** *(to you)*	**Io non *vi* telefono mai.** *I never phone you.*
	3rd	**gli** *(to them)*	**Non *gli* ho ancora scritto.** *I haven't written to them yet.*

There is another third-person plural form, **loro**, which is used infrequently in contemporary Italian. If **loro** is chosen, however, it must be put after the verb.

Maria dà *loro* i libri.
Maria gives them the books.

Maria *gli* dà i libri.
Maria gives them the books.

There is no agreement in compound tenses between the past participle and the indirect-object pronoun.

DIRECT
Stefano ha comprato *quella giacca*.
Stefano bought that jacket.

Loro hanno mangiato *le mele*.
They ate the apples.

AGREEMENT
Stefano *l'*ha comprata.
Stefano bought it.

Loro *le* hanno mangiate.
They ate them.

INDIRECT	NO AGREEMENT
Stefano ha parlato *alla professoressa*.	**Stefano *le* ha parlato.**
Stefano spoke to the professor.	*Stefano spoke to her.*
Loro hanno scritto *alle loro cugine*.	**Loro *gli* hanno scritto.**
They wrote to their cousins.	*They wrote to them.*

Applicazione

J. Mi telefonerai domani? Rispondi alle domande nel modo indicato. Segui il modello.

MODELLO   Telefonerai *a me* domani?
Sì, (io) ti telefonerò domani?

1. Scriverai *a me* fra poco?
2. Consegnerai il compito *alla professoressa* domani?
3. Darai quel libro *al professore* tra poco?
4. Telefonerai *a noi* domani?
5. Scriverai *a loro* la prossima settimana?

K. Pronome oggetto o di termine? Sostituisci alle parti in corsivo (*in italics*) la forma appropriata del pronome. Segui il modello.

MODELLO   Telefonerò *a Sonia*.
Le telefonerò.

Ho chiamato *Sonia*.
L'ho (la ho) chiamata.

1. Ho comprato *quella giacca*.
2. Ho dato la giacca *alla mia fidanzata*.
3. Venderemo *la macchina*.
4. Avevo già scritto *quelle lettere*.
5. Abbiamo parlato *alla professoressa*.
6. Abbiamo chiamato *la professoressa*.
7. Hai studiato *il francese*?
8. Hai scritto *ai tuoi parenti*?
9. Hai telefonato *all'amico di tuo fratello*?
10. Hai letto *il romanzo*?

Temporal constructions

The preposition **da** is used to express both *since* and *for* in temporal constructions.

Sono amici ormai *da anni*.	*They've been friends for years.*
Abito a Roma *dal 1972*.	*I have been living in Rome since 1972.*
Abito a Roma *da venti anni*.	*I have been living in Rome for twenty years.*
Studio l'italiano *da settembre*.	*I have been studying Italian since September.*
Sta studiando *da otto ore*.	*He/She has been studying for eight hours.*

If a future action is involved, then **per** must be used instead.

Vivrò a Roma *per due anni*.   *I will be living in Rome for two years.*

The expression **fino a** renders the idea of *until*.

Abiterò a Roma *fino al* **2012.**	*I will be living in Rome until 2012.*
Studierò *fino a* **domani.**	*I will be studying until tomorrow.*

The preposition **tra/fra** is used to express *I will be leaving, going . . . in* + time expression.

Partiremo *tra due ore.*	*We will be leaving in eight hours (in eight hour's time).*
Andranno via *fra un'ora.*	*They will be going away in an hour (in an hour's time).*

Parole tipo *crisi*

Nouns ending in **-si** in the singular are of classical Greek origin. They are all feminine and do not change in the plural.

SINGOLARE		PLURALE	
la crisi	*crisis*	**le crisi**	*crises*
la tesi	*thesis*	**le tesi**	*theses*
l'ipotesi	*hypothesis*	**le ipotesi**	*hypotheses*
l'analisi	*analysis*	**le analisi**	*analyses*

Qualcuno, ciascuno, ognuno

The words **qualcuno**, **ciascuno**, and **ognuno** function as both pronouns and adjectives. As adjectives, their forms vary according to the noun they modify, corresponding to the forms of the indefinite article.

PRONOMI	
Qualcuno **ti ha chiamato.**	*Someone called you.*
Ciascuno **lo vuole.**	*Each one (Everyone) wants it.*
Ognuno **lo vuole.**	*Each one (Everyone) wants it.*

AGGETTIVI	
qualcun altro	*someone else (m.)*
qualcun'altra	*someone else (f.)*
ciascuna ragazza	*each girl*
ciascuno studente	*each student*
ciascun amico	*each friend (m.)*

Applicazione

L. Plurali. Volgi le seguenti frasi al plurale.

MODELLO	Quella studentessa scriverà la sua tesi su Umberto Eco.
	Quelle studentesse scriveranno le loro tesi su Umberto Eco.

1. Quel professore ha spiegato (*explained*) la sua interessante analisi ieri.
2. Quella studentessa scriverà la tesi in italiano.
3. L'ipotesi di quella scienziata (*scientist*) è molto interessante.
4. La crisi non è molto grave (*serious*).

M. Vivo qui dal 1999! Esprimi le seguenti cose con frasi intere seguendo il modello.

> **MODELLO**   since 1999
> *Sono qui dal 1999.*

Sono qui...

1. since 2002
2. since January
3. for ten years
4. for nine months
5. since Thursday
6. since this morning
7. for a few days
8. for a couple of hours

Vivrò qui...

9. until 2015
10. until Friday
11. for six years
12. for a few months
13. forever

Partiremo...

14. in an hour
15. in ten minutes
16. in a day's time
17. in a few months
18. in the summer
19. in the spring
20. in October

N. Ognuno berrà il caffè! Esprimi le seguenti cose con frasi intere seguendo il modello.

> **MODELLO**   Alla festa...
> everyone/will drink coffee
> *Ognuno berrà il caffè.*

Alla festa...

1. someone/will sing
2. each man/will eat some cake
3. each woman/will also eat some cake
4. someone else (*m.*)/will eat sweets
5. everyone/will drink coffee or tea
6. everyone/will be happy

👥 **O. Di che segno?** Con un compagno/una compagna, crea brevi dialoghi seguendo il modello.

MODELLO tuo cugino

TU: *Di che segno è tuo cugino?*
COMPAGNO/A: *Mio cugino è un Acquario.*

1. tua sorella
2. tuo fratello
3. la tua miglior amica/il tuo miglior amico
4. tu
5. tua madre
6. tuo padre
7. tuo cugino/tua cugina
8. tuo nonno
9. tua nonna

l'Ariete (*m.*)	(21 marzo–20 aprile)	*Aries*
il Toro	(21 aprile–20 maggio)	*Taurus*
i Gemelli	(21 maggio–21 giugno)	*Gemini*
il Cancro	(22 giugno–22 luglio)	*Cancer*
il Leone	(23 luglio–23 agosto)	*Leo*
la Vergine	(24 agosto–22 settembre)	*Virgo*
la Bilancia	(23 settembre–22 ottobre)	*Libra*
lo Scorpione	(23 ottobre–22 novembre)	*Scorpio*
il Sagittario	(23 novembre–21 dicembre)	*Sagittarius*
il Capricorno	(22 dicembre–20 gennaio)	*Capricorn*
l'Acquario	(21 gennaio–21 febbraio)	*Aquarius*
i Pesci	(22 febbraio–20 marzo)	*Pisces*

Oggi in Italia, come in molti altri paesi, c'è la mania per l'astrologia. La maggior parte della gente dice di non crederci, ma su quasi tutti i giornali italiani, troviamo l'oroscopo del giorno o della settimana. Anche in televisione, in molti programmi della mattina, una persona legge l'oroscopo del giorno!

Ecco i segni di alcuni famosi personaggi italiani:

SEGNO	PERSONAGGIO	DATA DI NASCITA
Ariete	Leonardo da Vinci	5 aprile 1452
Cancro	Giuseppe Garibaldi	4 luglio 1807
Capricorno	Giovanni Pascoli	31 dicembre 1855
Acquario	Franco Zeffirelli	12 febbraio 1923
Pesci	Michelangelo	6 marzo 1475

P. Rispondi alle seguenti domande.

1. Che c'è oggi in Italia, come in molti altri paesi?
2. Che cosa dice la maggior parte della gente?
3. Che c'è su quasi tutti i giornali italiani?
4. Che c'è in molti programmi televisivi della mattina?
5. Di che segno era ciascuno dei seguenti personaggi famosi: da Vinci, Michelangelo, Garibaldi, Zeffirelli, Pascoli?
6. Sai perché era famoso ciascuno dei personaggi?

👥 **Q. Sondaggio.** Due o tre studenti dovranno fare il seguente sondaggio e poi indicare i risultati ricavati a tutta la classe.

1. Tu ci credi nell'astrologia?
2. Tu leggi l'oroscopo?
   a. regolarmente
   b. mai
   c. ogni tanto
3. L'oroscopo del giorno influenza (*influences*) le tue decisioni (*your decisions*)?
   a. regolarmente
   b. mai
   c. ogni tanto

Creativo

R. Dalla chiromante! In coppie, mettete in scena la seguente situazione. Una persona va da una chiromante per sapere quale sarà il suo futuro nell'ambito (*area*) del lavoro e dell'amore. La chiromante gli/le chiederà diverse cose (Quando sei nato/a? Come si chiama il tuo fidanzato/la tua fidanzata? Che tipo di lavoro vuoi fare? ecc.). Alla fine la chiromante gli/le dirà una cosa inaspettata (*unexpected*).

Quanto sai già?

A. Anticipazione. Rispondi alle seguenti domande, anticipando le parole e le espressioni nuove.

1. Tu dici mai delle sciocchezze (*silly things*)? Quando e a chi le dici?
2. Secondo te, cosa conviene fare (*worthwhile doing*) per meglio conoscere se stessi (*to know oneself better*)?
3. Secondo te, gli psicanalisti sanno veramente spiegare la personalità delle persone? Perché sì/no?
4. Chi nella tua famiglia spreca (*wastes*) tempo di più?
5. Conosci qualche scienziato italiano? Chi? Perché è importante?

Dialogo

Stefano incontra Sonia vicino all'università.

STEFANO: Senti, Sonia, sono stato da una chiromante!

SONIA: Stefano, ma perché dici sempre delle sciocchezze?

STEFANO: No, no, è proprio vero. Sono andato dalla chiromante per sapere se tu mi sposerai un giorno.

SONIA: Che tipo! Ti conviene andare da uno psicanalista, non da una chiromante!

STEFANO: Sei proprio un Ariete!

SONIA: Senti, Stefano, adesso ho una lezione importante sulla vita di alcuni scienziati italiani, e quindi non ho tempo da sprecare. Stasera quando avrò finito di fare i compiti, ti chiamerò, va bene?

STEFANO: D'accordo!

SONIA, TI AMO!

Comprensione

B. Rispondi alle seguenti domande.

1. Cosa voleva sapere Stefano dalla chiromante?
2. Dove gli conviene andare, secondo Sonia?
3. Cosa ha Sonia adesso?
4. Ha tempo da sprecare Sonia?
5. Quando chiamerà Stefano?

C. Con un compagno/una compagna, crea delle frasi o dei brevi dialoghi con le nuove parole e le nuove espressioni.

la sciocchezza	*silly thing*
convenire	*to be worthwhile*
lo/la psicanalista	*psychoanalyst*
sprecare	*to waste*

Modi di dire

Convenire a

This verb has the same kinds of features of the verb **piacere**. Thus, use it with the same rule of thumb. Note also that **convenire** is made up of **con + venire** and, thus, is conjugated like **venire**.

Ti conviene. (*fam.*)	*It is worth your while.*
Le conviene. (*pol.*)	*It is worth your while.*
Mi conviene.	*It is worth my while.*
Ti è convenuto/Ti conveniva. (*fam.*)	*It was worth your while.*
Le è convenuto/Le conveniva. (*pol.*)	*It was worth your while.*
Mi è convenuto/Mi conveniva.	*It was worth my while.*
Ti converrà. (*fam.*)	*It will be worth your while.*
Le converrà. (*pol.*)	*It will be worth your while.*
Mi converrà.	*It will be worth my while.*

Sposare vs. sposarsi

The verb **sposare** means *to marry* (*someone*), whereas **sposarsi** (**con**) means *to get married* (*with someone*).

Io sposerò Sonia.	*I will marry Sonia.*
Io mi sposerò con Sonia.	*I will get married with Sonia.*

Applicazione

D. Sì, forse mi conviene! Con un compagno/una compagna, crea brevi dialoghi seguendo il modello.

> **MODELLO** tu/psicanalista/presente
> > **TU:** *Ti conviene andare da uno psicanalista.*
> **COMPAGNO/A:** *Sì, forse mi conviene.*
>
> > Lei/psicanalista/futuro
> > **TU:** *Le converrà andare da uno psicanalista.*
> **COMPAGNO/A:** *Sì, forse mi converrà.*

1. tu/chiromante/presente
2. Lei/medico/futuro
3. Lei/psicanalista/imperfetto
4. tu/dottore/presente
5. Lei/psicanalista/futuro

E. Convenienze. Con un compagno/una compagna, svolgi i compiti indicati seguendo i modelli.

> **MODELLO** a Sonia/andare dal medico
>
> > **TU:** *A Sonia conviene andare dal medico?*
> **COMPAGNO/A:** *Sì, le conviene.*

1. a Stefano/andare dalla chiromante
2. a tua sorella/andare dal medico
3. ai tuoi genitori/viaggiare in Italia
4. a te/andare a lezione
5. a voi/andare a dormire

> **MODELLO** a Stefano/andare dal medico
>
> > **TU:** *A Stefano è convenuto andare dal medico?*
> **COMPAGNO/A:** *Sì, gli è convenuto.*

6. a Stefano/sposarsi
7. a tua sorella/sposare Marco
8. ai tuoi amici/andare a lezione
9. a te/tornare a casa
10. a voi/visitare la chiromante

> **MODELLO** a Stefano/chiamare Sonia
>
> > **TU:** *A Stefano converrà chiamare Sonia?*
> **COMPAGNO/A:** *Sì, gli converrà.*

11. a Sonia/sposarsi
12. al tuo amico/sposare Carmela
13. ai tuoi amici/andare dal medico
14. a te/tornare a casa
15. a voi/andare dalla chiromante

F. Quando sei nato/a? Chiedi al tuo compagno/alla tua compagna...

1. quando è nato/a.
2. di che segno è.
3. com'è il suo carattere (simpatico, ecc.).

Grammatica

I pronomi di complemento

With modal constructions, both the direct- and the indirect-object pronouns, as well as **ne**, can come before the modal verb or can be attached to the infinitive.

La voglio comprare.
I want to buy it.

Voglio comprarla.
I want to buy it.

Gli voglio parlare.
I want to speak to him.

Voglio parlargli.
I want to speak to him.

Ne dovrà comprare due.
He'll have to buy two of them.

Dovrà comprarne due.
He'll have to buy two of them.

In compound tenses, the past participle in modal constructions agrees only with preceding direct-object pronouns or **ne**.

AGREEMENT
L'ho voluta comprare.
I wanted to buy it.

NO AGREEMENT
Ho voluto comprarla.
I wanted to buy it.

Ne ha dovute comprare due.
He / She had to buy two of them.

Ha dovuto comprarne due.
He / She had to buy two of them.

Recall that there is no agreement pattern with indirect-object pronouns.

Gli ho voluto telefonare.
I wanted to call him.

Ho voluto telefonargli.
I wanted to call him.

Le hai dovuto dare il compito.
You had to give her the assignment.

Hai dovuto darle il compito.
You had to give her the assignment.

Object pronouns are always attached to **ecco**.

Eccomi!
Eccoli!
Eccone due!

Here I am!
Here they are!
Here are two of them!

Applicazione

G. Eccola! Con un compagno/una compagna, crea brevi dialoghi seguendo il modello.

MODELLO tu/volere/mangiare/quella pasta

TU: *Vuoi mangiare quella pasta?*
COMPAGNO/A: *Sì, voglio mangiarla./La voglio mangiare.*
TU: *Eccola.*

1. tu/volere/leggere/quel libro
2. Lei/volere/comprare/quella rivista
3. tu/volere/vedere/quei pantaloni
4. Lei/volere/vedere/quelle scarpe

H. Forme equivalenti! Ripeti le seguenti frasi in modo equivalente facendo tutte le modifiche necessarie. Segui il modello.

MODELLO   Ho dovuto darti il mio indirizzo.
                   Ti ho dovuto dare il mio indirizzo.

1. Ho voluto mangiarne alcune.
2. Ho dovuto telefonarti tardi.
3. Ho dovuto telefonargli.
4. Abbiamo voluto parlarle.
5. Abbiamo voluto chiamarle.
6. Ne hanno volute mangiare quattro.
7. L'ho potuta comprare in quel negozio.

Il futuro anteriore

The future perfect (**il futuro anteriore**) allows you to refer to a future action that will occur before some other action.

dopo che	=	*after*
appena (che)	=	*as soon as*

Dopo che avrò mangiato, uscirò.	*After eating (After I will have eaten), I'll be going out.*
Appena saranno arrivati, mangeremo.	*As soon as they arrive (As soon as they will have arrived), we will be eating.*

The **futuro anteriore** is a compound tense made up of two separate parts: (1) the future of the auxiliary verb **avere** or **essere**, and (2) the past participle of the verb.

Auxiliary verb	Past participle
↓	↓
avrò	finito
sarò	andato / a

You already know everything you need to know in order to conjugate verbs in the **futuro anteriore**. You know (1) how to form past participles, (2) which verbs are conjugated with **avere** or **essere**, and (3) how to conjugate **avere** and **essere** in the future.

Here are three verbs fully conjugated for you in the **futuro anteriore**: (1) a verb conjugated with **avere**, (2) a verb conjugated with **essere**, and (3) a reflexive verb.

	(1) comprare		**(2) andare**		**(3) divertirsi**	
(io)	avrò	comprato	sarò	andato / a	mi sarò	divertito / a
(tu)	avrai	comprato	sarai	andato / a	ti sarai	divertito / a
(lui / lei / Lei)	avrà	comprato	sarà	andato / a	si sarà	divertito / a
(noi)	avremo	comprato	saremo	andati / e	ci saremo	divertiti / e
(voi)	avrete	comprato	sarete	andati / e	vi sarete	divertiti / e
(loro)	avranno	comprato	saranno	andati / e	si saranno	divertiti / e

Probabilità

The **futuro semplice** and the **futuro anteriore** are also used in Italian to express probability.

Quell'orologio costerà un occhio della testa.	*That watch probably costs an arm and a leg. (figuratively)/ That watch must cost an arm and a leg.*
Giovanni sarà andato già via.	*Giovanni has probably already gone away. / Giovanni must have already gone away.*
Chi sarà quella persona?	*Who could that person be?*

Piacere

Notice the use of indirect-object pronouns with the verb **piacere**:

***A me** piacerà andare in Italia.* *I will like going to Italy.*	***Mi** piacerà andare in Italia.* *I will like going to Italy.*
***A te** piacevano i fumetti.* *You used to like the comics.*	***Ti** piacevano i fumetti.* *You used to like the comics.*
***A Maria** piace la torta.* *Maria likes the cake.*	***Le** piace la torta.* *She likes the cake.*
***A Giorgio** piaceva ballare.* *Giorgio used to like dancing.*	***Gli** piaceva ballare.* *He used to like dancing.*
***Ai bambini** piacciono i dolci.* *Children like sweets.*	***Gli** piacciono i dolci.* *They like sweets.*
***A noi** piacerà la partita.* *We will like the game.*	***Ci** piacerà la partita.* *We will like the game.*
***A voi** piaceranno le scarpe.* *You will like the shoes.*	***Vi** piaceranno le scarpe.* *You will like the shoes.*

Parole tipo *psicanalista*

Nouns ending in **-ista** can be either masculine or feminine according to the sex (male or female) of the person to which they refer. When you pluralize them, change the masculine noun to **-isti** and the feminine noun to **-iste**.

MASCHILE

SINGOLARE		PLURALE	
l'artista	*artist*	gli artisti	*artists*
il barista	*bartender*	i baristi	*bartenders*
il musicista	*musician*	i musicisti	*musicians*
lo psicanalista	*psychoanalyst*	gli psicanalisti	*psychoanalysts*

FEMMINILE

SINGOLARE		PLURALE	
l'artista	*artist*	le artiste	*artists*
la barista	*bartender*	le bariste	*bartenders*
la musicista	*musician*	le musiciste	*musicians*
la psicanalista	*psychoanalyst*	le psicanaliste	*psychoanalysts*

The article and demonstrative forms **lo** (plural **gli**), **uno** (plural **degli**), and **quello** (plural **quegli**) are used in front of masculine nouns beginning with **ps** (of which there are very few).

lo psicanalista	**uno psicanalista**	**quello psicanalista**
the psychoanalyst	*a psychoanalyst*	*that psychoanalyst*
gli psicanalisti	**degli psicanalisti**	**quegli psicanalisti**
the psychoanalysts	*some psychoanalysts*	*those psychoanalysts*

Applicazione

I. Guarderò la TV! Con un compagno/una compagna, crea brevi dialoghi seguendo i modelli.

MODELLO

TU: tu/cosa/fare/studiare
COMPAGNO/A: io/guardare/la TV

TU: *Cosa farai dopo che avrai studiato?*
COMPAGNO/A: *Guarderò la TV, probabilmente.*

1. TU: tu/cosa/fare/leggere il libro
   COMPAGNO/A: io/andare/a dormire
2. TU: lui/dove/andare/alzarsi
   COMPAGNO/A: lui/andare/dalla chiromante
3. TU: loro/cosa/fare/mangiare
   COMPAGNO/A: loro/uscire
4. TU: voi/cosa/fare/lavorare
   COMPAGNO/A: noi/uscire
5. TU: lei/dove/andare/arrivare
   COMPAGNO/A: lei/andare/al cinema

MODELLO persona/musicista

TU: *Quella persona è un musicista?*
COMPAGNO/A: *Sì, sarà un musicista.*

6. uomo/psicanalista
7. donne/psicanaliste
8. uomini/artisti
9. studentesse/artiste

MODELLO a voi/quella musica

TU: *A voi piace quella musica?/Vi piace quella musica?*
COMPAGNO/A: *Sì, ci piace.*

10. a loro/gli spaghetti
11. a voi/quei programmi
12. a te/dormire fino a tardi
13. a tuo fratello/andare in Italia
14. a tua sorella/quei dipinti
15. ai tuoi amici/quelle scultrici

J. Leonardo e Galileo. Rispondi alle seguenti domande.

1. Conosci qualche scienziato/a italiano/a? Chi?
2. Perché è famoso/a?

L'idea di scienza nel senso moderno risale al (*goes back to*) Rinascimento. Da quel periodo ad oggi l'Italia vanta tanti grandi scienziati. Qui basterà menzionarne alcuni.

Leonardo da Vinci (1452–1519)	le sue ricerche d'anatomia, zoologia, biologia e ingegneria fondarono (*founded*) il metodo scientifico.
Galileo Galilei (1564–1642)	fu (*he was*) tra i primi ad applicare la matematica alla scienza; infatti molti lo considerano il fondatore del metodo sperimentale; perfezionò (*he perfected*) il telescopio (*telescope*).
Evangelista Torricelli (1608–1647)	inventò il barometro.
Luigi Galvani (1737–1798) e Alessandro Volta (1745–1827)	fecero (*they made*) grandi scoperte (*discoveries*) nel campo dell'elettricità; infatti oggi si usano parole basate sui loro nomi come *galvanizzare* e *voltaggio*.
Guglielmo Marconi (1874–1937)	fu l'inventore del «telegrafo senza fili» (*wireless*).
Enrico Fermi (1901–1954)	aprì l'età atomica producendo la prima reazione atomica a catena (*atomic chain reaction*).

LEONARDO DA VINCI

K. Comprensione e discussione. Rispondi alle seguenti domande.

1. Le ricerche di quale scienziato rinascimentale fondarono il metodo scientifico?

2. Chi perfezionò il telescopio?
3. Chi inventò il barometro? E il telegrafo senza fili?
4. Quali due scienziati fecero grandi scoperte nel campo dell'elettricità?
5. Chi produsse (*produced*) la prima reazione atomica a catena?
6. Secondo te, che ruolo svolgerà la scienza (*what role will science play*) nel futuro?
7. Conosci qualche altro scienziato/a italiano/a? Chi? Che cosa ha inventato/scoperto?

 **L. L'oroscopo.** Prepara l'oroscopo di un compagno/una compagna. Poi discutilo (*discuss it*) con il compagno/la compagna e leggilo in classe, con il suo permesso (*permission*).

ASCOLTO

La consonante s

The letter *s* stands for two sounds in Italian:

- for the [s] sound (as in the English word *sip*) known as a *voiceless* consonant, before any voiceless consonant — *p, t, c, f* — and any vowel

  spumone, scarpa, stanco,...
  sette, simile, succo,...

- for the [z] sound (as in the English word *zip*) known as a *voiced* consonant, before any voiced consonant — *b, d, g, l, m, n, r, v*

  sbaglio, sbadato, smog,...

Note, moreover, that the voiced [z] sound is the one used between vowels.

  casa, spesa, rosa,...

A. Indica la pronuncia della **s** nelle seguenti frasi.

1. Io sbaglio sempre.
2. Sonia non è a casa.
3. Sono molto stanca.
4. Comprerò un paio di scarpe rosa domani.
5. Sai come si chiama quella studentessa?
6. Quel problema è molto semplice; riesco a risolverlo anch'io.

Comprensione generale

B. Ascolta attentamente la vignetta sul CD cercando di determinare:

1. come si chiama la persona che è andata dalla chiromante.
2. perché è andato/a dalla chiromante.
3. cosa gli/le chiede la chiromante.
4. come sarà il suo futuro.

C. Adesso cerca di ricostruire la conversazione con altri studenti a piacere.

Lettura

Prima di leggere

A. Anticipazione. Indovina il significato delle seguenti espressioni, anticipando quello che leggerai.

1. La vostra creatività sarà stimolata molto:
   A. *Your creativity needs stimulation.*
   B. *Your creativity will be stimulated.*
2. Avrete grandi successi in ambito professionale.
   A. *Your professor will be greatly successful.*
   B. *Your professional life will be greatly successful.*
3. La vostra vita sentimentale avrà un momento incantato.
   A. *Your sentiments will enchant someone.*
   B. *Your love life will undergo an enchanted moment.*
4. Aumenta la vostra voglia di uscire con gli amici più spesso.
   A. *Your desire to go out with friends more often will increase.*
   B. *Your friends will want to go out more often.*
5. Qualcuno interessante colpirà la vostra fantasia.
   A. *Someonone interesting will strike your fancy.*
   B. *Someone interesting is out of the question.*
6. Avrete una vita sentimentale felice per tutto il mese.
   A. *You'll have happy sentiments all month.*
   B. *Your love life will be a happy one all month.*

Lettura

Il vostro oroscopo!

love life

to neglect

on account of

will strike

ARIETE (dal 21-3 al 20-4) Avrete una vita sentimentale° felice per tutto il mese.	**BILANCIA** (dal 23-9 al 22-10) Per tutto il mese avrete una vita sociale dinamica, proprio come vi piace.
TORO (dal 21-4 al 20-5) Non dovete trascurare° la vita sentimentale a causa del° lavoro.	**SCORPIONE** (dal 23-10 al 22-11) La vostra vita professionale sarà molto positiva all'inizio° del mese.
GEMELLI (dal 21-5 al 21-6) Qualcuno interessante colpirà° la vostra fantasia.	**SAGITTARIO** (dal 23-11 al 21-12) Avrete grandi successi in ambito professionale°.

beginning

in the professional world

to obtain, to get
on the increase

CANCRO
(dal 22-6 al 22-7)

Le vostre possibilità di ottenere° un ottimo lavoro sono in aumento°.

CAPRICORNO
(dal 22-12 al 20-1)

La vostra vita sentimentale avrà un momento incantato°.

enchanted

changes

LEONE
(dal 23-7 al 23-8)

Ci saranno molti cambiamenti° nella vostra vita durante questo mese.

ACQUARIO
(dal 21-1 al 21-2)

Evitate° discussioni di lavoro.

avoid

is growing
desire

VERGINE
(dal 24-8 al 22-9)

Aumenta° la vostra voglia° di uscire con gli amici più spesso.

PESCI
(dal 22-2 al 20-3)

La vostra creatività sarà stimolata° molto.

will be stimulated

Dopo la lettura

B. Comprensione. Accoppia le due colonne secondo il contenuto (*content*) dell'oroscopo.

1. Ariete	**A.** La vostra creatività sarà stimolata molto.
2. Toro	**B.** Avrete grandi successi in ambito professionale.
3. Gemelli	**C.** La vostra vita sentimentale avrà un momento incantato.
4. Cancro	**D.** Evitate discussioni di lavoro.
5. Leone	**E.** La vostra vita professionale sarà molto positiva all'inizio del mese.
6. Vergine	**F.** Per tutto il mese avrete una vita sociale dinamica, proprio come vi piace.
7. Bilancia	**G.** Aumenta la vostra voglia di uscire con gli amici più spesso.
8. Scorpione	**H.** Ci saranno molti cambiamenti nella vostra vita durante questo mese.
9. Sagittario	**I.** Le vostre possibilità di ottenere un ottimo lavoro sono in aumento.
10. Capricorno	**J.** Qualcuno interessante colpirà la vostra fantasia.
11. Acquario	**K.** Non dovete trascurare la vita sentimentale a causa del lavoro.
12. Pesci	**L.** Avrete una vita sentimentale felice per tutto il mese.

C. L'oroscopo di oggi. Diversi studenti dovranno portare in classe un oroscopo tratto da un giornale italiano o da una rivista italiana, leggendolo in classe, dopodiché ciascuno studente dovrà rispondere alle seguenti domande.

1. Quali sono le tue caratteristiche personali secondo l'oroscopo?
2. Sei d'accordo?
3. Credi negli (*do you believe in*) oroscopi? Perché sì/no?

Il mondo digitale

A. Leggi il seguente testo, ricercando tutte le parole e le espressioni che non riconosci in un dizionario. Poi svolgi le attività che seguono.

Giochi online

Internet offre molti giochi online. I produttori di videogiochi hanno tutti il proprio sito Web. Poi ci sono tante pagine create da giocatori entusiasti. Ecco i due tipi di gioco principali che puoi trovare online.

Giocatori multipli:

Molti giochi offrono la possibilità di giocare con altri online. Una lista di giochi online si trova all'indirizzo http://directory.hotbot.com/games/.

Giochi solitari:

Questi sono siti dove si possono trovare, per esempio, i cruciverba (*crossword puzzles*) (cambiati ogni giorno) e altri giochi solitari.

1. Quali sono i tipi di sito Web principali per il gioco?
2. Hai mai visitato uno di questi siti?
4. Se sì, indica la tua esperienza.
5. Visita il sito menzionato e poi indica tutti i giochi che trovi, traducendoli in italiano.

A. Situazioni. Scegli la risposta o l'espressione adatta.

1. Domani andrò...
   A. al medico.
   B. dal medico.
2. Vuoi bene a Sonia?
   A. Sì, le voglio bene.
   B. Sì, mi vuole bene.
3. Ti vuole bene?
   A. Sì, le voglio bene.
   B. Sì, mi vuole bene.

4. Mi volevi telefonare?
   A. Sì, ti telefonavo.
   B. Sì, volevo telefonarti.
5. Sonia, dove sei?
   A. Eccomi!
   B. Eccola!

B. Sonia, Sonia! Con un compagno/una compagna, crea brevi dialoghi nei modi suggeriti dai modelli.

> **MODELLO** a Sonia
>
> TU: *Hai letto l'oroscopo a Sonia?*
> COMPAGNO/A: *Sì, le ho letto l'oroscopo.*

1. a Stefano
2. a noi

3. a tuo fratello
4. ai tuoi amici

> **MODELLO** a Sonia
>
> TU: *Hai scritto a Sonia?*
> COMPAGNO/A: *Sì, le ho scritto.*

5. a Stefano
6. quella lettera
7. a noi

8. quelle lettere
9. a loro

C. Intervista. Chiedi al tuo compagno/alla tua compagna...

1. a chi dà del tu.
2. se è mai andato da una chiromante.
3. se crede negli oroscopi e perché.

D. Cultura. Accoppia le due colonne.

1. In Italia oggi c'è la mania...
2. La maggior parte della gente dice...
3. Su quasi tutti i giornali c'è...
4. In televisione c'è qualcuno che...
5. Da Vinci era...
6. La scienza moderna risale...
7. Galileo è il fondatore del...
8. Torricelli inventò...
9. Marconi inventò...

A. l'oroscopo del giorno o della settimana.
B. di non credere all'astrologia.
C. un Ariete.
D. per l'astrologia.
E. legge l'oroscopo del giorno.
F. il telegrafo senza fili.
G. al Rinascimento.
H. metodo sperimentale.
I. il barometro.

E. Avvio allo scrivere! Prepara l'oroscopo di una persona famosa. Leggilo in classe. Gli altri studenti/Le altre studentesse dovranno cercare di indovinare chi è la persona.

F. Momento creativo! Lavorando in gruppi di due o tre, componete (*compose*) e poi mettete in scena davanti a tutta la classe una breve commedia (di un atto): *La chiromante va dallo psicanalista!*

Lessico utile

NOMI

l'**Acquario** *Aquarius*
l'**analisi** *analysis*
l'**Ariete** *Aries*
l'**astrologia** *astrology*
la **Bilancia** *Libra*
il **Cancro** *Cancer*
il **Capricorno** *Capricorn*
la **chiromante** *fortune-teller*
la **crisi** *crisis*
l'**est** *east*
il **futuro** *future*
i **Gemelli** *Gemini*
l'**inventore** *inventor*
l'**ipotesi** *hypothesis*
il **Leone** *Leo*
il / la **musicista** *musician*
il **nord** *north*

l'**oroscopo** *horoscope*
l'**ovest** *west*
i **Pesci** *Pisces*
il / la **psicanalista** *psychoanalyst*
il **Sagittario** *Sagittarius*
la **scienza** *science*
lo **scienziato / la scienziata** *scientist*
la **sciocchezza** *triviality*
lo **Scorpione** *Scorpio*
il **segno** *sign*
la **sfera di cristallo** *crystal ball*
il **sud** *south*
la **tesi** *thesis*
il **Toro** *Taurus*
la **Vergine** *Virgo*
lo **zodiaco** *zodiac*

AGGETTIVI

affettivo *emotional / affective*
meridionale *southern*
occidentale *western*

orientale *eastern*
settentrionale *northern*
timido *shy*

VERBI

convenire a *to be worthwhile*
credere a *to believe in*
sposare *to marry*

sposarsi *to get married*
sprecare *to waste*

AVVERBIO

ormai *by now*

ALTRI VOCABOLI / ESPRESSIONI

ciascuno *someone, something*
da *from, as, at / to, since, for*
darsi del tu *to be on familiar terms*
ognuno *each one, each*

presso *at*
punto di vista *standpoint*
qualcuno *someone*
volere bene a *to love*

Dal medico!

13

Quanto sai già?

A. Dal medico! Accoppia le parole e le espressioni in modo logico, anticipando quello che leggerai.

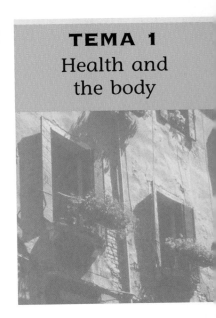

1. sentirsi male
2. la febbre
3. respirare
4. mal di gola
5. mal di testa
6. dolore al petto
7. sopportare
8. la bocca
9. arrossata

A. dolore alla gola
B. dolore alla testa
C. dolore al torace
D. è necessaria per mangiare
E. aumento della temperatura del corpo
F. sostenere
G. diventata rossa
H. prendere aria
I. stare male

B. Rispondi alle seguenti domande.

1. Sei mai stato da un medico italiano?
2. Se sì, descrivi la tua esperienza al resto della classe.
3. Vai regolarmente dal medico?
4. Perché sì/no?

Dialogo

Il signor Fausti sta male, e allora va dal suo medico, la dottoressa Fani.

FAUSTI: Dottoressa, mi sento veramente male!

FANI: Mi dica!

FAUSTI: Penso di avere la febbre°. Non riesco a respirare bene. Ho mal di gola e mal di testa e, infine°, ho un fortissimo dolore al petto che non riesco a sopportare°.

FANI: Apra la bocca! La Sua gola è ovviamente molto arrossata! Metta il termometro in bocca. Hmm.... Ha la febbre a 40!

FAUSTI: Allora, dottoressa?

FANI: Indubbiamente°, Lei ha l'influenza.

FAUSTI: Lo sapevo! Con questo tempaccio°!

FANI: Vada a casa, prenda la medicina che Le prescriverò[1] e torni tra una settimana.

FAUSTI: Grazie!

fever, temperature
finally • to bear

undoubtedly
bad weather

[1]**Prescrivere** is conjugated like **scrivere**.

Comprensione

C. Rispondi alle seguenti domande.

1. Come si sente il signor Fausti?
2. Quali sintomi (*symptoms*) ha?
3. A quanto ha la febbre?
4. Che cosa ha il signor Fausti, secondo la dottoressa Fani, e che cosa gli prescrive?
5. Quando dovrà tornare il signor Fausti?

D. Con un compagno/una compagna, crea delle frasi o dei brevi dialoghi con le nuove parole e le nuove espressioni.

sentirsi	*to feel*
la febbre	*temperature, fever*
il mal di gola	*sore throat*
il mal di testa	*headache*
il dolore	*pain*
infine	*finally*
il petto	*chest*
sopportare	*to bear*
la bocca	*mouth*
arrossato	*reddened*
il termometro	*thermometer*
indubbiamente	*undoubtedly*
l'influenza	*flu, influenza*
prescrivere	*to prescribe*

Modi di dire

Parole ed espressioni utili

sentirsi bene	*to feel well*
sentirsi male	*to feel bad*
sentirsi forte	*to feel strong*
sentirsi debole	*to feel weak*
il raffreddore	*common cold*
il riposo	*rest*
lo starnuto	*sneeze*
starnutire (isc)	*to sneeze*
lo stomaco	*stomach*
il mal di stomaco	*stomachache*
lo stress	*stress*
la tensione	*tension*
la tosse	*cough*

Applicazione

👥 **E. Come si sente?** Con un compagno/una compagna, crea brevi dialoghi seguendo i modelli.

> **MODELLO** well and very strong
>
> TU (MEDICO): *Mi dica, come si sente?*
> COMPAGNO/A (PAZIENTE): *Dottore/Dottoressa, mi sento bene e molto forte.*

1. bad and a little weak
2. a little weak and I have a fever
3. strong, but I have a sore throat
4. well, but I have a headache

> **MODELLO** sore throat/**apra**/your mouth
>
> TU (PAZIENTE): *Dottore/Dottoressa, ho mal di gola.*
> COMPAGNO/A (MEDICO): *Apra la bocca!*

5. fever/**metta**/this thermometer in your mouth
6. headache/**prenda**/an aspirin (**un'aspirina**)
7. a pain in my chest/**respiri**/deep
8. sore throat/**apra**/your mouth

> **MODELLO** [The doctor is, in this situation, a very good friend.]
> sore throat/**apri**/your mouth
>
> TU (PAZIENTE): *Ho mal di gola.*
> COMPAGNO/A (MEDICO): *Apri la bocca!*

9. fever/**metti**/this thermometer in your mouth
10. headache/**prendi**/an aspirin
11. a pain in my chest/**respira**/deep
12. sore throat/**apri**/your mouth

> **MODELLO** avere mal di gola e mal di testa/avere il raffreddore
>
> TU (PAZIENTE): *Dottore/Dottoressa, ho mal di gola e mal di testa.*
> COMPAGNO/A (MEDICO): *Lei avrà il raffreddore!*

13. starnutire molto/avere il raffreddore
14. avere stress e tensione/avere bisogno di riposo
15. avere la tosse e mal di gola/avere l'influenza
16. avere mal di stomaco/avere bisogno di riposo

Infine *vs.* finalmente

Infine means *finally* and it is used to signal the end of a series of things or events.

Prima apra la bocca, poi metta il termometro in bocca e infine prenda questo!	*First, open your mouth, then put the thermometer in your mouth, and finally take this!*

On the other hand, **finalmente** means *finally* in the sense of *at last*.

Finalmente, non ho più mal di testa!	*Finally, I don't have a headache any more!*

Sopportare *vs.* mantenere

Sopportare does not mean *to support* but *to bear, to put up with*. *To support* is rendered by:

■ **mantenere**	*to support someone materially/financially*
■ **appoggiare**	*to support someone intellectually*

Io mantengo la mia famiglia.	*I support my family.*
Io appoggio le tue idee.	*I support your ideas.*

Appoggiare is conjugated like **mangiare** (**appoggio**, **appoggi**, etc.) and **mantenere** is conjugated like **tenere**. So, its present indicative forms are:

■ (io) **mantengo**, (tu) **mantieni**, (lui/lei/Lei) **mantiene**, (noi) **manteniamo**, (voi) **mantenete**,
■ (loro) **mantengono**

Il corpo

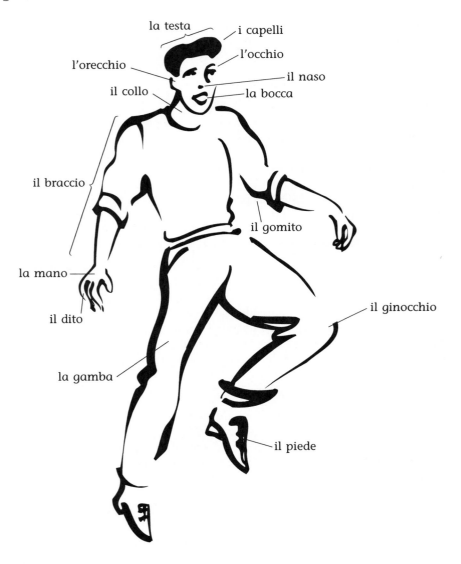

la testa
i capelli
l'orecchio
l'occhio
il naso
il collo
la bocca
il braccio
il gomito
la mano
il dito
il ginocchio
la gamba
il piede

The ending **-o** of the nouns **il braccio**, **il dito**, and **il ginocchio** is changed to **-a** in the plural.[2] These nouns are thus masculine in the singular, but feminine in the plural.

SINGOLARE (MASCHILE)		PLURALE (FEMMINILE)	
il braccio	arm	le braccia	arms
il braccio lungo	the long arm	le braccia lunghe	the long arms
il dito	the finger	le dita	the fingers
il dito lungo	the long finger	le dita lunghe	the long fingers
il ginocchio	knee	le ginocchia	the knees
il ginocchio debole	the weak knee	le ginocchia deboli	the weak knees

Note that **la mano** (*hand*) is feminine and that its plural form is **le mani** (*hands*). Also, note that **orecchio** has two alternative forms in the plural.

SINGULAR		PLURAL	
l'orecchio	ear	gli orecchi	ears = masculine
l'orecchio	ear	le orecchie	ears = feminine

For most situations, the feminine plural is used; however, in a number of idiomatic expressions, you will discover that the masculine plural form is used.

Fare male

This is yet another verbal construction that has identical features to **piacere**. Once again, the same rule of thumb applies. Notice that, unlike English, the subject is usually put after the expression.

Mi fa male la testa.	*My head hurts.*
Mi fanno male le dita.	*My fingers hurt.*
Ti fa male lo stomaco.	*Your (fam.) stomach hurts.*
Ti fanno male le dita.	*Your fingers (fam.) hurt.*
Le fa male la gamba.	*Your (pol.) leg hurts.*
Le fanno male le gambe.	*Your (pol.) legs hurt.*
Gli fa male il ginocchio.	*His knee hurts.*
Gli fanno male le ginocchia.	*His knees hurt.*

Applicazione

F. Mi fanno male! Di' le seguenti cose in due modi. Segui il modello.

> **MODELLO** *My . . .* le gambe
> *Mi fanno male le gambe.*
> *A me fanno male le gambe.*
>
> *Your (sing., fam.) . . .* il braccio
> *Ti fa male il braccio.*
> *A te fa male il braccio.*

1. *My . . .*
  A. lo stomaco
  B. le gambe
2. *Your (sing., fam.) . . .*
  A. la bocca
  B. le dita

---

[2]This ending is a remnant of the Latin neuter.

3. *His . . .*
   A. la testa
   B. gli occhi
4. *Her . . .*
   A. le mani
   B. il collo
5. *Your (sing., pol.) . . .*
   A. la bocca
   B. le braccia

G. Dal medico! Inserisci negli spazi le parole adatte.

1. Un incidente stradale! (*A traffic accident!*)

   mani, gomito, gambe

   MEDICO: Cosa Le fa male?

   PAZIENTE: Mi fanno male le _____!

   MEDICO: Cos'altro Le fa male, il _____?

   PAZIENTE: No, ma mi fanno male i piedi e le _____.

2. Troppo mangiare e poco dormire!

   stomaco, occhi, capelli

   PAZIENTE: Dottore, mi fa male lo _____.

   MEDICO: Lei ha gli _____ arrossati e i _____
              un po' arruffati (*unkempt*).

   PAZIENTE: Forse avrò mangiato troppo e dormito poco!

3. Una caduta! (*A fall!*)

   testa, naso, collo

   MEDICO: Ha mal di _____, vero?

   PAZIENTE: Sì, e mi fa male anche il _____ e perciò
              (*therefore*) non riseco a respirare bene.

   MEDICO: E vedo che anche il Suo _____ è in brutte
              condizioni!

4. Riposo, riposo!

   braccia, ginocchia, riposo

   PAZIENTE: Dottoressa, mi fanno male le _____;
              sono veramente molto stanco.

   MEDICO: Le fanno male anche le _____?

   PAZIENTE: Sì. C'è qualche problema, dottoressa?

   MEDICO: Forse no. Lei avrà bisogno semplicemente di

              _____.

H. Intervista! Intervista il tuo compagno/la tua compagna.

Chiedigli/le...

1. di descrivere le sue braccia e le sue gambe (Ho le braccia lunghe, corte, ecc.) [**lungo** = *long*, **corto** = *short*].
2. di descrivere i suoi capelli e i suoi occhi.
3. di descrivere le sue mani e i suoi piedi.

I. A tutti la parola! Rispondi alle seguenti domande.

1. Come curi (*look after/cure*) il raffreddore e l'influenza?
2. Sei mai stato/a in ospedale (*hospital*)? Per quale motivo?
3. Ti piacerebbe (*would you like*) esercitare (*practice*) la professione di medico? Perché sì/no?

Grammatica

L'imperativo — parte 1ᵃ

As in English, the **imperativo** allows you to give advice, counsel someone, give orders, request something, issue commands, and so on.

Apra la bocca!	*Open your mouth!*
Torni domani!	*Come back tomorrow!*

To conjugate regular verbs in the **imperativo**:

■ drop the infinitive suffix of the verb.

tornare	→	torn-
prendere	→	prend-
aprire	→	apr-
finire	→	fin- (*requires* -isc)

■ add the following endings according to the conjugation.

	tornare	**prendere**	**aprire**	**finire**
(tu)	torna	prendi	apri	finisci
(Lei)	torni	prenda	apra	finisca
(noi)	torniamo	prendiamo	apriamo	finiamo
(voi)	tornate	prendete	aprite	finite
(Loro)	tornino	prendano	aprano	finiscano

The third-person plural form of address (**Loro**) is used in very formal situations. When giving a command to a group of people the tendency is to use the second-person plural (**voi**) form of the verb.

IN GENERAL	VERY FORMAL
Aprite i vostri libri!	**Aprano i Loro libri!**
Open your books!	*Open your books!*

As in the present indicative, the **i** of verbs ending in **-ciare** and **-giare** is not repeated before the **-i**, **-iamo**, and **-ino** endings. However, an **h** before these endings must be written for verbs ending in **-care** and **-gare**.

	cominciare	**mangiare**	**cercare**	**pagare**
(tu)	comincia	mangia	cerca	paga
(Lei)	cominci	mangi	cerchi	paghi
(noi)	cominciamo	mangiamo	cerchiamo	paghiamo
(voi)	cominciate	mangiate	cercate	pagate
(Loro)	comincino	mangino	cerchino	paghino

Applicazione

J. Consigli. Svolgi i compiti indicati seguendo i modelli.

MODELLO Di' al signor Fausti di aprire la bocca.
Signor Fausti, apra la bocca!

Di' al signor Fausti di...

1. tornare tra una settimana.
2. prendere due aspirine al giorno.
3. finire la medicina.
4. dormire almeno otto ore al giorno.
5. cercare di rimanere calmo.

MODELLO Di' al tuo amico di mangiare la frutta.
Mangia la frutta!

Di' al tuo amico di...

6. appoggiare le tue idee.
7. lavorare di meno.
8. telefonare alla sua fidanzata.
9. finire il compito.
10. prendere gli antibiotici.

MODELLO Di' a tua sorella e tuo fratello (insieme) di cantare quella nuova canzone.
Cantate quella nuova canzone!

Di' a tua sorella e tuo fratello (insieme) di...

11. comprare quelle biciclette.
12. finire i compiti.
13. dormire più a lungo la domenica.
14. pulire la casa.
15. leggere insieme.

MODELLO	Di' ai tuoi amici (insieme a te) di guardare la TV.
	Guardiamo la TV!

Di' ai tuoi amici (insieme a te) di...

16. scrivere ai parenti.   **18.** pranzare.

17. pulire la casa.   **19.** aspettare il professore.

MODELLO	Di' al signore e alla signora Fausti di lavorare di meno.
	Lavorino di meno!

Di' al signore e alla signora Fausti di...

20. tornare tra un mese.   **23.** mangiare più frutta.

21. dormire di più.   **24.** cercare di rimanere calmi.

22. telefonare al medico.

Suffixes

As you know, the word for *weather* is **il tempo**. The form **il tempaccio**, with the suffix **-accio**, conveys the idea of *bad, ugly, horrid weather*. This suffix can be used with other words to add a similar kind of connotation to their meaning.

quel ragazz*accio*	*that bad, mean boy*
quei ragazz*acci*	*those bad, mean boys*
la parol*accia*	*the bad word, the vulgar word*

The suffixes **-ino** and **-etto** can be used instead to add the connotation of *smallness* to the meaning of a word.

quel ragazz*ino*	*that little boy*
la giacch*etta*	*the small jacket* [Note the use of **h** to indicate the hard sound.]
i guant*ini*	*the small gloves*

The suffix **-one** can be used to add the connotation of *bigness* to a word.

quel ragazz*one*	*that big boy*
i guant*oni*	*the big gloves*

Caution must be exercised when using and interpreting these suffixes. For example, **il libretto** is not a *small book*, but an *opera libretto* or a *bank book*.

Ci

Throughout this book, you have been using expressions such as **c'è**, **ci sono**, **ci sarà**, and so on, in which **ci** means *there*. In general, this particle can replace any word or phrase that refers to location or place.

Siete stati *a Roma*?	**Sì, *ci* siamo stati.**
Have you been to Rome?	*Yes, we've been there.*
Vai spesso *in Italia*?	**Sì, *ci* vado spesso.**
Do you go often to Italy?	*Yes, I go there often.*
Hai messo la penna *sul banco*?	**Sì, *ci* ho messo la penna.**
Have you put the pen on the desk?	*Yes, I've put it there.*

Note that there is no agreement between **ci** and the past participle in compound tenses. **Ci** also replaces expressions such as *to the doctor's, to Maria's place,* etc.

Vai *dal medico*?
Are you going to the doctor's?

Sì, *ci* vado.
Yes, I'm going there.

Andrai *da Maria*?
Will you be going to Mary's place?

Sì, *ci* andrò.
Yes, I'll be going there.

However, **ne** is used to replace expressions such as *from the doctor's, from Maria's place,* etc.

GOING TO

Vai *dal medico*?
Are you going to the doctor's?

Sì, *ci* vado.
Yes, I'm going there.

COMING FROM

Vieni *dal medico*?
Are you coming from the doctor's?

Sì, *ne* vengo.
Yes, I'm coming from there.

Applicazione

K. Reazioni e opinioni. Esprimi le tue reazioni con i suffissi adatti seguendo il modello.

> **MODELLO**   Che brutto film!
> *Che filmaccio!*

1. Che brutta musica!
2. Che vestito piccolo!
3. Che mani grandi!
4. Che brutto lavoro!
5. Che piccola macchina!
6. Che cappello grande!
7. Che giacca piccola!
8. Che brutti spettacoli!

L. Sì, ci sono stato/a! Con un compagno/una compagna, crea brevi dialoghi seguendo il modello.

> **MODELLO**   andare all'estero
> TU: *Sei mai andato/a all'estero?*
> COMPAGNO/A: *Sì ci sono andato/a.*
>
> venire dal centro
> TU: *Quando sei venuto/a dal centro?*
> COMPAGNO/A: *Ne sono venuto/a poco tempo fa.*

1. andare a Firenze
2. stare in centro
3. tornare dal centro
4. andare dalla chiromante
5. tornare dall'Europa

M. Rispondi alle seguenti domande.

1. In Italia c'è il Servizio Sanitario Nazionale. Sai che cosa è?
2. C'è qualcosa di simile (*similar*) in America?

In Italia l'assistenza medica è garantita (*is guaranteed*) a tutti i cittadini dalla nascita fino alla fine della vita. Ogni cittadino ha una tessera medica (*health card*) con un numero personale che certifica la sua iscrizione al Servizio Sanitario Nazionale (SSN).

Il SSN garantisce (*guarantees*) accesso a medicine, a visite specialistiche (*specialized*), a esami diagnostici e a ricoveri ospedalieri (*hospital stays*), con rimborso totale di spese (*reimbursement*) per certi farmaci (*drugs, medicines*) e servizi, e parziale per altri.

N. Comprensione. Rispondi alle seguenti domande.

1. Che cosa ha ogni cittadino italiano?
2. Che cosa certifica la tessera?
3. Cosa garantisce il SSN?
4. Il rimborso di spese per i farmaci e i servizi medici è totale o parziale?

IN AMBULANZA!

O. Dibattito in classe! Diverse coppie di studenti dovrebbero dibattere (*debate*) la seguente proposta:

Ogni cittadino dovrebbe avere (*should have*) diritto all'assistenza medica gratuita.

MOMENTO
Creativo

P. Dal medico! In coppie, mettete in scena una visita medica (*doctor's visit*) in cui (*in which*) il/la paziente ha una malattia (*sickness*) particolare. [Choose any sickness, ailment, or condition; you may need to consult a dictionary for appropriate vocabulary.]

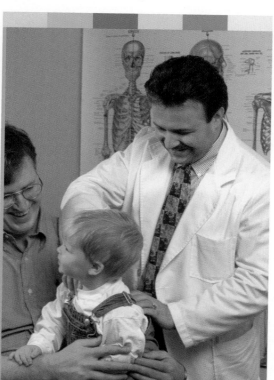

Quanto sai già?

A. Anticipazione. Rispondi alle seguenti domande, anticipando le parole e le espressioni nuove.

1. Dove ha lo studio (*professional office*) il tuo medico?
2. Ti preoccupi (*worry*) facilmente se non stai bene?
3. Sei una persona nervosa o tranquilla?
4. Hai paura delle iniezioni (*injections*)? Piangi (*do you cry*) se il medico ti fa male?
5. Che cosa significa, secondo te, ciascuna delle seguenti parole?
   A. l'infezione
   B. pi<u>a</u>ngere
   C. i pasti
   D. portare
   E. lo studio del medico

Dialogo

La settimana dopo, il signor Fausti porta suo figlio, Pierino, dal dottor Giusti, che ha il suo studio in via Galileo Galilei, 27.

PIERINO:	Papà, ho paura!
GIUSTI:	Non devi proccuparti, Pierino! Non ti farò male! Sta' tranquillo!
FAUSTI:	Che cosa ha mio figlio?
GIUSTI:	Niente di grave. Solo una piccola infezione. Tenga[3] Suo figlio fermo°, mentre io gli faccio un'iniezione sul braccio destro (*right*). Pierino, chiudi gli occhi!
PIERINO:	Ahi, mi ha fatto male! (*Il bambino comincia a pi<u>a</u>ngere*[4]).
GIUSTI:	Su, su, Pierino, fa' il grande°. Adesso signor Fausti, dia questa medicina a Suo figlio due volte al giorno, prima dei pasti°.
FAUSTI:	Grazie mille, dottore!

still

be brave

meals

PAPÀ, HO PAURA!

[3]**Tenere** is conjugated like **mantenere**.
[4]**Piangere** is an irregular verb in the present tense: **piango, piangi, piange, piangiamo, piangete, piangono**; past participle: **pianto**.

Comprensione

B. Correggi le seguenti frasi, che sono tutte false, in modo appropriato.

1. Lo studio del dottor Giusti è in via Leonardo da Vinci.
2. Pierino ha un forte raffreddore.
3. La dottoressa dice al padre di tener fermo il bambino mentre gli mette in bocca il termometro.
4. Dopo che il dottore ha fatto l'iniezione, Pierino comincia a ridere (*laugh*).
5. Pierino deve prendere la medicina un paio di volte alla settimana.

C. Con un compagno/una compagna, crea delle frasi o dei brevi dialoghi con le nuove parole e le nuove espressioni.

lo studio	*professional office*
preoccuparsi	*to worry*
tranquillo	*tranquil, calm*
tenere	*to hold, keep*
l'iniezione	*injection, needle*
destro	*right*
piangere	*to cry*
il pasto	*meal*

Modi di dire

Destra e sinistra

la destra	*the right hand*
a destra	*to the right*
destro	*right (adj.)*
il braccio destro	*right arm*
la sinistra	*the left hand*
a sinistra	*to the left*
sinistro	*left (adj.)*
la gamba sinistra	*left leg*

Applicazione

D. Mi fa male quello destro! Rispondi alle seguenti domande nel modo indicato seguendo il modello.

MODELLO   Quale braccio ti fa male?/destro
               Mi fa male quello destro!

1. Quale gamba ti fa male?/destro
2. Quale piede ti fa male?/sinistro
3. Quale occhio ti fa male?/destro
4. Quale mano ti fa male?/sinistro
5. Dov'è lo studio del medico?/a destra
6. Dov'è via Galileo?/a sinistra
7. Dov'è il centro?/a destra
8. Che mano usi per scrivere o digitare?
9. Che mano non riesci a usare per scrivere o digitare?

E. A tutti la parola! Rispondi alle seguenti domande.

1. Hai il medico di famiglia? Come si chiama?
2. Hai paura del dentista? Perché sì/no?
3. Secondo te, quante volte all'anno bisogna andare dal medico per una visita?
4. Vorresti fare il/la dentista? Perché sì/no?

Grammatica

L'imperativo — parte 2ª

Of the verbs you have encountered so far, the following have irregular imperative forms.

andare	(tu) **va'**, (Lei) **vada**, (noi) **andiamo**, (voi) **andate**, (Loro) **vadano**
avere	(tu) **abbi**, (Lei) **abbia**, (noi) **abbiamo**, (voi) **abbiate**, (Loro) **abbiano**
bere	(tu) **bevi**, (Lei) **beva**, (noi) **beviamo**, (voi) **bevete**, (Loro) **bevano**
dare	(tu) **da'**, (Lei) **dia**, (noi) **diamo**, (voi) **date**, (Loro) **diano**
dire	(tu) **di'**, (Lei) **dica**, (noi) **diciamo**, (voi) **dite**, (Loro) **dicano**
essere	(tu) **sii**, (Lei) **sia**, (noi) **siamo**, (voi) **siate**, (Loro) **siano**
fare	(tu) **fa'**, (Lei) **faccia**, (noi) **facciamo**, (voi) **fate**, (Loro) **facciano**
rimanere	(tu) **rimani**, (Lei) **rimanga**, (noi) **rimaniamo**, (voi) **rimanete**, (Loro) **rimangano**
sapere	(tu) **sappi**, (Lei) **sappia**, (noi) **sappiamo**, (voi) **sappiate**, (Loro) **sappiano**
stare	(tu) **sta'**, (Lei) **stia**, (noi) **stiamo**, (voi) **state**, (Loro) **stiano**
tenere	(tu) **tieni**, (Lei) **tenga**, (noi) **teniamo**, (voi) **tenete**, (Loro) **tengano**
uscire	(tu) **esci**, (Lei) **esca**, (noi) **usciamo**, (voi) **uscite**, (Loro) **escano**
venire	(tu) **vieni**, (Lei) **venga**, (noi) **veniamo**, (voi) **venite**, (Loro) **vengano**

L'imperativo negativo

Like all other tenses, the negative imperative is formed by putting **non** before the verb form. In the second-person singular, however, you must change the form of the verb into its infinitive form.

AFFIRMATIVE IMPERATIVE		NEGATIVE IMPERATIVE	
2nd Person (tu form)		**2nd Person (tu form)**	
Va' via!	*Go away!*	**Non andare via!**	*Don't go away!*
Mangia il pane!	*Eat the bread!*	**Non mangiare il pane!**	*Don't eat the bread!*
3rd Person (Lei form)		**3rd Person (Lei form)**	
Vada via!	*Go away!*	**Non vada via!**	*Don't go away!*
Mangi il pane!	*Eat the bread!*	**Non mangi il pane!**	*Don't eat the bread!*
1st Person (noi form)		**1st Person (noi form)**	
Andiamo via!	*Let's go away!*	**Non andiamo via!**	*Let's not go away!*
Mangiamo!	*Let's eat!*	**Non mangiamo!**	*Let's not eat!*
2nd Person (voi form)		**2nd Person (voi form)**	
Andate via!	*Go away!*	**Non andate via!**	*Don't go away!*
Mangiate il pane!	*Eat the bread!*	**Non mangiate il pane!**	*Don't eat the bread!*
3rd Person (Loro form)		**3rd Person (Loro form)**	
Vadano via!	*Go away!*	**Non vadano via!**	*Don't go away!*
Mangino il pane!	*Eat the bread!*	**Non mangino il pane!**	*Don't eat the bread!*

Applicazione

F. Pierino. Di' il contrario seguendo il modello.

> **MODELLO** Pierino, chiudi gli occhi!
> *Pierino, non chiudere gli occhi!*

1. Pierino, apri la bocca!
2. Signor Fausti, prenda questa medicina!
3. Pierino, finisci la medicina!
4. Signor Fausti, finisca la medicina!

G. Consigli. Svolgi i compiti indicati seguendo il modello.

> **MODELLO** Di'...
> 1. al signor Fausti di andare a casa.
> 2. a Pierino di andare a casa.
> 3. a Pierino e a sua sorella Sandra di andare a casa.
> 4. al signore e alla signora Fausti di andare a casa!
>
> 1. *Signor Fausti, vada a casa!*
> 2. *Pierino, va' a casa!*
> 3. *Pierino e Sandra, andate a casa!*
> 4. *Signore e signora Fausti, vadano a casa!*

Di'...

1. al signor Fausti di...
2. a Pierino di...
3. a Pierino e a sua sorella Sandra di...
4. al signore e alla signora Fausti di...
    A. avere pazienza
    B. bere più acqua
    C. dare l'indirizzo corretto al medico
    D. dire la verità
    E. essere forte
    F. fare colazione regolarmente
    G. stare tranquillo
    H. venire fra una settimana

H. Pierino, sta' fermo! Di' il contrario.

> **MODELLO**   Pierino, sta' fermo!
> *Pierino, non stare fermo!*

1. Pierino, sta' lì!
2. Sandra, bevi il latte!
3. Maria, finisci il compito!
4. Signora Fausti, stia lì!
5. Signor Fausti, apra la bocca!
6. Marco, va' da un altro medico!
7. Pierino e Sandra, andate al cinema!
8. Signore e signora Fausti, diano la medicina al Loro figlio!

Verbo + infinito

Cominciare is followed by **a** in front of an infinitive: **Il bambino ha cominciato a piangere.** (*The child started crying*). The verbs **mettersi** and **riuscire** are also followed by **a**.

Domani mi metterò a studiare molto.	*Tomorrow I'll be studying a lot.*
Non riesco a sopportare il mal di testa.	*I can't bear headaches.*

The verbs **cercare**, **decidere**, **finire**, and **pensare** are followed by **di** instead.

Cercherò di finire prima delle sette.	*I'll try to finish before seven.*
Ha deciso di andare da un altro medico.	*He decided to go to another doctor.*
Maria finirà di lavorare domani.	*Maria will finish working tomorrow.*
Pensano di andare da un altro medico.	*They are thinking of going to another doctor.*

As you know, the modal verbs (**dovere**, **potere**, **preferire**) do not require a preposition in front of an infinitive. Neither do **sapere** and **volere**.

Dovrò andare da un altro medico.	*I'll have to go to another doctor.*
Non ha potuto prendere l'antibiotico.	*She couldn't take the antibiotic.*
Preferiamo stare a casa.	*We prefer staying at home.*
Io non so parlare francese.	*I don't know how to speak French.*
Vogliono andare dal medico.	*They want to go to the doctor.*

Applicazione

I. Che ha fatto Pierino ieri? Completa ciascuna frase con la preposizione adatta, se è necessaria.

Pierino...

1. ha cominciato _____ piangere quando il medico gli ha fatto l'iniezione.

2. non ha finito _____ prendere la medicina.

3. ha deciso _____ rimanere a casa.

4. voleva _____ andare da un altro medico.

5. ha preferito _____ leggere i fumetti, invece di andare a giocare con gli amici.

6. non riusciva _____ sopportare il mal di stomaco.

J. Verbi. Usa ciascuno dei seguenti verbi in altrettante frasi che ne rendano chiaro il significato.

1. potere
2. dovere
3. volere
4. pensare
5. finire
6. cercare
7. riuscire

K. Chi era Galileo? Quanto sai sulla vita di Galileo?

1. Galileo nacque (*was born*)...
   A. a Pisa.
   B. a Firenze.
2. Galileo morì (*died*)...
   A. a Pisa.
   B. a Arcetri.
3. Galileo andò (*went*) in prigione (*to prison*) perché...
   A. sosteneva (*he maintained*) che la Terra girava intorno al sole.
   B. aveva ucciso (*he had killed*) una persona.
4. Galileo scoprì (*discovered*)...
   A. leggi fisiche (*physical laws*) importanti.
   B. leggi biologiche importanti.

Galileo Galilei nacque a Pisa il 15 febbraio del 1564 e morì ad Arcetri, un piccolo paese vicino a Firenze, nel 1642. Galileo è uno dei più importanti personaggi nello sviluppo (*development*) della scienza moderna.

La lista delle sue conquiste intellettuali (*intellectual accomplishments*) e delle sue invenzioni è impressionante. Difese (*he defended*) la teoria di Copernico (*Copernicus*) che la Terra girava intorno al sole, per cui andò in prigione. Con il suo telescopio iniziò l'era scientifica dell'astronomia, scoprendo le macchie solari (*sunspots*), le fasi di Venere e gli anelli di Saturno. Ma forse, il suo contributo più importante alla scienza è la sua scoperta (*discovery*) che esistono leggi fisiche che si possono formulare in termini matematici.

L. Comprensione. Rispondi alle seguenti domande.

1. Dove e in quale anno nacque Galileo?
2. Che cosa difese?

GALILEO GALILEI

3. Che cosa iniziò con il suo telescopio?
4. Che cosa scoprì (*discovered*) con il suo telescopio?
5. Qual è, forse, il suo contributo più importante?

M. Ricerca. Con un compagno/una compagna, fate una ricerca sulla vita di Galileo e poi comunicate alla classe quello che troverete.

MOMENTO
Creativo

N. Consigli. Raccomanda al tuo compagno/alla tua compagna di fare cinque o sei cose per la sua salute.

Sc, sci e sch

The letters **sc** stand for:

- /sk/ before **a**, **o**, **u**, and any consonant.

  scarpa, scuola, scontento, scrivere,...

- a sound similar to the *sh* sound in the English word *ship* before **e** and **i**.

  pesce, conoscere, uscire,...

The letters **sci** also stand for the *sh* sound before **a**, **o**, **u**.

  lasciare, prosciutto, sciarpa,...

The letters **sch** stand for /sk/ before **e** and **i**.

  maschile, schiena (*back of the body*),...

A. Pronuncia le seguenti frasi.

1. Con chi esci stasera?
2. Mi piace il prosciutto, ma non il pesce.
3. Io conosco molti studenti a scuola.
4. Ne conosci molti anche tu?
5. Ho comprato una bella sciarpa ieri.
6. Finalmente, ho imparato tutti i nomi maschili irregolari.
7. Io esco tra poco. E voi, quando uscite?

Comprensione generale

B. Ascolta attentamente la vignetta sul CD cercando di determinare:

1. come si chiama il paziente.
2. quali sintomi ha.
3. cosa dice il medico.
4. che malattia ha.

C. Adesso cerca di ricostruire la conversazione con altri studenti a piacere.

Lettura

Prima di leggere

A. Anticipazione. Indovina il significato delle seguenti parole, frasi e/o espressioni, anticipando la lettura.

1. su un treno in corsa
   A. *on a moving train*
   B. *in a training course*
2. spaventato
   A. *frightened*
   B. *spaced out*
3. con voce agitata
   A. *with an aged voice*
   B. *with an agitated voice*
4. lo scompartimento
   A. *compartment*
   B. *disappearance*

5. c'è una signora svenuta
   A. *a woman has fainted*
   B. *a woman has disappeared*
6. un sospiro di sollievo
   A. *a suspended thought*
   B. *a sigh of relief*
7. tra lo stupore generale
   A. *general stupidity*
   B. *to everyone's surprise*
8. Non riesco a sopportare la vista di una persona svenuta.
   A. *I can't support a stupid person.*
   B. *I can't stand the sight of someone who has fainted.*

Lettura

Scusate, c'è un medico qui?

Ecco una barzelletta (*joke*) divertente!

Su un treno in corsa ad un certo momento un signore, spaventato, si affaccia ad uno scompartimento e con voce agitata chiede:

— Scusate, c'è un medico qui? Nello scompartimento accanto c'è una signora svenuta!

— No, signore, ma prenda questa bottiglia d'acqua — dice uno dei viaggiatori.

— Grazie, molte grazie! — dice il signore con un profondo sospiro di sollievo. Immediatamente apre la bottiglia e, tra lo stupore generale, beve a lungo con evidente soddisfazione. Poi pulendosi la bocca con la mano, dice rinfrancato°: *having regained his composure • grateful • sensitive*

— Vi sono infinitamente grato°! Io sono molto sensibile° ed impressionabile e non riesco a sopportare la vista di una persona svenuta.

(Libera riduzione da: *Leggiamo e conversiamo* di G. Battaglia)

Dopo la lettura

B. Accoppia le due colonne in modo logico in base al contenuto della lettura.

1. Su un treno in corsa...
2. Il signore si affaccia...
3. Con voce agitata, il signore chiede:
4. Nello scompartimento accanto c'è...
5. Uno dei viaggiatori dice:
6. Tra lo stupore generale...
7. Con un profondo sospiro di sollievo,...
8. Pulendosi la bocca con la mano,...

A. ad uno scompartimento.
B. una signora svenuta.
C. «Prenda questa bottiglia d'acqua.»
D. il signore beve a lungo con evidente soddisfazione.
E. c'è un signore spaventato.
F. il signore dice: «Io sono molto sensibile ed impressionabile.»
G. il signore dice: «Grazie, molte grazie.»
H. «Scusate, c'è un medico qui?»

👥👥 **C. A tutti la parola!** Tu conosci qualche barzelletta? Se sì, raccontala in italiano con l'aiuto del tuo/della tua insegnante.

Il mondo digitale

Leggi attentamente il seguente manifesto pubblicitario. Ricerca in un vocabolario qualsiasi parola che non riconosci. Poi svolgi le attività che seguono.

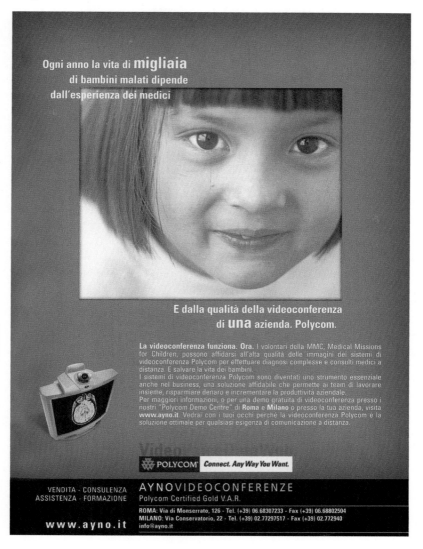

Comprensione

1. Da che cosa dipende la vita dei bambini malati?
2. Che cos'è una videoconferenza?
3. Che cosa offrono e permettono di fare i sistemi di videoconferenza Polycom?
4. Quale sito bisogna visitare per accedere a informazioni su questi sistemi?

Attività. Con un compagno/una compagna,...

5. visitate il sito Web, indicando al resto della classe se esiste ancora e, se sì, cosa ci avete trovato.
6. preparate un manifesto simile e poi mostratelo alla classe.

A. Situazioni. Scegli la risposta, la parola o l'espressione adatta.

1. Non riesco a...
   A. sopportare il dolore.
   B. mantenere il dolore.
2. Ho mal di...
   A. respiro.
   B. stomaco.
3. Che brutto tempo!
   A. Che tempaccio!
   B. Che tempone!
4. Che ragazzo grande!
   A. Che ragazzino!
   B. Che ragazzone!
5. Il dottor Moretti ha il suo ... in via Galileo.
   A. studio
   B. ufficio
6. La bambina comincia...
   A. di piangere.
   B. a piangere.
7. Il bambino ha finito...
   A. prendere la medicina.
   B. di prendere la medicina.

B. Dottore/Dottoressa. Con un compagno/una compagna, crea brevi dialoghi nei modi indicati dai diversi modelli.

MODELLO mal di gola/aprire la bocca

TU: *Dottore/Dottoressa, ho mal di gola.*
COMPAGNO/A: *Apra la bocca!*

1. mal di testa/prendere un'aspirina
2. mal di stomaco/bere il latte
3. mal di gola/mettere questo termometro in bocca
4. mal di testa/chiudere gli occhi

MODELLO essere dal medico

TU: *Sei stato/a dal medico?*
COMPAGNO/A: *Sì, ci sono stato/a.*

5. andare dalla chiromante
6. venire dal medico
7. andare a Milano
8. tornare da Milano
9. essere dal dentista

C. Di' alle seguenti persone di non fare la cosa suggerita.

MODELLO Pierino, chiudi la bocca.
Pierino, non chiudere la bocca!

Pierino...

1. sta' qui.
2. fa' il compito.
3. vieni qui.
4. bevi tutto il latte.

Signor Fausti...

    6. tenga il braccio di suo figlio.
    7. beva tutto quel caffè.
    8. prenda quell'antibiotico.
    9. dia questa medicina a suo figlio.

D. Svolgi i compiti indicati seguendo i modelli.

    MODELLO   Di' al signor Fausti di aprire la bocca.
                  Apra la bocca!

Di' al signor Fausti di...

    1. dire la verità.
    2. mettere il termometro in bocca.
    3. chiudere la bocca.
    4. prendere gli antibiotici.
    5. stare fermo.
    6. respirare.
    7. bere molta acqua.
    8. tornare domani.

    MODELLO   Di' a tuo fratello di aprire la bocca.
                  Apri la bocca!

Di' a tuo fratello di...

    9. stare fermo.
    10. bere tutto il latte.
    11. fare il bravo (*be good*).
    12. non mangiare sempre i dolci.
    13. non guardare sempre la TV.
    14. avere pazienza.

E. Chiedi al tuo compagno/alla tua compagna...

    1. cosa fa quando ha mal di testa.
    2. cosa fa quando ha mal di stomaco.
    3. cosa fa quando ha il raffreddore.

F. Cultura. Vero o falso?

    1. In Italia l'assistenza medica non è garantita a ogni cittadino dalla nascita fino alla fine della vita.
    2. La tessera certifica l'iscrizione al Servizio Sanitario Nazionale.
    3. Galileo è uno dei più importanti personaggi nello sviluppo della scienza moderna.
    4. Galileo difese la teoria che la Terra girava intorno al sole.

G. Avvio allo scrivere! Prepara una descrizione dei sintomi di una particolare malattia (*sickness*). Poi leggila in classe. Gli altri dovranno cercare di indovinare quale malattia hai descritto.

H. Momento creativo! Lavorando in gruppi di tre o quattro persone, programmate e poi mettete in scena davanti a tutta la classe una breve commedia (di un atto): *Il medico pignolo!*

Lessico utile

NOMI

l'antibiotico *antibiotic*
la bocca *mouth*
il braccio *arm*
i capelli *hair*
il collo *neck*
il/la dentista *dentist*
il dito *finger*
il dolore *pain*
il farmaco *drug, medicine*
la febbre *fever*
la gamba *leg*
il ginocchio *knee*
la gola *throat*
il gomito *elbow*
l'infezione (f.) *infection*
l'influenza *flu*
l'iniezione (f.) *injection*
la mano *hand*

la medicina *medicine*
il naso *nose*
l'occhio *eye*
il pasto *meal*
il petto *chest*
il piede *foot*
il raffreddore *common cold*
il riposo *rest*
lo starnuto *sneeze*
lo stomaco *stomach*
lo stress *stress*
lo studio *professional office*
lo sviluppo *development*
la tensione *tension*
il termometro *thermometer*
la tessera *card*
la testa *head*
la tosse *cough*

AGGETTIVI

arrossato *reddened*
debole *weak*
destro *right*

grave *serious*
sinistro *left*
tranquillo *tranquil, calm*

VERBI

appoggiare *to support (intellectually)*
mantenere *to support (materially)*
piangere *to cry*
preoccuparsi *to worry*
prescrivere *to prescribe*

respirare *to breathe*
sentirsi *to feel*
sopportare *to bear, stand*
starnutire *to sneeze*
tenere *to keep, hold*

AVVERBI

finalmente *at last, finally*
indubbiamente *undoubtedly*

infine *finally*

ALTRI VOCABOLI/ESPRESSIONI

dolore al petto *chest pain*
mal di gola *sore throat*

mal di stomaco *stomachache*
mal di testa *headache*

All'aeroporto!

14

COMUNICAZIONE

- interacting at the airport
- checking in at the airport

CULTURA

- vacation trends among Italians

STRUTTURE E VOCABOLARIO

- discussing location
- double-object pronouns
- reflexive pronouns followed by direct-object pronouns
- the imperative of reflexive verbs
- vocabulary related to airports, airplanes, and vacations
- the imperative with object pronouns
- prepositional noun phrases

Quanto sai già?

A. Anticipazione. Scegli la parola che completa ciascuna frase correttamente, anticipando quello che leggerai.

1. Voglio fare un ... in Italia quest'anno.
   A. viaggio all'estero
   B. tempo bello
2. Il ... arriva all'aeroporto in orario.
   A. passaporto
   B. viaggiatore
3. Prima di entrare nel paese, bisogna fare...
   A. la dogana.
   B. il bagaglio a mano.
4. Il banco d'accettazione si chiama anche...
   A. il check-in.
   B. l'uscita.

B. Vacanze! Rispondi alle seguenti domande.

1. Vai regolarmente in vacanza?
2. Se sì, porti generalmente tanto o poco bagaglio (*baggage*)?
3. Quante valige (*suitcases*) generalmente porti con te?

Dialogo

Un viaggiatore e una viaggiatrice, che sono marito e moglie, sono appena arrivati all'aeroporto per un viaggio all'estero°.   *abroad*

VIAGGIATORE:	Sai, cara, abbiamo portato veramente troppo bagaglio!	
VIAGGIATRICE:	Non ti preoccupare! Consegneremo subito° le valige, e così ci rimarrà solo il bagaglio a mano.	*Check in right away*
VIAGGIATORE:	Speriamo° di non dover[1] fare la dogana quando arriveremo!	*Let's hope*
VIAGGIATRICE:	Calmati°, caro! Non essere nervoso! Dammi i passaporti e i biglietti!	*Calm down*
VIAGGIATORE:	Te li ho già dati. Non ti ricordi?	
VIAGGIATRICE:	Eh già, è vero. Ecco là il banco d'accettazione della nostra linea aerea.	
VIAGGIATORE:	Andiamo!	

Comprensione

C. Correggi le seguenti frasi in modo appropriato.

1. I due viaggiatori sono colleghi di lavoro.
2. Sono appena arrivati in ufficio (*office*).
3. I due non hanno il bagaglio a mano.
4. L'uomo cerca la dogana.
5. L'uomo ha i passaporti e i biglietti in mano.

---

[1]When two infinitives are in sequence, it is considered good style to drop the final **-e** of the first one.

LA STRADA PER L'AEROPORTO

👥 **D.** Con un compagno/una compagna, crea delle frasi o dei brevi dialoghi con le nuove parole e le nuove espressioni.

il viaggiatore/la viaggiatrice	*traveler*
il viaggio	*trip, voyage*
all'estero	*abroad*
il bagaglio (a mano)	*(hand) luggage*
consegnare	*to send on, consign*
sperare	*to hope*
la dogana	*customs*
calmarsi	*to calm down*
nervoso	*nervous*
là	*over there*
il banco d'accettazione (*check-in*)	*check-in counter*
la linea aerea	*airline*

Modi di dire

Calmati!

calmarsi	*to calm down*
alzarsi	*to get up*
Calmati!	*Calm down!*
Alzati!	*Get up!*
Divertiti!	*Enjoy yourself!*

Applicazione

E. Calmati, va bene? Di' al tuo compagno/alla tua compagna prima di partire di...

MODELLO   calmarsi.
Calmati, va bene?

1. alzarsi presto per andare all'aeroporto.
2. divertirsi all'estero.
3. calmarsi.

F. All'aeroporto! Due viaggiatori sono appena arrivati all'aeroporto. Con un compagno/una compagna, ricrea (*recreate*) la loro conversazione.

MODELLO   il bagaglio

TU: *Ti ho dato il bagaglio?*
COMPAGNO/A: *Sì, me lo hai dato.*

1. il bagaglio a mano
2. le valige
3. i biglietti
4. i passaporti

G. Indica tutte le cose che bisogna fare all'aeroporto.

controllare (*check*) il bagaglio
consegnare le valige
prendere il caffè
controllare il bagaglio a mano
fare la dogana, se è necessario
controllare i passaporti
controllare i biglietti
cercare il banco d'accettazione
leggere il giornale

Dov'è?

a destra	*to the right*	**a sinistra**	*to the left*
accanto	*next to*	**distante**	*distant, far*
dentro	*inside*	**fuori**	*outside*
dietro	*behind*	**davanti**	*in front of*
lì / là	*there*	**qui / qua**	*here*
sopra	*above, on top*	**sotto**	*below, under*
vicino	*near*	**lontano**	*far*

Vicino vs. vicino a...

VICINO
Marco abita vicino.
Marco lives nearby.

VICINO A
Lui abita vicino all'aeroporto.
He lives near the airport.

LONTANO
Loro abitano lontano.
They live far away.

LONTANO DA
Loro abitano lontano dall'aeroporto.
They live far from the airport.

DAVANTI	**DAVANTI A**
Marco abita davanti.	Marco abita davanti a noi.
Marco lives in front.	*Marco lives in front of us.*
DIETRO	**DIETRO DI (+ PRONOUN)**
Marco è seduto dietro Maria.	Marco è seduto dietro di lei.
Marco is seated behind Mary.	*Marco is seated behind her.*

Quando arriva?

in anticipo	*early*
in orario	*on time*
in ritardo	*late*

Applicazione

H. No, abita lontano. Due viaggiatori sono nella sala d'aspetto, parlando del più e del meno (*making small talk*), ma contraddicendosi a vicenda (*but contradicting each other in turn*). Ricrea (*recreate*) la loro conversazione.

MODELLO   La nostra amica abita vicino a noi.
No, non è vero. Abita lontano da noi.

1. La tua casa è a destra della mia.
2. Tu abiti davanti a mia sorella.
3. Piazza Navona è dietro casa tua.
4. Il nostro collega di lavoro preferisce abitare vicino al centro.
5. Tua zia abita lontano.
6. I tuoi amici abitano davanti a te.
7. L'appartamento del tuo amico si trova sopra al mio.
8. Hai messo la tua valigia là.
9. L'aereo è in ritardo.

I. Dov'è la finestra? In coppie, create brevi dialoghi nel modo indicato.

MODELLO la finestra

TU: *Dov'è la finestra?*
COMPAGNO/A: *È accanto a te./È davanti al professore...*

1. la finestra
2. la porta
3. la lavagna (*blackboard*)
4. la tua penna
5. il tuo libro di testo (*textbook*)
6. l'insegnante

J. A tutti la parola! Indica...

1. tre cose che bisogna fare prima di andare all'aeroporto.
2. tre cose che bisogna portare all'aeroporto.
3. tre cose che ti piace fare all'aeroporto.
4. tre cose che non ti piace fare all'aeroporto.

Grammatica

Pronomi doppi

When both direct- and indirect-object pronouns are used together, the following rules apply:

- The indirect-object pronoun precedes the direct one, and the agreement pattern between the past participle and the direct-object pronoun still holds.

  Ho comprato *a voi quella valigia.* **Ve *la* ho comprata.**
  I bought you that suitcase. *I bought it for you.*

- The indirect-object pronouns **mi**, **ti**, **ci**, and **vi** are changed to **me**, **te**, **ce**, and **ve** before **lo**, **la**, **li**, **le**, and **ne**.

  Gianni *mi ha* dato *i biglietti.* **Gianni *me li* ha dat*i*.**
  Gianni gave me the tickets. *Gianni gave them to me.*

  Ti ho dato *la penna.* **Te *l'*ho data.**
  I gave you the pen. *I gave it to you.*

  Ci daranno *i biglietti* lì. **Ce *li* daranno lì.**
  They'll give us the tickets there. *They'll give them to us there.*

  Vi hanno portato *due valige.* **Ve *ne* hanno portate due.**
  They brought you two suitcases. *They brought you two.*

- The indirect-object pronoun forms **gli** (*to him, to them*) and **le** (*to her*) are both changed to **glie-** before **lo**, **la**, **li**, **le**, and **ne**, forming one word with them.

  Maria *gli* ha dato *il biglietto.* **Maria *glielo* ha dato.**
  Maria gave him the ticket. *Maria gave it to him.*

  Io *le* ho già consegnato *i compiti.* **Io *glieli* ho già consegnat*i*.**
  I already handed the assignments *I have already handed them in to her.*
  in to her.

  Alessandro *le* ha portato *due mele.* **Alessandro *gliene* ha portate due.**
  Alessandro brought her two apples. *Alessandro brought her two.*

The same rules apply when reflexive pronouns are used with direct-object pronouns:

  Io *mi* metto sempre *il cappello.* **Io *me lo* metto sempre.**
  I always put on my hat. *I always put it on.*

  Gianni non *si* lava mai *le mani.* **Gianni non *se le* lava mai.**
  Gianni never washes his hands. *Gianni never washes them.*

Note that, in compound tenses, the agreement between the direct-object pronoun and the past participle always holds, even if the verb is reflexive. In the latter case, agreement with the direct-object pronoun takes precedence over agreement with the subject.

  Voi *vi* siete messi *la cravatta.* **Voi *ve la* siete messa.**
  You put on a tie. *You put it on.*

  Loro *si* sono lavati *le mani.* **Loro *se le* sono lavate.**
  They washed their hands. *They washed them.*

Finally, note that the same rules apply to **ci** (*there*) before **lo**, **la**, **li**, and **le**.

Ho messo *la penna nella cartella*.
I put the pen in the briefcase.

Ce la (Ce l') ho messa.
I put it in there.

Abbiamo trovato *quel libro in casa*.
We found that book at home.

Ce lo abbiamo trovato.
We found it there.

Applicazione

K. Pronomi, pronomi! Aiuto! Per meglio conoscere i pronomi, svolgi i compiti indicati. Segui il modello.

MODELLO   Mi dai il passaporto?
Me lo dai?

Ti hanno dato i biglietti?
Te li hanno dati?

1. Mi porti la valigia?
2. Mi dai i biglietti?
3. Mi compri alcune riviste?
4. Ti ho dato il bagaglio a mano?
5. Ti ho dato i biglietti?
6. Ci porteranno la valigia?
7. Ci daranno le informazioni?
8. Vi daranno i biglietti?
9. Gli hai portato la valigia?
10. Gli hai dato i biglietti?
11. Le hai dato le informazioni?
12. Le hai comprato delle riviste?

L. Ripeti, per favore! Con un compagno/una compagna, svolgi i compiti indicati seguendo i modelli.

MODELLO   tu/dare/la valigia/a me

TU: *Tu hai dato la valigia a me?*
COMPAGNO/A: *Non ho sentito. Ripeti, per favore!*
TU: *Mi hai dato la valigia?*
COMPAGNO/A: *Sì, te l'ho data.*

1. tu/dare/il passaporto/a me
2. tu/dare/i biglietti/a lui
3. tu/dare/la giacca/a loro
4. tu/dare/delle riviste/a loro

MODELLO   tu (*m.*)/mettersi/quella giacca nuova

TU: *Tu ti sei messo quella giacca nuova?*
COMPAGNO/A: *Sì, me la sono messa.*

5. tu (*f.*)/mettersi/quelle scarpe nuove
6. Giorgio/mettersi/quegli stivali nuovi
7. Maria/mettersi/quegli orecchini nuovi
8. i tuoi amici/mettersi/i guanti

M. Sì, me li hai dati! Rispondi alle seguenti domande usando i pronomi doppi.

> **MODELLO**   Ti ho dato i biglietti?
> *Sì, me li hai dati.*
>
> Hai dato il passaporto a tua sorella?
> *Sì, gliel'ho dato.*

1. Ci hanno dato le valige?
2. Hai trovato il tuo bagaglio a mano all'aeroporto?
3. Hai portato i documenti a tua madre?
4. Hai messo le scarpe nella valigia?
5. Maria si è messa gli orecchini?

L'imperativo dei verbi riflessivi

Reflexive pronouns are attached to the familiar forms of the imperative.

FAMILIAR FORMS		**POLITE FORMS**	
Alzati!	*Get up!*	**Si alzi!**	*Get up!*
Divertitevi!	*Enjoy yourselves!*	**Si divertano!**	*Enjoy yourselves!*
Alziamoci!	*Let's get up!*		

Note that the stressed syllable is not affected when the reflexive pronoun is attached.

Alzati!	*Get up!*
Divertiamoci!	*Let's have fun!*
Ricordatevi!	*Remember!*

Here are four reflexive verbs conjugated fully in the imperative:

	alzarsi	**mettersi**	**divertirsi**	**pulirsi**
(tu)	alzati	mettiti	divertiti	pulisciti
(Lei)	si alzi	si metta	si diverta	si pulisca
(noi)	alziamoci	mettiamoci	divertiamoci	puliamoci
(voi)	alzatevi	mettetevi	divertitevi	pulitevi
(Loro)	si alzino	si mettano	si divertano	si puliscano

Sedersi

The verb **sedersi** (*to sit down, to be seated*) has the following irregular forms.

Present Indicative:	(io) **mi siedo**, (tu) **ti siedi**, (lui/lei/Lei) **si siede**, (noi) **ci sediamo**, (voi) **vi sedete**, (loro) **si siedono**
Imperative:	(tu) **siediti**, (Lei) **si sieda**, (noi) **sediamoci**, (voi) **sedetevi**, (Loro) **si siedano**

Applicazione

N. Alzati! Di' alle seguenti persone di fare le cose indicate. Segui il modello.

> **MODELLO**   Di' a Marco di alzarsi.
> *Marco, alzati!*

Di'...

1. al signor Marchi di alzarsi.
2. a Roberta di calmarsi.
3. a Franco e Betty di divertirsi.
4. al signore e alla signora Fausti di sedersi.
5. a Sonia di mettersi la giacca.
6. al signor Giusti di mettersi il cappotto.

O. Siediti! Di' alle seguenti persone di sedersi.

1. Alessandro
2. la dottoressa Fani
3. i tuoi amici
4. il signor Fani e suo fratello

P. Vacanze! Rispondi alle seguenti domande.

1. Quante volte all'anno ti concedi (*do you allow yourself*) una vacanza? In quale mese/in quali mesi?
2. Dove preferisci andare in vacanza? Perché?
3. Con quale mezzo di trasporto preferisci andare?

Gli italiani sono un popolo di turisti e vacanzieri (*vacationers*). Le statistiche rivelano che si concedono una vacanza almeno due volte all'anno, specialmente durante la Pasqua e il Ferragosto.

Nel 1967, quasi un terzo della popolazione si permetteva almeno una vacanza; oggi oltre il 70% se la permette. Più della metà degli italiani parte per le vacanze in automobile; il resto usa diversi mezzi di trasporto.

AL MARE!

Q. Vero o falso? Correggi le frasi false in modo appropriato.

1. Gli italiani sono un popolo di turisti e vacanzieri.
2. Le statistiche rivelano che gli italiani si concedono una sola vacanza all'anno.
3. Gli italiani non viaggiano mai durante la Pasqua.
4. Quasi un terzo degli italiani parte per le vacanze in automobile.

1. Quante volte all'anno vai in vacanza?
2. Con chi preferisci andare in vacanza?
3. In quale periodo dell'anno preferisci andare in vacanza?
4. Quale mezzo usi generalmente per andare in vacanza?

R. Sondaggio. Due o tre studenti dovranno fare il seguente sondaggio e poi comunicare i risultati ricavati a tutta la classe.

MOMENTO
Creativo

S. All'aeroporto Leonardo da Vinci! Diverse coppie di studenti dovranno mettere in scena la seguente situazione.

Due viaggiatori della stessa famiglia arrivano all'aeroporto Leonardo Da Vinci di Roma. I due non trovano il loro bagaglio. Segue una discussione. (*An argument ensues.*) Ma alla fine la situazione si risolve in modo favorevole (*is resolved favorably*).

Quanto sai già?

A. Anticipazione. Rispondi alle seguenti domande, anticipando le parole e le espressioni nuove.

1. Tu sai quanto costa un viaggio di andata e ritorno in Italia?
2. Quando vai in aereo viaggi in prima classe o in classe turistica?
3. Sai che cos'è una carta d'imbarco? Perché è necessaria?
4. Come passi il tempo nella sala d'aspetto generalmente?
5. Ti piacerebbe fare l'assistente di volo (*flight attendant*)? Perché sì/no?
6. Che cosa bisogna fare generalmente prima del decollo (*take-off*) e dell'atterraggio (*landing*)?

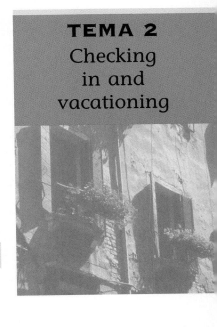

Dialogo

Al banco d'accettazione dell'Alitalia.

IMPIEGATA:	Prego! I Loro biglietti e passaporti, per favore.
VIAGGIATRICE:	Ecco a Lei.
IMPIEGATA:	I Loro biglietti sono solo di andata, vero?
VIAGGIATORE:	No, impossibile! Guardi che ci sarà qualche errore! I nostri biglietti sono di andata e ritorno.
IMPIEGATA:	Mi scusino! Ho sbagliato io!
VIAGGIATRICE:	Meno male!
IMPIEGATA:	Loro sono in classe turistica. Ecco le Loro carte d'imbarco. La sala d'aspetto è qui a sinistra. La partenza è prevista° tra un'ora all'uscita° A–5. Buon viaggio!

departure is scheduled • gate

In aereo, circa un'ora dopo, la voce di un assistente di volo dice...

ASSISTENTE DI VOLO:	I passeggeri sono pregati di allacciare le cinture di sicurezza per il decollo. Il comandante informa che l'atterraggio è previsto tra sette ore.
VIAGGIATRICE:	Finalmente, si parte!

Comprensione

B. Completa la seguente parafrasi del dialogo con le parole adatte nelle loro forme appropriate.

Al banco d'_____ dell'Alitalia, un'impiegata chiede ai due viaggiatori i loro

_____ e i loro passaporti. L'impiegata pensa, inizialmente, che i biglietti siano

(*are*) solo di andata. Il viaggiatore le dice che c'è qualche _____. L'impiegata

si scusa, perché aveva ovviamente _____. I biglietti sono per la classe

_____. Dopo aver ricevuto (*after having received*) le loro _____

d'imbarco, i due viaggiatori vanno all'_____ A–5. In _____ la

voce di un _____ di volo dice ai passeggeri di _____ le cinture

di sicurezza per il _____. Il comandante informa i passeggeri che l'atterraggio

è _____ sette ore dopo il decollo.

C. Con un compagno/una compagna, crea delle frasi o dei brevi dialoghi con le nuove parole e le nuove espressioni.

andata e ritorno	*round-trip*
la classe turistica	*economy class*
la carta d'imbarco	*boarding pass*
la sala d'aspetto	*departure lounge*
la partenza	*departure*
l'arrivo	*arrival*
l'uscita	*gate, exit*
l'aereo	*airplane*
l'assistente di volo	*flight attendant*
il passeggero	*passenger*
essere pregato di	*to be requested to*
allacciare	*to fasten*
la cintura di sicurezza	*seatbelt*
il decollo	*take-off*
il comandante	*captain*
l'atterraggio	*landing*

Modi di dire

Scusarsi

AL SINGOLARE			**AL PLURALE**	
Scusami!	*Excuse me (fam.)!*		Scusatemi!	*Excuse me (fam.)!*
Mi scusi!	*Excuse me (pol.)!*		Mi scusino!	*Excuse me (pol.)!*

IN CABINA				
gli auricolari	*headphones*		il posto	*seat*
il corridoio	*aisle*		la toletta	*washroom (toilet)*
il finestrino	*window (in a vehicle or airplane)*			

Applicazione

D. Al banco d'accettazione. Svolgi i compiti indicati seguendo il modello.

MODELLO   Un impiegato si scusa nei confronti di (*toward*) un viaggiatore.
Mi scusi, ho sbagliato io!

1. Un'impiegata si scusa nei confronti di un viaggiatore.
2. Un impiegato si scusa nei confronti di due viaggiatori.
3. Un viaggiatore si scusa nei confronti di sua moglie.
4. Una viaggiatrice si scusa nei confronti dei suoi figli.

E. In cabina. Immagina di essere un assistente/un'assistente di volo. Svolgi i seguenti compiti seguendo il modello.

MODELLO   Di' a un passeggero che il suo posto è vicino al finestrino.
Mi scusi, il Suo posto è vicino al finestrino.

1. Indica a un passeggero dov'è la toletta.
2. Chiedi a un passeggero/una passeggera se vuole cambiare (*change*) posto.
3. Di' ai passeggeri di allacciare le cinture di sicurezza per il decollo.
4. Informa i passeggeri che il comandante prevede l'atterraggio fra qualche minuto.
5. Chiedi a un passeggero se vuole gli auricolari.
6. Informa i passeggeri che non è permesso fumare in aereo.

ALL'AEROPORTO	
l'arrivo	*arrival*
la partenza	*departure*
la coincidenza	*connection*
la prenotazione	*reservation*
il documento	*document*
il modulo	*form (to fill-out)*
niente da dichiarare	*nothing to declare*
qualcosa da dichiarare	*something to declare*
la valuta straniera	*foreign currency*
vietato fumare	*no smoking*

Fare il biglietto

Notice that *to buy a travel ticket* is rendered idiomatically with the expression **fare il biglietto**.

FARE IL BIGLIETTO	COMPRARE IL BIGLIETTO
Ieri ho fatto il biglietto per l'Italia.	**Non ho ancora comprato il biglietto per l'opera.**
Yesterday I bought my ticket for Italy.	*I haven't bought the opera ticket yet.*

IN VACANZA

al mare (*at/to the sea*)

in campagna (*in/to the country*)

in montagna (*in/to the mountains*)

in spiaggia (*at/to the beach*)

Applicazione

F. Che cos'è?

1. È il contrario della partenza.
2. Sono i soldi di un altro paese.
3. È il contrario di qualcosa da dichiarare.
4. Lo dobbiamo compilare (*fill-out*).
5. Ne abbiamo bisogno quando ci presentiamo al banco d'accettazione o alla dogana.
6. Bisogna farlo per poter viaggiare.
7. È il volo che si prende (*one takes*) per continuare il viaggio.
8. È vietato in aereo.

G. Parliamone!

Descrivi una vacanza ideale...

1. al mare.
2. in campagna.
3. in montagna.
4. in spiaggia.

Adesso usa le seguenti parole a piacere...

5. il documento
6. fare il biglietto
7. comprare il biglietto
8. la prenotazione

Grammatica

Pronomi tonici

In previous chapters you have come across **pronomi tonici**. These are object pronoun forms that come after a verb, unlike the **pronomi atoni**, which come before. Compare the following:

DIRECT-OBJECT FORMS		INDIRECT-OBJECT FORMS	
BEFORE (ATONO)	AFTER (TONICO)	BEFORE (ATONO)	AFTER (TONICO)
mi	me	mi	a me
ti	te	ti	a te
lo	lui	gli	a lui
la	lei	le	a lei
La	Lei	Le	a Lei
ci	noi	ci	a noi
vi	voi	vi	a voi
li / le	loro	gli	(a) loro

The **pronomi tonici** are used for emphasis.

| **Lei scrive solo a me.** | *She writes only to me.* |
| **Voglio parlare a te, va bene?** | *I want to speak to you, OK?* |

After prepositions, only the **pronomi tonici** can be used.

| **Devi venire con me.** | *You have to come with me.* |
| **Questo biglietto è per te.** | *This ticket is for you.* |

When several pronouns are employed, they should be used to avoid ambiguity.

Ha telefonato a me, non a te.	*He phoned me, not you.*
Chiamerò lui, non te.	*I'll call him, not you.*

L'imperativo con i pronomi

The atonic (unstressed) forms of the direct- and indirect-object pronouns, as well as **ne** and **ci** (*there*), are attached to the familiar forms of the imperative. Compare the following:

Tu Forms			Lei Forms	
Telefona *a me*!	**Telefonami!**	*Phone me!*	**Mi telefoni!**	*Phone me!*
Porta *il passaporto*!	**Portalo!**	*Bring it!*	**Lo porti!**	*Bring it!*
Scrivi *allo zio*!	**Scrivigli!**	*Write to him!*	**Gli scriva!**	*Write to him!*
Mangia *due mele*!	**Mangiane due!**	*Eat two!*	**Ne mangi due!**	*Eat two!*

Noi Forms		
Telefoniamo *a loro*!	**Telefoniamogli!**	*Let's phone them!*
Beviamo *il latte*!	**Beviamolo!**	*Let's drink it!*
Andiamo *in Italia*!	**Andiamoci!**	*Let's go there!*

Voi Forms			Loro Forms	
Spedite *le valige*!	**Speditele!**	*Send them on!*	**Le spediscano!**	*Send them on!*
Tenete *i passaporti*!	**Teneteli!**	*Hold them!*	**Li tengano!**	*Hold them!*
Portate *due valige*!	**Portatene due!**	*Bring two of them!*	**Ne portino due!**	*Bring two of them!*
Andate *all'aeroporto*!	**Andateci!**	*Go there!*	**Ci vadano!**	*Go there!*

Recall that the verbs **andare**, **dare**, **dire**, **fare**, and **stare** have apostrophized **tu** forms in the imperative. When **mi**, **ti**, **lo**, **la**, **li**, **le**, **ci**, and **ne** are attached to these forms, the first consonant is doubled.

Di' + mi	→	**Dimmi la verità!**	*Tell me the truth!*
Fa' + ti	→	**Fatti un caffè!**	*Make yourself a coffee!*
Da' + lo	→	**Dallo a me!**	*Give it to me!*
Da' + le	→	**Dalle la penna!**	*Give her the pen!*
Sta' + ci	→	**Stacci!**	*Stay there!*
Fa' + ne	→	**Fanne!**	*Make some!*

This feature does not apply when **gli** is attached.

Di' + gli	→	**Digli la verità!**	*Tell him/them the truth!*
Da' + gli	→	**Dagli i biglietti!**	*Give him/them the tickets!*

Applicazione

H. All'aeroporto! Rispondi nel modo indicato. Segui i modelli.

MODELLO	I biglietti! Te li hanno dati?
	Sì, li hanno dati a me!

1. La valigia! Ce l'hanno portata?
2. Gli assegni (*traveler's checks*)! Ve li hanno dati?
3. Il passaporto! Te lo ha dato?
4. Le carte d'imbarco a tua sorella! Gliele hanno date?
5. Le carte d'imbarco a tuo fratello! Gliele hanno date?

| MODELLO | Daranno il passaporto *a te* o a tua sorella? |
| | *Lo daranno a me, non a lei!* |

6. Daranno la carta d'imbarco *a me* o a voi?
7. Daranno il posto vicino al finestrino *a te* o al tuo amico?
8. Daranno gli auricolari *a loro* o a te?
9. Daranno i biglietti *a tuo padre* o a tua madre?
10. Daranno la carta d'imbarco *a Daniela* o a Cristoforo?

| MODELLO | Di' a Roberta di finire il panino (prima di andare in aereo). |
| | *Roberta, finiscilo!* |

Di' a Roberta di...

11. prendere la carta d'imbarco.
12. chiamarti.
13. andare all'aeroporto (in orario).
14. rimanere all'uscita (fino a quando arriverai).

Di' alla signora Rossi di...

15. cercare la carta d'imbarco.
16. chiamare suo marito.
17. andare all'aeroporto (in anticipo).
18. rimanere all'uscita (per qualche minuto).

Di' a Roberta e Marco di...

19. cercare la valigia.
20. chiamarti.
21. andare all'aeroporto (presto).
22. aspettare il loro amico.

Di' alla signora Rossi e al signor Rossi di...

23. cercare il bagaglio a mano.
24. andare all'aeroporto (presto).
25. aspettare la loro amica.

| MODELLO | Da' il passaporto a me! |
| | *Dammi il passaporto!* |

Da' il passaporto...

26. a me.
27. a lui.
28. a tua sorella.
29. a noi.
30. a loro.

MODELLO	Di' la verità a me!
	Dimmi la verità!

Di' la verità...

31. a noi.
32. a lui.
33. a lei.
34. a me.
35. ai tuoi genitori.

MODELLO	Da' *il passaporto* a me!
	Dallo a me!

36. Da' *la carta d'imbarco* a lui!
37. Di' a lei *il numero del volo*!
38. Sta' *nella sala d'aspetto*!
39. Da' *quelle riviste* a lui!

Preposizioni semplici e articolate

Throughout this book, you have been using idiomatic noun phrases — e.g., **in macchina**, **in centro**, **a casa**, etc. — which begin with simple prepositions. However, a **preposizione articolata** is required if a modifier, a possessive, etc. is added to the phrase.

WITHOUT THE ARTICLE	WITH THE ARTICLE
Andremo *in macchina*.	Andremo *nella macchina di Marco*.
We'll go by car.	*We'll go in Marco's car.*
Loro vivono *in città*.	Loro vivono *nella città di Firenze*.
They live in the city.	*They live in the city of Florence.*

Note the following idiomatic structures:

AT/TO A COUNTRY	AT/TO A CITY
in Italia	a Roma
in Francia	a Parigi
in Spagna	a Madrid
in Russia	a Mosca
in Cina	a Pechino

The definite article must be used when the noun is modified.

negli Stati Uniti	*in the United States*
nell'Italia settentrionale	*in northern Italy*
nella Francia meridionale	*in southern France*
nella Spagna antica	*in ancient Spain*
al centro di Roma	*in downtown Rome*
nella periferia di Parigi	*in the suburbs of Paris*

Applicazione

I. All'aeroporto! Completa ciascuna frase con una preposizione semplice (**in**, **a**, ecc.) o articolata (**nel**, **alla**, ecc.), secondo il caso.

1. In quella sala d'aspetto, servono il caffè solo _____ banco, ma nell'altra lo servono anche _____ tavolo.

2. _____ bar di quell'aeroporto, servono un caffè veramente squisito.

3. L'aeroporto non è vicino _____ centro.

4. Per andare _____ centro, devi uscire a sinistra _____ aeroporto.

5. Generalmente, vado _____ macchina all'aeroporto.

6. Appena avrò preso (*picked up*) il mio amico _____ aeroporto, andrò _____ casa.

7. Ma lui andrà _____ casa della sua fidanzata.

J. A tutti la parola! Indica se sei mai andato/a ai posti indicati.

MODELLO   Londra
               Sono andato/a a Londra nel 2005./Non sono mai andato/a a Londra.

1. Parigi
2. Francia
3. Italia
4. Roma
5. Francia settentrionale
6. Russia occidentale
7. Africa meridionale

K. Vacanze, vacanze! Indovina...

1. quali sono i mesi più popolari in Italia per le vacanze.
2. dove la maggioranza degli italiani preferisce andare in vacanza:
   A. in montagna.
   B. al mare.
   C. a visitare altre città.
3. che cosa è una *pensione*.

Le statistiche registrano che oltre il 50% degli italiani preferisce andare in villeggiatura (*on vacation in the country*) in agosto e oltre il 25% in luglio. Le vacanze fatte negli altri mesi dell'anno sono generalmente a destinazioni straniere.

È anche interessante notare che oltre il 60% degli italiani preferisce la vacanza al mare, il 20% in montagna e solo il 13% desidera visitare altre città. Circa un terzo degli italiani alloggia in albergo (*hotel*), in pensione o in un villaggio turistico (*tourist resort*). La maggioranza preferisce il campeggio (*camping*) o la roulotte (*trailer*).

La pensione è molto simile al *bed and breakfast* americano. La differenza sta nel fatto che nel costo della pensione sono generalmente inclusi il pranzo e la cena. La pensione è ideale, quindi, per una vacanza di famiglia.

L. Comprensione e discussione. Rispondi alle seguenti domande.

Comprensione...

1. Cosa registrano le statistiche?
2. Quando fanno vacanza a destinazioni straniere gli italiani?

IN MONTAGNA!

3. Dove preferisce fare le vacanze la maggioranza degli italiani?
4. Che cos'è una pensione?

Discussione...

5. In quale mese dell'anno preferisci fare la tua vacanza?
6. Preferisci andare in villeggiatura o visitare destinazioni straniere? Perché?
7. Come preferisci alloggiare? Perché?
8. Quale città italiana vorresti visitare? Perché?

MOMENTO
Creativo

M. In cabina. Diversi gruppi di studenti dovranno mettere in scena la seguente situazione.

Gli assistenti di volo stanno preparando i passeggeri per il decollo. Improvvisamente uno dei passeggeri si alza dal suo posto perché ha paura di volare. Allora, uno degli assistenti cerca di convincerlo/la (*tries to convince him/her*) che non è pericoloso viaggiare in aereo. Ma il passeggero continua ad avere paura e allora gli altri assistenti devono fare qualcosa per calmarlo/la (*to calm him/her*).

La consonante z

The letter **z** represents a sound similar to the English sound [ts] in *cats* or [dz] in *lads*.

zio = [ts<u>i</u>o] or [dz<u>i</u>o]
zucchero = [ts<u>u</u>kkero] or [dz<u>u</u>kkero]

A. Pronuncia ciascuna delle seguenti parole.

1. zia
2. zero
3. zucchero
4. zabaione
5. abbastanza
6. agenzia
7. alzarsi
8. anzi
9. pazienza
10. lezione

Comprensione generale

B. Ascolta attentamente la vignetta sul CD cercando di determinare:

1. chi sono i passeggeri.
2. con quale linea aerea e con quale volo viaggeranno.
3. dove andranno e perché.
4. quali posti hanno ricevuto.

C. Adesso cerca di ricostruire la conversazione con altri studenti a piacere.

Lettura

Prima di leggere

A. Anticipazione. Indica le tue impressioni.

1. Quando ti devi mettere in coda (*in a line*) tra i passeggeri...
   - **A.** provi fastidio (*you become annoyed*).
   - **B.** non provi fastidio.
2. Quando sei nella sala d'aspetto desideri...
   - **A.** spazio (*space*) e solitudine (*solitude*) intorno a te.
   - **B.** essere in compagnia (*with company*).
3. Tu ... la calca (*throng*).
   - **A.** ami
   - **B.** odi (*hate*)
4. Per te, il numero dell'uscita...
   - **A.** non ha nessun significato (*significance*).
   - **B.** ha un particolare significato.
5. Quando sei seduto/a nella sala d'aspetto, tieni il bagaglio...
   - **A.** tra le gambe.
   - **B.** accanto a te.
6. Per te andare all'aeroporto è un cosa...
   - **A.** gioiosa (*happy*).
   - **B.** noiosa.

Lettura

L'uscita numero tre!

Il volo di Roma era chiamato.

Dopo qualche istante, provavo il fastidio di dovermi mettere in coda tra i passeggeri, sulla rampa che saliva all'uscita numero tre.

Desideravo intorno a me, il più possibile, spazio e solitudine. Appena invecchia°, uno odia la calca. Che cos'è? L'impressione che manchi il respiro? Oppure, odiamo questo simbolo della vita che continua, dell'umanità che cresce, di un mondo in cui c'è sempre meno posto per noi, e da cui presto dovremo sparire°?

E perché riflettevo sul fatto che tre fosse° il numero dell'uscita? Un numero può avere importanza, nel susseguirsi degli avvenimenti°: a volte ignoriamo il motivo e continuiamo a ignorarlo fino alla fine della nostra vita; a volte, invece, lo sappiamo perfettamente: ma poi, dimentichiamo.

Mi ero seduto presso l'uscita numero tre, in un angolo della gabbia vetrata°, sul basso divano di vimpelle°. Tenevo la valigetta tra le gambe, non tanto per non occupare un posto o, più esattamente, un mezzo posto che, dal punto di vista giuridico°, spettava° solo alla persona fisica di un altro passeggero, quanto per evitare° di sentirmi interpellare°: «Scusi, sa?» e di incontrare lo sguardo° di qualcuno che mi avrebbe pregato di spostare° la valigetta.

Era il tardo pomeriggio di una giornata d'aprile, serena sì, ma ventosa, ancora fredda... Gli aeroporti, dentro, si assomigliano tutti°. Immaginavo di trovarmi in un paese straniero, dove le possibilità di riconoscere qualcuno e di essere riconosciuto erano ridotte al minimo.

(Da: *L'attore* di Mario Soldati)

as one gets older

disappear
was
in the chain of events

glass cage
fake leather couch

by right • belonged
avoid • being asked •
make eye contact • move

all look alike

Dopo la lettura

B. Comprensione. Rispondi alle seguenti domande.

1. Che cosa provava il narratore dopo qualche istante?
2. Che cosa desiderava?
3. Cosa succede (*happens*) a una persona quando invecchia?
4. Che significato (*meaning*) ha un numero, secondo il narratore?
5. Dove teneva la sua valigetta?
6. In che periodo dell'anno si trovava all'aeroporto il narratore?
7. Come sono gli aeroporti secondo lui?

C. Discussione in classe.

1. Questa lettura descrive un aeroporto tipico, secondo te? Perché sì/no?
2. Descrivi le tue impressioni quando ti trovi in un aeroporto e/o nella cabina di un aereo.
   A. Provi fastidio?
   B. Ti piace stare in coda?
   C. Che cosa fai se riconosci qualcuno all'aeroporto?
   D. Quali sono le tue impressioni prima del decollo?
   E. Quali sono le tue impressioni durante il viaggio?
   F. Quali sono le tue impressioni durante l'atterraggio?
3. Ti piace viaggiare? Quali posti vuoi visitare? Perché?

 # Il mondo digitale

Leggi il seguente testo ricercando tutte le parole e le espressioni che non riconosci in un dizionario. Poi svolgi le attività che seguono.

Le pagine Web

Le pagine Web sono molto sofisticate oggi. Una pagina può, infatti, avere una grafica brillante, video clip, suoni, animazioni interattive e piccole applicazioni software chiamate «applet». Le pagine Web usano un linguaggio chiamato Hyper Text Markup Language (HTML) che ha una serie di «tag» che identificano di che tipo sono gli elementi contenuti in una pagina.

1. Che cosa contengono (*contain*) le pagine Web oggi?
2. Descrivi le componenti di una pagina Web:
   A. il salvataggio di file
   B. i programmi
   C. la grafica
   D. il testo
   E. i collegamenti
   F. le fotografie
   G. i file multimediali
3. Visita diverse pagine Web che riguardano la cultura italiana e poi indica alla classe cosa hai trovato.
4. Crea una pagina Web per il corso d'italiano consultando l'insegnante.

A. Situazioni. Scegli la risposta, la parola o l'espressione adatta.

1. Non ti preoccupare! Ci è ... solo il bagaglio a mano.
   A. voluto   **B.** rimasto
2. Non è necessario fare...
   A. la dogana.   **B.** la sala d'aspetto.
3. I Loro biglietti sono solo di andata?
   A. No, sono solo di ritorno.   **B.** No, sono di andata e ritorno.
4. La partenza...
   A. è prevista tra qualche minuto. **B.** è finita.
5. I passeggeri sono pregati di...
   A. allacciare le cinture di sicurezza. **B.** dormire.

B. Pronomi. Di' alle seguenti persone di fare le cose indicate usando pronomi di complemento. Segui il modello.

> **MODELLO**   Di' a Roberto di alzarsi.
> *Roberto, alzati!*
>
> Di' a Carlo di portare la valigia.
> *Carlo, portala!*

Di'...

1. a Roberto di calmarsi.
2. a Roberto e Maria di sedersi.
3. ai passeggeri di sedersi.
4. a Maria di chiamare sua sorella.
5. al signor Di Stefano di andare al banco d'accettazione.

C. Indica le cose che fai o non fai...

1. quando viaggi.
2. quando sei in vacanza.
3. quando sei in aereo.

D. Una carta d'imbarco. Ecco la carta d'imbarco di un viaggiatore.

1. A quale aeroporto ha ricevuto la carta d'imbarco?
2. Qual è il numero del suo volo?
3. Qual è la data del volo?
4. A quale uscita deve andare?
5. Quale posto ha ricevuto?

E. A tutti la parola! Rispondi alle seguenti domande.

1. Hai paura di viaggiare in aereo?
2. Quali paesi hai visitato?
3. Quali ti sono piaciuti? Perché? Quali non ti sono piaciuti? Perché?
4. Hai una linea aerea preferita? Quale? Perché?
5. Con quali linee hai volato (*flown*)? Come era ognuna?

F. Cultura. Rispondi alle seguenti domande.

1. Quante vacanze all'anno si concedono gli italiani, secondo le statistiche?
2. Qual è il mezzo preferito degli italiani per le vacanze?
3. La maggior parte degli italiani preferisce andare in vacanza in quale mese?
4. Dove preferisce passare la vacanza, la maggioranza degli italiani?

G. Momento creativo! Prepara un dépliant (*brochure*) per una delle seguenti due opportunità di viaggio:

1. In Messico al sole!
2. In Italia per studiare l'italiano!

Poi presentalo alla classe. Il dépliant considerato da tutti il più originale vincerà un premio (*prize*).

Lessico utile

NOMI

l'**aeroporto** *airport*
l'**arrivo** *arrival*
l'**assegno turistico** *traveler's check*
l'**assistente di volo** *flight attendant*
l'**atterraggio** *landing*
gli **auricolari** *headphones*
il **bagaglio** *baggage*
il **campeggio** *camping*
la **coincidenza** *connection*
il/la **comandante** *captain*
il **corridoio** *aisle*
il **decollo** *take-off*
il **documento** *document*
la **dogana** *customs*
l'**errore** (*m.*) *error*
il **finestrino** *window* (*in a vehicle or airplane*)

il **modulo** *form* (*to fill-out*)
la **partenza** *departure*
il **passaporto** *passport*
il **passeggero** *passenger*
la **pensione** *boarding house / bed and breakfast*
la **prenotazione** *reservation*
la **toletta** *toilet*
il/la **turista** *tourist*
l'**uscita** *gate*
la **valigia** *suitcase*
il **viaggiatore**/la **viaggiatrice** *traveler*
il **viaggio** *trip*
la **voce** *voice*
il **volo** *flight*

AGGETTIVO

nervoso *nervous*

VERBI

allacciare *fasten*
calmarsi *to calm down*
informare *to inform*

scusarsi *to excuse oneself, to be sorry*
spedire *to send* (*on*)
sperare *to hope*

AVVERBI

accanto *next to*
davanti *in front*
dentro *inside*
dietro *behind*

diritto *straight ahead*
sopra *above*
sotto *under*
subito *right away*

ALTRI VOCABOLI/ESPRESSIONI

al mare *to / at the sea*
in spiaggia *at / to the beach*
bagaglio a mano *hand luggage*
banco d'accettazione *check-in counter*
carta d'imbarco *boarding pass*
cintura di sicurezza *seatbelt*
classe turistica *economy class*
di andata e ritorno *round-trip*
essere pregato di *to be kindly requested*
essere previsto *to be scheduled*
fare il biglietto *to buy a travel ticket*

in campagna *in / to the country*
in montagna *in / to the mountains*
linea aerea *airline*
niente da dichiarare *nothing to declare*
qualcosa da dichiarare *something to declare*
sala d'aspetto *waiting room, departure lounge*
valuta straniera *foreign currency*
vietato fumare *no smoking*

Cara Silvia...

15

COMUNICAZIONE

- writing letters and e-mails
- describing events in the distant past

CULTURA

- letter writing
- Italian newspapers

STRUTTURE E VOCABOLARIO

- letter writing and mailing
- the past absolute
- adverbs of manner
- **il proprio**
- more about double pronouns

TEMA 1
Writing letters and e-mails

Quanto sai già?

A. Anticipazione. Scrivi una lettera tramite e-mail (*by e-mail*) ad un amico/un'amica che non vedi da qualche tempo, in cui gli/le...

1. indicherai quanto tempo è che non vi vedete.
2. menzionerai qualche bel ricordo (*memory*).
3. dirai qualcosa su di te (quello che fai, ecc.).

Leggi la tua e-mail in classe.

B. Lettere brevi. Scrivi delle lettere brevi (*brief*) tramite e-mail liberamente alle seguenti persone, lettere in cui menzionerai qualcosa di piacevole (*pleasant*). Poi leggile in classe. Scrivi...

1. al tuo/alla tua insegnante d'italiano.
2. a un compagno/a una compagna di classe.
3. a un parente che vive lontano.
4. a qualsiasi persona che vuoi tu (*to anyone you want*).

Dialogo

Daniela Borrelli è a casa nel suo studio dove era andata poco prima per scrivere una lettera tramite° e-mail ad una sua amica. A un certo momento entra Claudio, suo marito. *by, via*

CLAUDIO: Che fai, Daniela?
DANIELA: Ho appena finito di scrivere la mail (*synonym for e-mail*) che volevo scrivere molto tempo fa alla mia miglior amica, Silvia. Non ci vediamo da sei anni. Poco tempo fa ho ricevuto una bellissima notizia° su di lei da un'altra amica. *good news*
CLAUDIO: Ah, sì? Di che cosa si tratta? Posso leggere la tua mail?
DANIELA: Leggila!

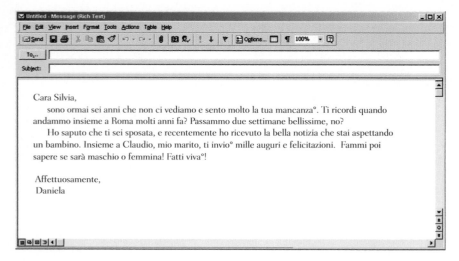

Cara Silvia,
   sono ormai sei anni che non ci vediamo e sento molto la tua mancanza°. Ti ricordi quando andammo insieme a Roma molti anni fa? Passammo due settimane bellissime, no?
   Ho saputo che ti sei sposata, e recentemente ho ricevuto la bella notizia che stai aspettando un bambino. Insieme a Claudio, mio marito, ti invio° mille auguri e felicitazioni. Fammi poi sapere se sarà maschio o femmina! Fatti viva°!

   Affettuosamente,
   Daniela

I miss you a lot

I am sending you
Keep in touch!

Comprensione

C. Rispondi alle seguenti domande.

1. Dove era andata Daniela poco prima?
2. Che cosa aveva appena finito di fare?
3. Quanti anni sono che Daniela non vede Silvia?
4. Che cosa ha saputo poco tempo fa, Daniela?
5. Quale bella notizia ha ricevuto Daniela?
6. Che cosa vuole sapere Daniela da Silvia?

D. Con un compagno/una compagna, crea delle frasi o dei brevi dialoghi con le nuove parole e le nuove espressioni.

ric<u>e</u>vere	*to receive*
la notizia	*news*
la mancanza	*absence*
recentemente	*recently*
inviare	*to send*
le felicitazioni	*felicitations*
il maschio	*male, boy*
la femmina	*female, girl*
farsi vivo	*to keep in touch*

Modi di dire

Parole ed espressioni utili

trattarsi	*to be about*
Di che cosa si tratta?	*What is it about?*
sentire la mancanza	*to miss someone*
farsi vivo	*to keep in touch (lit.: to make oneself alive)*

Applicazione

E. A tutti la parola! Rispondi alle seguenti domande.

1. Quando vuoi scrivere una lettera o una mail in quale stanza (*room*) vai?
2. Hai ricevuto recentemente qualche bella notizia?
3. Di che cosa si trattava?
4. Con chi non ti vedi da anni?
5. Perché non si è fatto/a vivo/a quella persona, secondo te?
6. Di chi senti la mancanza di più quando viaggi?

F. Silvia risponde a Daniela! Scrivi la mail che Silvia probabilmente invierà a Daniela. Poi leggila in classe.

Per scrivere...

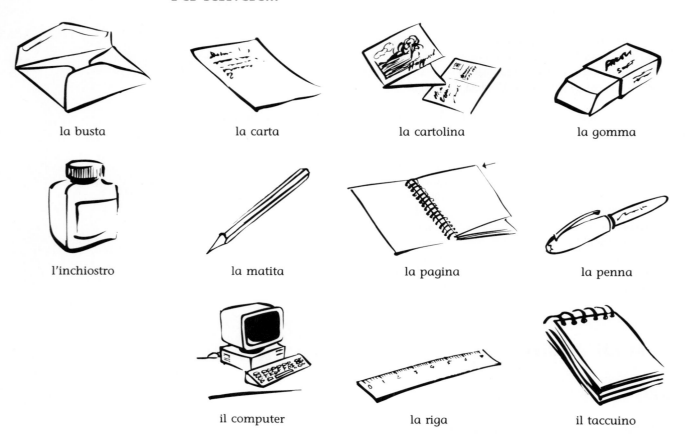

la busta

la carta

la cartolina

la gomma

l'inchiostro

la matita

la pagina

la penna

il computer

la riga

il taccuino

All'ufficio postale

l'affrancatura	*postage*
per via aerea	*airmail*
la posta	*mail*
impostare / imbucare	*to mail*
spedire / mandare / inviare	*to send*
il / la mittente	*sender*
il destinatario	*addressee*
il codice postale	*postal code*

Applicazione

G. Che cos'è? Scegli la risposta, l'espressione o la frase adatta.

1. Ho bisogno di ... per scrivere una lettera.
   - **A.** carta
   - **B.** una cartolina
2. Ho spedito due ... a mia zia ieri.
   - **A.** carte
   - **B.** cartoline

3. Mi serve una ... perché ho fatto un errore.

    A. pagina

    B. gomma

4. Questa penna non scrive più.

    A. Ci manca l'inchiostro.

    B. Ci manca la gomma.

5. Non uso più penne o matite per scrivere. Ormai uso solo...

    A. il computer.

    B. la riga.

6. Ho scritto qualcosa rapidamente nel mio...

    A. taccuino.

    B. francobollo.

H. Francobolli, buste... Crea frasi liberamente con le seguenti parole ed espressioni.

    MODELLO   la busta
                     Mi sono dimenticato/a di mettere il mio indirizzo sulla busta.

    1. francobollo

    2. affrancatura

    3. codice postale

    4. posta

    5. mittente

    6. destinatario

    7. per via aerea

    8. imbucare

I. Cose da comprare... Completa la seguente lista in modo logico.

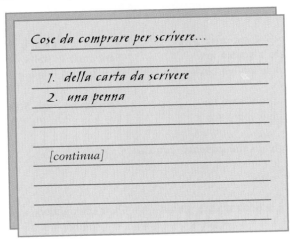

Cose da comprare per scrivere...

    1. della carta da scrivere

    2. una penna

    [continua]

J. A tutti la parola! Rispondi alle seguenti domande.

    1. Quante lettere/cartoline/e-mail scrivi all'anno?

    2. A chi le scrivi?

    3. Da chi ricevi posta o e-mail di solito?

    4. Da chi vorresti (*would you like*) ricevere e-mail o posta? Perché?

    5. Preferisci scrivere (lettere, e-mail, ecc.) o parlare al telefono? Perché?

Grammatica

Il passato remoto

The **passato remoto**, like the **passato prossimo**, allows you to refer to actions completed in the past. In fact, the two may often be used interchangeably.

PASSATO PROSSIMO	PASSATO REMOTO
Sono andato al cinema due giorni fa.	**Andai al cinema due giorni fa.**
I went to the movies two days ago.	*I went to the movies two days ago.*
Lui ha lavorato in Italia l'anno scorso.	**Lui lavorò in Italia l'anno scorso.**
He worked in Italy last year.	*He worked in Italy last year.*

However, if the action has occurred in close relation to the present—as signaled by such adverbs as **appena**, **già**, **ancora**, etc.—only the **passato prossimo** can be used.

È *appena* **arrivata la madre.**   *The mother has just arrived.*
Ha *già* **scritto la mail.**   *He has already written the e-mail.*
Non hanno *ancora* **finito di scrivere.**   *They haven't yet finished writing.*

Moreover, the **passato prossimo** is the only tense that can be used to refer to any action that has occurred within the same day.

Sono andato in biblioteca un minuto fa.   *I went to the library a minute ago.*
Ho mangiato la pizza a mezzogiorno.   *I ate pizza at noon.*

The **passato remoto** is used mainly to describe completed actions in the distant past and to refer to historically significant actions.

PASSATO PROSSIMO = RECENT PAST	PASSATO REMOTO = DISTANT PAST
Alessandro è andato a scuola ieri.	**Sara andò in Italia molti anni fa.**
Alessandro went to school yesterday.	*Sara went to Italy many years ago.*
Siamo arrivati qui alcuni anni fa.	**Arrivammo negli Stati Uniti nel 1995.**
We arrived here a few years ago.	*We arrived in the US in 1995.*

To conjugate regular verbs in the **passato remoto**:

- Drop the infinitive suffix

First conjugation	Second conjugation	Third conjugation
parlare	vendere	finire
↓	↓	↓
parl-	vend-	fin-

■ Add the following endings according to conjugation.

	parlare	vendere	finire
(io)	parlai	vendei / vendetti	finii
(tu)	parlasti	vendesti	finisti
(lui / lei / Lei)	parlò	vendé / vendette	finì
(noi)	parlammo	vendemmo	finimmo
(voi)	parlaste	vendeste	finiste
(loro)	parlarono	venderono / vendettero	finirono

The **i** of verbs ending in **-ciare** and **-giare** is retained in writing to indicate that the soft **c** and **g** sounds are preserved.

	mangiare		cominciare	
(io)	mangiai	I ate	cominciai	I started
(tu)	mangiasti	you ate	cominciasti	you started
(lui / lei / Lei)	mangiò	he / she / you ate	cominciò	he / she / you started
(noi)	mangiammo	we ate	cominciammo	we started
(voi)	mangiaste	you ate	cominciaste	you started
(loro)	mangiarono	they ate	cominciarono	they started

Reflexive verbs are conjugated, as always, in the same way as nonreflexive verbs. Here are two reflexive verbs conjugated for you:

	alzarsi		divertirsi	
(io)	mi alzai	I got up	mi divertii	I enjoyed myself
(tu)	ti alzasti	you got up	ti divertisti	you enjoyed yourself
(lui / lei / Lei)	si alzò	he / she / you got up	si divertì	he / she / you enjoyed himself / herself / yourself
(noi)	ci alzammo	we got up	ci divertimmo	we enjoyed ourselves
(voi)	vi alzaste	you got up	vi divertiste	you enjoyed yourselves
(loro)	si alzarono	they got up	si divertirono	they enjoyed themselves

Applicazione

K. Mio zio parla sempre del passato! Ricrea quello che ti ha detto tuo zio seguendo il modello.

> **MODELLO**   Nel 1994, io (andare) _____ in Francia e (vendere)
> _____ la casa.
> *Nel 1994, io andai in Francia e vendetti la casa.*

1. Nel 1998, io (tornare) _____ in America, (cominciare) _____ a lavorare e poi (sposarsi) _____ .

2. Poi, nel 1999, io (vendere) _____ la casa e (partire) _____ per un soggiorno (*stay*) in Spagna.

3. E anche tu (andare) _____ in America nel 1999 con i tuoi genitori, (mettersi) _____ a studiare matematica all'università e (cominciare) _____ a lavorare poco dopo per la Ford, non è vero?

4. E poi, se mi ricordo bene, tu (vendere) _____ la tua bicicletta e (partire) _____ per un soggiorno in Messico, non è vero?

5. Ti ricordi che il mio collega di lavoro (andare) _____ in Australia nel 2000 e (cominciare) _____ a lavorare presso una ditta australiana?

6. Lui (ricevere) _____ tante buone notizie dai suoi parenti e allora (partire) _____ per l'Italia nel 2001.

7. E poi ti ricordi che io e tuo padre (andare) _____ in Francia nel 2002, dove (finire) _____ di costruire una casa in campagna che (vendere) _____ l'anno dopo?

8. E mi ricordo che anche tu e tua sorella (partire) _____ per la Francia nel 2003, dove (cominciare) _____ , tutti e due, a lavorare presso la Ditta Morel, e (ricevere) _____ un buono stipendio (*wages*), non è vero?

9. E, se non sbaglio (*if I'm not mistaken*), i tuoi amici migliori (vendere) _____ la loro casa nel 2003 e poi (tornare) _____ subito in Italia, non è vero?

L. L'hai spedita la lettera? Prima di andare all'ufficio postale tua madre ti chiede le seguenti cose. Rispondi alle sue domande nel modo indicato col passato remoto e con i pronomi di complemento.

> **MODELLO**   Hai spedito *la lettera al professore*?/molte settimane fa
> *Sì, gliela spedii molte settimane fa.*

1. Tu e tuo fratello avete mandato *la cartolina agli zii*?/un anno fa
2. I tuoi amici hanno inviato *la cartolina ai loro parenti*?/molto tempo fa
3. Hai ricevuto *la lettera di Paolo*?/parecchio tempo fa
4. I tuoi amici hanno ricevuto *il nostro invito*?/il mese scorso
5. Hai spedito *quella cartolina*?/tanto tempo fa

M. Dove andasti? Chiedi al tuo compagno/alla tua compagna cosa fece (*did*) anni fa quando andò all'estero. Lui/Lei dovrà rispondere in modo appropriato seguendo il modello.

> **MODELLO** Chiedigli/le dove andò (anni fa).
>
> TU: Dove andasti?
> COMPAGNO/A: Andai in Italia/in vacanza/ecc.

Chiedigli/le...

1. dove andò.
2. se viaggiò in aereo.
3. quando arrivò (di mattina, nel pomeriggio, ecc.).
4. quali posti visitò.
5. quando tornò.
6. se si divertì.

Avverbi

Adverbs of manner—*clearly, slowly, frequently*—are formed by adding the suffix **-mente** to the adjective in the following ways:

■ If the adjective ends in **-e**, just add **-mente**.

AGGETTIVO	AVVERBIO	
elegante	elegantemente	*elegantly*
felice	felicemente	*happily*

■ If the adjective ends in **-o**, change the ending to **-a** and then add the suffix **-mente**.

vero	veramente	*truly*
tranquillo	tranquillamente	*calmly, tranquilly*
affettuoso	affettuosamente	*affectionately*

■ If the adjective ends in **-ale**, **-ile**, or **-are**, drop the **-e** before adding **-mente**.

generale	generalmente	*generally*
gentile	gentilmente	*kindly*
popolare	popolarmente	*popularly*

Applicazione

N. Come si dice? Prima forma l'avverbio adatto, e poi crea una frase che ne illustri il significato seguendo il modello.

> **MODELLO** in modo regolare
> *regolarmente*
> *Scrivo molte e-mail regolarmente.*

1. in modo gentile
2. in modo economico
3. in modo sbadato
4. in modo generale
5. in modo popolare
6. in modo preciso
7. in modo elegante
8. in modo puntuale
9. in modo energico

O. Cosa vuol dire? Ecco varie componenti (*components*) di diversi tipi di lettera. Identificale seguendo il modello.

MODELLO   Cara Silvia
Salutation, informal letter

1. Caro Marco
2. Carissima Silvia
3. Mia cara Silvia
4. Mio caro Marco
5. Gentile Signor Marchi
6. Gentile Signora Rossi
7. Spettabile Ditta (*company*)
8. Spettabile Banca

P. Ecco diversi modi in cui vengono chiuse le lettere. Indica cosa vuol dire ciascuna espressione e in quale tipo di lettera può essere usata.

1. Ciao
2. Cordiali saluti
3. Tuo/Tua
4. La saluto cordialmente
5. Un bacio
6. Le porgo i miei saluti
7. Baci
8. Distinti saluti
9. Un abbraccio
10. Affettuosamente
11. Con affetto

Q. Comprensione. Rispondi alle seguenti domande.

1. Chi ha scritto la lettera?
2. A chi l'ha scritta?
3. Perché l'ha scritta?
4. Come saluta alla fine?

R. Adesso scrivi una lettera o una mail alle seguenti persone/ditte. Non dimenticarti di includerci...

il luogo e la data
un'intestazione qualsiasi [Make up your own Italian addresses.]
un saluto appropriato
la tua firma

Luogo (Place) e data

Intestazione (Heading / Address)

Roma, 4 aprile 2006

Spett.le Ditta Cardona
Via Garibaldi, 72
00164 Roma

*Contenuto (Contents) (Note the use of **voi** forms when writing in general)*

la vostra direttrice ci ha informato recentemente che il nostro ordine non vi è ancora pervenuto (*arrived*). Quindi, lo abbiamo rispedito (*sent again*).

Vi porgiamo (*we offer*) i nostri saluti,

Saluti

Firma (Signature)

P. Landi
P. Landi

LETTERA FORMALE

Scrivi...

1. alla Ditta Cristaldi (di Milano).
2. alla signora Rossi (di Firenze).
3. ad un amico/un'amica (di Napoli).

Poi leggile in classe.

MOMENTO
Creativo

S. Caro/a... Scrivi una mail a un compagno/una compagna, rivelandogli/le qualcosa in confidenza (*secret*). Poi leggila in classe. Il compagno/La compagna dovrà rispondere oralmente a quello che hai scritto.

Quanto sai già?

A. Anticipazione. Con un compagno/una compagna, cerca di indovinare il significato delle seguenti parole, espressioni e frasi.

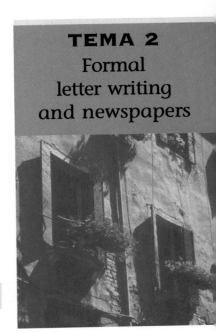

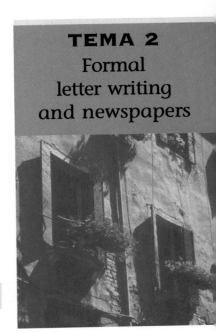

1. di nuovo
2. Cerco un altro posto di lavoro.
3. il sottoscritto/la sottoscritta
4. La sottoscritta chiede di essere assunta per il posto di ragioniere.
5. proposto tramite avviso comparso sul giornale
6. attualmente
7. La sottoscritta allega curriculum.
8. la fotografia
9. fotocopia del diploma

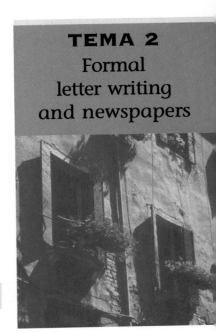

TEMA 2
Formal
letter writing
and newspapers

Dialogo

Daniela è ancora nel suo studio. Entra di nuovo Claudio.

CLAUDIO: Ma che fai ancora qui, Daniela?
DANIELA: Ho scritto un'altra lettera.
CLAUDIO: A chi?
DANIELA: Come? Ti sei dimenticato? Cerco un altro posto di lavoro.
CLAUDIO: Posso?
DANIELA: Certo! Eccola!

Montecatini, 15 settembre 2006

Spett.le Ditta, ITAL-ELETTRONICA
Viale Quattro Novembre, 34
51016 Montecatini

La sottoscritta, residente a Montecatini, chiede di essere assunta[1] al posto di ragioniere proposto tramite avviso comparso sul giornale.

La sottoscritta ha buona conoscenza dell'inglese e attualmente è impiegata presso la Ditta Cristaldi, che però intende[2] lasciare per migliorare la propria posizione.

La sottoscritta allega curriculum vitae, fotografia e fotocopia del diploma[3] e ringrazia e saluta distintamente,

Daniela Borrelli

UNA CASSETTA POSTALE

[1]Participio passato del verbo **assumere**.
[2]Infinito: **intendere**; participio passato: **inteso**.
[3]Plurale: **i diplomi**.

Tema 2: Formal letter writing and newspapers **427**

Comprensione

B. Rispondi alle seguenti domande.

1. Dove era ancora Daniela?
2. Che cosa cerca?
3. A quale posto chiede di essere assunta?
4. Di che cosa ha buona conoscenza Daniela?
5. Dov'è impiegata attualmente?
6. Perché intende lasciare la Ditta Cristaldi?

👥 **C.** Con un compagno/una compagna, crea delle frasi o dei brevi dialoghi con le nuove parole e le nuove espressioni.

il posto (di lavoro)	*job*
il sottoscritto/la sottoscritta	*signed*
assumere	*to hire*
il ragioniere	*accountant*
tramite	*through, by means of*
l'avviso	*ad*
comparso	*that has appeared*
attualmente	*at present*
intendere	*to intend*
allegare	*to attach*

Modi di dire

Parole ed espressioni utili

il proprio	*one's own*
il proprio cappotto	*one's own coat*
i propri amici	*one's own friends*
la propria giacca	*one's own jacket*
le proprie amiche	*one's own friends*
la posta elettronica	*e-mail (the generic concept)*
il fax (il facsimile)	*fax*

Applicazione

D. Come si dice? Svolgi i compiti indicati seguendo i modelli.

> **MODELLO**   Come si dice?
> his own jacket
> *la propria giacca*

Come si dice?

1. his own tie
2. her own hat
3. their own car

4. their own records
5. his own shoes
6. her own magazines

E. Gentile Signora Borrelli! Immagina di essere un rappresentante della Ditta Ital-Elettronica. Rispondi alla lettera di Daniela. Poi leggila in classe.

F. A tutti la parola! Rispondi alle seguenti domande.

1. Come mandi la tua corrispondenza (per posta elettronica, fax, ecc.)? Perché?
2. Qual è il tuo indirizzo elettronico?
3. Qual è il tuo indirizzo di casa?

Grammatica

Ancora sui pronomi doppi

Recall that single-object pronouns can be attached to the infinitive in modal constructions. The same holds for double pronouns.

Devo scrivere *una mail a lui*.	*Gliela* **devo scrivere.** **Devo scrivergliela.**	*I have to write it to him.*
Vuoi dare *quel francobollo a me*?	*Me lo* **vuoi dare?** **Vuoi darmelo?**	*Do you want to give it to me?*

Recall as well that pronouns are attached to **ecco**.

Eccotela!	*Here it is for you (fam.)!*
Eccovela!	*Here it is for you (pl.)!*

L'imperativo con i pronomi doppi

As you know, object pronouns are attached to familiar imperative forms. The same holds true for double pronouns.

TU FORMS

Porta *il passaporto a me*!	**Portamelo!**	*Bring it to me!*
Scrivi *una mail a tuo zio*!	**Scrivigliela!**	*Write it to him!*

LEI FORMS

Porti *il passaporto a me*!	*Me lo* **porti!**	*Bring it to me!*
Scriva *una mail a Suo zio*!	*Gliela* **scriva!**	*Write it to him!*

NOI FORMS

Diamo *il passaporto a lui*!	**Diamoglielo!**	*Let's give it to him!*
Scriviamo *la cartolina a loro*!	**Scriviamogliela!**	Let's write it to them!

VOI FORMS

Portate *due valige a me*!	**Portatemene due!**	*Bring me two of them!*
Scrivete *la lettera a lui*!	**Scrivetegliela!**	*Write it to him!*

LORO FORMS

Portino *due valige a me*!	*Me ne* **portino due!**	*Bring me two of them!*
Scrivano *la lettera a lui*!	*Gliela* **scrivano!**	*Write it to him!*

Recall that the verbs **andare**, **dare**, **dire**, **fare**, and **stare** have apostrophized **tu** forms. As you know, when **mi**, **ti**, **lo**, **la**, **li**, **le**, **ci**, and **ne** are attached to these forms, the first consonant is doubled. This applies as well to the corresponding double-object pronoun forms.

Di' + mi + la →	Dimmela!	*Tell it to me!*
Fa' + ti + lo →	Fattelo!	*Make it for yourself! / Do it yourself!*
BUT		
Da' + gli + lo →	Daglielo!	*Give it to him!*

Forme negative

Finally, recall that in the negative imperative, the **tu** form of the verb is the infinitive, and that pronouns can be attached or put before the familiar negative forms.

AFFIRMATIVE IMPERATIVE	NEGATIVE IMPERATIVE
TU FORMS	
Portamelo!	{ Non *me lo* portare! / Non portar*melo*! } *Don't bring it to me!*
Scrivigliela!	{ Non *gliela* scrivere! / Non scriver*gliela*! } *Don't write it to him / her!*
Dimmela!	{ Non *me la* dire! / Non dir*mela*! } *Don't say it to me!*
LEI FORMS	
Me lo porti!	Non *me lo* porti! *Don't bring it to me!*
Gliela scriva!	Non *gliela* scriva! *Don't write it to him / her!*
Me la dica!	Non *me la* dica! *Don't say it to me!*
NOI FORMS	
Portiamoglielo!	{ Non *glielo* portiamo! / Non portiamo*glielo*! } *Let's not bring it to him / her!*
VOI FORMS	
Portatemene due!	{ Non *me ne* portate! / Non portate*mene*! } *Don't bring me any!*
LORO FORMS	
Gliela scrivano!	Non *gliela* scrivano! *Don't write it to him / her!*

Applicazione

G. Pronomi, pronomi! Aiuto! Svolgi i compiti indicati per meglio conoscere i pronomi seguendo i modelli.

> **MODELLO** Mi puoi fare un favore?
> *Sì, posso fartelo! / Sì, te lo posso fare!*

Rispondi...

1. Ci puoi dare quel taccuino?
2. Mi puoi scrivere una mail?
3. Gli puoi mandare una cartolina?
4. Le puoi spedire questa lettera?

MODELLO   Di' a Claudio di dare quelle cartoline a te.
Claudio, dammele!

Di' a Claudio di dare...

5. i francobolli a te.
6. le matite a noi.
7. i taccuini a lui.

8. le buste a lei.
9. la posta a te.
10. l'indirizzo a noi.

MODELLO   Vuoi dare quel taccuino a me?
Vuoi darmelo?/Me lo vuoi dare?

Vuoi dare...

11. quelle matite a me?
12. quella posta a noi?

13. quei francobolli a lei?
14. due penne a me?

MODELLO   Ecco un taccuino per te!
Eccotelo!

Ecco...

15. una matita per te!
16. i francobolli per lui!

17. i francobolli per lei!
18. i francobolli per Lei!

MODELLO   Di' a Alessandro di scrivere quella mail a te.
Alessandro, scrivimela!

Di' a Alessandro di...

19. mandare quella posta a te.
20. dare la penna a te.
21. fare un favore a suo fratello.
22. dire la verità a sua madre.

Di' alla signora Rossi di...

23. mandare quella posta a voi.
24. dare la penna a te.
25. fare un favore a lui.
26. dire la verità a noi.

MODELLO   Di' a Roberto di non scrivere quella lettera a te.
Roberto, non scrivermela!/Roberto, non me la scrivere!

Di' a Roberto di non...

27. mandare quella posta a te.
28. dare la penna a te.
29. fare un favore a suo fratello.
30. dire le bugie (*lies*) a sua madre.

Di' al signor Rossi di non...

31. mandare quella posta a voi.
32. dare la penna a te.
33. fare un favore a lui.
34. dire le bugie a noi.

H. Giornali. Rispondi alle seguenti domande.

1. Tu leggi il giornale regolarmente? Se sì, quale giornale leggi? Perché?
2. Secondo te, qual è il miglior giornale americano? Perché?
3. Hai mai letto qualche giornale italiano? Se sì, quale? Paragona (*compare*) il giornale che hai letto a un simile giornale americano.

L'Italia è il paese del giornale! In quel paese si pubblicano oltre 70 quotidiani (*dailies*), tra cui quelli di partito (*political party*): *Il Popolo, L'Unità*, ecc.; di economia: *Il Sole, 24 Ore*; e di sport: *La Gazzetta dello Sport, Il Corriere dello Sport*, ecc.

Il *Corriere della Sera*, pubblicato a Milano, è uno dei maggiori giornali italiani. Si può considerare l'equivalente del *New York Times*. Due altri quotidiani di larga diffusione (*wide circulation*) sono *La Repubblica* e *Il Messaggero*.

LEGGERE IL GIORNALE

I. Comprensione e discussione. Rispondi alle seguenti domande.

Comprensione...

1. Quanti quotidiani si pubblicano in Italia?
2. Quali giornali sono di partito?

3. Quale giornale si occupa di (*is concerned with*) economia o di sport?
4. Qual è uno dei maggiori quotidiani d'Italia?
5. Quali sono due quotidiani di larga diffusione?

Discussione...

Diversi studenti dovranno portare in classe un quotidiano italiano (anche in forma di «download» da Internet) e poi discuterlo insieme a tutti.

MOMENTO
Creativo

J. Amici d'infanzia! Diverse coppie di studenti dovranno mettere in scena la seguente situazione.

Uno studente/Una studentessa lavora presso un ufficio postale. Un altro studente/Un'altra studentessa vuole spedire diverse cose. A un certo momento i due si accorgono (*realize*) di essere amici d'infanzia (*childhood friends*). E allora cominciano a parlare del passato (*past*). Il dialogo termina quando uno dei due propone una serata insieme (al cinema, all'opera, ecc.).

Le consonanti doppie

For most of the Italian single consonants there are corresponding double-consonant sounds. These are pronounced by doubling, and/or lengthening, the corresponding single consonants.

nebbia, bocca, nonno, avvocato, pizza,...

A. Pronuncia le seguenti parole.

1. abbastanza
2. occhio
3. cappuccino
4. freddo
5. caffè
6. leggo
7. pioggia
8. troppo
9. classe
10. pizza

Comprensione generale

B. Ascolta attentamente la vignetta sul CD cercando di determinare:

1. chi sta scrivendo una lettera.
2. a chi la sta scrivendo.
3. che tipo di lettera è.
4. che cosa vuole fare la persona.

C. Adesso cerca di ricostruire la conversazione con altri studenti a piacere.

Lettura

Prima di leggere

A. Un amico/Un'amica di penna! Rispondi alle seguenti domande.

1. Tu hai mai ricevuto una lettera da un amico/un'amica di penna? Se sì, come si chiama? Dove vive? Di che cosa parlate nelle vostre lettere?
2. Tu sai chi è *Charlie Brown*? Ti piacciono i fumetti (*comic books*)? Come si chiama il cane di Charlie Brown?
3. Quali fumetti ti piacciono?

B. Anticipazione. Conosci il significato delle seguenti parole/espressioni? Se sì, spiegale alla classe.

1. il cane pastore
2. le polpette
3. la pecora
4. scozzese
5. eccitarsi
6. innamorarsi
7. farci un pensierino
8. la farei filare

Lettura

Charlie Brown riceve una lettera!

(Da: *Peanuts* di Charles M. Schulz)

Dopo la lettura

C. Comprensione. Rispondi alle seguenti domande.

1. Da chi riceve una lettera Charlie Brown?
2. Dove era andata l'amica di penna di Charlie Brown?
3. Cosa aveva avuto sua madre?
4. Che cosa aveva fatto suo padre?
5. Dove vorrebbe entrare Snoopy?
6. Perché la ragazzina scozzese «perde tempo» a scrivere a Charlie Brown?
7. Chi s'innamora a volte?
8. Dove vorrebbe andare un giorno Charlie Brown?

D. Lettera a un amico/un'amica di penna! Scrivi una lettera (o una mail) a un amico/un'amica di penna immaginario/a (*imaginary*) simile a quella che ha ricevuto o che ha scritto Charlie Brown. Invitalo/la a casa tua. Leggi la lettera in classe.

E. I fumetti italiani in classe! Alcuni studenti dovranno portare in classe diversi fumetti, dopodiché ci sarà una discussione in classe sui temi, sul linguaggio (*language*), ecc., dei vari fumetti.

Il mondo digitale

Leggi attentamente il seguente manifesto pubblicitario. Ricerca in un vocabolario qualsiasi parola che non riconosci. Poi rispondi alle domande e svolgi le attività che seguono.

1. Come si fa per vincere una crociera sulla rotta dei Vichinghi?
2. Che cos'è il TravelPilot DX-R52?
3. Chi fabbrica (*manufactures*) il prodotto?
4. Chi erano i Vichinghi?
5. Dov'è il Mare del Nord?
6. Diverse coppie di studenti dovranno preparare un manifesto per un prodotto simile e poi mostrarlo alla classe.

A. Pronomi e verbi. Con un compagno/una compagna, crea brevi dialoghi nei modi indicati dai modelli.

> **MODELLO** tuo fratello/andare/in Italia
>
> TU: *Tuo fratello è mai andato in Italia?*
> COMPAGNO/A: *Sì, ci andò tanti anni fa.*

1. tua sorella/andare/in Francia
2. i tuoi amici/andare/in Italia
3. voi/lavorare/in Italia
4. loro/studiare/all'università di Roma

> **MODELLO** dare/la penna/a me
>
> TU: *Hai dato la penna a me?*
> COMPAGNO/A: *No, non te l'ho data.*
> TU: *Allora, dammela!*

5. scrivere/quella lettera/a lui
6. fare/quel favore/a me
7. dare/la posta/a lei
8. dare/quelle cartoline/a noi

> **MODELLO** professore/dare/la penna/a me
>
> TU: *Professore, ha dato la penna a me?*
> COMPAGNO/A: *No, non gliel'ho data.*
> TU: *Allora, me la dia!*

9. signora Giusti/scrivere/quella lettera/a lui
10. professoressa Grande/portare/i biglietti/a loro
11. signor Torcelli/dare/la posta/a lei
12. signora Rossi/dare/quelle cartoline/a noi

B. Cultura.
Scrivi/Componi...

1. un saluto formale.
2. un saluto informale.
3. un'intestazione ad un amico.
4. un'intestazione ad una ditta.

Indica...

5. un quotidiano di partito.
6. un quotidiano di economia.
7. un quotidiano di sport.
8. il giornale con la più larga diffusione.

C. Avvio allo scrivere! Scrivi una mail a un compagno/una compagna invitandolo/la a fare qualcosa insieme durante il weekend. Poi leggi la mail in classe.

D. Momento creativo! Lavorando in gruppi di tre o quattro persone, componete (*compose*) e poi mettete in scena davanti a tutta la classe una breve commedia (di un atto): *Un incontro fatidico* (fateful) *all'ufficio postale!*

Lessico utile

Nomi

l'**affrancatura** *postage*
l'**avviso** *newspaper ad*
la **busta** *envelope*
la **cartolina** *postcard*
il **codice postale** *postal code*
il **destinatario** *addressee*
il **diploma** *diploma*
l'**e-mail / la mail** *e-mail*
le **felicitazioni** *congratulations, felicitations*
la **femmina** *female, girl*
la **fotocopia** *photocopy*
la **fotografia** *photograph*

il **francobollo** *stamp*
i **fumetti** *comics*
la **gomma** *eraser*
l'**inchiostro** *ink*
la **lettera** *letter*
il **maschio** *male, boy*
il / la **mittente** *sender*
la **notizia** *piece of news*
la **pagina** *page*
la **posta** *mail*
il **ragioniere / la ragioniera** *accountant, clerk*
il **sottoscritto / la sottoscritta** *undersigned*
il **taccuino** *pad, notebook*

Verbi

assumere *to hire*
impostare *to mail*
intendere *to intend*
inviare *to send*

mandare *to send*
ricevere *to receive*
ringraziare *to thank*
trattarsi *to be about*

Avverbi

affettuosamente *affectionately*
attualmente *presently*

recentemente *recently*

Altri vocaboli / Espressioni

con affetto *with affection*
di nuovo *again*
farsi vivo *to keep in touch*

per via aerea *airmail*
proprio *own, very*
sentire la mancanza *to miss someone*

Le origini della lingua italiana!

GLOSSARIO

antico	*ancient*
diffondersi	*spread*
comprendere	*to cover, include*
omogeneo	*homogeneous*
la caduta	*fall*
la frammentazione	*fragmentation*
vale a dire	*that is to say*
sottomettere	*to subjugate*
cosiddetto	*so-called*
essere in grado di	*to be able to*
perciò	*thus*
durare	*to last*
il secolo	*century*
fare sì che	*to make possible*
mescolato	*mixed*
proveniente	*coming from*

In Piazza di Spagna

Il latino, la lingua degli antichi Romani, si diffuse gradualmente, diventando la lingua ufficiale di tutti i popoli dell'Impero Romano, il quale comprendeva il territorio che oggi è l'Europa e altri territori.

Il latino non poteva, ovviamente, essere parlato in modo omogeneo in tutto il territorio. Ed infatti, ogni popolo lo parlava secondo la pronuncia e il vocabolario della propria lingua. Questo processo di differenziazione continuò in modo particolare dopo la caduta dell'Impero Romano nel 456 d.C. La frammentazione del latino diede, nel Medioevo, origine alle lingue «romanze», e cioè, alle lingue «di Roma»: l'italiano, il portoghese, il francese, lo spagnolo, il rumeno, ecc.

Il Duomo di Firenze

Lo stesso fenomeno della frammentazione si verificò all'interno del territorio italiano. Vale a dire, nelle diverse regioni d'Italia i popoli sottomessi dai Romani (gli Etruschi, gli Osco-Umbri, i Veneti, i Galli, ecc.) parlavano il latino con il proprio accento e il proprio vocabolario. In questo modo si formarono i dialetti moderni: il toscano, il piemontese, il siciliano, il veneto, ecc. I cosiddetti «dialetti», dunque, non sono altro che frammentazioni del latino.

Come si dice in dialetto?

Un mercato a Firenze

In Toscana la trasformazione linguistica del latino venne ad essere chiamata «il volgare», e cioè, la lingua parlata dal «volgo» (dal popolo) toscano. Questo dialetto diventò prestigioso nel Medioevo perché era capito al di fuori della Toscana. Quando tre grandi scrittori toscani, Dante, Petrarca e Boccaccio, scrissero le prime grandi opere letterarie dell'Italia, rispettivamente la *Divina Commedia*, il *Canzoniere* e il *Decamerone*, il volgare toscano diventò una lingua che altri italiani erano in grado di leggere, perché tutti volevano capire queste grandi opere. Perciò, altri scrittori italiani cominciarono ad imitarle.

Quindi, mentre nelle diverse regioni si parlavano i dialetti locali, molti scrittori delle regioni italiane scrivevano in toscano. Il toscano diventò, perciò, la «lingua letteraria» italiana, con la quale si scrivevano le poesie, i romanzi, i libri di storia, di filosofia, di scienza, ecc. E questa situazione durò per secoli. A casa e con gli amici si parlava il dialetto, ma per le comunicazioni ufficiali si scriveva in toscano.

Dopo il 1870, l'anno dell'unità d'Italia, cominciò un processo graduale di diffusione della lingua letteraria nella scuola e nei «mass media». I mezzi di diffusione, infatti, hanno fatto sì che la lingua letteraria toscana, mescolata con elementi linguistici provenienti da altri «volgari», diventasse la lingua parlata e scritta da tutti gli italiani.

A. Comprensione. Rispondi alle seguenti domande.

1. Quale era la lingua ufficiale di tutti i popoli dell'Impero Romano?
2. Quando cadde (*fell*) l'Impero Romano?
3. Come nacquero (*were born*) le lingue romanze?
4. Come si formarono i dialetti italiani moderni?
5. Perché diventò prestigioso il dialetto toscano nel Medioevo?
6. Perché diventò una «lingua letteraria» il dialetto toscano?
7. Qual è l'anno dell'unità d'Italia?
8. Quali fattori (*factors*) hanno portato al processo di diffusione della lingua letteraria?

B. A tutti la parola! Rispondi alle seguenti domande.

1. Hai mai letto le opere di Dante, Petrarca, o Boccaccio? Se sì, quali? In inglese o in italiano?
2. Conosci un dialetto italiano? Se sì, quale? Indica alla classe qualche esempio di parole, espressioni, ecc., in dialetto.

MOMENTO
Creativo

Diversi gruppi di studenti dovranno scegliere l'uno o l'altro dei seguenti due temi, preparando poi una breve vignetta appropriata che non duri più di cinque minuti da recitare davanti alla classe.

1. Le prime parole dell'umanità (*the first words of humanity*).
2. La prima lezione d'italiano.

L'automobile

16

Quanto sai già?

A. Anticipazione. Rispondi alle seguenti domande, anticipando quello che leggerai in questo capitolo.

1. Hai una macchina? Se sì, quale macchina hai?
2. A chi chiedi consigli quando la tua macchina fa qualche rumore strano (*strange noise*)?
3. Dove porti la macchina quando ha bisogno di qualche riparazione (*repair*)?
4. Quante volte all'anno fai un controllo (*check-up*) regolare?

B. Automobili italiane. Rispondi alle seguenti domande.

1. Conosci il nome di qualche automobile italiana? Quale?
2. Descrivila.
3. Quali sono migliori, secondo te, le macchine americane o quelle italiane? Perché?
4. Quale macchina vorresti guidare? Perché?

Dialogo

Oggi Sonia dovrebbe andare a fare delle spese in centro. Ma, purtroppo, sembra che la sua macchina abbia qualche problema meccanico. Allora, decide di telefonare a Cinzia, una sua amica, per chiederle consigli.

SONIA: Sai, Cinzia, la mia macchina fa un rumore molto strano. Cosa dovrei fare?

CINZIA: Come ti ho detto molte volte, le macchine non si dovrebbero portare dal meccanico soltanto[1] quando hanno bisogno di qualche riparazione, ma anche per un controllo regolare!

SONIA: Ma credimi°, Cinzia, l'ho portata dal mio meccanico solo una settimana fa.   *believe me*

CINZIA: Ma, chissà°! Forse il tuo meccanico ha toccato° qualcosa per sbaglio. Portala di nuovo da lui.   *who knows • touched*

SONIA: Va bene.

[1]An alternative for **solo**.

Comprensione

C. Rispondi alle seguenti domande.

Sonia...

1. Dove dovrebbe andare?
2. Perché ha dovuto cambiare programma (*plans*)?
3. Che cosa ha deciso di fare?
4. Che cosa fa la sua macchina?
5. Quando ha portato la macchina dal suo meccanico?

Cinzia...

6. Che cosa ha detto a Sonia molte volte?
7. Che cosa pensa che il meccanico abbia fatto?
8. Che cosa consiglia a Sonia di fare?

D. Con un compagno/una compagna, crea delle frasi o dei brevi dialoghi con le nuove parole e le nuove espressioni.

il consiglio	*advice*
sembrare	*to seem*
credere	*to believe*
il rumore	*noise*
strano	*strange*
soltanto	*only*
il meccanico	*mechanic*
la riparazione	*repair*
il controllo	*check-up*
chissà	*who knows*
toccare	*to touch*
lo sbaglio	*mistake*

Modi di dire

L'automobile

il finestrino	*car window*
il portabagagli (*pl.* **i portabagagli**)	*trunk*
il tergicristallo	*windshield wiper*

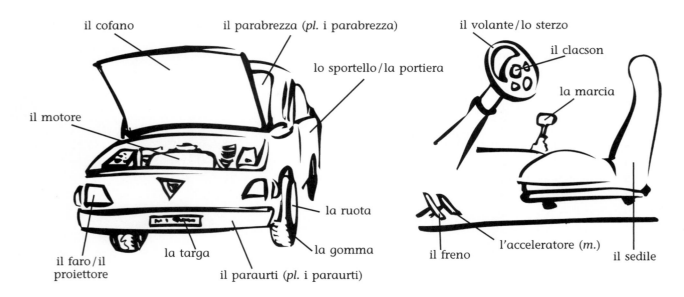

il cofano

il parabrezza (*pl.* i parabrezza)

lo sportello/la portiera

il volante/lo sterzo

il clacson

la marcia

il motore

la ruota

la gomma

l'acceleratore (*m.*)

il freno

il sedile

il faro/il proiettore

la targa

il paraurti (*pl.* i paraurti)

Applicazione

E. Problemi automobilistici! Sostituisci agli spazi le parole appropriate nelle loro forme corrette.

SITUAZIONE 1   Riparazioni meccaniche!
[acceleratore, clacson, volante]

Il mio meccanico ha dovuto riparare prima l'_____, perché la macchina non era capace di superare (*couldn't go beyond*) i 40 km all'ora. Poi, ha aggiustato[2] (*fixed*) il

_____ perché non riuscivo a girare bene la macchina a sinistra. Infine, ha

controllato il _____ perché non funzionava da qualche settimana.

SITUAZIONE 2   Un rumore strano!
[motore, sportello, cofano, targa]

Ieri sono andata a ritirare (*pick up*) la nuova _____ di quest'anno per la mia

macchina. Mentre guidavo, però, ho sentito uno strano rumore nel _____.

Allora ho aperto il _____. Ma, sciaguratamente (*unfortunately*), ho chiuso lo

_____ a chiave (*locked*) allo stesso tempo. Per fortuna c'era una stazione di servizio (*gas station*) lì vicino.

SITUAZIONE 3   Dal concessionario (*dealer*)
[finestrino, sedile, gomma, ruota]

COMMESSO: Vuole vedere questa macchina con le _____ Pirelli?

CLIENTE: Va bene. Ha delle _____ bellissime. Ma non mi piacciono i

suoi _____.

COMMESSO: Perché?

CLIENTE: Perché sono troppo piccoli!

COMMESSO: È una macchina sportiva. Non vede che non ha neanche i

_____ dietro, solo davanti, come tutte le macchine sportive?

CLIENTE: Ha ragione. Ma non mi piace! Preferisco un altro tipo di automobile.

[2]Note that this means *to adjust, fix, repair something* (such as a car or a computer). To express *to fix* (*prepare*) *a meal*, the verb **preparare** is used instead: **preparare il pranzo** = *to fix lunch*.

Una giornata disastrosa!
                     [paraurti, faro, parabrezza, portabagagli]

Ieri, ho rovinato (*I wrecked*) la mia macchina. Ma la colpa (*fault*) non è stata mia! Un altro automobilista ha fatto marcia indietro (*backed up*) contro (*against*) il mio

_____! E ha rovinato i due _____. Poi, mentre portavo la macchina dal meccanico, qualcuno ha tirato (*threw*) un sasso (*rock*) contro il

_____ della mia macchina! Infine, quando sono arrivata dal meccanico, ho

notato che era rovinato anche il _____ dietro!

F. A tutti la parola! Rispondi alle seguenti domande.

1. Tu guidi? Se sì, che tipo di automobile guidi normalmente?
2. Che tipo di automobile vorresti avere? Perché? Descrivila.
3. Quante volte all'anno si dovrebbe portare la macchina dal meccanico per un controllo regolare? Da che cosa dipende? (*What does it depend upon?*)

Grammatica

Il condizionale semplice

The **condizionale semplice** (*simple conditional*) allows you to express various conditions and states of uncertainty. It is rendered in English typically with forms such as *I would go, but I'm too busy; She wouldn't do that because she knows better;* etc.

***Comprerei** una casa, ma non ho abbastanza soldi.*	*I would buy a house, but I don't have enough money.*
*Lui **dovrebbe** lavorare di più, prima di fare altre spese.*	*He should work more, before going shopping for other things.*

The conditional is formed in a similar way to the future. Thus, all the characteristics that apply to the conjugation of the future apply as well to the conditional.

■ Drop the **-e** of the infinitive suffix, changing the **-a** of the infinitive suffix of first-conjugation verbs to **-e**:

First conjugation	Second conjugation	Third conjugation
parlare	**leggere**	**finire**
↓	↓	↓
parler-	**legger-**	**finir-**

■ Add the endings **-ei**, **-esti-**, **-ebbe**, **-emmo**, **-este**, **-ebbero** to the stems:

	parlare	**leggere**	**finire**	**alzarsi**
(io)	parler*ei*	legger*ei*	finir*ei*	mi alzer*ei*
(tu)	parler*esti*	legger*esti*	finir*esti*	ti alzer*esti*
(lui / lei / Lei)	parler*ebbe*	legger*ebbe*	finir*ebbe*	si alzer*ebbe*
(noi)	parler*emmo*	legger*emmo*	finir*emmo*	ci alzer*emmo*
(voi)	parler*este*	legger*este*	finir*este*	vi alzer*este*
(loro)	parler*ebbero*	legger*ebbero*	finir*ebbero*	si alzer*ebbero*

As in the case of the future, the **-i** of the infinitive suffix of verbs ending in **-ciare** and **-giare** is not retained in writing the conditional forms.

cominciare → comincer-

  (io) **comincerei**, (tu) **cominceresti**, (lui / lei / Lei) **comincerebbe**, (noi) **cominceremmo**, (voi) **comincereste**, (loro) **comincerebbero**

mangiare → manger-

  (io) **mangerei**, (tu) **mangeresti**, (lui / lei / Lei) **mangerebbe**, (noi) **mangeremmo**, (voi) **mangereste**, (loro) **mangerebbero**

An **h** must be added to the stems of verbs ending in **-care** and **-gare** in writing to show the retention of the hard sounds.

cercare → cercher-

  (io) **cercherei**, (tu) **cercheresti**, (lui / lei / Lei) **cercherebbe**, (noi) **cercheremmo**, (voi) **cerchereste**, (loro) **cercherebbero**

pagare → pagher-

  (io) **pagherei**, (tu) **pagheresti**, (lui / lei / Lei) **pagherebbe**, (noi) **pagheremmo**, (voi) **paghereste**, (loro) **pagherebbero**

Verbi irregolari

The patterns that apply to the formation of irregular verbs in the future apply as well to the formation of irregular verbs in the conditional.

  ■ To conjugate **andare**, **avere**, **dovere**, **potere**, **sapere**, **vedere**, and **vivere** in the conditional, drop both the final vowel and the vowel of the infinitive suffix, and then add the usual endings:

andare → andr-

  (io) **andrei**, (tu) **andresti**, (lui / lei / Lei) **andrebbe**, (noi) **andremmo**, (voi) **andreste**, (loro) **andrebbero**

avere → **avr-**

- (io) **avrei**, (tu) **avresti**, (lui/lei/Lei) **avrebbe**, (noi) **avremmo**, (voi) **avreste**, (loro) **avrebbero**

- The other verbs with irregular future forms have corresponding irregular conditional forms:

VERB	FUTURE	CONDITIONAL
bere	(io) **berrò**, (tu) **berrai**, …	(io) **berrei**, (tu) **berresti**, …
dare	(io) **darò**, (tu) **darai**, …	(io) **darei**, (tu) **daresti**, …
dire	(io) **dirò**, (tu) **dirai**, …	(io) **direi**, (tu) **diresti**, …
essere	(io) **sarò**, (tu) **sarai**, …	(io) **sarei**, (tu) **saresti**, …
fare	(io) **farò**, (tu) **farai**, …	(io) **farei**, (tu) **faresti**, …
rimanere	(io) **rimarrò**, (tu) **rimarrai**, …	(io) **rimarrei**, (tu) **rimarresti**, …
stare	(io) **starò**, (tu) **starai**, …	(io) **starei**, (tu) **staresti**, …
tenere (mantenere)	(io) **terrò**, (tu) **terrai**, …	(io) **terrei**, (tu) **terresti**, …
venire (convenire)	(io) **verrò**, (tu) **verrai**, …	(io) **verrei**, (tu) **verresti**, …
volere	(io) **vorrò**, (tu) **vorrai**, …	(io) **vorrei**, (tu) **vorresti**, …

Applicazione

G. Scriverei, ma…? Metti il verbo al condizionale e poi usalo in una frase che ne renda chiaro il significato.

> **MODELLO** (io) scrivere
> *Io scriverei delle lettere, ma ho altre cose da fare/devo finire un compito/ecc.*

io…

1. leggere
2. finire
3. alzarsi
4. mangiare
5. andare
6. avere

tu…

7. comprare
8. ripetere
9. dormire
10. dovere
11. potere
12. sapere

lui/lei…

13. pagare
14. cercare
15. partire
16. vedere
17. vivere
18. bere
19. dare

noi...

20. cominciare		**24.** dire
21. leggere		**25.** essere
22. divertirsi		**26.** fare
23. alzarsi		

voi...

27. guidare		**30.** rimanere
28. mettersi		**31.** stare
29. finire		**32.** tenere

loro...

33. parlare		**36.** venire
34. prendere		**37.** volere
35. uscire		**38.** sapere

H. Come si dice in italiano?

1. My car has some problems, but I do not know what I should do.
2. He would like to buy a new car, but he does not have enough money.
3. She should take her car in to the mechanic.
4. I would like to take my car in to the mechanic today, but I do not have any time.

Il condizionale passato

The **condizionale passato** allows you to express an action that *would have* occurred with reference to some other action or to some condition.

Avrei comprato una Lancia, ma non avevo abbastanza soldi.	*I would have bought a Lancia, but I didn't have enough money.*
Sarei andata in centro ieri, ma non avevo tempo.	*I would have gone downtown yesterday, but I didn't have time.*

The **condizionale passato** is a compound tense. So, like any other compound tense, it is made up of two separate parts: (1) the conditional of the auxiliary verb **avere** or **essere**, and (2) the past participle of the verb.

Auxiliary Verb ↓	Past Participle ↓
avrei	finito
sarei	andato / a

You already know everything you need to know in order to conjugate verbs in this tense, namely: (1) how to form past participles, (2) which verbs are conjugated with **avere** or **essere**, and (3) how to conjugate **avere** and **essere** in the conditional.

Here are three verbs fully conjugated in the conditional perfect: (1) a verb conjugated with **avere**, (2) a verb conjugated with **essere**, and (3) a reflexive verb.

	comprare	**andare**	**divertirsi**
(io)	avrei comprato	sarei andato/a	mi sarei divertito/a
(tu)	avresti comprato	saresti andato/a	ti saresti divertito/a
(lui/lei/Lei)	avrebbe comprato	sarebbe andato/a	si sarebbe divertito/a
(noi)	avremmo comprato	saremmo andati/e	ci saremmo divertiti/e
(voi)	avreste comprato	sareste andati/e	vi sareste divertiti/e
(loro)	avrebbero comprato	sarebbero andati/e	si sarebbero divertiti/e

Paragone con l'inglese

Notice the English translations of some Italian verbs conjugated in the conditional (present or past).

Comprerei quella macchina, ma non ho soldi.	*I would buy that car, but I don't have money.*
Avrei comprato quella macchina, ma non avevo soldi.	*I would have bought that car, but I didn't have money.*
Dovrei comprare quella macchina, ma non ho soldi.	*I should buy that car, but I don't have money.*
Avrei dovuto comprare quella macchina, ma non avevo soldi.	*I should have bought that car, but I didn't have money.*
Potrei comprare quella macchina, ma non mi piace.	*I could buy that car, but I don't like it.*
Avrei potuto comprare quella macchina, ma non mi è piaciuta.	*I could have bought that car, but I didn't like it.*
Vorrei comprare quella macchina, ma non ho la patente.	*I would like to buy that car, but I don't have a licence.*
Avrei voluto comprare quella macchina, ma non avevo la patente.	*I would have liked to buy that car, but I didn't have a licence.*
Vorrei una macchina nuova. **Mi piacerebbe** una macchina nuova.	*I would like a new car.*
Avrei voluto una macchina nuova, ma... **Mi sarebbe piaciuta** una macchina nuova, ma...	*I would have liked a new car, but . . .*

Altri usi del condizionale

The **condizionale** is used to convey politeness or modesty when requesting or saying something.

Scusi, mi potrebbe aiutare?	*Excuse me, could you help me?*
Non saprei cosa dire.	*I wouldn't know what to say.*

After phrases such as **secondo...** (*according to . . . /in his/her opinion . . .*), it conveys uncertainty.

Secondo il giornale, il numero di macchine sarebbe aumentato di molto.	*According to the newspaper, the number of cars has gone up a lot.*
Secondo lui, gli italiani sarebbero dei bravi guidatori.	*In his opinion, Italians are good drivers.*

Applicazione

I. Condizioni e ipotesi. Rispondi alle domande nel modo indicato.

MODELLO   Quando verresti?/domani
Verrei domani.

1. Quanto vorresti spendere?/poco
2. Dove potrebbero andare i tuoi amici?/in Italia
3. Chi verrebbe alla festa?/io e mia sorella
4. Quando cominceresti a lavorare?/fra un anno
5. Dove vivrebbe il tuo amico?/in Francia

J. Avrei cominciato prima! Usa i verbi dati al condizionale passato liberamente.

MODELLO   io...
        cominciare
        Avrei cominciato a studiare l'italiano prima, ma non avevo tempo.

io...

1. pagare
2. cominciare
3. mettersi a

4. finire
5. fare

tu...

6. pagare
7. cominciare
8. mettersi a

9. finire
10. fare

Sara...

11. pagare
12. cominciare
13. mettersi a

14. finire
15. fare

noi...

16. pagare
17. cominciare
18. mettersi a

19. finire
20. fare

voi...

21. pagare
22. cominciare
23. mettersi a

24. finire
25. fare

Alessandro e Sara...

26. pagare   **29.** finire

27. cominciare   **30.** fare

28. mettersi a

K. Cosa avresti voluto fare da bambino/a? Rispondi a piacere alle seguenti domande usando il verbo al condizionale o al condizionale passato, secondo il caso.

> **MODELLO**   Cosa avresti voluto imparare da bambino/a (ma non hai imparato)?
> *Avrei voluto imparare a suonare il pianoforte.*

1. Dove saresti potuto/a andare recentemente (ma non sei andato/a)?
2. Cosa avresti dovuto fare la settimana scorsa (ma non hai fatto)?
3. Cosa avresti voluto fare recentemente (ma non hai fatto)?
4. Cosa ti piacerebbe studiare in futuro? Perché?
5. Cosa ti sarebbe piaciuto studiare quest'anno, oltre all'italiano?
6. Secondo te, come guiderebbero gli italiani? E gli americani?
7. Secondo te, perché il numero di macchine sarebbe aumentato di molto recentemente?

L. Verbi, verbi! Con un compagno/una compagna, crea brevi frasi o brevi dialoghi che illustrano l'uso dei seguenti verbi al condizionale presente o al condizionale passato (a piacere).

1. andare   **6.** stare

2. dare   **7.** rimanere

3. volere   **8.** fare

4. venire   **9.** essere

5. tenere   **10.** dire

M. Macchine. Rispondi alle seguenti domande.

1. Quali automobili italiane conosci?
2. Quale macchina ti piace più delle altre? Perché?
3. Che tipo di macchina vorresti guidare in futuro? Perché?

Assieme al turismo e alla moda, l'industria automobilistica è sempre stata collocata (*was always located*) tra i più importanti settori (*sectors*) dell'economia italiana.

L'automobile che la maggioranza (*majority*) degli italiani guida è la FIAT, le cui lettere stanno per *Fabbrica Italiana di Automobili di Torino*. Tra le cosiddette macchine di lusso (*luxury*) italiane si possono menzionare la Ferrari, la Maserati, la Lancia e la Lamborghini.

Oggi, però, anche in Italia l'industria automobilistica nazionale è minacciata da (*threatened by*) rivali (*rivals*) stranieri, particolarmente tedeschi e giapponesi.

UN PARCHEGGIO IN ITALIA!

N. Comprensione. Rispondi alle seguenti domande.

1. Quali sono tre industrie importanti in Italia?
2. Che macchina guida la maggioranza degli italiani?
3. Quali sono alcune macchine di lusso italiane?
4. Quali rivali minacciano l'industria automobilistica italiana?

MOMENTO Creativo

O. Dal meccanico! Diverse coppie di studenti dovranno mettere in scena la seguente situazione.

CLIENTE:	Va dal meccanico per riparazioni alla sua macchina.
MECCANICO:	Gli/Le fa una serie di domande per determinare il problema. Infine, propone di fare una riparazione che costa molto.
CLIENTE:	Pensa che il prezzo della riparazione sia troppo alto.

Il dialogo termina quando i due finalmente si mettono d'accordo sul prezzo della riparazione.

Quanto sai già?

A. Anticipazione. Indovina la risposta adatta, anticipando quello che leggerai.

1. Che guasto (*malfunction*) ha la mia macchina?
   A. Fa lo stesso rumore.
   B. Non ha niente di grave.
2. Quando fa il rumore?
   A. Lo fa subito dopo che l'ho messa in moto (*after I've started it*).
   B. Aspettiamo qualche giorno per vedere se il rumore scompare (*disappears*).
3. Che rumore fa quando fai marcia indietro (*back up*)?
   A. Un piccolo rumore.
   B. Devo fare un controllo completo/esteso (*exhaustive*).

B. Autostrade. Hai mai avuto occasione di andare in macchina lungo le autostrade italiane? Se sì, rispondi alle seguenti domande.

1. Come sono generalmente le autostrade in Italia?
2. Com'è la segnaletica (*road sign system*) in Italia?

Dialogo

Dal meccanico...

SONIA:	Allora, che guasto ha?
MECCANICO:	Penso che non sia grave. Quando Lei fa marcia indietro, la macchina fa lo stesso rumore?
SONIA:	No. Lo fa solo subito dopo che l'ho messa in moto.
MECCANICO:	Senta, aspettiamo qualche giorno per vedere se il rumore scompare°. Altrimenti°, lasci la macchina qui per un controllo completo/esteso.
SONIA:	Va bene! La chiamo tra qualche giorno se fa ancora lo stesso rumore.
MECCANICO:	Va bene!

goes away, disappears otherwise

Comprensione

C. Completa la seguente parafrasi del dialogo con le parole adatte nelle loro forme appropriate.

Il meccanico pensa che il problema non _____ grave,

perché quando Sonia fa marcia _____ la macchina non fa

nessun rumore. Infatti, lo fa solo quando mette in _____ la

macchina. Secondo il meccanico fra qualche giorno il _____

dovrebbe scomparire. Altrimenti, il meccanico consiglia a Sonia di lasciargli

la macchina per un controllo _____.

ECCO IL PROBLEMA!

D. Con un compagno/una compagna, crea delle frasi o dei brevi dialoghi con le nuove parole e le nuove espressioni.

il guasto	*malfunction*
fare marcia indietro	*to back up*
mettere in moto	*to start up the car*
scomparire	*to disappear*
altrimenti	*otherwise*
completo / esteso	*exhaustive*

Modi di dire

Guidare

accelerare	*to speed up*	**l'incrocio**	*intersection*
attraversare	*to cross*	**parcheggiare**	*to park*
l'automobilista (*m. / f.*)	*driver, motorist*	**il parcheggio**	*parking space*
l'autostrada	*highway*	**la patente (di guida)**	*driver's license*
la benzina	*gas*	**rallentare**	*to slow down*
fare marcia indietro	*to back up*	**il semaforo**	*traffic light*
frenare	*to brake*	**sorpassare**	*to pass*
girare	*to turn*	**la stazione di servizio**	*gas station*
guidare	*to drive*	**la strada**	*road*

Si guida bene

Tutti guidano bene.	=	**Si guida bene.**
Tutti bevono il caffè?	=	**Si beve il caffè?**

Applicazione

E. Sì, si guida bene! Rispondi alle domande seguendo il modello.

MODELLO   Tutti guidano bene in Italia, in generale?
Sì, si guida bene in Italia, in generale.

1. Tutti bevono l'espresso in Italia, la mattina?
2. Tutti guardano la televisione in Italia, regolarmente?
3. Tutti vanno in vacanza d'estate in Italia?
4. Tutti leggono il giornale in Italia, regolarmente?

F. La macchina. Indovina cos'è, e poi crea una frase appropriata con la parola/l'espressione che hai indovinato. Segui il modello.

MODELLO   Far andare la macchina più velocemente.
accelerare
Non si deve accelerare troppo quando fa cattivo tempo.

1. Si va lì quando si ha bisogno di benzina.
2. Il documento che permette di guidare legalmente (*legally*).
3. L'azione (*action*) che si effettua (*which is to be carried out*) quando si vuole andare più velocemente.
4. Regola il traffico. (*It regulates traffic.*)
5. L'azione che si effettua per far andare la macchina più lentamente (*slowly*).
6. Il posto dove si può lasciare la macchina.
7. L'azione che si effettua per far andare la macchina indietro.
8. L'azione che si effettua per «far partire» la macchina.
9. Il punto dove si incontrano varie (*various*) strade.
10. L'azione che si effettua per andare da una parte o dall'altra (a sinistra o a destra).

G. Guidare. Con un compagno/una compagna, crea brevi frasi o dialoghi che illustrino il significato delle seguenti parole ed espressioni.

1. attraversare
2. l'automobilista
3. l'autostrada
4. la benzina

5. la strada
6. rallentare
7. sorpassare

Pensare, pensarci, pensarne

The verb **pensare** (*to think*) is also used in two idiomatic expressions: (1) **pensarci**, which means *to think about doing something*, and (2) **pensarne**, which means *to think about something*.

Pensi mai di andare in Italia?	**Sì, ci penso spesso.**
Do you ever think of going to Italy?	*Yes, I often think about it.*
Ecco la mia macchina. Che ne pensi?	**Non è un gran che!**
Here's my car. What do you think about it?	*It's no big deal!*

Recall that **ne** can replace partitive structures.

Conosci alcune macchine italiane?	**Sì, *ne* conosco *alcune*.**
Do you know any Italian cars?	*Yes, I know some.*

Ne can also replace "topical" noun phrases (*about . . .*):

Lui parla spesso *di macchine*?	**Sì, *ne* parla spesso.**
Does he often speak about cars?	*Yes, he often speaks about them.*
Lui parlerà *della poesia di Dante*?	**Sì, *ne* parlerà.**
Will he talk about Dante's poetry?	*Yes, he'll be talking about it.*

Applicazione

H. Ci penso spesso! Rispondi alle seguenti domande usando **ci** o **ne** secondo il caso.

MODELLO   Pensi mai di andare in Italia?
Sì, ci penso spesso./No, non ci penso mai.

1. Hai mai pensato di andare in Francia?
2. Cosa pensi degli automobilisti della tua città?
3. Il tuo/La tua insegnante parla spesso di cultura italiana?
4. Quando ha parlato di letteratura italiana l'ultima volta?
5. Hai mai pensato di lavorare in una stazione di servizio?
6. Cosa pensi delle macchine italiane in generale?

Grammatica

Il congiuntivo presente

The subjunctive is a mood that allows you to express a point of view, fear, doubt, or hope, among other emotions and perspectives of mind.

***Penso* che lei *guidi* bene.**	*I think that she drives well.*
***Credo* che loro *guidino* bene.**	*I believe that they drive well.*
***Dubito* che tu *guidi* sempre bene.**	*I doubt that you always drive well.*

To conjugate regular verbs in the **congiuntivo presente**:

■ Drop the infinitive suffix.

First conjugation	Second conjugation	Third conjugation
parlare	vendere	dormire
↓	↓	↓
parl-	vend-	dorm-

■ Add the following endings according to the conjugation. Note that for **-ire** verbs, a distinction between those conjugated with **-isc** and those without it applies in this case.

	parlare	**vendere**	**dormire**	**finire**	**alzarsi**
(io)	parl*i*	vend*a*	dorm*a*	fin*isca*	mi alz*i*
(tu)	parl*i*	vend*a*	dorm*a*	fin*isca*	ti alz*i*
(lui/lei/Lei)	parl*i*	vend*a*	dorm*a*	fin*isca*	si alz*i*
(noi)	parl*iamo*	vend*iamo*	dorm*iamo*	fin*iamo*	ci alz*iamo*
(voi)	parl*iate*	vend*iate*	dorm*iate*	fin*iate*	vi alz*iate*
(loro)	parl*ino*	vend*ano*	dorm*ano*	fin*iscano*	si alz*ino*

In the case of verbs whose infinitives end in **-ciare** and **-giare**, the **-i** of the infinitive suffix is not retained.

cominciare	→	cominc-
mangiare	→	mang-

And in the case of verbs whose infinitives end in **-care** and **-gare**, an **h** must be added to indicate retention of the hard sounds.

cercare	→	cerch-
pagare	→	pagh-

	cominciare	**mangiare**	**cercare**	**pagare**
(io)	cominci	mangi	cerchi	paghi
(tu)	cominci	mangi	cerchi	paghi
(lui / lei / Lei)	cominci	mangi	cerchi	paghi
(noi)	cominciamo	mangiamo	cerchiamo	paghiamo
(voi)	cominciate	mangiate	cerchiate	paghiate
(loro)	comincino	mangino	cerchino	paghino

Notice that since the endings of the **io**, **tu**, and **lui/lei/Lei** forms are the same, subject pronouns are used frequently with the singular forms of the present subjunctive to avoid confusion.

Uso principale

The subjunctive is used mainly in subordinate clauses (generally introduced by **che**) in sentences where the verb in the main clause expresses opinion, hope, doubt, and other kinds of moods (**pensare**, **credere**, **volere**, ecc.).

MAIN VERB		VERB IN SUBORDINATE CLAUSE	
↓		↓	
Penso	che	lui *guidi* bene.	*I think that he drives well.*
Credo	che	loro *si sposino*.	*I believe that they are getting married.*
Speriamo	che	voi *parliate* italiano.	*We hope you (pl.) speak Italian.*

If the verb in the main clause does not express these kinds of mood, then the verb in the subordinate clause is in the indicative.

INDICATIVE	SUBJUNCTIVE
So che lui guida bene.	**Penso che lui guidi bene.**
I know that he drives well.	*I think that he drives well.*
Sono sicuro che loro si sposano.	**Credo che loro si sposino.**
I'm sure that they are getting married.	*I believe that they are getting married.*
Sappiamo che voi parlate italiano.	**Speriamo che voi parliate italiano.**
We know that you speak Italian.	*We hope that you speak Italian.*

Applicazione

I. Mio fratello. Tuo fratello è una persona molto sospettosa (*suspicious*). Dubita tutto! Svolgi i compiti indicati seguendo i modelli.

> **MODELLO** Io guido bene ma,...
> *mio fratello crede che io guidi male. / mio fratello non crede che io guidi bene.*

credere

1. Io comincio a lavorare presto, ma...
2. Io pago i miei debiti regolarmente, ma...
3. Io spendo pochi soldi quando faccio delle spese, ma...

> **MODELLO** Tu studi informatica, ma...
> *mio fratello dubita che tu studi informatica.*

dubitare

4. Tu ti diverti con gli amici, ma...
5. Tu parli italiano bene, ma...
6. Tu compri una macchina nuova italiana, ma...

> **MODELLO** La mia amica compra una macchina italiana, ma...
> *mio fratello non crede che lei compri una macchina italiana.*

non credere

7. La mia amica si mette sempre la maglia celeste, ma...
8. La mia amica preferisce stare a casa il sabato sera, ma...
9. La mia amica studia chimica quest'anno, ma...

> **MODELLO** Noi studiamo italiano quest'anno, ma...
> *mio fratello dubita che noi studiamo italiano quest'anno.*

dubitare

10. Noi andiamo in Italia quest'anno, ma...
11. Noi ci divertiamo insieme, ma...
12. Noi capiamo sempre tutto, ma...

> **MODELLO** Loro guidano bene, ma...
> *mio fratello pensa che loro guidino male.*

pensare

13. Voi vi telefonate sempre, ma...
14. Voi studiate spesso, ma...
15. Voi abitate vicino, ma...

> **MODELLO** Loro guidano bene, ma...
> *mio fratello dubita che loro guidino bene.*

dubitare

16. Loro parlano bene italiano, ma...
17. Loro spendono molto quando escono, ma...
18. Loro si divertono quando escono, ma...

Il «si impersonale»

The impersonal **si** + *verb* construction is rendered by several English equivalents: *one, you* (*in general*), *we* (*in general*), *they, people*, etc. + *verb*.

Si guida bene in Italia.
{ *One drives well in Italy.*
They drive well in Italy.
People drive well in Italy.

Note the following "rules of thumb" associated with its use:

- When followed by a noun/noun phrase, the verb agrees with it in number (singular or plural).

SINGOLARE
Si *guida la FIAT* in Italia.
People drive a FIAT in Italy.

Si *mangia* bene in Italia.
One eats well in Italy.

PLURALE
Si *guidano* anche *macchine straniere* in Italia.
People also drive foreign cars in Italy.

Si *mangiano gli spaghetti* in Italia.
One eats spaghetti in Italy.

- In compound tenses, the verb is conjugated with **essere** and the past participle agrees with the noun/noun phrase.

Si sono viste le *statistiche*.
Si è sempre detta *la verità*.

We have seen the statistics.
We have always told the truth.

- When **si** is followed by a predicate adjective, that adjective must be in the plural form.

Si è sicur*i* sulle autostrade.
Si è sempre felic*i* in Italia.

One is safe on the highways.
One is always happy in Italy.

Applicazione

J. Guidare. Con un compagno/una compagna, crea brevi dialoghi seguendo i modelli.

MODELLO [al presente] guidare bene in questa città

TU: *Si guida bene in questa città?*
COMPAGNO/A: *Dubito che si guidi bene in questa città.*

1. guidare bene in America
2. preferire le macchine straniere in questa città
3. essere felici nel corso d'italiano
4. guidare solo la FIAT in Italia

MODELLO [al passato] guidare bene in questa città

TU: *Si guida bene in questa città?*
COMPAGNO/A: *No, non si è mai guidato bene in questa città.*

5. guidare bene in questo paese
6. preferire le macchine straniere in questa città
7. essere felici nel corso d'economia

K. A tutti la parola! Rispondi alle seguenti domande liberamente.

1. Come si guida nella tua città?
2. Si pensa che gli italiani guidino bene? Perché sì/no?
3. Quante volte all'anno si dovrebbe portare la macchina dal meccanico per un controllo?
4. Come si guida, generalmente, negli Stati Uniti?
5. Quanti nuovi tipi di macchina si sono visti negli ultimi due anni?

L. Quanto sai già? Sai come si dice...

1. toll booth
2. road sign
3. lane
4. to pay the toll

La prima autostrada fu costruita in Italia tra il 1923 e il 1925. Oggi le autostrade italiane sono tra le migliori del mondo, particolarmente per la qualità eccezionale dei loro segnali stradali (*road signs*). Le città medie sono collegate (*connected*) alle autostrade tramite superstrade a quattro corsie (*lanes*). In tutto, la penisola è percorsa da (*is covered by*) 5.600 chilometri di autostrade.

Se si viaggia in macchina attraverso la rete (*network*) di autostrade italiane, bisognerà essere pronti (*be ready*) a pagare il pedaggio (*toll*) ai caselli stradali (*toll booths*) che si trovano alle uscite.

Generalmente, le leggi stradali (*laws of the road*) in Italia sono simili a quelle americane. Per esempio, in Italia è obbligatorio che il sorpasso si effettui solo a sinistra. Il sorpasso a destra è proibito (*prohibited*).

M. Comprensione. Rispondi alle seguenti domande.

1. Quando è stata costruita la prima autostrada in Italia?
2. Perché sono tra le migliori del mondo le autostrade italiane?
3. Come sono collegate alle autostrade le città medie?
4. Da quanti chilometri di autostrada è percorsa l'Italia?
5. Che cosa bisogna pagare ai caselli stradali?
6. Dove si trovano i caselli?
7. Che azione è proibita quando si guida in Italia?

N. Segnali stradali. Ecco diversi segnali stradali. Qual è l'equivalente segnale di ciascuno negli Stati Uniti?

divieto di accesso

senso unico

obbligo di arresto all'incrocio/fermata

strada sdrucciolevole (per pioggia o gelo)

UN INCIDENTE STRADALE!

O. Cartina automobilistica. Osserva la seguente cartina (*map*) automobilistica.

Quali città bisogna attraversare per andare da Ventimiglia a...?

1. Genova
2. Piacenza
3. Aosta
4. Torino
5. Milano

P. A tutti la parola! Rispondi alle seguenti domande.

1. Come sono collegate le città del tuo stato/della tua provincia/della tua regione?
2. Secondo te, qual è la causa principale degli incidenti stradali (*accidents*)?
3. Come sono i segnali stradali della tua città?
4. Ti piacerebbe guidare in Italia? Perché sì/no?

Creativo

Q. Alla scuola guida! Diversi gruppi di tre studenti dovranno mettere in scena la seguente situazione.

STUDENTE/STUDENTESSA:	Sta imparando (*is learning*) a guidare presso una scuola guida (*driving school*). Durante una lezione sbatte contro un'altra macchina (*smashes against another car*).
ISTRUTTORE/ISTRUTTRICE:	Cerca di spiegare (*to explain*) all'altro/all'altra automobilista com'è successo l'incidente (*how the accident happened*).
AUTOMOBILISTA:	Purtroppo è una persona antipatica.

La situazione viene risolta (*gets resolved*) in un modo inaspettato.

ASCOLTO

Comprensione generale

A. Ascolta attentamente la vignetta sul CD cercando di determinare:

1. chi è il/la cliente.

2. che tipo di macchina guida.

3. di che tipo di riparazione ha bisogno.

4. che cosa decide di fare alla fine.

B. Adesso cerca di ricostruire la conversazione con altri studenti a piacere.

Lettura

Prima di leggere

A. La mia strada! Rispondi alle seguenti domande, anticipando quello che leggerai.

1. Ti ricordi com'era la tua strada quando eri piccolo/a?
2. Pensi che sia una cosa fattibile (*workable*) mantenere (*support*) un nonno o una nonna che è rimasto/a solo/a? Perché sì/no?
3. Tu hai un nonno o una nonna che vive a casa tua?
4. Che cosa tieni (*keep*) nella tua stanza (*room*)?
5. Che cosa c'è lungo la tua strada?

B. Anticipazione. Conosci il significato delle seguenti parole o espressioni?

1. la felicità
2. il cane
3. il tram
4. assomigliare a
5. addirittura
6. il portalettere
7. adoperare il motorino
8. la guardia notturna
9. sentire
10. la mia stanza col letto
11. un mucchio

Lettura

La strada della felicità!

La strada della felicità° è quella dove abito io col mio papà, la mia mamma, mia sorella Patrizia, l'automobile, il cane e il nonno Giuseppe che è rimasto solo e vive con noi. | *happiness*

Per me la strada di una città grande è come una piccola città, con intorno il mondo. La gente va e viene sul tram che assomiglia a un treno ma è più piccolo, o sull'autobus che assomiglia a un'automobile ma è più grande, o addirittura sull'automobile come fa il mio papà che lavora. Invece il portalettere adopera il motorino perché così fa prima, e la guardia notturna arriva in bicicletta perché così i ladri non la sentono arrivare e non scappano°. | *they don't run away*

La mia strada non è grande ma ha molti occhi che sono le finestre delle case, e dietro a una di queste finestre c'è la mia stanza col letto dove dormo e i giochi e i libri di scuola.

Nella mia strada ci sono un mucchio° di automobili di tutte le marche° e alla sera c'è anche quella del mio papà che è molto veloce. | *pile • brands (makes)*

(Da: *La strada della felicità*, di A. Pellicanò)

Dopo la lettura

C. Comprensione. Completa la seguente parafrasi della lettura con le parole adatte nelle loro forme appropriate.

1. Secondo il narratore, la sua strada è quella della _____.

2. Abita lì col padre, con la madre, con la sorella, coll'auto, col cane e col nonno che è rimasto

   _____.

3. Per il narratore la strada di una città grande è come una città piccola, perché la gente va e viene

   sul _____ che assomiglia a un _____ piccolo, o sull'autobus che assomiglia a un'automobile grande, o addirittura sull'automobile.

4. Il portalettere adopera il _____ perché così fa prima a portare le lettere.

5. La guardia _____ arriva in bicicletta. Così i _____ non la sentono arrivare e allora non _____ .

6. Lungo la strada dove vive il narratore ci sono molte finestre, e dietro a una di queste finestre c'è la sua _____ col _____ dove dorme e i suoi _____ e i suoi libri di scuola.

7. Nella sua strada ci sono un _____ di automobili di tutte le marche e la sera c'è anche quella molto _____ di suo padre.

D. Discussione in classe. Rispondi alle seguenti domande.

1. Qual è, secondo te, il tema di questa lettura?
2. Vivi ancora dove vivevi da bambino/a?
  A. Se no, come te la ricordi la tua strada?
  B. Se sì, com'è la tua strada?

Il mondo digitale

Leggi attentamente il seguente manifesto pubblicitario. Ricerca in un vocabolario qualsiasi parola che non riconosci. Poi rispondi alle domande che seguono e svolgi l'attività indicata.

1. Quali sono le dotazioni digitali della CR-Vi-CTDi?
2. Chi fabbrica questa macchina?
3. Ti piacerebbe averla? Perché sì/no?
4. Quali componenti digitali dovrebbero avere tutte le macchine?
5. Adesso, con un compagno/una compagna, prepara un manifesto simile per una macchina qualsiasi. Poi insieme mostratelo alla classe.

A. Situazioni. Scegli la risposta, la parola o l'espressione adatta.

1. Dovrei telefonare alla mia amica per...
   - **A.** chiedergli consigli.
   - **B.** chiederle consigli.
2. Si dovrebbe portare la macchina dal meccanico...
   - **A.** per un controllo regolare.
   - **B.** per qualsiasi rumore che fa.
3. Dovrei pulire... Non vedo quasi più la strada.
   - **A.** il paraurti.
   - **B.** il parabrezza.
4. Secondo me, quella ... una bella macchina.
   - **A.** sarà
   - **B.** sarebbe
5. La mia macchina fa un rumore strano quando...
   - **A.** la metto in moto.
   - **B.** è parcheggiata.
6. Pensi mai di andare all'estero?
   - **A.** No, non ci penso mai.
   - **B.** No, non penso mai.

B. L'avrei già comprata! Con un compagno/una compagna, svolgi i seguenti compiti seguendo il modello.

MODELLO tu/comprare una macchina nuova/non avere soldi

TU: *Compreresti una macchina nuova?*
COMPAGNO/A: *L'avrei già comprata, ma non ho soldi.*

1. tua sorella/andare in Italia/non parlare italiano
2. i tuoi amici/comprare una macchina italiana/non avere la patente
3. tu/fare un viaggio in Italia/non avere soldi
4. voi/portare (*to bring*) la vostra macchina dal meccanico/non avere tempo
5. tuo fratello/comprare una macchina/non saper guidare

C. Dubito che... Di' che dubiti le seguenti cose.

MODELLO Si guida bene in questa città.
Dubito che si guidi bene in questa città.

1. Si studiano tutte le lingue nella mia scuola/università.
2. La lezione d'italiano comincia sempre in orario.
3. Loro portano la macchina dal meccanico ogni settimana.
4. Tutti si divertono in vacanza.

D. Intervista. Intervista il tuo compagno/la tua compagna. Chiedigli/le...

1. se, secondo lui/lei, c'è troppo traffico oggi nelle grandi città.
2. come risolverebbe questo problema.
3. se ha la patente di guida (e quando l'ha presa).
4. se guida una macchina.
5. di chi è la macchina.
6. chi porta la macchina dal meccanico nella sua famiglia (e perché).
7. se, quando guida, il suo comportamento (*behavior*) cambia (e in che modo).
8. quali sono, secondo lui/lei, le cause più frequenti degli incidenti stradali.

E. Cultura. Vero o falso? Correggi le affermazioni che sono false.

1. La prima autostrada fu costruita in Italia tra il 1925 e il 1930.
2. I segnali stradali italiani sono eccezionali.
3. Le lettere di FIAT stanno per *Fabbrica Italiana di Automobili di Torino*.
4. La penisola italiana è percorsa da solo 590 chilometri di autostrade.
5. È proibito il sorpasso a sinistra in Italia.
6. Tra le cosiddette macchine di lusso italiane ci sono la BMW, la Mercedes e la Jaguar.
7. In Italia non è permessa la vendita di macchine straniere.

F. Avvio allo scrivere! Scrivi un breve componimento in cui descrivi la prima volta che hai provato (*tried*) a guidare.

G. Momento creativo! Lavorando in gruppi, preparate e poi mettete in scena davanti a tutta la classe una breve commedia (di un atto) sul seguente tema: *Dicussione in famiglia: compriamo una Maserati o una FIAT?*

Lessico utile

NOMI

l'acceleratore (m.) gas pedal
l'automobilista driver, motorist
la benzina gas
il clacson car horn
il cofano hood
il consiglio advice
il controllo check-up
il faro / il proiettore headlight
il finestrino car window
la gomma tire
il guasto malfunction
l'incrocio intersection
il liquido liquid
il meccanico mechanic
il motore motor
il parabrezza (pl. i parabrezza) windshield
il paraurti (pl. i paraurti) bumper

il parcheggio parking
la patente (di guida) driver's license
il portabagagli (pl. i portabagagli) trunk
la riparazione repair
il rumore noise
la ruota wheel
lo sbaglio mistake
il sedile car seat
il semaforo traffic light
lo sportello / la portiera car door
la strada road
la targa license plate
il tergicristallo windshield wiper
il volante / lo sterzo steering wheel

AGGETTIVI

completo / esteso exhaustive
regolare regular

strano strange

VERBI

accelerare to speed up
attraversare to cross
credere to believe
dubitare to doubt
frenare to brake
girare / svoltare to turn
parcheggiare to park

pensarci to think about doing something
pensarne to think about something
rallentare to slow down
sembrare to seem
sorpassare to pass
toccare to touch

ALTRI VOCABOLI / ESPRESSIONI

fare marcia indietro to back up
mettere in moto to start a car

per sbaglio by mistake
stazione di servizio gas station

Lo sport

17

Quanto sai già?

A. Anticipazione. Rispondi alle seguenti domande, anticipando quello che leggerai in questo capitolo.

1. Tu sei tifoso (*fan*) del calcio (*soccer*)? Perché sì/no?
2. Nel calcio vince la squadra (*team*) che segna (*scores*) più reti (*goals*). Attualmente sai chi è il giocatore italiano che ha segnato più reti di tutti gli altri?
3. Chi è il miglior portiere (*goalkeeper*) in Italia attualmente, secondo te?
4. Sai giocare a calcio? Ti piace?
5. Conosci qualche squadra di calcio italiana? Quale?
6. Qual è la tua squadra di calcio preferita? Perché?

Dialogo

Santina e suo fratello Marco, ambedue° tifosi di calcio, stanno guardando la partita fra il Milan e la Juventus. A un certo momento il Milan segna una rete.

both

SANTINA: Te lo avevo detto che il Milan avrebbe vinto[1]?

MARCO: Non è ancora finita la partita.

SANTINA: Sì, ma mancano° solo alcuni minuti. E poi il portiere del Milan è in forma.

are left

MARCO: Forse hai ragione. Il Milan è una squadra troppo forte. I suoi giocatori sono, oggi, i migliori d'Italia!

SANTINA: Purtoppo! Senti, Marco, appena sarà finita la partita, perché non andiamo a giocare a tennis con Gloria e Roberto?

MARCO: D'accordo. Ahi! Il Milan ha segnato un altro gol! La sconfitta° (*defeat*) è ormai garantita!

defeat

UNA PARTITA DI CALCIO

Comprensione

B. Rispondi alle seguenti domande.

1. Di quale sport sono tifosi, Santina e Marco?
2. Quale partita stanno guardando?
3. Com'è il portiere del Milan?
4. Quale squadra ha i migliori giocatori d'Italia, secondo Marco?
5. Cosa vuole fare Santina dopo la partita?

---

[1]**vincere** (*to win*); past participle: **vinto**; past absolute: **vinsi, vincesti, vinse, vincemmo, vinceste, vinsero**

C. Con un compagno/una compagna, crea delle frasi o dei brevi dialoghi con le nuove parole e le nuove espressioni.

il tifoso/la tifosa	*fan*
segnare	*to score*
la rete/il gol	*goal*
mancare	*to lack (to be left to go)*
il portiere	*goalkeeper*
il giocatore/la giocatrice	*player*
la sconfitta	*defeat*
garantito	*guaranteed*

Modi di dire

Lo sport

l'alpinismo	*mountaineering, mountain climbing*
l'atletica	*track and field*
l'automobilismo	*car racing*
il baseball	*baseball*
il campionato	*championship, playoffs*
il ciclismo	*biking, cycling*
il football	*football, soccer*
il golf	*golf*
l'hockey	*hockey*
il nuoto	*swimming*
la pallacanestro/il basket	*basketball*
la pallavolo	*volleyball*
il pugilato	*boxing*
il rugby	*rugby*
lo sci	*skiing*
il tennis	*tennis*
facile	*easy*
difficile	*difficult*
divertente	*fun, enjoyable*
pericoloso	*dangerous*
piacevole	*pleasant, enjoyable*
praticare uno sport	*practice/engage in sport*

Applicazione

D. Opinioni e dubbi. Esprimi un dubbio, un'opinione o un parere su ciò che viene detto (*on what is said*). Segui il modello.

MODELLO Gli italiani sono tifosi di calcio./sembra
Sì, sembra che gli italiani siano tifosi di calcio.
(*subjunctive equivalent of* **sono** = **siano**)

1. Santina e Marco sono tifosi della Juventus./è possibile che
2. Il Milan è sempre in forma./sembra (*subjunctive equivalent of* **è** = **sia**)
3. La partita non è finita./credo
4. Il portiere del Milan è in forma./spero
5. Loro sono sempre in forma./non è vero
6. Loro sono i migliori giocatori d'Italia./ dubito
7. Lui è il miglior portiere d'Italia./non sono d'accordo

E. È più interessante! Rispondi alle seguenti domande seguendo il modello.

MODELLO Secondo te, quale sport è più interessante, il baseball o il calcio?
Secondo me, il baseball è più interessante del calcio, perché...

Secondo te, qual è più...

1. facile da giocare, il calcio o la pallacanestro?
2. difficile da praticare, il ciclismo o il nuoto?
3. divertente, l'alpinismo o l'atletica?
4. piacevole, il golf o il tennis?
5. pericoloso, il football americano o il calcio?
6. divertente, il campionato di hockey o il campionato di rugby?
7. piacevole, l'automobilismo o la pallavolo?
8. eccitante (*exciting*) il campionato di calcio o il campionato di baseball?
9. pericoloso, lo sci o il pugilato?

F. Qual è più piacevole per te? Rispondi alle seguenti domande seguendo il modello.

MODELLO Per te, qual è più piacevole...
praticare uno sport/studiare
Per me è più piacevole studiare che praticare uno sport.

1. praticare uno sport/guardare la televisione?
2. guardare una partita in TV/andare allo stadio (*stadium*)?
3. giocare a baseball/giocare a calcio?
4. giocare a hockey/giocare al football americano?

Attività sportive

correre[2]	to run
fare il culturismo	to work out at body building
fare ginnastica	to work out
fare il footing	to jog
nuotare	to swim
pattinare	to skate
sciare	to ski

[2]Past participle: **corso**; past absolute: **corsi, corresti, corse, corremmo, correste, corsero.**

Applicazione

G. Che sport è?

> **MODELLO** È molto popolare in Europa e nell'America del Sud, e si gioca con un pallone (*ball*).
> *il calcio*

1. Si gioca portando il pallone in mano.
2. Si gioca sul ghiaccio, pattinando.
3. Si pratica nell'acqua, nuotando.
4. È un gioco che è molto praticato in Inghilterra e in Australia.
5. È lo sport delle sorelle Williams.
6. È lo sport di Vince Carter.
7. Si pratica per sviluppare i muscoli (*muscles*).
8. Lo sport che si pratica sulla neve.

H. Football o hockey? Quale sport o attività sportiva preferisci? Segui il modello.

> **MODELLO** football o hockey
> *Preferisco l'hockey perché è uno sport veloce, eccitante,...*

1. correre o fare ginnastica
2. fare il footing o nuotare
3. pattinare o sciare
4. l'atletica o l'alpinismo
5. la pallacanestro o la pallavolo

I. A tutti la parola! Rispondi alle seguenti domande.

1. Che tipo di sport preferisci? Perché?
2. Fai il footing regolarmente? Se sì, quando lo fai? Perché lo fai?
3. Fai ginnastica regolarmente? Se sì, che tipo di ginnastica fai? Quando la fai? Perché la fai?
4. Di quale sport sei tifoso/a? Perché?
5. Quale sport pratichi? Perché? Quante volte alla settimana lo pratichi?
6. Hai mai fatto il culturismo? Se sì, perché lo hai fatto?

Grammatica

Verbi irregolari al congiuntivo presente

The verbs that are irregular in the **indicativo presente** are also the ones that are irregular in the **congiuntivo presente**. Here are the ones that you have been using in this textbook:

andare	(io) **vada**, (tu) **vada**, (lui/lei/Lei) **vada**, (noi) **andiamo**, (voi) **andiate**, (loro) **vadano**
avere	(io) **abbia**, (tu) **abbia**, (lui/lei/Lei) **abbia**, (noi) **abbiamo**, (voi) **abbiate**, (loro) **abbiano**
bere	(io) **beva**, (tu) **beva**, (lui/lei/Lei) **beva**, (noi) **beviamo**, (voi) **beviate**, (loro) **bevano**
dare	(io) **dia**, (tu) **dia**, (lui/lei/Lei) **dia**, (noi) **diamo**, (voi) **diate**, (loro) **diano**

dire	(io) **dica**, (tu) **dica**, (lui/lei/Lei) **dica**, (noi) **diciamo**, (voi) **diciate**, (loro) **dicano**
dovere	(io) **deva (debba)**, (tu) **deva (debba)**, (lui/lei/Lei) **deva (debba)**, (noi) **dobbiamo**, (voi) **dobbiate**, (loro) **devano (debbano)**
essere	(io) **sia**, (tu) **sia**, (lui/lei/Lei) **sia**, (noi) **siamo**, (voi) **siate**, (loro) **siano**
fare	(io) **faccia**, (tu) **faccia**, (lui/lei/Lei) **faccia**, (noi) **facciamo**, (voi) **facciate**, (loro) **facciano**
piacere	(io) **piaccia**, (tu) **piaccia**, (lui/lei/Lei) **piaccia**, (noi) **piacciamo**, (voi) **piacciate**, (loro) **piacciano**
potere	(io) **possa**, (tu) **possa**, (lui/lei/Lei) **possa**, (noi) **possiamo**, (voi) **possiate**, (loro) **possano**
rimanere	(io) **rimanga**, (tu) **rimanga**, (lui/lei/Lei) **rimanga**, (noi) **rimaniamo**, (voi) **rimaniate**, (loro) **rimangano**
sapere	(io) **sappia**, (tu) **sappia**, (lui/lei/Lei) **sappia**, (noi) **sappiamo**, (voi) **sappiate**, (loro) **sappiano**
sedersi	(io) **mi sieda**, (tu) **ti sieda**, (lui/lei/Lei) **si sieda**, (noi) **ci sediamo**, (voi) **vi sediate**, (loro) **si siedano**
stare	(io) **stia**, (tu) **stia**, (lui/lei/Lei) **stia**, (noi) **stiamo**, (voi) **stiate**, (loro) **stiano**
tenere	(io) **tenga**, (tu) **tenga**, (lui/lei/Lei) **tenga**, (noi) **teniamo**, (voi) **teniate**, (loro) **tengano**
uscire	(io) **esca**, (tu) **esca**, (lui/lei/Lei) **esca**, (noi) **usciamo**, (voi) **usciate**, (loro) **escano**
venire	(io) **venga**, (tu) **venga**, (lui/lei/Lei) **venga**, (noi) **veniamo**, (voi) **veniate**, (loro) **vengano**
volere	(io) **voglia**, (tu) **voglia**, (lui/lei/Lei) **voglia**, (noi) **vogliamo**, (voi) **vogliate**, (loro) **vogliano**

Altri usi del congiuntivo

The following verbs and expressions in the main clause require the subjunctive in the subordinate clause:

DOUBT/UNCERTAINTY

dubitare
to doubt

Dubito che loro *sappiano* giocare.
I doubt that they know how to play.

non sapere
to not know

Non so se loro *vogliano* giocare.
I don't know if they want to play.

BELIEF/PROBABILITY

credere
to believe

Non *credo* che *facciano* il footing.
I don't believe that they jog.

essere possibile
to be possible

È possibile che *vengano* anche loro.
It is possible that they too will come.

essere probabile
to be probable

È probabile che *vinca* la Juventus.
It is probable that Juventus will win.

immaginare
to imagine

Immagino che lei *sappia* sciare.
I imagine that she knows how to ski.

FEAR/REGRET/OPINION

avere paura
to fear

Ho paura che il Milan non *vinca.*
I fear that Milan won't win.

essere un peccato
to be too bad / a pity

È un peccato che tu non *sappia* sciare.
It's a pity that you do not know how to ski.

dispiacere
to be sorry

Mi dispiace che tu non *possa* venire.
I am sorry that you cannot come.

pensare
to think

Penso che lei *abbia* ragione.
I think that she is right.

sembrare
to seem

Sembra che *sia* vero.
It appears to be true.

PREFERENCES/DESIRES/EXPECTATIONS

convenire
to be worthwhile

Conviene che tu *faccia* ginnastica.
It is worthwhile that you work out.

desiderare
to desire

Desidero che tu *giochi* a tennis con me.
I want you to play tennis with me.

essere bene
to be good

È bene che tu *sappia* nuotare.
It's good that you know how to swim.

essere ora
to be time

È ora che tu lo *faccia.*
It's (about) time that you do it.

essere utile
to be useful

È utile che tu *impari* a sciare.
It's useful that you learn how to ski.

preferire
to prefer

Preferisco che lui *giochi* a tennis.
I prefer that he play tennis.

volere
to want

Voglio che *vinca* la Juventus.
I want Juventus to win.

NEED/NECESSITY

bisognare
to be necessary

Bisogna che tu *pratichi* qualche sport.
It is necessary that you engage in some sport.

essere importante
to be important

È importante che tu *sappia* sciare.
It is important that you know how to ski.

essere necessario
to be necessary

È necessario che tu *pratichi* qualche sport.
It is necessary that you engage in some sport.

HOPE

sperare
to hope

Spero che tu *sappia* sciare.
I hope that you know how to ski.

Applicazione

J. Verbi, verbi a non finire! Svolgi i compiti indicati.

MODELLO   È necessario che io.../andare in Italia quest'anno.
È necessario che io vada in Italia quest'anno.

È necessario che io...

1. andare in Francia quest'anno
2. fare ginnastica più frequentemente
3. essere in forma per la prossima partita

Bisogna che tu...

4. bere più acqua per la tua salute
5. dare più importanza allo sport
6. dire sempre la verità

Spero che lui...

7. avere più tempo per praticare qualche sport
8. potere venire a sciare con noi
9. sapere sciare

Loro immaginano che noi...

10. volere imparare a sciare
11. uscire spesso insieme
12. sedersi sempre nello stesso posto

Ho paura che voi...

13. non sapere nuotare
14. non fare ginnastica regolarmente
15. non potere venire allo stadio

È peccato che loro...

16. dovere rimanere in casa oggi
17. non sapere giocare a tennis
18. non essere in forma

K. Il congiuntivo. Usa le seguenti espressioni in brevi frasi liberamente.

1. È importante che...
2. È utile che...
3. Preferiamo che...
4. Conviene che...
5. È bene che...

Il congiuntivo passato

The **congiuntivo passato** corresponds to the **passato prossimo**. In effect, it is used to express present past actions in the subjunctive.

PASSATO PROSSIMO	CONGIUNTIVO PASSATO
Sara ha sempre giocato a tennis.	**Penso che Sara abbia sempre giocato a tennis.**
Sara has always played tennis.	*I think that Sara has always played tennis.*
Alessandro è uscito con Melissa.	**Dubito che Alessandro sia uscito con Melissa.**
Alessandro has gone out with Melissa.	*I doubt that Alessandro has gone out with Melissa.*

The **congiuntivo passato** is a compound tense made up of two separate parts: (1) the present subjunctive of the auxiliary verb **avere** or **essere**, and (2) the past participle.

Auxiliary verb	Past participle
↓	↓
abbia	**finito**
sia	**andato / a**

You already know everything you need to know in order to conjugate verbs in this tense. You know (1) how to form past participles, (2) which verbs are conjugated with **avere** or **essere**, and (3) how to conjugate **avere** and **essere** in the present subjunctive.

Here are three verbs fully conjugated in the past subjunctive: (1) a verb conjugated with **avere**, (2) a verb conjugated with **essere**, and (3) a reflexive verb.

	(1) comprare		(2) andare		(3) divertirsi	
(io)	abbia	comprato	sia	andato / a	mi sia	divertito / a
(tu)	abbia	comprato	sia	andato / a	ti sia	divertito / a
(lui / lei / Lei)	abbia	comprato	sia	andato / a	si sia	divertito / a
(noi)	abbiamo	comprato	siamo	andati / e	ci siamo	divertiti / e
(voi)	abbiate	comprato	siate	andati / e	vi siate	divertiti / e
(loro)	abbiano	comprato	siano	andati / e	si siano	divertiti / e

Applicazione

L. L'anno scorso. Svolgi i compiti indicati mettendo il verbo al congiuntivo passato. Segui il modello.

> **MODELLO** Mia sorella dubita che io.../andare in Italia l'anno scorso
> *Mia sorella dubita che io sia andato/a in Italia l'anno scorso.*

Mia sorella dubita che io...

1. andare in Francia l'anno scorso
2. fare ginnastica ieri
3. essere in forma per la partita ieri

Loro non sanno che tu...

4. preferire andare allo stadio ieri
5. dare molta importanza allo sport quando eri bambino
6. dire la verità ieri

È possibile che lei...

7. non avere tempo per fare ginnastica ieri
8. potere venire a sciare perché era troppo impegnata
9. andare allo stadio ieri

È probabile che voi...

10. avere sempre ragione
11. perdere tutte e due le partite la settimana scorsa
12. sedersi nello stesso posto ieri

È ora che loro...

13. imparare a nuotare
14. cominciare a fare ginnastica regolarmente
15. andare via

Ci dispiace che voi non...

16. fare ginnastica con noi la settimana scorsa
17. divertirsi in montagna l'anno scorso
18. vedere la partita domenica scorsa

Il comparativo

The comparison of equality, known in Italian as **il comparativo di uguaglianza** (*as . . . as*), is expressed with:

così... come

tanto... quanto

Questo giocatore è così bravo come quello.	*This player is as good as that one.*
Il tennis è così piacevole come il nuoto.	*Tennis is as enjoyable as swimming.*
Questo giocatore è tanto bravo quanto quello.	*This player is as good as that one.*
Il tennis è tanto piacevole quanto il nuoto.	*Tennis is as enjoyable as swimming.*

Note that **così** and **tanto** are often omitted.

Questo giocatore è (così) bravo come quello.	*This player is as good as that one.*
Questo giocatore è (tanto) bravo quanto quello.	*This player is as good as that one.*

The comparison of superiority, **il comparativo di maggioranza** (*more/-er . . . than*), is expressed by:

più... di

più... che

The former is used to compare two different people, things, etc.

Questo giocatore è più bravo di quello.	*This player is better than that one.*
Il tennis è più piacevole del nuoto.	*Tennis is more enjoyable than swimming.*
Il nuoto è più piacevole del tennis.	*Swimming is more enjoyable than tennis.*
Maria è più simpatica di Paolo.	*Maria is nicer than Paolo.*

The latter is used for all other cases: e.g., comparing two qualities with respect to the same person or thing, comparing two actions, etc.

Questo giocatore è più simpatico che bravo.	*This player is nicer than he is good.*
Il tennis è più piacevole che difficile.	*Tennis is more enjoyable than it is difficult.*
Il nuoto è più piacevole che noioso.	*Swimming is more enjoyable than it is boring.*
Maria è più simpatica che noiosa.	*Maria is nicer than she is boring.*
Preferisco più camminare che andare in macchina.	*I prefer walking more than going by car.*

The comparison of minority, **il comparativo di minoranza** (*less . . . than*), is expressed by:

meno... di

meno... che

Again, the former is used to compare two different people, things, etc., and the latter for all other cases.

Il tennis è meno piacevole del nuoto.	*Tennis is less enjoyable than swimming.*
Il nuoto è meno piacevole del tennis.	*Swimming is less enjoyable than tennis.*
Il tennis è meno piacevole che difficile.	*Tennis is less enjoyable than it is difficult.*
Il nuoto è meno piacevole che noioso.	*Swimming is less enjoyable than it is boring.*

Applicazione

👥 **M. Di più, di meno...!** Con un compagno/una compagna, svolgi i compiti indicati seguendo i modelli.

> **MODELLO** calcio e football/piacevole
>
> TU: *Per te, il calcio è così piacevole come il football?*
> COMPAGNO/A: *Sì, per me, il calcio è tanto piacevole quanto il football.*

1. hockey e pallacanestro/piacevole
2. golf e tennis/divertente
3. sciare e pattinare/facile
4. fare ginnastica e fare il footing/piacevole

> **MODELLO** calcio/football/pericoloso
>
> TU: *Qual è più pericoloso, secondo te, il calcio o il football?*
> COMPAGNO/A: *Secondo me, il football è più pericoloso del calcio.*

5. culturismo/ciclismo/pericoloso
6. alpinismo/atletica/piacevole
7. sci/nuoto/divertente
8. calcio/hockey/difficile
9. rugby/tennis/pericoloso

> **MODELLO** calcio/football/pericoloso
>
> TU: *Qual è meno pericoloso, secondo te, il calcio o il football?*
> COMPAGNO/A: *Secondo me, il calcio è meno pericoloso del football.*

10. culturismo/ciclismo/pericoloso
11. alpinismo/atletica/piacevole
12. sci/nuoto/divertente
13. calcio/hockey/difficile
14. rugby/tennis/pericoloso

MODELLO calcio/difficile da giocare/divertente

TU: *Com'è il calcio, secondo te?*
COMPAGNO/A: *Secondo me, il calcio è più divertente che difficile da giocare.*

15. nuoto/difficile da fare/facile da fare
16. sci/pericoloso/piacevole
17. golf/divertente/impegnativo (*physically engaging*)
18. rugby/pericoloso/difficile

N. Football, rugby e calcio! Rispondi alle seguenti domande.

1. Hai mai visto o praticato il football americano, il rugby o il calcio?
2. Se sì, paragonali (*compare them*), indicando quale preferisci e perché.

In Italia, lo sport più praticato è il calcio. Il campionato di Serie A, la serie più importante, termina con la vittoria (*victory*) dello scudetto, il distintivo tricolore (*tricolored decal: red-white-green*) che i campioni porteranno sulla maglia nella stagione successiva.

    Pare (*it seems*) che il calcio sia stato il precursore del rugby e del football americano. Si pensa che questi sport siano nati quando un giocatore di calcio, in un momento di frustrazione, decise di prendere il pallone in mano per segnare una rete.

O. Comprensione. Rispondi alle seguenti domande.

1. Qual è lo sport più praticato in Italia?
2. Qual è il campionato nazionale più importante?
3. Che cos'è lo scudetto?

FORZA, ITALIA! FORZA, ITALIA!

4. Come sono nati il rugby e il football americano, a quanto pare?

P. A tutti la parola! Rispondi alle seguenti domande.

1. Cosa pensi del calcio?
2. Sai descriverne le caratteristiche?
3. Pensi che sia popolare anche in America il calcio? Perché sì/no?

 Q. Intervista. Intervista un compagno/una compagna. Chiedigli/le...

1. quali sport pratica e perché.
2. se vuole praticarne degli altri e quali.
3. se gioca per qualche squadra (quale).
4. se gli/le piace il calcio (perché sì/no).

Quanto sai già?

A. Gli sport. Rispondi alle seguenti domande, anticipando il tema degli sport in generale.

1. Oltre al calcio (*other than soccer*), tu sai quali sport sono popolari in Italia?
2. Quali sport sono popolari nella tua città? Perché?
3. Sei tifoso di qualche sport? Quale?
4. Indica...
   A. come si gioca.
   B. perché ti piace.
   C. chi sono i suoi giocatori più famosi.
   D. se è uno sport popolare.

Dialogo

Dopo la partita di calcio in TV, Santina e Marco escono di casa per andare a giocare a tennis con Gloria e Roberto.

SANTINA:	Allora, giochiamo in coppia, va bene? Io e Marco contro° Gloria e Roberto.
GLORIA:	Va bene, tanto°, come al solito, vinceremo noi.
SANTINA:	Non si sa! Oggi Marco e io siamo in forma!
GLORIA:	Vedremo, vedremo!

against
in any case

Dopo un'ora di gioco...

GLORIA:	Ehi, ragazzi°, sono stanca. Fermiamoci.° Vi dichiaro° campioni!
SANTINA:	Va bene. Andiamo a prendere un caffè insieme, offerto dai campioni! Va bene?
GLORIA:	Va benissimo!

guys • Let's stop. •
I declare you

Comprensione

B. Rispondi alle seguenti domande.

1. Dove vanno Santina e Marco dopo la partita in TV?
2. Come vogliono giocare?
3. Chi vince di solito?
4. Chi è stanco/a dopo un'ora di gioco?
5. Che cosa decide di fare Gloria?
6. Chi offre il caffè?

C. Con un compagno/una compagna, crea delle frasi o dei brevi dialoghi con le nuove parole e le nuove espressioni.

contro	*against*
tanto	*in any case*
fermarsi	*to stop*
il campione / la campionessa	*winner, champion*
dichiarare	*to declare*

Modi di dire

Il mondo dello sport

Nomi

l'**a**rbitro	*referee*
l'atleta (*m./f.*)	*athlete*
il campo	*field*
la gara	*(a specific) competition*
il giocatore / la giocatrice	*player*
il gioco	*play*
la palestra	*gymnasium*
la palla	*ball (in general)*
il pallone	*soccer ball (basketball)*
il pareggio	*draw, tie*
la partita	*match*
la p**e**rdita	*loss*
il punteggio	*number of points, score*
lo stadio	*stadium*
il tifoso / la tifosa	*sports fan*
la vittoria	*win*

Verbi / Espressioni

fare dello sport	*to be active in sports*
fare il tifo per	*to be a fan of*
giocare	*to play*
pareggiare	*to draw, tie*
perdere	*to lose*
tirare	*to throw*
vincere	*to win*

Applicazione

D. Fare dello sport! Accoppia le due colonne in modo logico.

1. Loro sono tifosi...
2. Perché non andiamo allo...
3. Qual è il punteggio necessario per...
4. Quante...
5. Non mi è piaciuta affatto...
6. Quando giocano quelle due squadre...
7. È molto dura (*hard*)...
8. Io faccio ginnastica nella...
9. Quello è un...
10. Gli italiani vincono sempre qualcosa...
11. Hanno giocato su un...
12. Sono bravissimi gli...
13. A tutti i tifosi sono poco simpatici...

A. vincere?
B. perdite ha sofferto il Milan l'anno scorso?
C. la palla del baseball.
D. palestra dell'università.
E. alle gare internazionali di ciclismo.
F. della Juventus.
G. atleti italiani nelle gare internazionali.
H. gli arbitri.
I. campo veramente brutto.
J. gioco molto divertente.
K. la partita finisce sempre in pareggio.
L. la partita di domenica scorsa.
M. stadio, invece di guardare la partita in TV?

E. Opinioni. Secondo te, quest'anno chi è stato il più bravo giocatore...

1. di hockey?
2. di baseball?
3. di football?
4. di tennis?
5. di calcio?
6. di golf?
7. di pallacanestro?
8. del tuo sport preferito?

F. A tutti la parola! Rispondi alle seguenti domande.

1. Hai mai vinto qualcosa nello sport (che cosa)?
2. Vai mai a sciare? Quante volte all'anno ci vai?
3. Vai mai a nuotare? Con quale frequenza?
4. Vai mai a pattinare? Dove e quando?
5. Come reagisci (*react*) quando la tua squadra preferita pareggia o perde una partita?
6. Pensi che sia necessario fare dello sport? Perché sì/no?
7. Sei bravo/a a correre? Hai mai partecipato (*participated*) a gare di corsa? Quali? Hai mai vinto?
8. Chi fa ginnastica regolarmente nella tua famiglia?

Grammatica

L'indicativo vs. il congiuntivo

Recall that the subjunctive is used in a subordinate clause when the main clause verb or expression conveys something that is not factual or certain.

INDICATIVE IN THE SUBORDINATE CLAUSE	SUBJUNCTIVE IN THE SUBORDINATE CLAUSE
È certo che a lei piace il tennis. *It is certain that she likes tennis.*	**È probabile che a lei piaccia il tennis.** *It is probable that she likes tennis.*
È chiaro che lei è la più brava. *It's clear that she is the best.*	**È possibile che lei sia la più brava.** *It's possible that she is the best.*
È ovvio che il Milan ha vinto. *It's obvious that Milan won.*	**Sembra che il Milan abbia vinto.** *It seems that Milan won.*
È sicuro che la Juventus ha perso. *It's certain that Juventus lost.*	**È possibile che la Juventus abbia perso.** *It's possible that Juventus lost.*
È vero che tu sei il più bravo. *It's true that you are the best.*	**Dubito che tu sia il più bravo.** *I doubt that you are the best.*

The subjunctive is also required when the main clause contains an impersonal **si** construction.

Loro dicono che il Milan è forte. *They say that Milan is strong.*	**Si dice che il Milan sia forte.** *It is said that Milan is strong.*

A negative verb often conveys uncertainty. As a consequence, the subordinate clause following a negative verb in the main clause should be in the subjunctive (although this is not strictly necessary).

So che lui parla italiano. *I know that he speaks Italian.*	**Non so se lui parli italiano.** *I don't know if he speaks Italian.*
È chiaro che il Milan è forte. *It is clear that Milan is strong.*	**Non è chiaro che il Milan sia forte.** *It isn't clear that Milan is strong.*

If a future action is implied in the subordinate clause, then you can use the future tense instead of the present subjunctive.

Credo che lui giochi stasera. *I think he will play this evening.*	**Credo che lui giocherà stasera.** *I think he will play this evening.*

Il superlativo

The superlative (*-est, the most, the least*) is expressed with the definite article plus **più** or **meno** (according to sense).

Il Milan è *la* squadra *più* forte.	*Milan is the strongest team.*
Il calcio è *lo* sport *più* popolare.	*Soccer is the most popular sport.*
Loro sono *i meno* popolari.	*They are the least popular.*

Note that **di** corresponds to *in/of* in superlative constructions.

Il Milan è la squadra più forte di Serie A.	*Milan is the strongest team in the Series A.*
Il calcio è lo sport più popolare d'Italia.	*Soccer is the most popular sport in Italy.*

When the superlative construction includes the noun, do not repeat the definite article.

Maria è la più brava della classe.   BUT   **Maria è la ragazza più brava della classe.**
Maria is the smartest in the class.   *Maria is the smartest girl in the class.*

After a superlative, the verb in a subordinate clause must be in the subjunctive.

È lo sport più divertente che io *conosca*.   *It's the most enjoyable sport I know.*

È la partita più divertente che io *abbia visto*.   *It's the most enjoyable game I have seen.*

Applicazione

G. Verbi, verbi! Scegli la forma del verbo appropriata.

1. È necessario che anch'io ... qualche sport.
   A. pratico
   B. pratichi
2. Speriamo che la nostra squadra ... ieri.
   A. ha vinto
   B. abbia vinto
3. È certo che il Milan ... domenica scorsa.
   A. ha vinto
   B. abbia vinto
4. È chiaro che voi ... nuotare molto bene.
   A. sapete
   B. sappiate
5. Bisogna che loro ... più ginnastica.
   A. fanno
   B. facciano
6. È importante che tu ... dello sport.
   A. fai
   B. faccia
7. È ovvio che gli Azzurri questa volta...
   A. hanno perso.
   B. abbiano perso.
8. È sicuro che in Italia ... il tifo per il calcio.
   A. si fa
   B. si faccia
9. È ora che anche negli Stati Uniti ... il tifo per il calcio.
   A. si fa
   B. si faccia
10. Sembra che quest'anno il Milan ... lo scudetto di nuovo.
    A. ha vinto
    B. abbia vinto

H. È vero? Adesso metti il verbo tra parentesi al presente o al passato—indicativo o congiuntivo—secondo il caso. Segui i modelli.

MODELLO   È vero che loro (perdere) _____ ieri.
                È vero che loro hanno perso ieri.

1. È possibile che (vincere) _____ quella squadra l'anno prossimo.
2. Mi ricordo che quel giocatore (segnare) _____ una bellissima rete ieri.
3. Infatti, sembra che ne (segnare) _____ due.

Tema 2: Sports   **487**

4. È chiaro che quella squadra non (vincere) _____ mai contro la Juventus.

5. Bisogna che (vincere) _____ almeno una partita nel prossimo mese per rimanere in Serie A.

6. È ora che anche tu (fare) _____ un po' di ginnastica.

7. Sì, ma non so se io (potere) _____ farla regolarmente.

8. Sembra che non (esserci) _____ nessuna ragione per come abbiano giocato ieri.

9. Non è affatto vero che a noi (piacere) _____ quella squadra.

MODELLO   È lo sport più divertente che io (praticare) _____ mai.
È lo sport più divertente che io abbia mai praticato.

10. È la partita più bella che io (vedere) _____ mai.

11. Questo è lo sport più divertente che io (praticare) _____ mai.

12. Quella è stata la rete più importante che loro (segnare) _____ quest'anno.

13. Quella è stata la partita più importante che la nostra squadra (vincere)

_____ quest'anno.

14. Quel portiere è il più bravo che (esserci) _____ in questo momento.

15. Il tennis è lo sport più popolare che (esserci) _____ in questo momento in Italia.

I. Tuttosport. Immagina di essere un giornalista per *Tuttosport*. Ecco i titoli (*headlines*) che hai scritto recentemente. Ripetili, usando il superlativo. Segui il modello.

MODELLO   Il calcio è uno sport importante in Italia.
Il calcio è lo sport più importante d'Italia!

1. L'automobilismo è uno sport popolare in Europa.
2. L'atletica è uno sport praticato in tutto il mondo.
3. Il golf è uno sport meno popolare in Italia.
4. Il baseball è uno sport popolare negli Stati Uniti.
5. Lo stadio di Roma è uno stadio famoso in Italia.

J. Lo sport. Rispondi alle seguenti domande.

1. Tu sai quali sono gli sport più popolari d'Italia?
2. Perché pensi che siano popolari?

A livello internazionale, gli Azzurri (il colore usato per indicare una qualsiasi squadra nazionale italiana) hanno sempre avuto successo in diversi sport, particolarmente nel ciclismo, nell'automobilismo e nel nuoto.

Recentemente, gli italiani sono diventati tifosi di sport americani, come il football e il baseball. I nomi di Sammy Sosa, Shaq O'Neill, e Brett Favre sono conosciuti da una nuova generazione di tifosi in tutta l'Italia.

K. Comprensione e discussione.
Comprensione...

1. Come si chiamano le squadre nazionali che rappresentano l'Italia?
2. In quali sport hanno sempre avuto successo gli Azzurri?
3. Di che cosa sono diventati tifosi recentemente gli italiani?

Discussione...

4. Secondo te, lo sport oggi sta diventando «un business» internazionale? Perché sì/no?
5. Ci sono troppi programmi di sport in televisione? Perché sì/no?

IL CICLISMO

MOMENTO
Creativo

L. Discussione in famiglia! Diverse coppie di studenti dovranno mettere in scena la seguente situazione.

Un fratello e una sorella stanno discutendo lo sport negli Stati Uniti. La sorella pensa che gli sport americani siano, in gran parte, indirizzati (*directed*) agli uomini. La sorella elabora (*elaborates*) tre o quattro ragioni per sostenere la sua tesi (*to back up her thesis*). Il fratello non è d'accordo, e quindi dovrà ribattere ognuna delle ragioni proposte (*put forward*) dalla sorella.

Comprensione generale

A. Ascolta attentamente la vignetta sul CD cercando di determinare:

1. che tipo di sport pratica ognuno dei quattro studenti nella scena.

2. chi ha vinto un premio (*prize, award*).

3. perché l'ha vinto.

4. che cosa decidono di fare i quattro alla fine.

B. Adesso cerca di ricostruire la conversazione con altri studenti a piacere.

Lettura

Prima di leggere

A. Sport e abitudini (*habits*). Rispondi alle seguenti domande, anticipando quello che leggerai.

1. A che ora ti alzi generalmente? Perché?
2. Qual è la tua prima preoccupazione (*worry*) quando ti alzi? Perché?
3. A te piace lo yogurt? Perché sì/no?
4. Quale altro tipo di «cibo sportivo» mangi? Perché?
5. Quando e dove hai imparato gli sport che pratichi?

B. Conosci le seguenti parole o espressioni? Se sì, spiegale alla classe.

1. al risveglio
2. era venuto bene
3. latte acido
4. il pastore
5. la latteria
6. gli sport invernali
7. con gli sci sulle spalle
8. il soggiorno

Lettura

Gli sci sulle spalle

Mio padre si alzava sempre alle quattro del mattino. La sua prima preoccupazione, al risveglio, era andare a guardare se il «mezzorado» era venuto bene.

Il mezzorado era latte acido, che lui aveva imparato a fare, in Sardegna, da certi pastori. Era semplicemente yoghurt*. Lo yoghurt, in quegli anni, non era ancora di moda: e non si trovava in vendita, come adesso, nelle latterie o nei bar.

A quel tempo non erano ancora di moda gli sport invernali; e mio padre era forse, a Torino, l'unico a praticarli. Partiva, non appena cadeva un po' di neve, per Clavières, la sera del sabato, con gli sci sulle spalle. Allora non esistevano né Sestrières, né gli alberghi di Cervinia.

Gli sci, lui li chiamava «gli ski». Aveva imparato ad andare in sci da giovane, in un suo soggiorno in Norvegia. Tornando la domenica sera, diceva sempre che però c'era brutta neve.

(Da: *Lessico famigliare* di Natalia Ginzburg)

Dopo la lettura

C. Comprensione. Completa la seguente parafrasi della lettura con le parole adatte nelle loro forme appropriate.

1. Ai tempi del padre della Ginzburg non _____ gli alberghi che ci sono oggi.

2. Oggi, invece, si trovano tanti _____ per chi vuole praticare lo sci.

3. Non appena _____ la neve il padre andava sempre a sciare.

4. Ai tempi del padre lo yogurt non si trovava nelle _____.

5. Il padre aveva imparato a fare il mezzorado da certi _____ della Sardegna.

6. Quando cadeva la _____ il padre partiva subito per Clavières.

7. La prima _____ del padre al mattino era di vedere come era venuto il mezzorado.

8. Il padre portava sempre gli sci sulle _____.

*Alternate spelling: **lo yogurt.**

1. qual è il tema principale di questo brano?

2. è diventata una moda praticare certi sport come lo sci, il ciclismo o l'alpinismo? Perché sì/no?

Il mondo digitale

Leggi attentamente il seguente manifesto pubblicitario. Ricerca in un vocabolario qualsiasi parola che non riconosci.

Comprensione

1. Che cosa permette di ottenere *Vodafone live!*?

2. Che cosa puoi vedere con *Vodafone live!*?

3. Quale funzione devi usare e cosa devi fare?

4. Descrivi *Vodafone GX20*.

5. Indica le istruzioni per accedere ai servizi sul calcio.

Attività

6. Conosci un sito Web che offre informazioni sul calcio italiano? Se sì, comunicalo alla classe e poi, insieme, visitate il sito.

IL CALCIO IN DIRETTA! E MOLTO DI PIÙ ANCORA

Cercare un locale dove mangiare il kebab? Saperne qualcosa di più su chi sta cantando alla radio? *Vodafone live!* può aiutarti in tanti modi.

Vodafone live! ti permette di ottenere le informazioni più aggiornate, gli strumenti essenziali per vivere in modo trendy, i videogiochi più eccitanti. Per prima cosa, forse la più importante per te, puoi avere facile e veloce accesso a tutte le notizie sul mondo del calcio internazionale. Notizie che non avresti mai pensato di ottenere così facilmente. Con *Vodafone live!* puoi vedere i risultati, controllare le ultime news che riguardano la tua squadra, catalogare dati o tenerti aggiornato sul gossip che ha per protagonisti i calciatori. Puoi ottenere tutto questo e altro ancora usando la funzione Find e Seek. Per esempio, digitando il nome di ciò che stai cercando (può essere un bar, un taxi o un kebab shop), il videotelefonino ti porterà dove tu gli hai chiesto. Nessuno ti ha mai dato un aiuto così. *Vodafone live!* ti dà anche notizie musicali, classifiche delle canzoni, fotografie dei cantanti e informazioni su film e spettacoli. Infine, c'è anche una funzione chat che ti permette, con un semplice clic, di entrare in contatto e di dialogare in tempo reale con tanti amici sparsi in tutto il mondo.

COME VEDERE IL CALCIO

Segui queste facili istruzioni per accedere ai servizi sul calcio di *Vodafone live!*

Passo 1	Passo 2	Passo 3
Accedi al menu *Vodafone live!*. Trova l'icona che raffigura un pallone da calcio e clicca.	Il menu del calcio ti dà risultati, notizie, informazioni sulle squadre, tabelle, calendari e statistiche.	Clicca su Goal Live per vedere le immagini dei momenti salienti delle partite che più ti interessano!

VODAFONE GX20

Lo stato dell'arte di un telefonino che farà morire d'invidia i tuoi amici.

Il *Vodafone GX20* è l'ultimo grido in fatto di raffinatezza tra i videotelefonini e permette di entrare nelle meraviglie di *Vodafone live!* È compatto e ha un bel sistema di apertura, con due schermi illuminati a colori, uno interno, l'altro esterno. I menu intuitivi facilitano la navigazione e ogni cosa appare sul video a colori. La suoneria a toni polifonici consente di avere suoni personalizzati. La macchina fotografica e il flash permettono poi di scattare e mandare bellissime immagini a colori. Chi ha in tasca un simile gioiellino farà morire di invidia i suoi amici.

A. Situazioni. Scegli la parola o l'espressione adatta.

1. Quella squadra ... due reti.
   A. ha segnato
   B. ha vinto
2. ...alcuni minuti alla fine della partita.
   A. Mancano
   B. Vogliono
3. I giocatori di quella squadra sono sempre...
   A. in tutto.
   B. in forma.
4. Il football è più popolare ... calcio in America.
   A. che il
   B. del
5. A me piace più nuotare ... giocare a tennis.
   A. di
   B. che

B. Sport. Rispondi alle seguenti domande seguendo il modello.

MODELLO   Secondo te, chi è/chi è stato il più bravo giocatore di pallacanestro?
            Secondo me, il giocatore più bravo di pallacanestro è stato Wilt
            Chamberlain/Michael Jordan/...

Secondo te, chi è/chi è stato il più bravo giocatore di...

1. tennis?
2. nuoto?
3. atletica?
4. pattinaggio?
5. pallacanestro?
6. baseball?
7. hockey?
8. calcio?
9. football americano?
10. pugilato?

C. Il mio sport preferito! Adesso indica quale dei due sport indicati ti piace di più e poi spiega il perché. Segui il modello.

MODELLO   calcio/football
            Mi piace più il calcio del football perché è meno violento./è più
            piacevole./ecc.

1. nuoto/sci
2. tennis/pallavolo
3. football/hockey
4. atletica/ciclismo
5. pallacanestro/pallavolo

D. Intervista. Intervista il tuo compagno/la tua compagna. Chiedigli/le...

1. qual è il suo sport più preferito e perché.
2. qual è il suo sport meno preferito e perché.
3. per quale squadra (di baseball, di football, ecc.) fa il tifo.
4. se fa ginnastica (quante volte al giorno/alla settimana e dove la fa).
5. se fa il footing (quante volte al giorno/alla settimana e perché lo fa).
6. se sa pattinare (quando e dove pattina).
7. se sa sciare (quando e dove scia).
8. se sa nuotare (quando e dove nuota).

E. Cultura. Accoppia le due colonne.

1. Il campionato di calcio più importante è quello...
2. Lo sport più praticato in Italia è...
3. Lo scudetto è il tricolore distintivo che...
4. Il campionato termina...
5. Oggi in Italia sono popolari...
6. L'Italia vince spesso nelle gare internazionali di...
7. Le squadre italiane si chiamano "Gli Azzurri" perché...

A. il calcio.
B. di Serie A.
C. con la vittoria dello scudetto.
D. i campioni porteranno sulla maglia nella stagione successiva.
E. ciclismo.
F. l'azzurro è il colore usato dalle squadre che rappresentano l'Italia.
G. gli sport americani.

F. Avvio allo scrivere! Descrivi uno dei seguenti sport, leggendo poi la tua descrizione in classe:

il calcio
il football americano
l'alpinismo
il ciclismo

il tennis
l'hockey
un altro sport

Includici le seguenti cose:

1. una descrizione delle squadre/dei giocatori/degli atleti
2. come si deve fare per vincere
3. quali sono le regole (*rules*) del gioco
4. i suoi aspetti più interessanti
5. le squadre/i giocatori/gli atleti migliori attualmente
6. le squadre/i giocatori/gli atleti peggiori attualmente

G. Momento creativo! In coppie, mettete in scena la seguente situazione. Due amici/amiche si mettono a parlare delle ultime Olimpiadi (*Olympics*). Ma i due sono tifosi di nazioni diverse.

Lessico utile

NOMI

l'**alpinismo** *mountain climbing*
l'**arbitro** *referee*
l'**atleta** *(m./f.) athlete*
l'**atletica** *track and field*
l'**automobilismo** *car racing*
il **calcio** *soccer*
il **campione/la campionessa** *winner,*
  champion
il **campo** *field*
il **compagno/la compagna** *companion,*
  chum
la **coppia** *pair, couple*
la **corsa** *race*
il **culturismo** *body building*
il **football** *football*
la **gara** *competition*
il **giocatore/la giocatrice** *player*
il **gioco** *game*
il **goal/il gol** *goal*
il **golf** *golf*
l'**hockey** *hockey*
la **lotta** *wrestling*
il **nuoto** *swimming*

la **palestra** *gymnasium*
la **palla** *ball*
la **pallavolo** *volleyball*
il **pallone** *soccer ball (basketball)*
il **pareggio** *draw, tie*
la **perdita** *loss*
il **portiere** *goaltender*
il **pugilato** *boxing*
il **punteggio** *score*
la **rete** *goal, net*
il **rugby** *rugby*
lo **sci** *skiing*
la **sconfitta** *defeat*
lo **sport** *sport*
la **squadra** *team*
lo **stadio** *stadium*
il **tennis** *tennis*
il **tifoso/la tifosa** *sports fan*
il **vincitore/la vincitrice** *winner*
la **vittoria** *win*

AGGETTIVI

divertente *fun, enjoyable*
facile *easy*
garantito *guaranteed*

piacevole *pleasant, pleasing*
probabile *probable*
solito *usual*

VERBI

correre *to run*
dichiarare *to declare*
fermarsi *to stop*
mancare *to be left, missing*
nuotare *to swim*
pareggiare *to draw, tie*

pattinare *to skate*
praticare *to practice, engage in*
sciare *to ski*
segnare *to score*
tirare *to throw*
vincere *to win*

ALTRI VOCABOLI/ESPRESSIONI

contro *against*
essere necessario *to be necessary*
essere ora *to be time*
essere un peccato *to be too bad/a pity/*
  a shame
essere utile *to be useful*

fare dello sport *to do sports*
fare ginnastica *to work out*
fare il footing/jogging *to jog*
fare il tifo *to be a fan of*
in forma *in shape, at the top of his/*
  her game

Lezione finale!

18

This chapter will cover advanced topics in Italian grammar to prepare you for the next stage of learning the language. It is intended as a "bridge" to the intermediate level of study.

It is organized as follows: (1) each structure is explained as in the **Grammatica** sections of previous chapters; (2) an **Applicazione** section follows; (3) new vocabulary is glossed in both the explanatory and **Applicazione** sections.

STRUTTURE

- irregular verbs in the past absolute
- progressive form of the subjunctive
- the imperfect subjunctive
- relative pronouns
- the passive voice
- formal pronouns
- the pluperfect subjunctive
- conjunctions
- the causative
- hypothetical *if*-clauses

Grammatica avanzata

Verbi irregolari al passato remoto

There are more irregular verbs in the **passato remoto** (*past asbsolute*) than there are in any other tense. The following guidelines will help you learn them.

Most of the verbs that have an irregular conjugation are **-ere** (second-conjugation) verbs. Of these, most undergo changes only in the **io**, **lui/lei/Lei**, and **loro** forms.

		leggere	**scrivere**	**prendere**
irregular →	(io)	*lessi*	*scrissi*	*presi*
	(tu)	leggesti	scrivesti	prendesti
irregular →	(lui/lei/Lei)	*lesse*	*scrisse*	*prese*
	(noi)	leggemmo	scrivemmo	prendemmo
	(voi)	leggeste	scriveste	prendeste
irregular →	(loro)	*lessero*	*scrissero*	*presero*

As you can see, once you know the **io** form of the irregular verb, you can easily work out the rest of the conjugation. Of the verbs introduced in this book, the following are irregular in the first- and third-person forms. Notice that only the **io** form is given to you here. [Note: In the case of **piovere** and **succedere**, the form is actually the third-person one, since these are both impersonal verbs.]

VERB		VERB	
assumere	assunsi	prendere	presi
avere	ebbi	rimanere	rimasi
chiedere	chiesi	risolvere	risolsi
chiudere	chiusi	rispondere	risposi
conoscere	conobbi	sapere	seppi
crescere	crebbi	scrivere	scrissi
decidere	decisi	spendere	spesi
intendere	intesi	succedere	successe (*third person*)
leggere	lessi	svolgere	svolsi
mettere	misi	tenere	tenni
nascere	nacqui	vedere	vidi
perdere	persi	venire	venni
piangere	piansi	vivere	vissi
piovere	piovve (*third person*)	volere	volli

The following common verbs are irregular throughout the conjugation:

bere	(io) **bevvi**, (tu) **bevesti**, (lui/lei/Lei) **bevve**, (noi) **bevemmo**, (voi) **beveste**, (loro) **bevvero**
dare	(io) **diedi**, (tu) **desti**, (lui/lei/Lei) **diede**, (noi) **demmo**, (voi) **deste**, (loro) **diedero**
dire	(io) **dissi**, (tu) **dicesti**, (lui/lei/Lei) **disse**, (noi) **dicemmo**, (voi) **diceste**, (loro) **dissero**
essere	(io) **fui**, (tu) **fosti**, (lui/lei/Lei) **fu**, (noi) **fummo**, (voi) **foste**, (loro) **furono**
fare	(io) **feci**, (tu) **facesti**, (lui/lei/Lei) **fece**, (noi) **facemmo**, (voi) **faceste**, (loro) **fecero**
stare	(io) **stetti**, (tu) **stesti**, (lui/lei/Lei) **stette**, (noi) **stemmo**, (voi) **steste**, (loro) **stettero**

Applicazione

A. Ah, il passato! La zia parla sempre del passato! Ricrea quello che ha detto ieri. Segui il modello.

MODELLO   Tanti anni fa, io.../leggere/la *Divina Commedia*
                 Tanti anni fa, io lessi la Divina Commedia.

Parlando di se stessa (*Speaking about herself*):
   Tanti anni fa io...

   1. scrivere/un romanzo
   2. prendere/un appartamento a Roma
   3. sapere/che mio marito voleva sposarmi
   4. fare/tante cose interessanti all'università

Parlando di te:
   Tanti anni fa, tu...

   5. dare/un anello al tuo fidanzato/alla tua fidanzata
   6. dire/al tuo fidanzato/alla tua fidanzata che volevi sposarlo/la
   7. stare/senza lavorare per molto tempo

Parlando di suo marito:
   Tanti anni fa, lui...

   8. nascere/in una piccola città vicino a casa mia
   9. chiedere/a me di sposarlo
   10. decidere/di comprare una casa in campagna
   11. perdere/i suoi capelli poco dopo

Parlando di te e della tua famiglia:
   Tanti anni fa, voi...

   12. conoscere/i vostri migliori amici
   13. vivere/in Italia per motivi di lavoro
   14. vedere/tanti bei posti viaggiando in giro per l'Italia
   15. rimanere/in Italia per molto tempo

Infine, parlando dei suoi due fratelli:
   Tanti anni fa, loro...

16. sapere/che dovevano andare all'estero
17. rispondere/che non volevano andarci
18. risolvere/il problema in modo soddisfacente (*satisfying*)
19. rimanere/in America

B. Domande sul passato dei tuoi genitori! Rispondi alle domande usando il passato remoto. Segui il modello.

MODELLO   Dove nacque tua madre?
               Nacque a Boston.

1. In quale anno nacque tuo padre?
2. In quale città si conobbero i tuoi genitori?
3. Dove vissero durante la loro infanzia (*childhood*)?
4. Quando decisero di sposarsi?

Forma progressiva del congiuntivo

As in the indicative, the progressive form of the present subjunctive is used for describing an ongoing action.

Credo che lui guidi bene.
I believe that he drives well.

Credo che lui stia guidando in questo momento.
I believe that he is driving at this moment.

Sembra che lui si diverta.
It seems that he is enjoying himself.

Sembra che lui si stia divertendo in questo momento.
It seems that he is enjoying himself at this moment.

This tense is formed with the present subjunctive of the verb **stare** and the gerund of the verb. Here are two verbs fully conjugated for you:

	parlare	**alzarsi**
(io)	stia parlando	mi stia alzando
(tu)	stia parlando	ti stia alzando
(lui/lei/Lei)	stia parlando	si stia alzando
(noi)	stiamo parlando	ci stiamo alzando
(voi)	stiate parlando	vi stiate alzando
(loro)	stiano parlando	si stiano alzando

Applicazione

C. Mia sorella. Tua sorella è una persona molto sospettosa. Dubita tutto! Indica quello che ha detto recentemente seguendo il modello.

> **MODELLO**   Io studio italiano.
> *Mia sorella non crede che io stia studiando italiano.*

Mia sorella non crede che...

1. Tu studi informatica quest'anno.
2. Tu guidi una macchina italiana nuova in questo momento.
3. La mia amica compra una macchina italiana in questo momento.
4. Voi vi divertite in quel corso.
5. Noi mangiamo la pasta in questo momento.
6. Anche loro si divertono in quel corso.

Il congiuntivo imperfetto

The **congiuntivo imperfetto** (*imperfect subjunctive*) corresponds to the **indicativo imperfetto**, referring to habitual, ongoing, or repeated actions in the past.

Da bambino, lui giocava a tennis.	**Penso che da bambino lui giocasse a tennis.**
As a boy, he played tennis.	*I think that as a boy, he used to play tennis.*
La Juventus era una squadra forte.	**Dubito che la Juventus fosse una squadra forte.**
Juventus used to be a strong team.	*I doubt that Juventus used to be a strong team.*

In effect, the **congiuntivo imperfetto** is used in a subordinate clause requiring the subjunctive to convey an action that *used to go on, was going on,* etc. Note that the main-clause verb or expression can be in the present, past, or conditional.

MAIN CLAUSE	**SUBORDINATE CLAUSE**
Dubito	**che la Juventus fosse una squadra forte.**
I doubt	*that Juventus was a strong team.*
Ho sempre dubitato	**che la Juventus fosse una squadra forte.**
I have always doubted	*that Juventus was a strong team.*
Vorrei	**che la Juventus fosse una squadra forte.**
I would like	*Juventus to be a strong team.*

The imperfect subjunctive of regular verbs is formed in a similar way to its indicative counterpart.

- Drop the **-re** of the infinitive suffix.

First conjugation	Second conjugation	Third conjugation
parlare	**leggere**	**finire**
↓	↓	↓
parla-	**legge-**	**fini-**

- Add the endings **-ssi, -ssi, -sse, -ssimo, -ste,** and **-ssero** to the stems.

Here are four verbs conjugated fully in the **congiuntivo imperfetto**:

	parlare	leggere	finire	alzarsi
(io)	parlassi	leggessi	finissi	mi alzassi
(tu)	parlassi	leggessi	finissi	ti alzassi
(lui / lei / Lei)	parlasse	leggesse	finisse	si alzasse
(noi)	parlassimo	leggessimo	finissimo	ci alzassimo
(voi)	parlaste	leggeste	finiste	vi alzaste
(loro)	parlassero	leggessero	finissero	si alzassero

The verbs that are irregular in the **indicativo imperfetto** are also irregular in the **congiuntivo imperfetto**.

bere	(io) **bevessi**, (tu) **bevessi**, (lui / lei / Lei) **bevesse**, (noi) **bevessimo**, (voi) **beveste**, (loro) **bevessero**
dare	(io) **dessi**, (tu) **dessi**, (lui / lei / Lei) **desse**, (noi) **dessimo**, (voi) **deste**, (loro) **dessero**
dire	(io) **dicessi**, (tu) **dicessi**, (lui / lei / Lei) **dicesse**, (noi) **dicessimo**, (voi) **diceste**, (loro) **dicessero**
essere	(io) **fossi**, (tu) **fossi**, (lui / lei / Lei) **fosse**, (noi) **fossimo**, (voi) **foste**, (loro) **fossero**
fare	(io) **facessi**, (tu) **facessi**, (lui / lei / Lei) **facesse**, (noi) **facessimo**, (voi) **faceste**, (loro) **facessero**
stare	(io) **stessi**, (tu) **stessi**, (lui / lei / Lei) **stesse**, (noi) **stessimo**, (voi) **steste**, (loro) **stessero**

Applicazione

D. Bisognerebbe che... Svolgi i compiti indicati seguendo il modello.

MODELLO	Bisognerebbe che io/affittare/un appartamento
	Bisognerebbe che io affittassi un appartamento.

dare retta a	*to heed, pay attention to*
fare bella figura	*to cut a good figure, look good*
arredare	*to decorate, furnish*

1. Bisognerebbe che io/comprare/una casa nuova
2. Bisognerebbe che tu/dare/retta a me
3. Bisognerebbe che lui/bere/solo il latte
4. Sarebbe bene che lui/dire/sempre la verità
5. Sarebbe necessario che noi/stare/a casa di più
6. Sarebbe bene che noi/fare/bella figura alla festa
7. Bisognerebbe che voi/vivere/in campagna
8. Sarebbe bene che voi/non preoccuparsi/così tanto
9. Sarebbe bene che loro /trasferirsi (*move*)/in campagna

E. Verbi, verbi! Scegli la forma adatta del verbo—presente, passato o imperfetto del congiuntivo—secondo il caso.

1. Ho sempre creduto che voi _____ vivere in campagna.
   - A. vogliate
   - B. abbiate voluto
   - C. voleste

2. Credo che la casa che i tuoi genitori hanno appena comprato _____ bella.
   - A. sia
   - B. sia stata
   - C. fosse

3. Pensavo che _____ venire anche loro.
   - A. vogliano
   - B. siano voluti
   - C. volessero

4. Ho sempre dubitato che Giorgio _____ in grado di (*able to*) arredare la casa in modo elegante.
   - A. sia
   - B. sia stato
   - C. fosse

5. Credevo che loro _____ una casa più comoda (*comfortable*).
   - A. comprino
   - B. abbiano comprato
   - C. comprassero

6. I nostri genitori vogliono che noi _____ una casa vicino a loro.
   - A. compriamo
   - B. abbiamo comprato
   - C. comprassimo

F. Da' retta a me! Con un compagno/una compagna, crea brevi dialoghi seguendo il modello.

> **MODELLO** comprare/quella casa
> anche i miei genitori
>
> TU: *Da' retta a me! Compra quella casa!*
> COMPAGNO/A: *Anche i miei genitori vorrebbero che io comprassi quella casa.*

1. arredare/la casa/con mobilia (*furniture*) moderna
   anche mia madre

2. trasferirsi/in campagna
   anche i miei genitori

3. affittare/un appartamento/in centro
   anche i miei amici

4. vendere/la casa/a buon prezzo
   anche la mia miglior amica

Pronomi relativi

A relative clause in Italian must always start with a relative pronoun. There are five main relative pronouns.

(1) Throughout this book you have been using **che** (*that, which, who*):

La casa che abbiamo comprato è magnifica.	*The house (that) we bought is magnificent.*
Il libro che mi hai dato ieri è molto bello.	*The book (which) you gave me yesterday is very good.*
Ecco la persona che conosce bene i computer.	*Here's the person who knows computers well.*

(2) The form **cui** is used as follows.

- After a preposition:

Ecco la persona di cui ho parlato.	*Here's the person of whom I spoke.*

- To indicate possession (*whose*) with the definite article:

il cui libro	**la cui penna**
i cui libri	**le cui penne**

Ecco il computer il cui schermo non funziona.	*Here's the computer whose screen is not working.*
Abbiamo dei computer le cui stampanti sono di facile uso.	*We have computers whose printers are user-friendly.*

(3) Both **che** and **cui** can be replaced by the *definite article* + **quale** if there is an antecedent (a preceding noun phrase).

Ecco il computer, il quale è di facile uso.	*Here's the computer that is user-friendly.*
Ecco i computer, i quali sono di facile uso.	*Here are the computers that are user-friendly.*

(4) The pronoun **chi** (*he/she/they who*) is always followed by a verb in the third-person singular and has no antecedent.

Chi ha detto questo non sa niente.	*He/She who said this does not know anything.*
Chi lavora in quest'ufficio guadagna molto bene.	*He/She who works in this office earns very well.*

(5) The pronoun **quello che** renders the idea of *what* in the sense of *that which*.

Non ho capito quello che hai detto.	*I didn't understand what you said.*
Quello che dici non è vero.	*What you are saying isn't true.*

The idiomatic forms **quel che** or **ciò che** can replace **quello che**.

Non ho capito quel che hai detto.	*I didn't understand what you said.*
Ciò che dici non è chiaro.	*What you are saying is not clear.*

Applicazione

G. Pronomi, pronomi! Svolgi i compiti indicati.

Che *o* cui?

1. Dov'è la copia _____ ti ho dato ieri?

2. Dove sono le forbici (*scissors*) _____ ho usato poco tempo fa?

3. Dov'è andata la collega a _____ ho dato la mia cucitrice (*stapler*)?

4. Il collega con _____ sono andato al bar ieri è una brava persona.

Articolo determinato + cui *o* quello che?

5. Il computer, _____ stampante non funziona, è vecchio.

6. Quel computer, _____ schermo (*screen*) è veramente grande, è nuovo.

7. _____ dice lui è vero.

8. Io non ricordo _____ ha detto il nostro collega.

Che *o* quale?

9. La collega, della _____ ti ho parlato, è molto intelligente.

10. Il collega, al _____ ho dato una copia del tuo lavoro, è una persona molto brava.

11. I direttori di quella ditta, ai _____ ho mandato una mail due settimane fa, non hanno ancora risposto.

12. Le amiche, alle _____ ho promesso un lavoro nella nostra ditta, hanno deciso invece di continuare a studiare all'università.

Chi *o* quel che/ciò che?

13. _____ ha scritto quel messaggio, non sa _____ dice.

14. _____ tu dici è proprio vero.

15. Non so _____ abbia detto quello, ma sono certo che _____ ha detto è falso.

Il passivo

As in English, an Italian sentence can be either active or passive.

ACTIVE	PASSIVE
Nora ha comprato quella casa.	**Quella casa è stata comprata da Nora.**
Nora bought that house.	*That house was bought by Nora.*
I suoi genitori compreranno quella casa.	**Quella casa sarà comprata dai suoi genitori.**
Her parents will buy that house.	*That house will be bought by her parents.*

The verbs in active sentences can be turned into corresponding passive forms as follows:

■ Change the direct object into the subject of the passive sentence.

Nora ha comprato quella casa. → **Quella casa...**

- Put **essere** into the tense and mood of the original verb, changing the latter into a past participle. Do not forget the agreement pattern between past participle and subject that applies to verbs conjugated with **essere**.

Nora ha comprato quella casa. → **Quella casa è stata comprata...**

- Insert **da** before the agent (the original subject).

Nora ha comprato quella casa. → **Quella casa è stata comprata da Nora.**

ESEMPI

Nora scrive quella lettera.
Nora is writing that letter.

Quella lettera è scritta da Nora.
That letter is written by Nora.

I miei genitori hanno comprato quella casa.
My parents bought that house.

Quella casa è stata comprata dai miei genitori.
That house was bought by my parents.

A passive sentence sometimes does not have an agent. This type of sentence expresses generalities.

Ho finito la lezione.
I finished the lesson.

La lezione è finita.
The lesson is finished.

Hanno chiuso l'agenzia.
They closed the agency.

L'agenzia è chiusa.
The agency is closed.

Applicazione

H. Chi ha scritto la lettera? Svolgi i compiti indicati seguendo i modelli.

MODELLO   Chi ha scritto la lettera?/Giorgio
La lettera è stata scritta da Giorgio.

Chi ha scritto la lettera?/io
La lettera è stata scritta da me.

1. Chi ha scritto la lettera?/la mia collega
2. Chi comprerà i DVD?/io
3. Chi usava quel computer (prima di me)?/i tuoi colleghi
4. Chi ha comprato quella macchina?/lui

MODELLO   Nora ha spedito quella lettera ieri.
Quella lettera è stata spedita da Nora ieri.

5. Io avevo già comprato quel computer.
6. Dubito che lui faccia quel progetto.
7. Nora ha scritto quel messaggio.
8. Il capoufficio (*office manager*) comprerebbe quella fotocopiatrice (*photocopier*), ma non ha i soldi necessari.

I. Essere. Inserisci negli spazi le forme di **essere** adatte.

1. Oggi l'ufficio _____ chiuso.

2. È bene che lui se ne _____ andato via.

3. Quel progetto non _____ ancora finito.

4. Quella lezione _____ disdetta (*canceled*).

5. I voli dell'Alitalia oggi _____ cancellati.

6. Il programma _____ terminato.

J. È stato finito da Marco! Rispondi alle seguenti domande con frasi passive seguendo il modello.

> **MODELLO**   Chi ha finito il compito?/Marco
> *Il compito è stato finito da Marco.*

1. Chi leggerà la *Divina Commedia*?/gli studenti
2. Chi ha mangiato quelle paste?/mio fratello
3. Chi ha comprato quella macchina?/i miei genitori
4. Chi guarderà quel programma?/tutti noi
5. Chi leggeva i giornalini a fumetti regolarmente?/i miei amici

Pronomi

There are two third-person subject pronouns—**egli** (*he*) and **ella** (*she*)—that are used mainly in reference to historical personages and in a few other contexts, especially when formality is required.

LUI/LEI	**EGLI/ELLA**
Gianni è un bravo poeta.	**Dante era un grande poeta.**
Gianni is a good poet.	*Dante was a great poet.*
Lui è un bravo poeta.	**Egli era un grande poeta.**
He is a good poet.	*He was a great poet.*
Claudia è una brava scrittrice.	**Lina Wertmüller è una grande regista.**
Claudia is a good writer.	*Lina Wertmüller is a great director.*
Lei è una brava scrittrice.	**Ella è una grande regista.**
She's a good writer.	*She's a great director.*

Applicazione

K. Egli, ella, lui o lei? Completa le seguenti frasi con la forma adatta del pronome.

1. Mio fratello vive in Italia. _____ è simpatico.

2. Gioacchino Rossini era un grande compositore. _____ compose tante opere liriche.

3. Mia sorella è una brava musicista. _____ suona il pianoforte molto bene.

4. Natalia Ginzburg era una grande scrittrice. _____ scrisse molti bei romanzi.

5. La nostra professoressa è molto intelligente. _____ è di origine italiana.

Il congiuntivo trapassato

The **congiuntivo trapassato** (*pluperfect subjunctive*) corresponds to the **indicativo trapassato**. In effect, it allows you to refer to actions that *had occurred* with respect to other actions in the subjunctive.

L'INDICATIVO TRAPASSATO	**IL CONGIUNTIVO TRAPASSATO**
La mia amica aveva già visto quel film.	**Pensavo che la mia amica avesse già visto quel film.**
My friend had aready seen that movie.	*I thought that my friend had already seen that movie.*

Eri già andato via quando ho chiamato.
You had already gone out when I called.

Penso che tu fossi già andato via quando ho chiamato.
I think you had already gone out when I called.

To summarize: the **congiuntivo trapassato** is used in a subordinate clause requiring the subjunctive to convey an action that *had occurred*.

MAIN CLAUSE	SUBORDINATE CLAUSE
Dubito	**che Maria fosse andata al concerto.**
I doubt	*that Maria had gone to the concert.*
Pensavo	**che Claudia avesse già comprato i biglietti.**
I thought	*that Claudia had already bought the tickets.*

The pluperfect subjunctive is a compound tense made up of two separate parts: (1) the imperfect subjunctive of the auxiliary verb **avere** or **essere**, and (2) the past participle.

Auxiliary verb	Past participle
↓	↓
avesse	**finito**
fosse	**andato / a**

So, you have already learned everything you need to know in order to conjugate verbs in this tense. You know (1) how to form past participles, (2) which verbs are conjugated with **avere** or **essere**, and (3) how to conjugate **avere** and **essere** in the imperfect subjunctive.

Here are three verbs fully conjugated for you: (1) a verb conjugated with **avere**, (2) a verb conjugated with **essere**, and (3) a reflexive verb.

	comprare		**andare**		**divertirsi**	
(io)	avessi	comprato	fossi	andato / a	mi fossi	divertito / a
(tu)	avessi	comprato	fossi	andato / a	ti fossi	divertito / a
(lui / lei / Lei)	avesse	comprato	fosse	andato / a	si fosse	divertito / a
(noi)	avessimo	comprato	fossimo	andati / e	ci fossimo	divertiti / e
(voi)	aveste	comprato	foste	andati / e	vi foste	divertiti / e
(loro)	avessero	comprato	fossero	andati / e	si fossero	divertiti / e

Applicazione

L. Il congiuntivo trapassato. Svolgi i compiti indicati seguendo i modelli.

MODELLO   Mia madre avrebbe preferito che io...
non andare / al concerto
Mia madre avrebbe preferito che io non fossi andato / a al concerto.

Mia madre avrebbe preferito che io...

1. non comprare / i biglietti per il concerto
2. andare / al balletto
3. prendere / un tassì (*taxi*)

MODELLO Quando ho chiamato, io pensavo che tu... già... mangiare
Quando ho chiamato, io pensavo che tu avessi già mangiato.

Quando ho chiamato, io pensavo che tu... già...

4. alzarsi
5. fare/i compiti
6. uscire

MODELLO Sarebbe stato un vero peccato se tuo fratello... non potere/andare alla festa
Sarebbe stato un vero peccato se tuo fratello non fosse potuto andare alla festa.

Sarebbe stato un vero peccato se tuo fratello...

7. dovere/rimanere a casa
8. non completare/il suo progetto in tempo
9. non comprare/i biglietti per il concerto

MODELLO Loro credevano che noi... guardare/quel programma
Loro credevano che noi avessimo guardato quel programma.

Loro credevano che noi...

10. uscire/lo stesso
11. lasciare/il concerto presto
12. non divertirsi/al concerto

MODELLO Io pensavo che voi... mangiare/già
Io pensavo che voi aveste mangiato già.

Io pensavo che voi...

13. prendere/un posto in platea (*ground-level seat*)
14. lasciare/il concerto presto
15. non divertirsi/al concerto

MODELLO Sarebbe stato meglio se loro... uscire/con noi
Sarebbe stato meglio se loro fossero usciti con noi.

Sarebbe stato meglio se loro...

16. venire/con noi
17. andare/al balletto
18. potere/comprare biglietti migliori

Congiunzioni che reggono il congiuntivo

The subjunctive is used after conjunctions that introduce actions: (1) that may or may not happen or have already happened; (2) that imply such concepts as causation and effect. Here is a list of the most common ones:

a meno che... non	unless
affinché	so that
benché	although, even though
come se	as if
nel caso che	in the event that
perché	so that
prima che	before
purché	provided that
sebbene	although, even though

Lo dico affinché tu possa capire.	I'm saying it so that you can understand.
Siamo usciti ieri, benché piovesse.	We went out yesterday, even though it was raining.
Siamo andati a rivedere quel film, sebbene non ci fosse piaciuto.	We went to see that movie again, even though we didn't like it.
Loro si parlano come se niente fosse successo.	They're talking to each other as if nothing had happened.
Nel caso dovesse piovere, guarderemo la TV.	In the event it should rain, we'll watch TV.
Prima che arrivassero, avevamo già guardato il film.	Before they arrived, we had already watched the movie.
Uscirò con lui, purché voglia andare al concerto domani.	I'll go out with him, provided that he wants to go to the concert tomorrow.

Note that **a meno che** is followed by **non**.

Uscirò stasera, a meno che non piova.	I'm going out tonight, unless it rains.

Applicazione

M. Esco lo stesso! Crea frasi liberamente seguendo i modelli.

> **MODELLO**   benché/piovere/oggi...
> *Benché piova oggi, esco lo stesso.*

1. sebbene/piovere/ieri...
2. a meno che/nevicare/domani...
3. come se/niente/succedere/la settimana scorsa...
4. affinché/io/potere conoscere i tuoi amici/domani...
5. purché/venire anche tu/alla festa/domani...

> **MODELLO**   Andrò al concerto, a meno che non...
> *Andrò al concerto, a meno che non piova.*

6. Io vorrei andare a vedere un'opera lirica, affinché...
7. Vorrei studiare l'italiano l'anno prossimo, a meno che non...
8. Preferisco studiare l'italiano, benché...
9. Uscirò con lei, purché...

La costruzione causativa

The causative construction is made up of **fare** + **l'infinito**. It allows you to refer to a situation in which *someone is made to do something, has something done, will have something done,* etc.

Io farei proibire il fast food.	*I would have fast food prohibited.*
Mi hanno fatto ascoltare quella musica brutta.	*They made me listen to that ugly music.*

Compare the use of objects and object pronouns with respect to English:

Ho fatto chiamare Marco.	*I had Mark called.*
L'ho fatto chiamare.	*I had him called.*
Domani faremo aspettare Gina.	*Tomorrow we'll have Gina wait.*
Domani la faremo aspettare.	*Tomorrow we'll have her wait.*
Ho fatto scrivere quella lettera a Marco.	*I had Marco write that letter.*
Gliela ho fatta scrivere.	*I had him write it.*
Mi hanno fatto studiare quelle poesie.	*They had me study those poems.*
Me le hanno fatte studiare.	*They had me study them.*

Note that **a Mario** is an indirect object above because such sentences can have both a direct (**quella lettera**) and an indirect object (**a Mario**).

Applicazione

N. Come si dice? Di' le seguenti cose usando pronomi di complemento. Segui il modello.

> **MODELLO**   Di' che hai fatto lavare i piatti a tuo fratello.
> *Glieli ho fatti lavare.*

Di' che...

1. farai venire Marco al concerto.
2. faresti eliminare la TV.
3. farai ascoltare il jazz a tua sorella.
4. hai fatto leggere quelle riviste a tuo fratello.
5. hai fatto studiare la *Divina Commedia* a noi.

O. Quello che faccio e che mi fanno fare! Indica tre cose che...

1. tu fai fare ad altri.
2. altri (i tuoi genitori, i tuoi amici, ecc.) fanno fare a te.

Il periodo ipotetico

The imperfect and pluperfect tenses of the subjunctive are used after **se** in counterfactual (contrary-to-fact) clauses when the main verb is in the conditional. This construction, known as the **periodo ipotetico**, allows you to express something counterfactual or hypothetical.

WITH PRESENT CONDITIONAL	WITH PAST CONDITIONAL
Se potessi, lo farei.	**Se avessi potuto, lo avrei fatto.**
If I could, I would do it.	*If I had been able to, I would have done it.*
Se tu avessi studiato ieri, oggi potresti uscire.	**Se tu avessi studiato ieri, oggi saresti potuto uscire.**
If you had studied yesterday, today you could go out.	*If you had studied yesterday, today you could have gone out.*

Ordinarily, the present conditional in the main clause requires the imperfect subjunctive in the *if*-clause, whereas the past conditional requires the pluperfect subjunctive in the *if*-clause. Of course, if the statement is not contrary-to-fact, then the verb in the main clause is not in the conditional and the *if*-clause verb is not in the subjunctive.

Se posso, lo faccio.	*If I can, I'll do it.*
Se studierai, potrai uscire.	*If you study, you will be able to go out.*

Applicazione

P. Sarebbe venuta, se...! Svolgi i compiti indicati seguendo i modelli.

MODELLO Lei verrebbe al concerto, se.../venire anch'io
Lei verrebbe al concerto, se venissi anch'io.

Lei sarebbe venuta al concerto, se.../venire anch'io
Lei sarebbe venuta al concerto, se fossi venuto/a anch'io.

Lei verrebbe al concerto, se...

1. venire/anche mia sorella
2. cantare/la sua cantante preferita
3. avere/biglietti migliori
4. non dovere/studiare per un esame

Lei sarebbe venuta al concerto, se...

5. venire/anche mia sorella
6. cantare/la sua cantante preferita
7. avere/biglietti migliori
8. non dovere/studiare per un esame

MODELLO Se potessi,.../uscire
Se potessi, uscirei.

Se avessi potuto,.../uscire
Se avessi potuto, sarei uscito/a.

Se potessi...

9. venire/alla festa
10. andare/in Italia
11. comprare/una casa in campagna
12. lavorare/di meno

Se avessi potuto...

13. venire/alla festa
14. andare/in Italia
15. comprare/una casa in campagna
16. lavorare/di meno

Q. Se avessi soldi...! Completa ciascuna frase a piacere.

> MODELLO   Se avessi soldi,...
> *Se avessi soldi, comprerei una macchina nuova.*

1. Se avessi più tempo,...
2. Se sapessi suonare bene uno strumento musicale,...
3. Se potessi fare quello che voglio,...
4. Se sapessi parlare bene italiano,...

R. Ipotesi. Svolgi i compiti indicati seguendo i modelli.

> MODELLO   Si è divertita tua sorella?/Sì, sembra che...
> *Sì, sembra che si sia divertita.*

1. Si è divertita tua sorella?/Sì, credo che...
2. Ha visto quello spettacolo?/No, sembra che non...
3. È andata in quel locale?/Sì, è probabile che...
4. Le è piaciuta quella festa?/Sì, penso che...
5. Ha preso un posto in galleria (*balcony seat*)?/No, dubito...

> MODELLO   Se viene Marta, vieni anche tu al bar?
> *Sì, se venisse Marta, verrei anch'io al bar.*

6. Se c'è un film di Antonioni, vieni anche tu al cinema?
7. Se viene Marta, vieni anche tu alla festa?
8. Se trovo un posto in galleria, vieni anche tu al concerto?
9. Se suona il tuo complesso (*band*) preferito in quel locale, vieni anche tu a ballare?
10. Se andiamo al concerto di musica rap, vieni anche tu?

S. Cosa faresti se qualcuno...? Con un compagno/una compagna, svolgi i compiti indicati seguendo il modello.

> MODELLO   Cosa faresti se qualcuno.../invitarti/a cena
> accettare (*to accept*)
>
> TU: *Cosa faresti se qualcuno ti invitasse a cena?*
> COMPAGNO/A: *Accetterei.*

Cosa faresti se qualcuno...?

1. chiamarti/per uscire
   trovare una scusa per non uscire
2. telefonarti/per andare al cinema
   accettare
3. darti un biglietto/per uno spettacolo
   andare allo spettacolo volentieri
4. comprarti una nuova macchina
   non sapere/quello che/fare

Lessico utile

NOMI

il **capoufficio** *office manager*
la **fotocopiatrice** *photocopier*
la **galleria** *balcony seat*

la **platea** *ground-floor seat*
lo **schermo** *screen*

AGGETTIVI

leggibile *readable*

soddisfacente *satisfying*

VERBI

arredare *to decorate, furnish*

ALTRI VOCABOLI/ESPRESSIONI

a **meno che** *unless*
affinché *so that*
benché *although*
che *that, which, who*
chi *he/she who*
come se *as if*
cui *that, which, who*
dare retta a *to heed, pay attention to*
egli *he*

ella *she*
fare bella figura *to cut a good figure, look good*
il **cui** *whose*
il **quale** *that, which, who*
in grado di *to be able to*
perché *so that*
prima che *before*
purché *so that*
quello che *what (that which)*
sebbene *although*

Il sistema politico italiano

GLOSSARIO

a sua volta	in turn
eleggere	to elect
fondato	founded
in carica	in office
in confronto a	in comparison to
il partito	political party
il popolo	people
promulgato	promulgated, decreed

L'Italia è una nazione democratica. La Costituzione Italiana, promulgata il 22 dicembre del 1947, forma la base del sistema politico del paese. Il primo Articolo di questa Costituzione dichiara che l'Italia è una Repubblica democratica fondata sul lavoro e che la sovranità della nazione è del popolo.

Come in qualsiasi sistema politico democratico, ci sono diversi partiti politici ed il popolo italiano elegge il Parlamento. In confronto agli Stati Uniti, il sistema dei partiti è molto più complesso, con molti più partiti.

Il Parlamento italiano è diviso in due camere: la Camera dei Deputati e la Camera dei Senatori. I Deputati e i Senatori eleggono il Presidente della Repubblica. Il Presidente sceglie fra i Deputati il Capo del Governo, il quale sceglie, a sua volta, i Ministri e forma il Governo. Il Presidente rimane in carica sette anni. Quindi, l'Italia non è una repubblica presidenziale, perché il Presidente non è Capo del Governo. Perciò, è differente dagli Stati Uniti, poiché in America il Presidente è anche il Capo del Governo.

Un edificio municipale nella città di Catania.

Manifestazione per la pace a Roma.

A. Comprensione. Rispondi alle seguenti domande.

1. Che tipo di nazione è l'Italia?
2. Quando è stata promulgata la sua Costituzione?
3. Che cosa dichiara il primo Articolo della sua Costituzione?
4. Che cosa elegge il popolo italiano?
5. Com'è diviso il Parlamento?
6. Chi elegge il Presidente della Repubblica?

Edificio regionale nella città di Vicenza.

7. Chi sceglie il Capo del Governo?
8. Chi forma il Governo?
9. Per quanti anni rimane in carica il Presidente?

B. Discussione in classe. Com'è differente o simile il sistema politico americano in confronto a (*in comparison to*) quello italiano?

MOMENTO
Creativo

In gruppi di tre, mettete in scena un dibattito politico in televisione. Uno/una appartiene (*belongs*) a un partito di sinistra e l'altro/a a un partito di destra. La terza persona farà domande agli altri due su argomenti (*topics*) che riguardano (*which pertain to*) l'economia, l'inquinamento, ecc.

Appendices

IRREGULAR VERBS

andare *to go*
Pres. Ind.: vado, vai, va, andiamo, andate, vanno
Fut.: andrò, andrai, andrà, andremo, andrete, andranno
Imper.: va', vada, andiamo, andate, vadano
Cond.: andrei, andresti, andrebbe, andremmo, andreste, andrebbero
Pres. Subj.: vada, vada, vada, andiamo, andiate, vadano

aprire *to open*
Past Part.: aperto

assumere *to hire*
Past Part.: assunto
Past Abs.: assunsi, assumesti, assunse, assumemmo, assumeste, assunsero

avere *to have*
Pres. Ind.: ho, hai, ha, abbiamo, avete, hanno
Fut.: avrò, avrai, avrà, avremo, avrete, avranno
Imper.: abbi, abbia, abbiamo, abbiate, abbiano
Past Abs.: ebbi, avesti, ebbe, avemmo, aveste, ebbero
Cond.: avrei, avresti, avrebbe, avremmo, avreste, avrebbero
Pres. Subj.: abbia, abbia, abbia, abbiamo, abbiate, abbiano

bere *to drink*
Pres. Ind.: bevo, bevi, beve, beviamo, bevete, bevono
Past Part.: bevuto
Ger.: bevendo
Imperf.: bevevo, bevevi, beveva, bevevamo, bevevate, bevevano
Fut.: berrò, berrai, berrà, berremo, berrete, berranno
Imper.: bevi, beva, beviamo, bevete, bevano
Past Abs.: bevvi, bevesti, bevve, bevemmo, beveste, bevvero
Cond.: berrei, berresti, berrebbe, berremmo, berreste, berrebbero
Pres. Subj.: beva, beva, beva, beviamo, beviate, bevano
Imperf. Subj.: bevessi, bevessi, bevesse, bevessimo, beveste, bevessero

chiedere *to ask*
Past Part.: chiesto
Past Abs.: chiesi, chiedesti, chiese, chiedemmo, chiedeste, chiesero

chiudere *to close*
Past Part.: chiuso
Past Abs.: chiusi, chiudesti, chiuse, chiudemmo, chiudeste, chiusero

correre *to run*
Past Part.: corso
Past Abs.: corsi, corresti, corse, corremmo, correste, corsero

dare *to give*
Pres. Ind.: do, dai, dà, diamo, date, danno
Past Part.: dato
Ger.: dando
Imperf.: davo, davi, dava, davamo, davate, davano
Fut.: darò, darai, darà, daremo, darete, daranno
Imper.: da', dia, diamo, date, diano
Past Abs.: diedi, desti, diede, demmo, deste, diedero
Pres. Subj.: dia, dia, dia, diamo, diate, diano
Imperf. Subj.: dessi, dessi, desse, dessimo, deste, dessero

decidere *to decide*
Past Part.: deciso
Past Abs.: decisi, decidesti, decise, decidemmo, decideste, decisero

dire *to say, tell*
Pres. Ind.: dico, dici, dice, diciamo, dite, dicono
Past Part.: detto
Ger.: dicendo
Imperf.: dicevo, dicevi, diceva, dicevamo, dicevate, dicevano
Fut.: dirò, dirai, dirà, diremo, direte, diranno
Imper.: di', dica, diciamo, dite, dicano
Past Abs.: dissi, dicesti, disse, dicemmo, diceste, dissero
Cond.: direi, diresti, direbbe, diremmo, direste, direbbero
Pres. Subj.: dica, dica, dica, diciamo, diciate, dicano
Imperf. Subj.: dicessi, dicessi, dicesse, dicessimo, diceste, dicessero

dovere *to have to*
Pres. Ind.: devo, devi, deve, dobbiamo, dovete, devono
Fut.: dovrò, dovrai, dovrà, dovremo, dovrete, dovranno
Cond.: dovrei, dovresti, dovrebbe, dovremmo, dovreste, dovrebbero
Pres. Subj.: deva/debba, deva/debba, deva/debba, dobbiamo, dobbiate, devano/debbano

essere *to be (esserci)*

Pres. Ind.: sono, sei, è, siamo, siete, sono
Past Part.: stato
Imperf.: ero, eri, era, eravamo, eravate, erano
Fut.: sarò, sarai, sarà, saremo, sarete, saranno
Imper.: sii, sia, siamo, siate, siano
Past Abs.: fui, fosti, fu, fummo, foste, furono
Cond.: sarei, saresti, sarebbe, saremmo, sareste, sarebbero
Pres. Subj.: sia, sia, sia, siamo, siate, siano
Imperf. Subj.: fossi, fossi, fosse, fossimo, foste, fossero

fare *to do, make*

Pres. Ind.: faccio, fai, fa, facciamo, fate, fanno
Past Part.: fatto
Ger.: facendo
Imperf.: facevo, facevi, faceva, facevamo, facevate, facevano
Fut.: farò, farai, farà, faremo, farete, faranno
Imper.: fa', faccia, facciamo, fate, facciano
Cond.: farei, faresti, farebbe, faremmo, fareste, farebbero
Pres. Subj.: faccia, faccia, faccia, facciamo, facciate, facciano
Imperf. Subj.: facessi, facessi, facesse, facessimo, faceste, facessero

intendere *to intend*

Past Part.: inteso
Past Abs.: intesi, intendesti, intese, intendemmo, intendeste, intesero

leggere *to read*

Past Part.: letto
Past Abs.: lessi, leggesti, lesse, leggemmo, leggeste, lessero

mettere *to put (mettersi, promettere)*

Past Part.: messo
Past Abs.: misi, mettesti, mise, mettemmo, metteste, misero

nascere *to be born*

Past Part.: nato
Past Abs.: nacqui, nascesti, nacque, nascemmo, nasceste, nacquero

offrire *to offer*

Past Part.: offerto

perdere *to lose*

Past Part.: perso
Past Abs.: persi, perdesti, perse, perdemmo, perdeste, persero

piacere *to like*

Pres. Ind.: piaccio, piaci, piace, piacciamo, piacete, piacciono
Past Part.: piaciuto

Past Abs.: piacqui, piacesti, piacque, piacemmo, piaceste, piacquero
Pres. Subj.: piaccia, piaccia, piaccia, piacciamo, piacciate, piacciano

piangere *to cry*

Past Part.: pianto
Past Abs.: piansi, piangesti, pianse, piangemmo, piangeste, piansero

piovere *to rain*

Past Abs.: piovve

potere *to be able to*

Pres. Ind.: posso, puoi, può, possiamo, potete, possono
Fut.: potrò, potrai, potrà, potremo, potrete, potranno
Cond.: potrei, potresti, potrebbe, potremmo, potreste, potrebbero
Pres. Subj.: possa, possa, possa, possiamo, possiate, possano

prendere *to take, have*

Past Part.: preso
Past Abs.: presi, prendesti, prese, prendemmo, prendeste, presero

rimanere *to remain*

Pres. Ind.: rimango, rimani, rimane, rimaniamo, rimanete, rimangono
Past Part.: rimasto
Fut.: rimarrò, rimarrai, rimarrà, rimarremo, rimarrete, rimarranno
Imper.: rimani, rimanga, rimaniamo, rimanete, rimangano
Past Abs.: rimasi, rimanesti, rimase, rimanemmo, rimaneste, rimasero
Cond.: rimarrei, rimarresti, rimarrebbe, rimarremmo, rimarreste, rimarrebbero
Pres. Subj.: rimanga, rimanga, rimanga, rimaniamo, rimaniate, rimangano

riscuotere *to receive, cash*

Past Part.: riscosso
Past. Abs.: riscossi, riscuotesti, riscosse, riscuotemmo, riscuoteste, riscossero

risolvere *to resolve, solve*

Past Part.: risolto
Past Abs.: risolsi, risolvesti, risolse, risolvemmo, risolveste, risolsero

rispondere *to answer*

Past Part.: risposto
Past Abs.: risposi, rispondesti, rispose, rispondemmo, rispondeste, risposero

sapere *to know*

Pres. Ind.: so, sai, sa, sappiamo, sapete, sanno

Fut.: saprò, saprai, saprà, sapremo, saprete, sapranno

Imper.: sappi, sappia, sappiamo, sappiate, sappiano

Past Abs.: seppi, sapesti, seppe, sapemmo, sapeste, seppero

Cond.: saprei, sapresti, saprebbe, sapremmo, sapreste, saprebbero

Pres. Subj.: sappia, sappia, sappia, sappiamo, sappiate, sappiano

scrivere *to write (prescrivere)*

Past Part.: scritto

Past Abs.: scrissi, scrivesti, scrisse, scrivemmo, scriveste, scrissero

sedersi *to sit down*

Pres. Ind.: mi siedo, ti siedi, si siede, ci sediamo, vi sedete, si siedono

Imper.: siediti, si sieda, sediamoci, sedetevi, si siedano

Pres. Subj.: mi sieda, ti sieda, si sieda, ci sediamo, vi sediate, si siedano

soffrire *to suffer*

Past Part.: sofferto

spendere *to spend*

Past Part.: speso

Past Abs.: spesi, spendesti, spese, spendemmo, spendeste, spesero

stare *to stay*

Pres. Ind.: sto, stai, sta, stiamo, state, stanno

Past Part.: stato

Ger.: stando

Imperf.: stavo, stavi, stava, stavamo, stavate, stavano

Fut.: starò, starai, starà, staremo, starete, staranno

Imper.: sta', stia, stiamo, state, stiano

Past Abs.: stetti, stesti, stette, stemmo, steste, stettero

Cond.: starei, staresti, starebbe, staremmo, stareste, starebbero

Pres. Subj.: stia, stia, stia, stiamo, stiate, stiano

Imperf. Subj.: stessi, stessi, stesse, stessimo, steste, stessero

succedere *to happen*

Past Part.: successo

Past Abs.: successe

svolgere *to carry out*

Past Part.: svolto

Past Abs.: svolsi, svolgesti, svolse, svolgemmo, svolgeste, svolsero

tenere *to hold, keep (mantenere)*

Pres. Ind.: tengo, tieni, tiene, teniamo, tenete, tengono

Past Part.: tenuto

Imperf.: tenevo, tenevi, teneva, tenevamo, tenevate, tenevano

Fut.: terrò, terrai, terrà, terremo, terrete, terranno

Imper.: tieni, tenga, teniamo, tenete, tengano

Past Abs.: tenni, tenesti, tenne, tenemmo, teneste, tennero

Cond.: terrei, terresti, terrebbe, terremmo, terreste, terrebbero

Pres. Subj.: tenga, tenga, tenga, teniamo, teniate, tengano

uscire *to go out (riuscire)*

Pres. Ind.: esco, esci, esce, usciamo, uscite, escono

Imper.: esci, esca, usciamo, uscite, escano

Pres. Subj.: esca, esca, esca, usciamo, usciate, escano

valere *to be worth*

Pres. Ind.: vale

Past Part.: valso

Fut.: varrà

Cond.: varrebbe

Pres. Subj.: valga

vedere *to see*

Past Part.: visto/veduto

Fut.: vedrò, vedrai, vedrà, vedremo, vedrete, vedranno

Past Abs.: vidi, vedesti, vide, vedemmo, vedeste, videro

Cond.: vedrei, vedresti, vedrebbe, vedremmo, vedreste, vedrebbero

venire *to come (convenire)*

Pres. Ind.: vengo, vieni, viene, veniamo, venite, vengono

Past Part.: venuto

Ger.: venendo

Fut.: verrò, verrai, verrà, verremo, verrete, verranno

Imper.: vieni, venga, veniamo, venite, vengano

Past Abs.: venni, venisti, venne, venimmo, veniste, vennero

Cond.: verrei, verresti, verrebbe, verremmo, verreste, verrebbero

Pres. Subj.: venga, venga, venga, veniamo, veniate, vengano

vincere *to win*

Past Part.: vinto

Past Abs.: vinsi, vincesti, vinse, vincemmo, vinceste, vinsero

vivere *to live*

Past Part.: vissuto

Fut.: vivrò, vivrai, vivrà, vivremo, vivrete, vivranno

Past Abs.: vissi, vivesti, visse, vivemmo, viveste, vissero

Cond.: vivrei, vivresti, vivrebbe, vivremmo, vivreste, vivrebbero

volere *to want (volerci)*

Pres. Ind.: voglio, vuoi, vuole, vogliamo, volete, vogliono

Fut.: vorrò, vorrai, vorrà, vorremo, vorrete, vorranno

Past Abs.: volli, volesti, volle, volemmo, voleste, vollero

Cond.: vorrei, vorresti, vorrebbe, vorremmo, vorreste, vorrebbero

Pres. Subj.: voglia, voglia, voglia, vogliamo, vogliate, vogliano

VERBS CONJUGATED WITH -ISC IN PRESENT TENSES AND IN THE IMPERATIVE

capire *to understand*
finire *to finish*
preferire *to prefer*
pulire *to clean, polish*
spedire *to send (on)*

NON-REFLEXIVE VERBS CONJUGATED WITH ESSERE IN COMPOUND TENSES

andare *to go*
arrivare *to arrive*
bastare *to be enough*
cadere *to fall*
costare *to cost*
crescere *to grow*
diventare *to become*
durare *to last*
entrare *to enter*
esserci *to be there*
essere *to be*
mancare *to lack, miss*
nascere *to be born*
partire *to leave, depart*
piacere *to like*
rientrare *to get in/back home*
rimanere *to remain*
riuscire a *to be able to*
sembrare *to seem*
stare *to stay, be*
succedere *to happen*
tornare *to return*
uscire *to go out*
valere *to be worthwhile*
venire *to come*
vivere *to live*
volerci *to be needed*

VERBS WITH SPELLING PECULIARITIES

Verbs ending in -care/-gare

allegare *to enclose, attach*
Pres. Ind.: allego, alleghi, allega, alleghiamo, allegate, allegano
Past Part.: allegato
Ger.: allegando
Imperf.: allegavo, allegavi, allegava, allegavamo, allegavate, allegavano
Fut.: allegherò, allegherai, allegherà, allegheremo, allegherete, allegheranno
Imper.: allega, alleghi, alleghiamo, allegate, alleghino
Past Abs.: allegai, allegasti, allegò, allegammo, allegaste, allegarono
Cond.: allegherei, allegheresti, allegherebbe, allegheremmo, alleghereste, allegherebbero
Pres. Subj.: alleghi, alleghi, alleghi, alleghiamo, alleghiate, alleghino
Imperf. Subj.: allegassi, allegassi, allegasse, allegassimo, allegaste, allegassero

cercare *to search, look for*
Pres. Ind.: cerco, cerchi, cerca, cerchiamo, cercate, cercano
Past Part.: cercato
Ger.: cercando
Imperf.: cercavo, cercavi, cercava, cercavamo, cercavate, cercavano
Fut.: cercherò, cercherai, cercherà, cercheremo, cercherete, cercheranno
Imper.: cerca, cerchi, cerchiamo, cercate, cerchino
Past Abs.: cercai, cercasti, cercò, cercammo, cercaste, cercarono
Cond.: cercherei, cercheresti, cercherebbe, cercheremmo, cerchereste, cercherebbero
Pres. Subj.: cerchi, cerchi, cerchi, cerchiamo, cerchiate, cerchino
Imperf. Subj.: cercassi, cercassi, cercasse, cercassimo, cercaste, cercassero

giocare *to play*
Pres. Ind.: gioco, giochi, gioca, giochiamo, giocate, giocano
Past Part.: giocato
Ger.: giocando
Imperf.: giocavo, giocavi, giocava, giocavamo, giocavate, giocavano
Fut.: giocherò, giocherai, giocherà, giocheremo, giocherete, giocheranno
Imper.: gioca, giochi, giochiamo, giocate, giochino
Past Abs.: giocai, giocasti, giocò, giocammo, giocaste, giocarono
Cond.: giocherei, giocheresti, giocherebbe, giocheremmo, giochereste, giocherebbero

Pres. Subj.: giochi, giochi, giochi, giochiamo, giochiate, giochino

Imperf. Subj.: giocassi, giocassi, giocasse, giocassimo, giocaste, giocassero

mancare *to miss, lack*

Pres. Ind.: manco, manchi, manca, manchiamo, mancate, mancano

Past Part.: mancato

Ger.: mancando

Imperf.: mancavo, mancavi, mancava, mancavamo, mancavate, mancavano

Fut.: mancherò, mancherai, mancherà, mancheremo, mancherete, mancheranno

Imper.: manca, manchi, manchiamo, mancate, manchino

Past Abs.: mancai, mancasti, mancò, mancammo, mancaste, mancarono

Cond.: mancherei, mancheresti, mancherebbe, mancheremmo, manchereste, mancherebbero

Pres. Subj.: manchi, manchi, manchi, manchiamo, manchiate, manchino

Imperf. Subj.: mancassi, mancassi, mancasse, mancassimo, mancaste, mancassero

nevicare *to snow*

Pres. Ind.: nevica

Past Part.: nevicato

Ger.: nevicando

Imperf.: nevicava

Fut.: nevicherà

Past Abs.: nevicò

Cond.: nevicherebbe

Pres. Subj.: nevichi

Imperf. Subj.: nevicasse

pagare *to pay*

Pres. Ind.: pago, paghi, paga, paghiamo, pagate, pagano

Past Part.: pagato

Ger.: pagando

Imperf.: pagavo, pagavi, pagava, pagavamo, pagavate, pagavano

Fut.: pagherò, pagherai, pagherà, pagheremo, pagherete, pagheranno

Imper.: paga, paghi, paghiamo, pagate, paghino

Past Abs.: pagai, pagasti, pagò, pagammo, pagaste, pagarono

Cond.: pagherei, pagheresti, pagherebbe, pagheremmo, paghereste, pagherebbero

Pres. Subj.: paghi, paghi, paghi, paghiamo, paghiate, paghino

Imperf. Subj.: pagassi, pagassi, pagasse, pagassimo, pagaste, pagassero

praticare *to practice, play*

Pres. Ind.: pratico, pratichi, pratica, pratichiamo, praticate, praticano

Past Part.: praticato

Ger.: praticando

Imperf.: praticavo, praticavi, praticava, praticavamo, praticavate, praticavano

Fut.: praticherò, praticherai, praticherà, praticheremo, praticherete, praticheranno

Imper.: pratica, pratichi, pratichiamo, praticate, pratichino

Past Abs.: praticai, praticasti, praticò, praticammo, praticaste, praticarono

Cond.: praticherei, praticheresti, praticherebbe, praticheremmo, pratichereste, praticherebbero

Pres. Subj.: pratichi, pratichi, pratichi, pratichiamo, pratichiate, pratichino

Imperf. Subj.: praticassi, praticassi, praticasse, praticassimo, praticaste, praticassero

sprecare *to waste*

Pres. Ind.: spreco, sprechi, spreca, sprechiamo, sprecate, sprecano

Past Part.: sprecato

Ger.: sprecando

Imperf.: sprecavo, sprecavi, sprecava, sprecavamo, sprecavate, sprecavano

Fut.: sprecherò, sprecherai, sprecherà, sprecheremo, sprecherete, sprecheranno

Imper.: spreca, sprechi, sprechiamo, sprecate, sprechino

Past Abs.: sprecai, sprecasti, sprecò, sprecammo, sprecaste, sprecarono

Cond.: sprecherei, sprecheresti, sprecherebbe, sprecheremmo, sprechereste, sprecherebbero

Pres. Subj.: sprechi, sprechi, sprechi, sprechiamo, sprechiate, sprechino

Imperf. Subj.: sprecassi, sprecassi, sprecasse, sprecassimo, sprecaste, sprecassero

toccare *to touch*

Pres. Ind.: tocco, tocchi, tocca, tocchiamo, toccate, toccano

Past Part.: toccato

Ger.: toccando

Imperf.: toccavo, toccavi, toccava, toccavamo, toccavate, toccavano

Fut.: toccherò, toccherai, toccherà, toccheremo, toccherete, toccheranno

Imper.: tocca, tocchi, tocchiamo, toccate, tocchino

Past Abs.: toccai, toccasti, toccò, toccammo, toccaste, toccarono

Cond.: toccherei, toccheresti, toccherebbe, toccheremmo, tocchereste, toccherebbero

Pres. Subj.: tocchi, tocchi, tocchi, tocchiamo, tocchiate, tocchino

Imperf. Subj.: toccassi, toccassi, toccasse, toccassimo, toccaste, toccassero

Verbs ending in -ciare/-giare

allacciare *to fasten*

Pres. Ind.: allaccio, allacci, allaccia, allacciamo, allacciate, allacciano
Past Part.: allacciato
Ger.: allacciando
Imperf.: allacciavo, allacciavi, allacciava, allacciavamo, allacciavate, allacciavano
Fut.: allaccerò, allaccerai, allaccerà, allacceremo, allaccerete, allacceranno
Imper.: allaccia, allacci, allacciamo, allacciate, allaccino
Past Abs.: allacciai, allacciasti, allacciò, allacciammo, allacciaste, allacciarono
Cond.: allaccerei, allacceresti, allaccerebbe, allacceremmo, allaccereste, allaccerebbero
Pres. Subj.: allacci, allacci, allacci, allacciamo, allacciate, allaccino
Imperf. Subj.: allacciassi, allacciassi, allacciasse, allacciassimo, allacciaste, allacciassero

appoggiare *to support*

Pres. Ind.: appoggio, appoggi, appoggia, appoggiamo, appoggiate, appoggiano
Past Part.: appoggiato
Ger.: appoggiando
Imperf.: appoggiavo, appoggiavi, appoggiava, appoggiavamo, appoggiavate, appoggiavano
Fut.: appoggerò, appoggerai, appoggerà, appoggeremo, appoggerete, appoggeranno
Imper.: appoggia, appoggi, appoggiamo, appoggiate, appoggino
Past Abs.: appoggiai, appoggiasti, appoggiò, appoggiammo, appoggiaste, appoggiarono
Cond.: appoggerei, appoggeresti, appoggerebbe, appoggeremmo, appoggereste, appoggerebbero
Pres. Subj.: appoggi, appoggi, appoggi, appoggiamo, appoggiate, appoggino
Imperf. Subj.: appoggiassi, appoggiassi, appoggiasse, appoggiassimo, appoggiaste, appoggiassero

cominciare *to begin*

Pres. Ind.: comincio, cominci, comincia, cominciamo, cominciate, cominciano
Past Part.: cominciato
Ger.: cominciando
Imperf.: cominciavo, cominciavi, cominciava, cominciavamo, cominciavate, cominciavano
Fut.: comincerò, comincerai, comincerà, cominceremo, comincerete, cominceranno
Imper.: comincia, cominci, cominciamo, cominciate, comincino
Past Abs.: cominciai, cominciasti, cominciò, cominciammo, cominciaste, cominciarono
Cond.: comincerei, cominceresti, comincerebbe, cominceremmo, comincereste, comincerebbero
Pres. Subj.: cominci, cominci, cominci, cominciamo, cominciate, comincino
Imperf. Subj.: cominciassi, cominciassi, cominciasse, cominciassimo, cominciaste, cominciassero

festeggiare *to celebrate*

Pres. Ind.: festeggio, festeggi, festeggia, festeggiamo, festeggiate, festeggiano
Past Part.: festeggiato
Ger.: festeggiando
Imperf.: festeggiavo, festeggiavi, festeggiava, festeggiavamo, festeggiavate, festeggiavano
Fut.: festeggerò, festeggerai, festeggerà, festeggeremo, festeggerete, festeggeranno
Imper.: festeggia, festeggi, festeggiamo, festeggiate, festeggino
Past Abs.: festeggiai, festeggiasti, festeggiò, festeggiammo, festeggiaste, festeggiarono
Cond.: festeggerei, festeggeresti, festeggerebbe, festeggeremmo, festeggereste, festeggerebbero
Pres. Subj.: festeggi, festeggi, festeggi, festeggiamo, festeggiate, festeggino
Imperf. Subj.: festeggiassi, festeggiassi, festeggiasse, festeggiassimo, festeggiaste, festeggiassero

lampeggiare *to be lightening*

Pres. Ind.: lampeggia
Past Part.: lampeggiato
Ger.: lampeggiando
Imperf.: lampeggiava
Fut.: lampeggerà
Past Abs.: lampeggiò
Cond.: lampeggerebbe
Pres. Subj.: lampeggi
Imperf. Subj.: lampeggiasse

lasciare *to leave*

Pres. Ind.: lascio, lasci, lascia, lasciamo, lasciate, lasciano
Past Part.: lasciato
Ger.: lasciando
Imperf.: lasciavo, lasciavi, lasciava, lasciavamo, lasciavate, lasciavano
Fut.: lascerò, lascerai, lascerà, lasceremo, lascerete, lasceranno
Imper.: lascia, lasci, lasciamo, lasciate, lascino
Past Abs.: lasciai, lasciasti, lasciò, lasciammo, lasciaste, lasciarono
Cond.: lascerei, lasceresti, lascerebbe, lasceremmo, lascereste, lascerebbero
Pres. Subj.: lasci, lasci, lasci, lasciamo, lasciate, lascino
Imperf. Subj.: lasciassi, lasciassi, lasciasse, lasciassimo, lasciaste, lasciassero

mangiare *to eat*

Pres. Ind.: mangio, mangi, mangia, mangiamo, mangiate, mangiano

Past Part.: mangiato

Ger.: mangiando

Imperf.: mangiavo, mangiavi, mangiava, mangiavamo, mangiavate, mangiavano

Fut.: mangerò, mangerai, mangerà, mangeremo, mangerete, mangeranno

Imper.: mangia, mangi, mangiamo, mangiate, mangino

Past Abs.: mangiai, mangiasti, mangiò, mangiammo, mangiaste, mangiarono

Cond.: mangerei, mangeresti, mangerebbe, mangeremmo, mangereste, mangerebbero

Pres. Subj.: mangi, mangi, mangi, mangiamo, mangiate, mangino

Imperf. Subj.: mangiassi, mangiassi, mangiasse, mangiassimo, mangiaste, mangiassero

parcheggiare *to park*

Pres. Ind.: parcheggio, parcheggi, parcheggia, parcheggiamo, parcheggiate, parcheggiano

Past Part.: parcheggiato

Ger.: parcheggiando

Imperf.: parcheggiavo, parcheggiavi, parcheggiava, parcheggiavamo, parcheggiavate, parcheggiavano

Fut.: parcheggerò, parcheggerai, parcheggerà, parcheggeremo, parcheggerete, parcheggeranno

Imper.: parcheggia, parcheggi, parcheggiamo, parcheggiate, parcheggino

Past Abs.: parcheggiai, parcheggiasti, parcheggiò, parcheggiammo, parcheggiaste, parcheggiarono

Cond.: parcheggerei, parcheggeresti, parcheggerebbe, parcheggeremmo, parcheggereste, parcheggerebbero

Pres. Subj.: parcheggi, parcheggi, parcheggi, parcheggiamo, parcheggiate, parcheggino

Imperf. Subj.: parcheggiassi, parcheggiassi, parcheggiasse, parcheggiassimo, parcheggiaste, parcheggiassero

pareggiare *to tie*

Pres. Ind.: pareggio, pareggi, pareggia, pareggiamo, pareggiate, pareggiano

Past Part.: pareggiato

Ger.: pareggiando

Imperf.: pareggiavo, pareggiavi, pareggiava, pareggiavamo, pareggiavate, pareggiavano

Fut.: pareggerò, pareggerai, pareggerà, pareggeremo, pareggerete, pareggeranno

Imper.: pareggia, pareggi, pareggiamo, pareggiate, pareggino

Past Abs.: pareggiai, pareggiasti, pareggiò, pareggiammo, pareggiaste, pareggiarono

Cond.: pareggerei, pareggeresti, pareggerebbe, pareggeremmo, pareggereste, pareggerebbero

Pres. Subj.: pareggi, pareggi, pareggi, pareggiamo, pareggiate, pareggino

Imperf. Subj.: pareggiassi, pareggiassi, pareggiasse, pareggiassimo, pareggiaste, pareggiassero

viaggiare *to travel*

Pres. Ind.: viaggio, viaggi, viaggia, viaggiamo, viaggiate, viaggiano

Past Part.: viaggiato

Ger.: viaggiando

Imperf.: viaggiavo, viaggiavi, viaggiava, viaggiavamo, viaggiavate, viaggiavano

Fut.: viaggerò, viaggerai, viaggerà, viaggeremo, viaggerete, viaggeranno

Imper.: viaggia, viaggi, viaggiamo, viaggiate, viaggino

Past Abs.: viaggiai, viaggiasti, viaggiò, viaggiammo, viaggiaste, viaggiarono

Cond.: viaggerei, viaggeresti, viaggerebbe, viaggeremmo, viaggereste, viaggerebbero

Pres. Subj.: viaggi, viaggi, viaggi, viaggiamo, viaggiate, viaggino

Imperf. Subj.: viaggiassi, viaggiassi, viaggiasse, viaggiassimo, viaggiaste, viaggiassero

Verbs ending in **-iare**

cambiare *to change*

Pres. Ind.: cambio, cambi, cambia, cambiamo, cambiate, cambiano

Past Part.: cambiato

Ger.: cambiando

Imperf.: cambiavo, cambiavi, cambiava, cambiavamo, cambiavate, cambiavano

Fut.: cambierò, cambierai, cambierà, cambieremo, cambierete, cambieranno

Imper.: cambia, cambi, cambiamo, cambiate, cambino

Past Abs.: cambiai, cambiasti, cambiò, cambiammo, cambiaste, cambiarono

Cond.: cambierei, cambieresti, cambierebbe, cambieremmo, cambiereste, cambierebbero

Pres. Subj.: cambi, cambi, cambi, cambiamo, cambiate, cambino

Imperf. Subj.: cambiassi, cambiassi, cambiasse, cambiassimo, cambiaste, cambiassero

inviare *to send*

Pres. Ind.: invio, invii, invia, inviamo, inviate, inviano

Past Part.: inviato

Ger.: inviando

Imperf.: inviavo, inviavi, inviava, inviavamo, inviavate, inviavano

Fut.: invierò, invierai, invierà, invieremo, invierete, invieranno

Imper.: invia, invii, inviamo, inviate, inviino

Past Abs.: inviai, inviasti, inviò, inviammo, inviaste, inviarono

Cond.: invierei, invieresti, invierebbe, invieremmo, inviereste, invierebbero

Pres. Subj.: invii, invii, invii, inviamo, inviate, inviino

Imperf. Subj.: inviassi, inviassi, inviasse, inviassimo, inviaste, inviassero

ringraziare *to thank*

Pres. Ind.: ringrazio, ringrazi, ringrazia, ringraziamo, ringraziate, ringraziano

Past Part.: ringraziato

Ger.: ringraziando

Imperf.: ringraziavo, ringraziavi, ringraziava, ringraziavamo, ringraziavate, ringraziavano

Fut.: ringrazierò, ringrazierai, ringrazierà, ringrazieremo, ringrazierete, ringrazieranno

Imper.: ringrazia, ringrazi, ringraziamo, ringraziate, ringrazino

Past Abs.: ringraziai, ringraziasti, ringraziò, ringraziammo, ringraziaste, ringraziarono

Cond.: ringrazierei, ringrazieresti, ringrazierebbe, ringrazieremmo, ringraziereste, ringrazierebbero

Pres. Subj.: ringrazi, ringrazi, ringrazi, ringraziamo, ringraziate, ringrazino

Imperf. Subj.: ringraziassi, ringraziassi, ringraziasse, ringraziassimo, ringraziaste, ringraziassero

risparmiare *to save*

Pres. Ind.: risparmio, risparmi, risparmia, risparmiamo, risparmiate, risparmiano

Past Part.: risparmiato

Ger.: risparmiando

Imperf.: risparmiavo, risparmiavi, risparmiava, risparmiavamo, risparmiavate, risparmiavano

Fut.: risparmierò, risparmierai, risparmierà, risparmieremo, risparmierete, risparmieranno

Imper.: risparmia, risparmi, risparmiamo, risparmiate, risparmino

Past Abs.: risparmiai, risparmiasti, risparmiò, risparmiammo, risparmiaste, risparmiarono

Cond.: risparmierei, risparmieresti, risparmierebbe, risparmieremmo, risparmiereste, risparmierebbero

Pres. Subj.: risparmi, risparmi, risparmi, risparmiamo, risparmiate, risparmino

Imperf. Subj.: risparmiassi, risparmiassi, risparmiasse, risparmiassimo, risparmiaste, risparmiassero

sbagliare *to make a mistake*

Pres. Ind.: sbaglio, sbagli, sbaglia, sbagliamo, sbagliate, sbagliano

Past Part.: sbagliato

Ger.: sbagliando

Imperf.: sbagliavo, sbagliavi, sbagliava, sbagliavamo, sbagliavate, sbagliavano

Fut.: sbaglierò, sbaglierai, sbaglierà, sbaglieremo, sbaglierete, sbaglieranno

Imper.: sbaglia, sbagli, sbagliamo, sbagliate, sbaglino

Past Abs.: sbagliai, sbagliasti, sbagliò, sbagliammo, sbagliaste, sbagliarono

Cond.: sbaglierei, sbaglieresti, sbaglierebbe, sbaglieremmo, sbagliereste, sbaglierebbero

Pres. Subj.: sbagli, sbagli, sbagli, sbagliamo, sbagliate, sbaglino

Imperf. Subj.: sbagliassi, sbagliassi, sbagliasse, sbagliassimo, sbagliaste, sbagliassero

sciare *to ski*

Pres. Ind.: scio, scii, scia, sciamo, sciate, sciano

Past Part.: sciato

Ger.: sciando

Imperf.: sciavo, sciavi, sciava, sciavamo, sciavate, sciavano

Fut.: scierò, scierai, scierà, scieremo, scierete, scieranno

Imper.: scia, scii, sciamo, sciate, sciino

Past Abs.: sciai, sciasti, sciò, sciammo, sciaste, sciarono

Cond.: scierei, scieresti, scierebbe, scieremmo, sciereste, scierebbero

Pres. Subj.: scii, scii, scii, sciamo, sciate, sciino

Imperf. Subj.: sciassi, sciassi, sciasse, sciassimo, sciaste, sciassero

studiare *to study*

Pres. Ind.: studio, studi, studia, studiamo, studiate, studiano

Past Part.: studiato

Ger.: studiando

Imperf.: studiavo, studiavi, studiava, studiavamo, studiavate, studiavano

Fut.: studierò, studierai, studierà, studieremo, studierete, studieranno

Imper.: studia, studi, studiamo, studiate, studino

Past Abs.: studiai, studiasti, studiò, studiammo, studiaste, studiarono

Cond.: studierei, studieresti, studierebbe, studieremmo, studiereste, studierebbero

Pres. Subj.: studi, studi, studi, studiamo, studiate, studino

Imperf. Subj.: studiassi, studiassi, studiasse, studiassimo, studiaste, studiassero

Italian–English Glossary

A

a   *at, to*
a casa di   *at/to the home of*
a domani   *see you tomorrow*
a meno che   *unless*
a mezzanotte   *at midnight*
a mezzogiorno   *at noon*
a mio avviso   *in my opinion*
a mio parere   *in my view/opinion*
a piedi   *on foot*
a più tardi   *see you later*
a presto   *see you soon*
a proposito   *by the way*
abbastanza   *enough, quite, rather*
abbigliamento   *clothing*
abbraccio   *hug*
abitare   *to live, dwell*
accanto   *next to*
accelerare   *to speed up*
acceleratore (*m.*)   *gas pedal*
accompagnare   *to accompany, come along*
acqua   *water*
Acquario   *Aquarius*
ad esempio   *for example*
adesso   *now*
adolescente (*m./f.*)   *adolescent, teenager*
aereo   *airplane*
aeroporto   *airport*
afa   *mugginess*
affascinante   *fascinating*
affatto   *at all*
affettivo   *emotional/affective*
affettuosamente   *affectionately*
affinché   *so that*
affittare   *to rent*
affrancatura   *postage*
Africa   *Africa*
africano   *African*
agenda   *appointment book*
agenzia   *agency*
agosto   *August*
aiuto   *help*
al banco   *at the counter*
al mare   *to/at the sea*
al tavolo   *at the table*
alcuni/e   *several, a few*

all'estero   *abroad*
alla cassa   *at the cashier's*
alla spiaggia/in spiaggia   *at/to the beach*
allacciare   *fasten*
allegare   *to enclose*
alloggio   *place to live, housing unit*
allora   *so, therefore, thus, then*
alpinismo   *mountain climbing*
alto   *tall*
altrimenti   *otherwise*
altro   *other*
alzarsi   *to get up*
amare   *to love*
amaro   *bitter*
ambedue   *both*
americano   *American*
amico/amica   *friend*
anagramma   *anagram*
analisi   *analysis*
anche   *also, too*
ancora   *still, yet*
andare   *to go*
andare via   *to go away*
andarsene   *to go away*
anello   *ring*
anno   *year*
annoiarsi   *to get bored*
antibiotico   *antibiotic*
antropologia   *anthropology*
anzi   *as a matter of fact*
anziché   *instead of*
appartamento   *apartment*
appena   *just, as soon as*
appoggiare   *to support (intellectually)*
appuntamento   *appointment, date*
appuntare   *to staple*
aprile   *April*
aprire   *to open*
arancia   *orange*
aranciata   *orange drink*
arancione   *orange*
arbitro   *referee*
Ariete   *Aries*
armadio   *cupboard, closet*
arredare   *to decorate, furnish*
arrivare   *to arrive*
arrivederci (*fam.*)/arrivederLa (*pol.*)   *good-bye*

arrivo   *arrival*
arrossato   *reddened*
artista (*m./f.*)   *artist*
ascensore (*m.*)   *elevator*
asciugatrice (*f.*)   *clothes dryer*
ascoltare   *to listen to*
aspettare   *to wait for*
assegno   *check*
assegno turistico   *traveler's check*
assieme a   *together with*
assistente di volo   *flight attendant*
assumere   *to hire*
astrologia   *astrology*
atleta (*m./f.*)   *athlete*
atletica   *track and field*
atterraggio   *landing*
attore/attrice   *actor/actress*
attraversare   *to cross*
attualmente   *presently*
augurio   *wish*
aula   *classroom*
auricolari   *headphones*
Australia   *Australia*
australiano   *Australian*
autobus   *bus*
automobile (*f.*)   *automobile*
automobilismo   *car racing*
automobilista   *driver, motorist*
autunno   *fall, autumn*
avanzato   *advanced*
avaro   *greedy*
avere   *to have*
avere bisogno di   *to need*
avere fame   *to be hungry*
avere fretta   *to be in a hurry*
avere intenzione di   *to have the intention to*
avere lezione   *to have a class*
avere paura   *to be afraid*
avere pazienza   *to be patient*
avere ragione   *to be right*
avere sete   *to be thirsty*
avere sonno   *to be sleepy*
avere torto   *to be wrong*
avere voglia di   *to feel like*
avviso   *newspaper ad*
avvocato/avvocatessa   *lawyer*
azienda   *company*
azzurro   *blue*

B

bacio *kiss*
bagaglio *baggage*
bagaglio a mano *hand luggage*
bagno *bathroom*
ballare *to dance*
balletto *ballet*
ballo *dance*
bambino/a *child*
banana *banana*
banca *bank*
banco d'accettazione *check-in counter*
bar *espresso bar*
barista (*m./f.*) *bar server*
basso *short*
bello *beautiful*
benché *although, even though*
bene *well*
benzina *gas*
bere *to drink*
bianco *white*
biblioteca *library*
bicchiere (*m.*) *drinking glass*
bicicletta *bicycle*
biglietto *ticket*
Bilancia *Libra*
biologia *biology*
bisognare *to be necessary*
bitter *bitter soft drink*
blu *dark blue*
bocca *mouth*
bolletta *phone, water, gas bill*
borsa *purse*
braccio *arm*
bravo *good (at something)*
brioche (*f.*) *Danish pastry*
broccoli (*m., pl.*) *broccoli*
brutto *ugly*
bugia *lie*
Buona giornata! *Have a good day!*
buonanotte *good night*
buonasera *good afternoon, evening*
buongiorno *hello, good day, good morning*
buono *good*
busta *envelope*

C

caffè (*m.*) *coffee*
caffellatte (*m.*) *coffee and milk*
calcio *soccer*
caldo *warm, hot*
calendario *calendar*
calmarsi *to calm down*
calza *stocking*

calzino *sock*
cambiare *to change, exchange*
cambio *exchange*
camera *bedroom*
cameriere/cameriera *waiter/waitress*
camicetta *blouse*
camicia *shirt*
campeggio *camping*
campionato *league play/playoffs*
campo *field*
Canada *Canada*
canadese *Canadian*
canale (*m.*) *canal, channel*
Cancro *Cancer*
cantante (*m./f.*) *singer*
cantare *to sing*
canzone (*f.*) *song*
capelli *hair*
capire *to understand*
capoufficio *office manager*
cappello *hat*
cappotto *coat*
cappuccino *cappuccino*
Capricorno *Capricorn*
carne (*f.*) *meat*
caro *dear*
carota *carrot*
carta *paper*
carta d'imbarco *boarding pass*
carta di credito *credit card*
carta di riconoscimento *identification card*
cartella *school bag*
cartolina *postcard*
casa *house, home*
cassetta *cassette*
cattivo *bad*
celeste *sky blue*
cellulare (*m.*) *cell phone*
cena *dinner*
cenare *to have dinner, dine*
centigrado *centigrade*
centro *downtown*
cercare *to search for, look for*
certo *certain, certainly*
cestino *wastebasket*
che *that/which/who*
Che fai di bello? *What's up?*
Che giorno è? *What day is it?*
Che ora è?/Che ore sono? *What time is it?*
Che tempo fa? *How's the weather?*
che/cosa/che cosa *what*
chi *who*
chiacchierare *to chat*
chiamare *to call*
chiamarsi *to be called*

chiedere *to ask*
chilogrammo *kilogram*
chimica *chemistry*
chiromante (*f.*) *fortune-teller*
chissà *who knows*
chiudere *to close*
Ciao! *Hi!/Bye!*
ciascuno *someone, something*
cibo *food*
cielo *sky*
ciliegia *cherry*
Cina *China*
cinema (*m.*) *movies, movie theater, cinema*
cinese *Chinese*
cintura *belt*
cintura di sicurezza *seatbelt*
cioccolata *chocolate*
cioè *that is to say*
circa *around*
città (*f.*) *city*
clacson *car horn*
classe (*f.*) *class of students*
classe turistica *economy class*
classico *classic*
club *club*
Coca-Cola *Coke*
codice postale (*m.*) *postal code*
cofano *hood*
cognata *sister-in-law*
cognato *brother-in-law*
cognome (*m.*) *surname, family name*
coincidenza *connection*
colazione (*f.*) *breakfast*
collana *necklace*
collega (*m./f.*) *colleague, work associate*
collo *neck*
colore (*m.*) *color*
colpa *blame, fault*
coltello *knife*
comandante (*m./f.*) *flight captain*
come *how, like, as*
come al solito *as usual*
Come mai? *How come?*
come se *as if*
Come va? *How's it going?*
cominciare *to begin, start*
commento *comment*
commesso/a *store clerk*
comò (*m.*) *dresser*
comodo *comfortable*
compact disc *compact disc*
compagno/a *companion, chum*
compatibile *compatible*
compiere *to complete, finish*
compilare *to fill-out*

compito *assignment*
compleanno *birthday*
complesso *musical group*
completamente *completely*
completare *to complete*
compositore/compositrice *composer*
comprare *to buy*
computer *computer*
comunque *however*
con *with*
con lo zucchero *with sugar*
concerto *concert*
conoscere *to know (someone), meet*
consegnare *to hand in*
conservatorio *conservatory*
consiglio *advice*
conto *account*
contro *against*
controllare *to check, control*
controllo *check-up*
convenire a *to be worthwhile*
coperto *covered/cloudy*
copia *copy*
coppia *pair, couple*
cornetto *croissant*
correre *to run*
corretto *with a dash of an alcoholic beverage*
corridoio *corridor, hallway*
corsa *race*
corso *avenue, street, course (of study)*
cosa *thing, what*
così *so, such*
così così *so-so*
costare *to cost*
cravatta *tie*
credere *to believe*
credito *credit*
crema *custard, pudding (cream)*
crescere *to grow*
crisi (*f.*) *crisis*
cucchiaio *spoon*
cucina *kitchen*
cucitrice (*f.*) *stapler*
cugino/cugina *cousin*
cui *that, which, whom*
culturismo *body building*
cuore (*m.*) *heart*

D

D'accordo! *Agreed!*
da *from, by, as, since, for*
da quando *ever since*
da solo *alone*
da vicino *up close*
dal mio punto di vista *from my point of view*

dare *to give*
dare retta a *to heed, pay attention to*
dare un'occhiata *to take a look*
darsi del tu *to be on familiar terms*
davanti *in front*
davvero *truly*
debito *debt, debit*
debole *weak*
decaffeinato *decaffeinated*
decidere *to decide*
decollo *take-off*
del pomeriggio *in the afternoon*
denaro *money*
dentista (*m./f.*) *dentist*
dentro *inside*
depositare *to deposit*
desiderare *to want*
destinatario *addressee*
destro *right*
di *of, by*
di andata e ritorno *round-trip*
di facile uso *user-friendly*
di mattina/della mattina/del mattino *in the morning*
di notte/della notte *at night/in the night*
di nuovo *again*
di sera/della sera *in the evening*
di solito *usually*
dialetto *dialect*
dicembre *December*
dichiarare *to declare*
dietro *behind*
differente *different*
difficile *difficult*
diagramma (*m.*) *diagram*
dimenticarsi *to forget*
dipinto *painting*
diploma (*m.*) *diploma*
dire *to say, tell*
direttore/direttrice *manager*
diritto *straight ahead*
dischetto *disk, floppy disk*
disco *record*
discussione (*f.*) *discussion, argument*
dito *finger*
divano *sofa*
diventare *to become*
diverso *different, diverse*
divertente *fun, enjoyable*
divertimento *entertainment, enjoyment*
divertirsi *to enjoy oneself, have fun*
divorzio *divorce*
documento *document*
dogana *customs*
dolce *sweet*

dollaro *dollar*
dolore (*m.*) *pain*
dolore al petto *chest pain*
domandare *to ask*
domani *tomorrow*
domenica *Sunday*
donna *woman*
dopo *after, later*
doppio *double*
dormire *to sleep*
dottore/dottoressa *doctor*
dove *where*
dovere *to have to*
dramma (*m.*) *drama*
drammatico *dramatic*
dubitare *to doubt*
dunque *so, therefore, thus*
durante *during*

E

e *and*
eccellente *excellent*
eccezionale *exceptional*
ecco *here is (are)/there is (are)*
economia *economics*
economico *cheap, economical*
edicola *newsstand*
edificio *building*
egli *he*
Eh già! *Yeah!*
elegante *elegant*
elenco telefonico *phone book*
elettrodomestico *appliance*
ella *she*
e-mail (*f.*) *e-mail*
energico *energetic*
entrare *to enter (in)*
episodio *episode*
errore *error*
esame (*m.*) *exam*
esauriente *exhaustive*
espresso *espresso*
esserci *to be there*
esserci il sole *to be sunny*
esserci il temporale *to be stormy*
esserci il vento *to be windy*
esserci l'afa *to be muggy*
esserci la nebbia *to be foggy*
esserci la tempesta *to be really stormy*
essere *to be*
essere d'accordo *to agree*
essere in grado di *to be up to*
essere necessario *to be necessary*
essere ora *to be time*
essere pregato di *to be kindly requested*

essere previsto *to be scheduled*
essere sereno *to be clear*
essere simpatico *to be pleasing to, likeable*
essere un peccato *to be too bad/a pity/a shame*
essere utile *to be useful*
est *east*
estate (f.) *summer*
ettogrammo *hectogram*

F

fa *ago*
facile *easy*
fagiolino *string bean*
fagiolo *bean*
fame (f.) *hunger*
famiglia *family*
fantascienza *science fiction*
fare *to do, make*
fare bel tempo *to be beautiful weather*
fare bella figura *to cut a good figure*
fare brutto tempo *to be ugly weather*
fare caldo *to be hot*
fare cattivo tempo *to be bad weather*
fare colazione *to have breakfast*
fare conoscenza *to get acquainted*
fare delle spese *to shop*
fare dello sport *to do sports*
fare freddo *to be cold*
fare fresco *to be cool*
fare ginnastica *to work out*
fare gli starnuti *to sneeze*
fare il biglietto *to buy a travel ticket*
fare il footing/jogging *to jog*
fare il numero *to dial*
fare la spesa *to shop for food*
fare marcia indietro *to back up*
fare schifo *to stink*
fare tempo variabile *to be variable (weather)*
fare una telefonata *to make a call*
farmacia *pharmacy*
farmaco *pharmaceutical, prescription drug*
faro *headlight*
farsi vivo *to keep in touch*
fast food *fast food eating place*
fax *fax*
febbraio *February*
febbre (f.) *fever*
felice *happy*
felicitazioni *congratulations, felicitations*
femmina *female, girl*

femminile *feminine, women's*
fermarsi *to stop*
festa *party/holiday*
festeggiare *to celebrate*
fetta *slice*
fidanzata *fiancée*
fidanzato *fiancé*
figlia *daughter*
figlio *son*
film *film/movie*
filosofia *philosophy*
finalmente *at last, finally*
fine (f.) *end*
finestra *window*
finestrino *vehicle window*
finire *to finish*
fino a *until*
fisica *physics*
foglio *sheet (of paper)*
football *football*
forbici (f., pl.) *scissors*
forchetta *fork*
formaggio *cheese*
forse *maybe*
forte *strong*
fortunatamente *fortunately*
fotocopia *photocopy*
fotocopiatrice *photocopier*
fotografia *photograph*
fotoromanzo *illustrated novel*
fra *between, among, in*
fragola *strawberry*
francobollo *stamp*
fratello *brother*
freddo *cold*
frenare *to brake*
fresco *fresh*
frigorifero *refrigerator*
frutta *fruit*
fumare *to smoke*
fumetti *comics*
funzionare *to function, work*
fuori *outside*
futuro *future*

G

galleria *balcony section*
gamba *leg*
gara *competition*
garage (m.) *garage*
garantito *guaranteed*
gelateria *ice-cream parlor*
gelato *ice cream*
Gemelli *Gemini*
generalmente *usually, generally*
genere (m.) *genre*

genero *son-in-law*
generoso *generous*
genitore/genitrice *parent*
gennaio *January*
gentile *kind*
geografia *geography*
Germania *Germany*
già *already*
giacca *jacket*
giallo *yellow, detective/mystery story*
Giappone *Japan*
giapponese *Japanese*
giardino *garden*
ginocchio *knee*
giocare *to play (a sport, game, etc.)*
giocatore (m.)/giocatrice (f.) *player*
gioco *game*
gioielleria *jewelry store*
giornale (m.) *newspaper*
giorno *day*
giovane *young, young man/woman*
giovedì *Thursday*
girare *to turn*
giro *tour*
giugno *June*
giurare *to swear/pledge*
goal, gol *goal*
godersi *to enjoy oneself*
gola *throat*
golf *golf*
gomito *elbow*
gomma *eraser, tire*
gonna *skirt*
grado *degree*
grammo *gram*
grande *big, large*
granita *ice dessert*
grasso *fat*
grave *serious*
grazie *thank you*
Grazie mille! *Many thanks!*
Grecia *Greece*
greco *Greek*
grigio *gray*
guadagnare *to earn*
guanto *glove*
guardare *to watch, look at*
guasto *malfunction*

H

hardware (m.) *hardware*
hockey (m.) *hockey*

I

idea *idea*
ieri *yesterday*

immaginare *to imagine*
impegnato *busy, occupied*
impegno *something to do*
impermeabile (*m.*) *raincoat/overcoat*
impiegato/impiegata *office worker*
importante *important*
impossibile *impossible*
impostare *to mail*
in *in, at*
in anticipo *early*
in aumento *on the rise*
in campagna *in/to the country*
in contanti *in cash*
in diminuzione *on the decline*
in forma *in shape, at the top of his/her game*
in giro *around*
in montagna *in/to the mountains*
in orario *on time*
in punto *on the dot*
in ritardo *late*
in saldo *on sale*
inchiesta *survey/study*
inchiostro *ink*
incontrare *to meet, encounter*
incontrarsi *to meet*
incrocio *intersection*
indirizzo *address*
indubbiamente *undoubtedly*
infatti *in fact*
infezione (*f.*) *infection*
infine *finally*
influenza *flu*
informare *to inform*
informatica *computer science*
ingegnere (*m.*) *engineer*
Inghilterra *England*
inglese *English*
ingresso *entrance*
iniezione (*f.*) *injection, needle*
insieme *together*
intanto che *while*
intelligente *intelligent*
intendere *to intend*
intenzione (*f.*) *intention*
interessante *interesting*
interurbana *long-distance call*
intervista *interview*
intorno a *around*
invece *instead*
inventore (*m.*) *inventor*
inverno *winter*
inviare *to send*
invitare *to invite*
io *I*
ipotesi (*f.*) *hypothesis*
ironicamente *ironically*

Italia *Italy*
italiano *Italian*

L

là *there*
lampeggiare *to be lightening*
lasagne *lasagna dish*
lasciare *to leave (behind)*
latte (*m.*) *milk*
lavagna *blackboard*
lavare *to wash*
lavarsi *to wash oneself*
lavorare *to work*
lavoro *work*
leggere *to read*
leggibile *readable*
Lei *you (pol.)*
lei *she*
Leone *Leo*
lettera *letter*
letterario *literary*
lezione (*f.*) *class, lesson*
lì *there*
libero *free*
libreria *bookstore*
libretto *bank book*
libro *book*
limonata *lemonade*
limone (*m.*) *lemon*
linea aerea *airline*
lingua *language*
liquido *liquid*
litro *liter*
locale notturno *night spot, club*
lontano *far (away)*
loro *they, their*
lotta *wrestling*
luce *light*
luglio *July*
lui *he*
lunedì *Monday*
lungo *long/less concentrated*

M

ma *but*
Ma come? *How can that be?*
Ma va! *No way!/Come on!*
Macché! *No way!/I wish!*
maccheroni *macaroni pasta*
macchiato *with a drop of milk (spotted)*
macchina *car*
madre (*f.*) *mother*
magari *I wish, if only*
maggio *May*
maggiore *bigger, larger*
maglia *sweater*

magnifico *magnificent*
magro *skinny*
mai *ever*
mail (*f.*) *e-mail*
mal di gola *sore throat*
mal di stomaco *stomachache*
mal di testa *headache*
male *bad, not well*
mamma *mom*
Mamma mia! *My heavens!*
mancare *to be left, missing, miss, lack*
mandare *to send*
mangiare *to eat*
mano (*f.*) *hand*
mantenere *to support (materially)*
marca *brand name*
marito *husband*
marmellata *marmalade*
marrone *brown*
martedì *Tuesday*
marzo *March*
maschile *masculine, men's*
maschio *male, boy*
matematica *mathematics*
matita *pencil*
matrimonio *marriage*
mattina *morning*
meccanico *mechanic*
medicina *medicine*
medico *doctor*
meglio *better*
mela *apple*
memoria *memory*
meno *less*
Meno male! *Thank goodness!*
mensa *school cafeteria*
mentre *while*
menù (*m.*) *menu*
mercato *outdoor market*
mercoledì *Wednesday*
meridionale *southern*
mese (*m.*) *month*
messicano *Mexican*
Messico *Mexico*
mestiere (*m.*) *job/occupation*
mettere *to put*
mettere in moto *to start a car*
mettersi *to put on*
mettersi a *to start (up)*
mezzanotte (*f.*) *midnight*
mezzo *half*
mezzogiorno *noon*
migliore *better*
minerale *mineral*
minore *minor, smaller*
mio *my*
mittente (*m./f.*) *sender*

mobilia *furniture*
modello *model*
modulo *form (to fill-out)*
moglie (*f.*) *wife*
molto *much (many), very, a lot*
Molto lieto/a! *Delighted (to meet you)!*
momento *moment*
moneta *money in general*
mortadella *mortadella*
motocicletta *motorcycle*
motore (*m.*) *motor*
musica *music*
musicista (*m./f.*) *musician*

N

narrativa *fiction, prose, narrative*
nascere *to be born*
naso *nose*
Natale *Christmas*
né *nor*
neanche *neither*
nebbia *fog*
negozio *store*
negozio di generi alimentari *foodstore*
nemmeno *neither*
nero *black*
nervoso *nervous*
nessuno *no one*
neve (*f.*) *snow*
nevicare *to snow*
niente *nothing*
niente da dichiarare *nothing to declare*
nipote (*m./f.*) *nephew/niece, grandson/ grandaughter*
no *no*
noi *we*
noioso *boring*
nome (*m.*) *name/first name*
Non c'è di che! *Don't mention it!*
non c'è dubbio che *there's no doubt that*
non c'è male *not bad*
non è vero? *right?*
Non importa! *It doesn't matter!*
nonna *grandmother*
nonno *grandfather*
nord *north*
normale *regular, normal*
nostro *our*
notizia *item of news*
notte (*f.*) *night*
novembre *November*
nulla *nothing*
numero *number*
numero di telefono *phone number*

numero telefonico *phone number*
nuora *daughter-in-law*
nuotare *to swim*
nuoto *swimming*
nuovo *new*
nuvoloso *cloudy*

O

o *or*
occhio *eye*
occidentale *western*
occupato *busy*
offrire *to offer*
oggi *today*
ogni *each, every*
ognuno *each one, each*
olio *oil*
olio d'oliva *olive oil*
opera *opera, work*
operaio/a *factory worker*
ora *hour, time (clock time)*
ora *now*
orecchino *earring*
orientale *eastern*
ormai *by now*
orologio *watch, clock*
oroscopo *horoscope*
ottimo *great, wonderful*
ottobre *October*
ovest *west*

P

padre *father*
pagamento *payment*
pagare *to pay*
pagina *page*
paio *pair*
palestra *gymnasium*
palla *ball*
pallacanestro *basketball*
pallavolo *volleyball*
pallone (*m.*) *soccer ball*
pane (*m.*) *bread*
panino *bun (sandwich)*
paninoteca *sandwich shop*
pantaloni *pants*
pantofola *slipper*
papà (*m.*) *dad*
parabrezza (*m.*) *windshield*
paraurti (*m.*) *bumper*
parcheggiare *to park*
parcheggio *parking*
parecchio *quite (a bit of)*
pareggiare *to draw, tie*
pareggio *draw, tie*
parente (*m./f.*) *relative*

parlare *to speak*
partenza *departure*
partire *to leave, depart*
partita *match, game*
Pasqua *Easter*
passaporto *passport*
passare *to pass/spend/go through*
passeggero *passenger*
pasta *pasta, pastry*
pasto *meal*
patata *potato*
patente (*f.*) (di guida) *driver's license*
pattinare *to skate*
pavimento *floor*
pazienza *patience*
Peccato! *Too bad!*
peggio *worse*
peggiore *worse/worst*
penna *pen*
pensarci *to think about something*
pensare *to think*
pensarne *to think of something*
pensione (*f.*) *resort hotel*
pepe (*m.*) *pepper*
per *for*
per di più *what's more/moreover*
per esempio *for example*
per favore/piacere/cortesia *please*
per fortuna *luckily/fortunately*
per sbaglio *by mistake*
per via aerea *airmail*
pera *pear*
perché *because, why*
perdere *to lose*
perdita *loss*
periferia *suburbs*
periodo *period*
Permesso! *Excuse me! (getting attention)*
però *however, but*
persona *person*
pesca *peach*
pesce *fish*
Pesci *Pisces*
petto *chest*
pezzo *piece*
piacere *to like, be pleasing to*
Piacere! *A pleasure!*
piacevole *pleasant, pleasing*
piangere *to cry*
pianoforte *piano*
piatto *plate*
piazza *square*
piccolo *small*
piede (*m.*) *foot*
pieno *full*
pigro *lazy*

pioggia *rain*
piovere *to rain*
pisello *pea*
pittore/pittrice *painter*
più *more*
pizza *pizza*
pizzeria *pizza parlor*
pizzetta *small pizza*
platea *orchestra section, floor seat*
poco *little, few*
poesia *poetry, poem*
poi *then, after*
polacco *Polish*
poltrona *armchair*
pomeriggio *afternoon*
pomodoro *tomato*
popolare *popular*
porta *door*
portabagagli (*m., sing.*) *trunk*
portare *to wear/carry, bring*
portiera *car door*
portiere (*m.*) *goaltender*
Portogallo *Portugal*
portoghese *Portuguese*
possibile *possible*
posta *mail*
posto *place, job, seat*
potere *to be able to*
povero *poor*
pranzare *to have lunch*
pranzo *lunch*
praticare *to practice, engage in*
pratiche *paperwork*
preciso *precise/exact*
preferire *to prefer*
preferito *favorite*
prefisso *area code*
prego *may I help you?/yes?/you're welcome*
prelevamento *withdrawal*
prelevare *to withdraw*
prendere *to take, to have (something)*
prendere su *to pick up*
prenotazione (*f.*) *reservation*
preoccuparsi *to worry*
prescrivere *to prescribe*
presentare *to introduce*
presentazione (*f.*) *introduction*
presso *at*
prestito *loan*
presto *early*
previsioni (*f., pl.*) del tempo *weather forecast*
prezzo *price*
prima *before*
prima che/prima di *before*
primavera *spring*

probabile *probable*
problema (*m.*) *problem*
professione (*f.*) *profession*
professore/professoressa *professor, teacher*
programma (*m.*) *program*
programma (*m.*) a puntate *series (program), serial*
programma sportivo *sports program*
proiettore (*m.*) *headlight*
promettere *to promise*
Pronto! *Hello! (on the phone)*
proprio *own, very, really, right*
prosciutto *ham*
prossimo *next*
prova *test*
provarsi *to try on*
proverbio *proverb*
psicanalista (*m./f.*) *psychoanalyst*
psicologia *psychology*
pubblicità (*f.*) *advertising*
pugilato *boxing*
pulire *to clean, polish*
pullman (*m.*) *bus*
punteggio *number of points, score*
punto di vista *viewpoint*
puntuale *punctual*
purché *provided that*
purtroppo *unfortunately*

Q

quaderno *workbook*
quadro *painting*
qualcosa *something*
qualcosa da dichiarare *something to declare*
qualcuno *someone*
quale *which*
qualsiasi *any, whatever*
quando *when*
Quanti anni hai? (*fam.*)/ha? (*pol.*) *How old are you?*
Quanti ne abbiamo? *What's the date?*
quanto *how much*
quarto *quarter*
quasi *almost/nearly*
quello che *what, that which*
qui *here*
quindi *so, therefore, thus*

R

radio (*f.*) *radio*
raffreddore (*m.*) *common cold*
ragazzo/ragazza *boy/girl*
ragionevole *reasonable*
ragioniere/a *accountant, clerk*

rallentare *to slow down*
rappresentare *to represent*
recentemente *recently*
recitare *to act, recite, play*
regalo *gift*
regolare *regular*
respirare *to breathe*
resto *the remainder, rest*
rete (*f.*) *goal, net*
ricevere *to receive*
ricevuta *receipt*
ricordarsi *to remember*
rientrare *to get in/back (home)*
riga *ruler*
rimanere *to remain*
ringraziare *to thank*
riparazione (*f.*) *repair*
ripetere *to repeat*
riposo *rest*
riscuotere *to cash*
risolvere *to solve/resolve*
risparmiare *to save*
rispondere (a) *to answer*
ristorante (*m.*) *formal restaurant*
ristretto *strong/short (coffee)*
riuscire a *to be able to*
rivista *magazine*
romantico *romantic*
romanzo *novel*
romanzo rosa *harlequin novel*
rosa *pink*
rosso *red*
rugby *rugby*
rumore (*m.*) *noise*
ruota *wheel*
Russia *Russia*
russo *Russian*

S

sabato *Saturday*
saggistica *nonfiction, essays*
Sagittario *Sagittarius*
sala d'aspetto *waiting room*
sala da pranzo *dining room*
saldo *sale*
sale (*m.*) *salt*
salotto *living room*
Salve! *Greetings! Hi!*
sapere *to know*
sbadato *absent-minded*
sbagliare *to be mistaken*
sbaglio *mistake*
scala *stairs, stairway*
scarpa *shoe*
schermo *screen*
sci (*m.*) *skiing*

sciare *to ski*
sciarpa *scarf*
scienza *science*
scienziato/a *scientist*
sciocchezza *triviality*
sconfitta *defeat*
scontrino *receipt*
Scorpione *Scorpio*
scorso *last*
scrittore/scrittrice *writer*
scrivania *desk*
scrivere *to write*
scultore/scultrice *sculptor/sculptress*
scultura *sculpture*
scuola *school*
Scusa (*fam.*)/Scusi (*pol.*)! *Excuse me!*
Scusami! (*fam.*)/Mi scusi! (*pol.*)
 Excuse me!
scusarsi *to excuse oneself, to be sorry*
se *if*
sebbene *although, even though*
secondo... *in . . . opinion, view*
sedia *chair*
sedile (*m.*) *car seat*
segnare *to score*
segno *sign*
segreteria telefonica *answering
 machine*
seguente *following, next*
self-service *cafeteria*
semaforo *traffic light*
sembrare *to seem*
sempre *always*
sentire la mancanza *to miss someone*
sentirsi *to feel*
senz'altro *surely*
senza *without*
senza zucchero *without sugar*
sera *evening*
servire *to serve*
servire a *to need*
sesso *sex*
seta *silk*
sete (*f.*) *thirst*
settembre *September*
settentrionale *northern*
settimana *week*
sfera di cristallo *crystal ball*
sì *yes*
si accomodi (*pol.*) *be seated*
sia... che *both . . . and*
sicuro *sure*
signora *lady, Mrs., Ms.*
signore (*m.*) *gentleman, Mr.*
signorina *young lady, Ms., Miss*
simile *similar*
simpatico *nice*

sinistro *left*
situazione (*f.*) *situation*
snack bar *snack bar*
sociologia *sociology*
soddisfacente *satisfying*
soffrire *to suffer*
software *software*
soggiorno *living room*
soldi (*m., pl.*) *money*
sole (*m.*) *sun*
solito *usual*
solo *only*
sopportare *to bear, stand*
sopra *above*
sorella *sister*
sorpassare *to pass*
sorpresa *surprise*
sotto *under*
sottoscritto/sottoscritta *undersigned*
sottotitolo *subtitle*
spaghetti *spaghetti*
Spagna *Spain*
spagnolo *Spanish*
spazioso *spacious*
specialmente *especially*
spedire *to send (on), mail*
spendere *to spend*
sperare *to hope*
spesso *often*
spettacolo *variety show, spectacle*
spiccioli (*m., pl.*) *loose change*
spinaci (*m., pl.*) *spinach*
spionaggio *espionage*
spiritoso *spry, vivacious*
sport *sport*
sportello *car door*
sposare *to marry*
sposarsi *to get married*
sprecare *to waste*
spremuta *squeezed juice*
spumone (*m.*) *spumone ice cream*
squadra *team*
squillare *to ring*
squisito *delicious*
stadio *stadium*
stagione (*f.*) *season*
stampante (*f.*) *printer*
stanco *tired*
stanza *room*
stare *to stay, be*
stare bene a... *to look good on . . .*
stare per *to be about to*
stare zitto/a *to keep quiet*
starnutire *to sneeze*
starnuto *sneeze*
stasera *this evening*
Stati Uniti *United States*

stazione di servizio *gas station*
stereo *stereo*
sterzo *steering wheel*
stesso *the same*
stile (*m.*) *style*
stipendio *salary*
stivale (*m.*) *boot*
stomaco *stomach*
storia *history*
strada *road*
strano *strange*
stress *stress*
stretta di mano *handshake*
studente/studentessa *student*
studiare *to study*
studio *professional office*
stufo *annoyed, tired*
su *on*
subito *right away*
succo *juice*
sud *south*
sugo *sauce*
suo *his/her/is/your (pol.)*
suocera *mother-in-law*
suocero *father-in-law*
suonare *to play an instrument, ring*
supermercato *supermarket*
svago *pastime, entertainment*
sviluppo *development*
svolgere *to carry out*
svoltare *to turn*

T

taccuino *pad, notebook*
taglia *size*
tagliatelle *cut-up pasta*
tanto *much (many), very, quite*
tappeto *carpet*
tardi *late*
targa *license plate*
tasso di interesse *interest rate*
tastiera *keyboard*
tattica *tactic*
tavola *table*
tavola calda *cafeteria*
tè (*m.*) *tea*
teatro *plays, theater*
tedesco *German*
telecomando *remote control*
teledramma (*m.*) *TV drama,
 docudrama*
telefilm *TV movie*
telefonare *to phone*
telefonata *phone call*
telefonino *cellular phone*
telefono *phone*

telegiornale (*m.*) *TV newscast*
telegramma *telegram*
telequiz *TV game show*
televisione (*f.*) *television*
televisore (*m.*) *TV set*
tema (*m.*) *composition, theme*
temperatura *temperature*
tempesta *bad storm*
tempo *time in a general sense,*
    weather
temporale (*m.*) *storm*
tendere *to tend*
tenere *to keep, hold*
tennis *tennis*
tensione (*f.*) *tension*
tergicristallo *windshield wiper*
terminare *to end*
termometro *thermometer*
terrazza *terrace, balcony*
tesi (*f.*) *thesis*
tesoro *treasure*
tessera *card*
testa *head*
tetto *roof*
tifoso *sports fan*
timido *shy*
tipico *typical*
tipo *type*
tirare *to throw*
tirare il vento *to be windy*
toccare *to touch*
toletta *toilet*
tornare *to return*
Toro *Taurus*
torta *cake*
tortellini *small ravioli pasta*
tosse (*f.*) *cough*
tra *between, among*
tra/fra poco *in a little while*
traffico *traffic*
tramezzino *flat sandwich*
tranquillo *tranquil, calm*
trasferirsi *to move*

trattarsi *to be about*
trattoria *informal restaurant*
treno *train*
triste *sad*
troppo *too much, too*
trovare *to find*
tu *you (fam.)*
tuo *your (fam.)*
tuonare *to be thundering*
turista (*m./f.*) *tourist*
turistico *tourist*
tuttavia *however*
tutti *everyone, everybody*
tutto *every, all*

U

ufficio *office*
ultimo *last*
un po' *a little*
università (*f.*) *university*
universitario *of university*
uomo *man*
uscire *to go out*
uscita *gate*
uva *grapes*

V

va bene *OK*
vacanza *vacation*
vaglia *money order*
vale a dire *that is to say*
valere la pena *to be worthwhile*
valigia *suitcase*
valuta straniera *foreign currency*
variabile *variable*
vecchio *old*
vedere *to see*
velocemente *quickly*
vendere *to sell*
venerdì *Friday*
venire *to come*
vento *wind*

veramente *really*
verde *green*
verdura *vegetables*
Vergine (*f.*) *Virgo*
vero *true*
vestirsi *to get dressed*
vestito *dress, suit*
vetrina *store window*
via *street, road*
viaggiare *to travel*
viaggiatore/viaggiatrice *traveler*
viaggio *trip*
vicino *near*
videoregistratore (*m.*) *VCR*
vietato fumare *no smoking*
vincere *to win*
vincitore/vincitrice *winner*
viola *purple*
visitare *to visit*
vita *life*
vittoria *win, victory*
vivere *to live*
voce (*f.*) *voice*
voi *you (pl.)*
volante (*m.*) *steering wheel*
volare *to fly*
volentieri *gladly*
volerci *to be needed, required*
volere *to want*
volere bene a *to love*
volo *flight*
volta *time, occurrence*
volume (*m.*) *volume/book*
vostro *your (pl.)*

Z

zabaione (*m.*) *eggnog dessert*
zia *aunt*
zio *uncle*
zitto *quiet*
zodiaco *zodiac*
zucchero *sugar*

English–Italian Glossary

A

a little *un po'*
A pleasure! *Piacere!*
above *sopra*
abroad *all'estero*
absent-minded *sbadato*
accompany, come along *accompagnare*
account *conto*
accountant, clerk *ragioniere (m.)/ ragioniera (f.)*
act, recite, play *recitare*
actor/actress *attore/attrice*
address *indirizzo*
addressee *destinatario*
adolescent, teenager *adolescente (m./f.)*
advanced *avanzato*
advertising *pubblicità (f.)*
advice *consiglio*
a few *alcuni/e*
affectionately *affettuosamente*
Africa *Africa*
African *africano*
after *dopo, poi*
afternoon *pomeriggio*
again *di nuovo*
against *contro*
agency *agenzia*
ago *fa*
agree *essere d'accordo*
Agreed! *D'accordo!*
airline *linea aerea*
airmail *per via aerea*
airplane *aereo*
airport *aeroporto*
all *tutto*
almost/nearly *quasi*
alone *da solo*
a lot *molto, tanto*
already *già*
also *anche*
although, even though *benché, sebbene*
always *sempre*
American *americano*
among *fra, tra*
anagram *anagramma (m.)*
analysis *analisi (f.)*

and *e*
annoyed *stufo*
answer *rispondere*
answering machine *segreteria telefonica*
anthropology *antropologia*
antibiotic *antibiotico*
any *qualsiasi*
apartment *appartamento*
apple *mela*
appliance *elettrodomestico*
appointment book *agenda*
appointment *appuntamento*
April *aprile*
Aquarius *Acquario*
area code *prefisso*
argument *discussione (f.)*
Aries *Ariete (m.)*
arm *braccio*
armchair *poltrona*
around *circa, in giro, intorno a*
arrival *arrivo*
arrive *arrivare*
artist *artista (m./f.)*
as *come, da*
as a matter of fact *anzi*
as if *come se*
as soon as *appena*
as usual *come al solito*
ask *chiedere, domandare*
assignment *compito*
astrology *astrologia*
at *a, in, da*
at all *affatto*
at last, finally *finalmente*
at midnight *a mezzanotte*
at night/in the night *di notte/della notte*
at noon *a mezzogiorno*
at the cashier's *alla cassa*
at the counter *al banco*
at the table *al tavolo*
at the top of his game *in forma*
at/to the beach *alla spiaggia/in spiaggia*
at/to the home of *a casa di*
athlete *atleta (m./f.)*
August *agosto*
aunt *zia*

Australia *Australia*
Australian *australiano*
automobile *automobile (f.)*
autumn *autunno*
avenue *corso*

B

back up *fare marcia indietro*
bad *cattivo*
bad storm *tempesta*
bad, not well *male*
baggage *bagaglio*
balcony *balcone (m.)*
ball *palla*
ballet *balletto*
banana *banana*
bank *banca*
bank book *libretto*
bar server *barista (m./f.)*
basketball *pallacanestro*
bathroom *bagno*
be *essere*
be able to *potere, riuscire a*
be about *trattarsi*
be about to *stare per*
be afraid *avere paura*
be bad weather *fare cattivo tempo*
be bad/a pity/a shame *essere peccato*
be beautiful weather *fare bel tempo*
be born *nascere*
be called *chiamarsi*
be clear *essere sereno*
be cold *fare freddo*
be cool *fare fresco*
be foggy *esserci la nebbia*
be hot *fare caldo*
be hungry *avere fame*
be in a hurry *avere fretta*
be kindly requested *essere pregato di*
be left, missing, miss, lack *mancare*
be lightening *lampeggiare*
be mistaken *sbagliare*
be muggy *esserci l'afa*
be necessary *bisognare, essere necessario*
be needed, required *volerci*
be patient *avere pazienza*

be pleasing to, likeable *essere simpatico*
be really stormy *esserci la tempesta*
be right *avere ragione*
be scheduled *essere previsto*
be seated *si accomodi (pol.)*
be sleepy *avere sonno*
be sorry *scusarsi*
be stormy *esserci il temporale*
be sunny *esserci il sole*
be there *esserci*
be thirsty *avere sete*
be thundering *tuonare*
be time *essere ora*
be ugly weather *fare brutto tempo*
be up to *essere in grado di*
be useful *essere utile*
be variable (weather) *fare tempo variabile*
be windy *tirare vento, esserci il vento*
be worthwhile *convenire a, valere la pena di*
be wrong *avere torto*
bean *fagiolo*
bear, stand *sopportare*
beautiful *bello*
because, why *perché*
become *diventare*
bedroom *camera da letto*
before *prima, prima che, prima di*
begin *cominciare*
behind *dietro*
believe *credere*
belt *cintura*
better *meglio, migliore*
between *fra, tra*
bicycle *bicicletta*
big *grande*
bigger *maggiore*
biology *biologia*
birthday *compleanno*
bitter *amaro*
bitter soft drink *bitter*
black *nero*
blackboard *lavagna*
blame *colpa*
blouse *camicetta*
blue *azzurro*
boarding pass *carta d'imbarco*
body building *culturismo*
book *libro, volume (m.)*
bookstore *libreria*
boot *stivale (m.)*
boring *noioso*
both *ambedue*
both . . . and *sia... che*
boxing *pugilato*

boy *ragazzo, maschio*
brake *frenare*
brand name *marca*
bread *pane (m.)*
breakfast *colazione (f.)*
breathe *respirare*
broccoli *broccoli*
brother *fratello*
brother-in-law *cognato*
brown *marrone*
building *edificio*
bumper *paraurti (m.)*
bun *panino*
bus *autobus, pullman*
busy *occupato, impegnato*
but *ma*
buy *comprare*
buy a travel ticket *fare il biglietto*
by *per, da*
by mistake *per sbaglio*
by now *ormai*
by the way *a presto*
bye *ciao*

C

cafeteria *self-service, tavola calda, mensa*
cake *torta*
calendar *calendario*
call *chiamare*
calm *tranquillo*
calm down *calmarsi*
camping *campeggio*
Canada *Canada*
Canadian *canadese*
canal *canale (m.)*
Cancer *Cancro*
cappuccino *cappuccino*
Capricorn *Capricorno*
car *macchina*
car door *portiera, sportello*
car horn *clacson*
car racing *automobilismo*
car seat *sedile (m.)*
card *tessera*
carpet *tappeto*
carrot *carota*
carry *portare*
carry out *svolgere*
cash *riscuotere*
cassette *cassetta*
celebrate *festeggiare*
cell phone *cellulare (m.), telefonino*
centigrade *centigrado*
certain, certainly *certo*
chair *sedia*

change *cambiare*
channel *canale (m.)*
chat *chiacchierare*
cheap *economico*
check *assegno*
check *controllare*
check-in counter *banco d'accettazione*
check-up *controllo*
cheese *formaggio*
chemistry *chimica*
cherry *ciliegia*
chest *petto*
chest pain *dolore (m.) al petto*
child *bambino/a*
China *Cina*
Chinese *cinese*
chocolate *cioccolata*
Christmas *Natale*
chum *compagno/a*
cinema *cinema (m.)*
city *città (f.)*
class of students *classe (f.)*
class *lezione (f.)*
classic *classico*
classroom *aula*
clean *pulire*
clock *orologio*
close *chiudere*
closet *armadio*
clothes dryer *asciugatrice (f.)*
clothing *abbigliamento*
cloudy *coperto, nuvoloso*
club *club*
coat *cappotto*
coffee *caffè (m.)*
coffee and milk *caffellatte (m.)*
coin *moneta*
Coke *Coca-Cola*
cold *freddo*
colleague, work associate *collega (m./f.)*
color *colore (m.)*
come *venire*
Come on! *Ma su! Macché!*
comfortable *comodo*
comics *fumetti (m., pl.)*
comment *commento*
common cold *raffreddore (m.)*
compact disc *compact disc, CD*
companion *compagno/a*
company *azienda*
compatible *compatibile*
competition *gara*
complete *completare, compiere*
completely *completamente*
composer *compositore/compositrice*
composition *tema (m.)*

computer *computer*
computer science *informatica*
concert *concerto*
congratulations *felicitazioni (f., pl.),*
    auguri (m., pl.)
connection *coincidenza*
conservatory *conservatorio*
control *controllare*
copy *copia*
corridor *corridoio*
cost *costare*
cough *tosse (f.)*
couple *coppia, paio*
cousin *cugino/a*
covered *coperto*
cream *crema, budino*
credit *credito*
credit card *carta di credito*
crisis *crisi (f.)*
croissant *cornetto*
cross *attraversare*
cry *piangere*
crystal ball *sfera di cristallo*
cupboard *armadio, credenza*
customs *dogana*
cut a good figure *fare bella figura*
cut-up pasta *tagliatelle*

D

dad *papà (m.)*
dance *ballare*
dance *ballo*
Danish pastry *brioche (f.)*
dark blue *blu*
date *appuntamento*
daughter *figlia*
daughter-in-law *nuora*
day *giorno*
dear *caro*
debt *debito*
decaffeinated *decaffeinato*
December *dicembre*
decide *decidere*
declare *dichiarare*
defeat *sconfitta*
degree *grado*
delicious *squisito*
Delighted (to meet you)! *Molto*
    lieto/a!
dentist *dentista (m./f.)*
depart *partire*
departure *partenza*
deposit *depositare*
desk *scrivania*
detective story/genre *giallo*
development *sviluppo*

diagram *diagramma (m.)*
dial *fare il numero*
dialect *dialetto*
different *differente, diverso*
difficult *difficile*
dine *cenare*
dining room *sala da pranzo*
dinner *cena*
diploma *diploma (m.)*
discussion *discussione (f.)*
disk *dischetto*
divorce *divorzio*
do sports *fare dello sport*
do, make *fare*
doctor *dottore/dottoressa, medico*
docudrama *teledramma (m.)*
document *documento*
dollar *dollaro*
Don't mention it! *Non c'è di che!*
door *porta*
double *doppio*
doubt *dubitare*
downtown *in centro*
drama *dramma (m.)*
dramatic *drammatico*
draw *pareggiare, pareggio*
dress *vestito*
dresser *comò (m.)*
drink *bere*
drinking glass *bicchiere (m.)*
driver's license *patente (f.) (di guida)*
during *durante*
dwell *abitare*

E

each *ogni*
early *in anticipo, presto*
earn *guadagnare*
earring *orecchino*
east *est*
Easter *Pasqua*
eastern *orientale*
easy *facile*
eat *mangiare*
economical *economico*
economics *economia*
economy class *classe turistica*
eggnog dessert *zabaione (m.)*
elbow *gomito*
elegant *elegante*
elevator *ascensore (m.)*
e-mail *e-mail (f.), mail (f.)*
emotional *affettivo, emotivo*
enclose *allegare*
encounter *incontrare*
end *fine (f.), terminare*

energetic *energico*
engage in *praticare*
engineer *ingegnere (m./f.)*
England *Inghilterra*
English *inglese*
enjoy oneself *divertirsi, godersi*
enjoyable *divertente*
enough *abbastanza*
enter (in) *entrare*
entertainment, enjoyment
    divertimento
entrance *ingresso*
envelope *busta*
episode *episodio*
eraser *gomma*
error *errore*
especially *specialmente*
espionage *spionaggio*
espresso *espresso*
espresso bar *bar*
essays *saggistica*
evening *sera*
ever *mai*
ever since *da quando*
every *tutto, ogni*
everybody *tutti*
everyone *tutti*
exact *preciso*
exam *esame (m.)*
excellent *eccellente*
exceptional *eccezionale*
Excuse me (getting attention)!
    Permesso!
Excuse me! *Scusa! (fam.)/Scusi! (pol.)/*
    Scusami! (fam.)/Mi scusi! (pol.)
excuse oneself *scusarsi*
exhaustive *completo, esauriente*
eye *occhio*

F

factory worker *operaio/a*
fall, autumn *autunno*
family *famiglia*
far (away) *lontano*
fascinating *affascinante*
fast food eating place *fast food*
fasten *allacciare*
fat *grasso*
father *padre*
father-in-law *suocero*
fault *colpa*
favorite *preferito*
fax *fax*
February *febbraio*
feel *sentirsi*
feel like *avere voglia di*

female, girl *femmina*
feminine, women's *femminile*
fever *febbre* (f.)
few *poco*
fiancé *fidanzato*
fiancée *fidanzata*
fiction *narrativa*
field *campo*
fill-out *compilare*
film *film*
finally *finalmente, infine*
find *trovare*
finger *dito*
finish *finire*
fish *pesce*
flat sandwich *tramezzino*
flight *volo*
flight attendant *assistente di volo (m./f.)*
flight captain *comandante (m./f.)*
floor *pavimento*
flu *influenza*
fog *nebbia*
following *seguente*
food *cibo*
foodstore *negozio di generi alimentari*
foot *piede (m.)*
football *football (m.)*
for *per*
for example *ad esempio, per esempio*
foreign currency *valuta straniera*
forget *dimenticarsi*
fork *forchetta*
form (to fill-out) *modulo*
formal restaurant *ristorante (m.)*
fortunately *fortunatamente, per fortuna*
fortune-teller *chiromante (f.)*
free *libero*
fresh *fresco*
Friday *venerdì*
friend *amico/amica*
from my point of view *dal mio punto di vista*
from *da*
fruit *frutta*
full *pieno*
fun *divertente*
function *funzionare*
furniture *mobilia*
future *futuro*

G

game *gioco*
garage *garage (m.)*
garden *giardino*
gas *benzina*

gas pedal *acceleratore (m.)*
gas station *stazione di servizio*
gate *uscita*
Gemini *Gemelli (m., pl.)*
generally *generalmente*
generous *generoso*
genre *genere (m.)*
gentleman, Mr. *signore (m.)*
geography *geografia*
German *tedesco*
Germany *Germania*
get acquainted *fare conoscenza*
get bored *annoiarsi*
get dressed *vestirsi*
get in/back (home) *rientrare*
get married *sposarsi*
get up *alzarsi*
gift *regalo*
girl *ragazza, femmina*
give *dare*
gladly *volentieri*
glove *guanto*
go *andare*
go away *andare via, andarsene*
go out *uscire*
goal *goal (m.)*
goal, net *rete (f.)*
goaltender *portiere (m.)*
golf *golf (m.)*
good *buono*
good (at something) *bravo*
good afternoon *buonasera, buona sera*
good day *buongiorno, buon giorno*
good evening *buonasera, buona sera*
good morning *buongiorno, buon giorno*
good night *buonanotte, buona notte*
good-bye *arrivederci (fam.)/ arrivederLa (pol.)*
gram *grammo*
grandfather *nonno*
grandmother *nonna*
granddaughter *nipote (f.)*
grandson *nipote (m.)*
grapes *uva*
gray *grigio*
great, wonderful *ottimo*
Greece *Grecia*
greedy *avaro*
Greek *greco*
green *verde*
Greetings! *Salve!*
grow *crescere*
guaranteed *garantito*
gymnasium *palestra*

H

hair *capelli*
half *mezzo*
hallway *corridoio*
ham *prosciutto*
hand *mano (f.)*
hand in *consegnare*
hand luggage *bagaglio a mano*
handshake *stretta di mano*
happy *felice*
hardware *hardware (m.)*
harlequin novel *romanzo rosa*
hat *cappello*
have *avere*
have a class *avere lezione*
Have a good day! *Buona giornata!*
have breakfast *fare colazione*
have dinner *cenare*
have lunch *pranzare*
have the intention to *avere intenzione di*
have to *dovere*
he *lui*
head *testa*
headache *mal di testa*
headlight *faro, proiettore (m.)*
headphones *auricolari (m., pl.)*
heart *cuore (m.)*
hectogram *ettogrammo*
heed *dare retta a*
hello (on the phone) *pronto*
hello *buongiorno*
help *aiuto*
here *qui*
here is (are) *ecco*
hi *ciao*
hire *assumere*
his/her/its/your (pol.) *suo*
history *storia*
hockey *hockey (m.)*
hood *cofano*
hope *sperare*
horoscope *oroscopo*
hot *caldo*
hour *ora*
house *casa*
How can that be? *Ma come?*
How come? *Come? Come mai?*
how much *quanto*
How old are you? *Quanti anni hai? (fam.)/ha? (pol.)*
how *come*
How's it going? *Come va?*
How's the weather? *Che tempo fa?*
however *comunque, tuttavia, però*
hug *abbraccio*

hunger *fame (f.)*
husband *marito*
hypothesis *ipotesi (f.)*

I

I *io*
I wish *magari*
ice cream *gelato*
ice cream parlor *gelateria*
ice dessert *granita*
idea *idea*
identification card *carta di riconoscimento*
if *se*
illustrated novel *fotoromanzo*
imagine *immaginare*
important *importante*
impossible *impossibile*
in . . . opinion/view *secondo...*
in a little while *tra/fra poco*
in cash *in contanti*
in fact *infatti*
in front *davanti*
in my opinion/view *a mio parere, a mio avviso, secondo me*
in shape *in forma*
in the afternoon *del pomeriggio*
in the evening *di sera/della sera*
in the morning *di mattina/della mattina/del mattino*
in *in*
in/to the country *in campagna*
in/to the mountains *in montagna*
infection *infezione (f.)*
inform *informare*
informal restaurant *trattoria*
injection *iniezione (f.)*
ink *inchiostro*
inside *dentro*
instead (of) *invece, anziché*
intelligent *intelligente*
intend *intendere*
intention *intenzione (f.)*
interest rate *tasso di interesse*
interesting *interessante*
intersection *incrocio*
interview *intervista*
introduce *presentare*
introduction *presentazione (f.)*
inventor *inventore (m.)*
invite *invitare*
ironically *ironicamente*
It doesn't matter! *Non importa!*
Italian *italiano*
Italy *Italia*
item of news *notizia*

J

jacket *giacca*
January *gennaio*
Japan *Giappone*
Japanese *giapponese*
jewelry store *gioielleria*
job *mestiere (m.), posto, lavoro*
jog *fare il footing/jogging*
juice *succo*
July *luglio*
June *giugno*
just *appena*

K

keep in touch *farsi vivo*
keep quiet *stare zitto/a*
keep *tenere*
keyboard *tastiera*
kilogram *chilogrammo*
kind *gentile*
kiss *bacio*
kitchen *cucina*
knee *ginocchio*
knife *coltello*
know *sapere, conoscere*

L

lack *mancare*
lady, Mrs., Ms. *signora*
landing *atterraggio*
language *lingua*
large *grande*
lasagna dish *lasagne (f., pl.)*
last *scorso, ultimo*
late *in ritardo, tardi*
later *dopo*
lawyer *avvocato/avvocatessa*
lazy *pigro*
league play *campionato*
leave *partire*
leave behind *lasciare*
left *sinistro*
leg *gamba*
lemon *limone (m.)*
lemonade *limonata*
Leo *Leone (m.)*
less *meno*
lesson *lezione (f.)*
letter *lettera*
Libra *Bilancia*
library *biblioteca*
license plate *targa*
lie *bugia*
life *vita*
light *luce (f.)*

like *come*
like *piacere*
liquid *liquido*
listen to *ascoltare*
liter *litro*
literary *letterario*
little *poco*
live *vivere, abitare*
living room *salotto, soggiorno*
loan *prestito*
long *lungo*
long-distance call *interurbana*
look for *cercare*
look good on . . . *stare bene a...*
loose change *spiccioli (m., pl.)*
lose *perdere*
loss *perdita*
love *amare, volere bene a*
luckily *per fortuna, fortunatamente*
lunch *pranzo*

M

macaroni pasta *maccheroni (m., pl.)*
magazine *rivista*
magnificent *magnifico*
mail *impostare, posta*
make *fare*
make a call *fare una telefonata*
male *maschio*
malfunction *guasto*
man *uomo*
manager *direttore/direttrice*
many *molto, tanto*
Many thanks! *Grazie mille!*
March *marzo*
marmalade *marmellata*
marriage *matrimonio*
marry *sposare*
masculine, men's *maschile*
match, game *partita*
mathematics *matematica*
May *maggio*
May I help you? *Prego?*
maybe *forse*
meal *pasto*
meat *carne (f.)*
mechanic *meccanico*
medicine *medicina*
meet *incontrare, incontrarsi, conoscere*
memory *memoria*
menu *menù (m.)*
Mexican *messicano/a*
Mexico *Messico*
midnight *mezzanotte (f.)*
milk *latte (m.)*
mineral *minerale*

minor *minore*
miss *mancare*
miss someone *sentire la mancanza*
mistake *sbaglio*
model *modello*
mom *mamma*
moment *momento*
Monday *lunedì*
money *denaro, soldi (m., pl.), moneta*
money order *vaglia (m.)*
month *mese (m.)*
more *più*
moreover *per di più*
morning *mattina*
mortadella *mortadella*
mother *madre (f.)*
mother-in-law *suocera*
motor *motore (m.)*
motorcycle *motocicletta, moto*
mountain climbing *alpinismo*
mouth *bocca*
move *trasferirsi*
movie theater *cinema (m.)*
much *molto, tanto*
mugginess *afa*
music *musica*
musical group *complesso*
musician *musicista (m./f.)*
my *mio*
My heavens! *Mamma mia!*
mystery story *giallo*

N

name *nome (m.)*
narrative *narrativa*
near *vicino*
nearly *quasi*
neck *collo*
necklace *collana*
need *avere bisogno di, servire a*
neither *neanche, nemmeno*
nephew *nipote (m.)*
nervous *nervoso*
new *nuovo*
newspaper *giornale (m.)*
newspaper ad *avviso*
newsstand *edicola*
next *prossimo, seguente*
next to *accanto*
nice *simpatico*
niece *nipote (f.)*
night *notte (f.)*
night spot *locale notturno*
no *no*
no one *nessuno*
no smoking *vietato fumare*

No way! *Ma va! Macché!*
noise *rumore (m.)*
nonfiction *saggistica*
noon *mezzogiorno*
nor *né*
normal *normale*
north *nord*
northern *settentrionale*
nose *naso*
not bad *non c'è male*
nothing *niente, nulla*
nothing to declare *niente da dichiarare*
novel *romanzo*
November *novembre*
now *adesso, ora*
number *numero*
number of points *punteggio*

O

October *ottobre*
occupation *mestiere (m.), professione (f.)*
of *di*
offer *offrire*
office *ufficio*
office manager *capoufficio*
office worker *impiegato/impiegata*
often *spesso*
oil *olio*
OK *va bene*
old *vecchio*
olive oil *olio d'oliva*
on *su*
on foot *a piedi*
on sale *in saldo*
on the decline *in diminuzione*
on the dot *in punto*
on the rise *in aumento*
on time *in orario*
only *solo*
open *aprire*
opera *opera*
or *o*
orange *arancia, arancione*
orange drink *aranciata*
orchestra section *platea*
other *altro*
otherwise *altrimenti*
our *nostro*
outdoor market *mercato*
outside *fuori*
own *proprio*

P

pad *taccuino*
page *pagina*

pain *dolore (m.)*
painter *pittore/pittrice*
painting *dipinto, quadro*
pair *paio, coppia*
pants *pantaloni (m., pl.)*
paper *carta*
paperwork *pratiche (f., pl.)*
parent *genitore/genitrice*
park *parcheggiare*
parking *parcheggio*
party *festa*
pass *passare, sorpassare*
passenger *passeggero/a*
passport *passaporto*
pasta *pasta*
pastime *svago*
pastry *pasta*
patience *pazienza*
pay *pagare*
pay attention to *fare attenzione*
payment *pagamento*
pea *pisello*
peach *pesca*
pear *pera*
pen *penna*
pencil *matita*
pepper *pepe (m.)*
period *periodo*
person *persona*
pharmaceutical *farmaco*
pharmacy *farmacia*
philosophy *filosofia*
phone *telefonare, telefono*
phone bill *bolletta*
phone book *elenco telefonico*
phone call *telefonata*
phone number *numero di telefono, numero telefonico*
photocopier *fotocopiatrice*
photocopy *fotocopia*
photograph *fotografia*
physics *fisica*
piano *pianoforte*
pick up *prendere*
piece *pezzo*
pink *rosa*
Pisces *Pesci (m., pl.)*
pizza *pizza*
pizza parlor *pizzeria*
place to live *alloggio*
plate *piatto*
play (a sport, game, etc.) *giocare*
play an instrument *suonare*
player *giocatore (m.), giocatrice (f.)*
playoffs *campionato*
pleasant *piacevole*
please *per favore/piacere/cortesia*

poem *poesia*
poetry *poesia*
polish *pulire*
Polish *polacco/a*
poor *povero*
popular *popolare*
Portugal *Portogallo*
Portuguese *portoghese*
possible *possibile*
postage *affrancatura*
postal code *codice postale (m.)*
postcard *cartolina*
potato *patata*
practice *praticare*
precise *preciso*
prefer *preferire*
prescribe *prescrivere*
presently *attualmente*
price *prezzo*
printer *stampante (f.)*
probable *probabile*
problem *problema (m.)*
profession *professione (f.)*
professional office *studio*
professor *professore/professoressa*
program *programma (m.)*
promise *promettere*
proverb *proverbio*
provided that *purché*
psychoanalyst *psicanalista (m./f.)*
psychology *psicologia*
punctual *puntuale*
purple *viola*
purse *borsa*
put *mettere*
put on *mettersi*

Q

quarter *quarto*
quickly *velocemente*
quiet *zitto/a*
quite *parecchio, molto, tanto*

R

race *corsa*
radio *radio (f.)*
rain *pioggia*
rain *piovere*
raincoat *impermeabile (m.)*
read *leggere*
really *veramente, proprio*
reasonable *ragionevole*
receipt *scontrino, ricevuta*
receive *ricevere*
recently *recentemente*
record *disco*

red *rosso*
reddened *arrossato*
referee *arbitro*
refrigerator *frigorifero*
regular *regolare*
relative *parente (m./f.)*
remain *rimanere, restare*
remember *ricordarsi*
remote control *telecomando*
rent *affittare*
repair *riparazione (f.)*
repeat *ripetere*
represent *rappresentare*
reservation *prenotazione (f.)*
resolve *risolvere*
resort hotel *pensione (f.)*
rest *riposo*
return *tornare*
right *destro*
right away *subito*
right? *non è vero?*
ring (jewelry) *anello*
ring *squillare, suonare*
road *strada, via*
romantic *romantico*
roof *tetto*
room *stanza, camera*
round-trip *di andata e ritorno*
rugby *rugby*
ruler *riga*
run *correre*
Russia *Russia*
Russian *russo/a*

S

sad *triste*
Sagittarius *Sagittario*
salary *stipendio*
sale *saldo*
salt *sale (m.)*
sandwich *panino, tramezzino*
sandwich shop *paninoteca*
Saturday *sabato*
sauce *sugo*
save *risparmiare*
say *dire*
scarf *sciarpa*
school *scuola*
school bag *cartella*
school cafeteria *mensa*
science *scienza*
science fiction *fantascienza*
scientist *scienziato/a*
scissors *forbici (f., pl.)*
score *segnare*
Scorpio *Scorpione (m.)*

screen *schermo*
sculptor/sculptress *scultore/scultrice*
sculpture *scultura*
search for *cercare*
season *stagione (f.)*
seat *posto, sedile (m.)*
seatbelt *cintura di sicurezza*
see *vedere*
see you later *a più tardi*
see you tomorrow *a domani*
sell *vendere*
send *inviare, mandare, spedire*
sender *mittente (m./f.)*
September *settembre*
series *programma (m.) a puntate*
serve *servire*
several *alcuni/e*
sex *sesso*
she *lei*
sheet (of paper) *foglio (di carta)*
shirt *camicia*
shoe *scarpa*
shop *fare delle spese*
shop for food *fare la spesa*
short *basso*
shy *timido*
sign *segno*
silk *seta*
similar *simile*
sing *cantare*
singer *cantante (m./f.)*
sister *sorella*
sister-in-law *cognata*
situation *situazione (f.)*
size *taglia*
skate *pattinare*
ski *sciare*
skiing *sci (m.)*
skinny *magro*
skirt *gonna*
sky *cielo*
sky blue *celeste*
sleep *dormire*
slipper *pantofola*
slow down *rallentare*
small *piccolo*
small pizza *pizzetta*
small ravioli pasta *tortellini*
smoke *fumare*
snack bar *snack bar*
sneeze *fare gli starnuti, starnutire, starnuto*
snow *neve (f.)*
snow *nevicare*
so *così, allora, dunque, quindi*
so that *affinché*
soccer *calcio*

soccer ball *pallone (m.)*
sociology *sociologia*
sock *calzino*
sofa *divano*
software *software (m.)*
solve *risolvere*
something *qualcosa*
something to declare *qualcosa da dichiarare*
something to do *impegno*
son *figlio*
song *canzone (f.)*
son-in-law *genero*
sore throat *mal di gola*
so-so *così così*
south *sud*
southern *meridionale*
spacious *spazioso*
spaghetti *spaghetti (m., pl.)*
Spain *Spagna*
Spanish *spagnolo/a*
speak *parlare*
spectacle *spettacolo*
speed up *accelerare*
spend *spendere*
spinach *spinaci (m., pl.)*
spoon *cucchiaio*
sport *sport (m.)*
sports fan *tifoso/a*
sports program *programma (m.) sportivo*
spring *primavera*
spry *spiritoso*
spumone ice cream *spumone (m.)*
square *piazza*
squeezed juice *spremuta*
stadium *stadio*
stairs *scala*
stamp *francobollo*
stand *sopportare*
staple *appuntare*
stapler *cucitrice (f.)*
start *cominciare*
start (up) *mettersi a*
start a car *mettere in moto*
stay *stare*
steering wheel *sterzo, volante (m.)*
stereo *stereo*
still *ancora*
stink *fare schifo*
stocking *calza*
stomach *stomaco*
stomachache *mal di stomaco*
stop *fermarsi*
store *negozio*
store clerk *commesso/a*
store window *vetrina*

storm *temporale (m.)*
straight ahead *diritto*
strange *strano*
strawberry *fragola*
street *via*
stress *stress*
string bean *fagiolino*
strong *forte*
strong (coffee) *ristretto*
student *studente/studentessa*
study *studiare*
style *stile (m.)*
subtitle *sottotitolo*
suburbs *periferia*
such *così*
suffer *soffrire*
sugar *zucchero*
suit *abito, vestito*
suitcase *valigia*
summer *estate (f.)*
sun *sole (m.)*
Sunday *domenica*
supermarket *supermercato*
support (intellectually) *appoggiare*
support (materially) *mantenere*
sure *sicuro*
surely *senz'altro*
surname *cognome (m.)*
surprise *sorpresa*
survey *inchiesta*
swear *giurare*
sweater *maglia*
sweet *dolce*
swim *nuotare*
swimming *nuoto*

T

table *tavola, tavolo*
tactic *tattica*
take a look *dare un'occhiata*
take *prendere*
take-off *decollo*
tall *alto*
Taurus *Toro*
tea *tè (m.)*
teacher *insegnante (m./f.), professore/ professoressa*
team *squadra*
television *televisione (f.)*
temperature *temperatura*
teenager *adolescente (m./f.)*
tell *dire*
tend *tendere*
tennis *tennis (m.)*
tension *tensione (f.)*
terrace *terrazza*

test *prova*
thank *ringraziare*
Thank goodness! *Meno male!*
thank you *grazie*
that is to say *cioè, vale a dire*
that *che, cui*
the remainder *resto*
the same *lo stesso*
their *loro*
then *poi*
there *lì/là*
therefore *allora, cioè, dunque, quindi*
there's no doubt that *non c'è dubbio che*
thermometer *termometro*
thesis *tesi (f.)*
they *loro*
thing *cosa*
think *pensare*
think about something *pensarci*
think of something *pensarne*
thirst *sete (f.)*
this evening *stasera*
throat *gola*
throw *tirare*
Thursday *giovedì*
thus *allora, cioè, dunque, quindi*
ticket *biglietto*
tie *cravatta*
tie (game) *pareggio*
time in a general sense *tempo*
time (clock) *ora*
time (occurrence) *volta*
tired *stanco*
to *a, in*
to be able to *riuscire*
to/at the sea *al mare*
today *oggi*
together *insieme*
together with *assieme a*
toilet *toletta*
tomato *pomodoro*
tomorrow *domani*
too *assai, troppo, anche*
Too bad! *Peccato!*
touch *toccare*
tour *giro*
tourist *turista (m./f.)*
tourist (adjective) *turistico*
track and field *atletica*
traffic *traffico*
traffic light *semaforo*
train *treno*
tranquil *tranquillo*
travel *viaggiare*
traveler *viaggiatore/viaggiatrice*
traveler's check *assegno turistico*

treasure *tesoro*
trip *viaggio*
triviality *sciocchezza*
true *vero*
truly *davvero*
trunk *portabagagli*
try on *provarsi*
Tuesday *martedì*
turn *girare, svoltare*
TV drama *teledramma (m.)*
TV game show *telequiz*
TV movie *telefilm*
TV newscast *telegiornale (m.)*
TV set *televisore (m.)*
type *tipo*
typical *tipico*

U

ugly *brutto*
uncle *zio*
under *sotto*
undersigned *sottoscritto/sottoscritta*
understand *capire*
undoubtedly *indubbiamente*
unfortunately *purtroppo*
United States *Stati Uniti*
university *università (f.)*
unless *a meno che*
until *fino a*
up close *da vicino*
user-friendly *di facile uso*
usual *solito*
usually *di solito, generalmente*

V

vacation *vacanza*
variable *variabile*
variety show *spettacolo*
VCR *videoregistratore (m.)*
vegetables *verdura*
vehicle window *finestrino*
very *assai, molto, tanto*
Virgo *Vergine (f.)*
visit *visitare*

vivacious *spiritoso, vivace*
voice *voce (f.)*
volleyball *pallavolo*
volume *volume (m.)*

W

wait for *aspettare*
waiter/waitress *cameriere/cameriera*
waiting room *sala d'aspetto*
want *desiderare, volere*
wash *lavare*
wash oneself *lavarsi*
waste *sprecare*
wastebasket *cestino*
watch *orologio*
watch *guardare*
water *acqua*
we *noi*
weak *debole*
wear *portare*
weather *tempo*
weather forecast *previsioni (f., pl.) del tempo*
Wednesday *mercoledì*
week *settimana*
well *bene*
west *ovest*
western *occidentale*
what *che/cosa/che cosa*
What day is it? *Che giorno è?*
What time is it? *Che ora è?/Che ore sono?*
What's the date? *Quanti ne abbiamo?*
What's up? *Che fai di bello?*
wheel *ruota*
when *quando*
where *dove*
which *quale*
while *intanto che, mentre*
white *bianco*
who *chi, che*
who knows *chissà*
whom *che, cui*
why *perché*
wife *moglie (f.)*

win *vincere*
wind *vento*
window *finestra*
windshield *parabrezza (m.)*
windshield wiper *tergicristallo*
winner *vincitore/vincitrice*
winter *inverno*
wish *augurio*
with *con*
with a dash of an alcoholic beverage *corretto*
with a drop of milk (spotted) *macchiato*
with sugar *con lo zucchero*
without *senza*
without sugar *senza zucchero*
woman *donna*
wonderful *ottimo*
work *lavorare, lavoro*
work out *fare ginnastica*
workbook *quaderno*
worry *preoccuparsi*
worse *peggio*
worst *peggiore*
wrestling *lotta*
write *scrivere*
writer *scrittore/scrittrice*

Y

Yeah! *Eh già!*
year *anno*
yellow *giallo*
yes *sì*
yesterday *ieri*
you (*fam.*) *tu*
you (*pl.*) *voi*
you (*pol.*) *Lei*
young lady, Ms., Miss *signorina*
young *giovane*
your (*fam.*) *tuo*
your (*pl.*) *vostro*

Z

zodiac *zodiaco*

Index